建筑房地产实务指导丛书

建设工程施工合同纠纷实务解析（增订第三版）

ANALYSIS OF CONSTRUCTION CONTRACT DISPUTES

王 勇 著

法律出版社 | LAW PRESS
北京

图书在版编目(CIP)数据

建设工程施工合同纠纷实务解析 / 王勇著. -- 3 版
. -- 北京 : 法律出版社, 2023
ISBN 978 - 7 - 5197 - 7317 - 5

Ⅰ. ①建… Ⅱ. ①王… Ⅲ. ①建筑工程 - 工程施工 -
合同纠纷 - 研究 - 中国 Ⅳ. ①D923.64

中国版本图书馆 CIP 数据核字(2022)第 224372 号

建设工程施工合同纠纷实务解析(增订第三版)
JIANSHE GONGCHENG SHIGONG HETONG
JIUFEN SHIWU JIEXI(ZENG DING DI - SAN BAN)

王 勇 著

责任编辑 李 群 陈 熙
装帧设计 汪奇峰

出版发行 法律出版社
编辑统筹 法规出版分社
责任校对 张红蕊
责任印制 耿润瑜
经　　销 新华书店

开本 710 毫米 × 1000 毫米 1/16
印张 26.25　**字数** 420 千
版本 2023 年 2 月第 3 版
印次 2023 年 2 月第 1 次印刷
印刷 三河市兴达印务有限公司

地址:北京市丰台区莲花池西里 7 号(100073)
网址:www.lawpress.com.cn
投稿邮箱:info@lawpress.com.cn
举报盗版邮箱:jbwq@lawpress.com.cn

销售电话:010 - 83938349
客服电话:010 - 83938350
咨询电话:010 - 63939796

书号:ISBN 978 - 7 - 5197 - 7317 - 5　**定价**:79.00 元

凡购买本社图书,如有印装错误,我社负责退换。电话:010 - 83938349

缩 略 语 表

序号	文件全称	文件简称	文号	备注
1	《最高人民法院关于当前形势下进一步做好房地产纠纷案件审判工作的指导意见》	《房地产纠纷案件审判意见》	法发〔2009〕42号	
2	《最高人民法院关于审理建设工程施工合同纠纷案件适用法律问题的解释(一)》	《建设工程司法解释(一)》	法释〔2020〕25号	
3	《最高人民法院关于当前形势下审理民商事合同纠纷案件若干问题的指导意见》	《民商事合同纠纷案件指导意见》	法发〔2009〕40号	
4	《关于严格禁止在工程建设中带资承包的通知》	《1996年通知》	建建〔1996〕347号	已失效
5	《关于严禁政府投资项目使用带资承包方式进行建设的通知》	《2006年通知》	建市〔2006〕6号	
6	《最高人民法院关于审理人身损害赔偿案件适用法律若干问题的解释》	《人损司法解释》	法释〔2022〕14号	
7	《最高人民法院关于适用〈中华人民共和国民事诉讼法〉的解释》	《民事诉讼法解释》	法释〔2022〕11号	
8	《最高人民法院关于民事诉讼证据的若干规定》	《民事诉讼证据规定》	法释〔2019〕19号	
9	《最高人民法院关于建设工程价款优先受偿权问题的批复》	《优先权批复》	法释〔2002〕16号	已失效
10	《最高人民法院关于适用〈中华人民共和国合同法〉若干问题的解释(一)》	《合同法解释(一)》	法释〔1999〕19号	已失效
11	《最高人民法院关于适用〈中华人民共和国合同法〉若干问题的解释(二)》	《合同法解释(二)》	法释〔2009〕5号	已失效

续表

序号	文件全称	文件简称	文号	备注
12	《最高人民法院关于审理建设工程施工合同纠纷案件适用法律问题的解释》	《建设工程司法解释》	法释〔2004〕14 号	已失效
13	《最高人民法院办公厅关于印发〈全国民事审判工作会议纪要〉的通知》	《全国民事审判工作会议纪要》	法办〔2011〕442 号	

目　　录

第一章
建设工程施工合同效力纠纷

第一节　建设工程招标投标范围及效力认定 / 1
一、法定的必须招标投标工程的范围和标准 / 2
二、法律规定的中标无效情形 / 7
三、低于成本价中标的认定 / 12
四、一方当事人拒签合同的责任认定 / 17
第二节　黑白合同 / 20
一、黑白合同适用对象及表现形式 / 21
二、黑白合同的认定 / 22
三、黑白合同的效力认定 / 32
四、黑白合同的结算 / 36
第三节　合同效力的认定 / 42
一、认定建设工程施工合同效力的一般原则 / 42
二、司法解释规定的合同无效情形 / 47
三、未取得“四证”时合同效力的认定 / 53
四、垫资条款的认定 / 58
五、农村建房合同效力的认定及其他 / 62

第二章
建设工程施工合同主体纠纷

第一节　转包与违法分包 / 68
一、转包 / 68
二、分包 / 74
三、劳务分包与转包、分包 / 80
四、转包、违法分包的法律后果 / 85
第二节　内部承包 / 87

一、内部承包制度的演进 / 88
二、内部承包的认定 / 92
三、内部承包中责任的承担 / 98
第三节　挂靠(借用资质) / 101
一、司法实践中挂靠施工的判定 / 102
二、工程挂靠施工所涉法律关系及其效力的认定 / 108
三、工程挂靠施工中有关民事责任的承担 / 111
第四节　实际施工人 / 119
一、对实际施工人的保护应当遵循合同相对性原则 / 121
二、实际施工人向发包人主张权利的特殊情形 / 124
三、实际施工人突破合同相对性原则的界限 / 129
四、发包人在欠付工程款范围承担责任 / 130
五、诉讼主体的确定 / 136
六、实际施工人受伤雇员之权利救济 / 138

第三章 工程价款
第一节　工程价款结算 / 143
一、工程价款的计价方式、计价方法及调整 / 144
二、工程价款的认定 / 149
三、发包人拒付工程款理由解析 / 159
四、发包人逾期不结算的后果 / 168
五、建设工程施工合同无效情形下工程款的结算 / 173
第二节　固定价合同 / 182
一、固定价合同的界定 / 182
二、工程价款的调整 / 185
三、固定价情形下的工程造价鉴定问题 / 193
第三节　工程欠款利息 / 196

一、发包人应当支付欠付工程款利息 / 196
二、利息与违约金的竞合处理 / 202
三、垫资利息 / 207
第四节　审计报告与工程造价 / 209
一、工程项目审计的法定性 / 211
二、审计报告不能直接作为认定工程价款的依据 / 212
三、审计报告的采信 / 218
第五节　情势变更原则的适用 / 221
一、情势变更概述 / 221
二、建设工程施工合同纠纷中情势变更原则的适用 / 226
三、情势变更、商业风险与不可抗力 / 228
四、固定价格合同与情势变更原则 / 233

第四章
工程期限

第一节　工期认定 / 236
一、开工日期 / 236
二、竣工日期 / 243
第二节　工期延误及索赔 / 249
一、工期延误 / 250
二、工期索赔程序 / 254
三、工期索赔诉讼时效 / 261
四、停工损失的确定 / 262
第三节　工期顺延 / 264
一、工期顺延的情形 / 265
二、工期顺延的认定 / 267
三、暂停施工 / 273

第五章
工程质量

第一节　工程质量责任 / 277
一、工程质量的认定 / 278
二、发包方工程质量责任的认定 / 281
三、承包方工程质量责任的认定 / 284
四、勘察设计、监理单位质量责任的认定 / 290
第二节　工程竣工验收 / 293
一、工程验收条件 / 294
二、工程验收程序 / 296
三、竣工退场 / 298
四、关于发包人责任的两种特殊情形 / 299
五、竣工验收备案 / 303
第三节　工程质量保修 / 304
一、工程质量保修责任的认定 / 304
二、缺陷责任期 / 310
三、工程质量保证金 / 313

第六章
司法鉴定

第一节　司法鉴定与举证责任 / 319
一、民事诉讼中司法鉴定概述 / 319
二、民事诉讼中举证责任的认定 / 321
三、证据审查 / 323
第二节　司法鉴定的启动 / 326
一、鉴定的启动方式 / 327
二、司法鉴定的范围 / 333
三、鉴定材料的审查 / 335
四、重新鉴定的问题 / 338
第三节　鉴定的实施 / 341
一、鉴定人的确定 / 341
二、鉴定的流程 / 345
第四节　鉴定意见的认定 / 354
一、鉴定意见的有关要求 / 354

二、鉴定人出庭 / 357
三、专家辅助人制度 / 359
四、鉴定意见冲突时的处理 / 363

第七章
建设工程价款优先受偿权概述

第一节　建设工程价款优先受偿权的性质和效力 / 368
一、建设工程价款优先受偿权的权利属性 / 369
二、建设工程价款优先受偿权的效力 / 372
第二节　建设工程价款优先受偿权的主体和客体 / 380
一、建设工程价款优先受偿权的主体 / 380
二、建设工程价款优先受偿权的客体 / 388
三、建设工程价款优先受偿权的担保范围 / 392
第三节　建设工程价款优先受偿权的行使 / 396
一、建设工程价款优先受偿权的成立条件 / 396
二、建设工程合同无效情形下优先受偿权的认定 / 401
三、建设工程价款优先受偿权的转让问题 / 404
四、放弃建设工程价款优先受偿权的效力认定 / 406
五、行使期限 / 409

第一章　建设工程施工合同效力纠纷

第一节　建设工程招标投标范围及效力认定

招标投标是市场经济条件下进行大宗货物买卖或者建设工程发包与承包时通常采用的竞争交易方式。所谓建设工程招标投标活动，是指建设工程的发包人作为招标方采用适当的方式，发布拟建工程的有关信息，如工程的内容和主要的技术条件，对承包人的资质要求等，但不标明工程的造价，通过这些行为表明发包人有选择符合条件的承包人与之订立建设工程合同的意向，由各有意承包该工程项目的承包人作为投标方向招标方提出自己的工程报价和其他承包条件，参与投标竞争，经招标方对各投标方的报价和其他条件进行审查比较后，从中择优选定中标者，并与之签订建设工程合同的活动。[①] 为了规范招标投标活动，提高经济效益，保证工程项目质量，我国专门制定了《招标投标法》《招标投标法实施条例》等法律法规，并散见于其他法律规定中，以此保护国家利益、社会公共利益和招标投标活动当事人的合法权益。

对建设工程进行招标投标，其优越性在于将竞争机制引入工程的发包和承包环节，使招标方可以对各投标方的报价、技术等条件进行综合比较，从而选择技术力量强、质量保障体系可靠并且具有良好信誉的投标人作为承包方进行施工建设，有利于保证工程质量、缩短工期、降低工程造价、提高投资效益。根据《建筑法》第 16 条的规定，建筑工程发包与承包的招标投标活动，应当遵循公开、公正、平等竞争的原则，择优选择承包单位。当然并非所有的工程都必须进行招投标，根据《建筑法》第 19 条的规定，建筑工程依法实行招标发包，对不适于招标发包的可以直接发包。同时，《民法典》第 790 条规定，建设工程的招标投标活动，应当依照有关法律的规定公开、公平、公正进行。由此可见，公开、公平、公正是招标投标活动应当遵循的基本原则。

---

① 参见胡康生主编：《中华人民共和国合同法释义》，法律出版社 2013 年版，第 443 页。

《房地产纠纷案件审判意见》提出要加大对《招标投标法》的贯彻力度。要依照《招标投标法》和司法解释的规定,准确把握"黑白合同"的认定标准,依法维护中标合同的实质性内容;对案件审理中发现的带有普遍性的违反《招标投标法》等法律、行政法规和司法解释规定的问题,要及时与建设行政管理部门沟通、协商,共同研究提出从源头上根治的工作方案,切实维护建筑市场秩序。

一、法定的必须招标投标工程的范围和标准

(一)法律法规中规定的必须招标的范围及例外情形

根据《招标投标法》第 3 条第 1 款的规定,在中华人民共和国境内进行下列工程建设项目包括项目的勘察、设计、施工、监理以及与工程建设有关的重要设备、材料等的采购,必须进行招标:(1)大型基础设施、公用事业等关系社会公共利益、公众安全的项目;(2)全部或者部分使用国有资金投资或者国家融资的项目;(3)使用国际组织或者外国政府贷款、援助资金的项目。《招标投标法实施条例》第 2 条规定,《招标投标法》第 3 条所称工程建设项目,是指工程以及与工程建设有关的货物、服务。前款所称工程,是指建设工程,包括建筑物和构筑物的新建、改建、扩建及其相关的装修、拆除、修缮等;所称与工程建设有关的货物,是指构成工程不可分割的组成部分,且为实现工程基本功能所必需的设备、材料等;所称与工程建设有关的服务,是指为完成工程所需的勘察、设计、监理等服务。

另外,根据《招标投标法》第 66 条以及《招标投标法实施条例》第 9 条的规定,下列情况属于可以不进行招标的特殊情形:(1)涉及国家安全、国家秘密、抢险救灾或者属于利用扶贫资金实行以工代赈、需要使用农民工等特殊情况;(2)需要采用不可替代的专利或者专有技术;(3)采购人依法能够自行建设、生产或者提供;(4)已通过招标方式选定的特许经营项目投资人依法能够自行建设、生产或者提供;(5)需要向原中标人采购工程、货物或者服务,否则将影响施工或者功能配套要求;(6)国家规定的其他特殊情形。

(二)部委规章中规定的必须招标的范围和标准

当然上述条文对必须招标的工程项目范围规定得比较原则,实践中难以把握,因此,《招标投标法》第 3 条第 2 款、第 3 款规定:前款所列项目的具体范围和规模标准,由国务院发展计划部门会同国务院有关部门制订,报国务院批准。法律或者国务院对必须进行招标的其他项目的范围有规定的,依照其规定。

《招标投标法实施条例》第 3 条规定，依法必须进行招标的工程建设项目的具体范围和规模标准，由国务院发展改革部门会同国务院有关部门制定，报国务院批准后公布施行。

根据法律授权，原国家发展计划委员会于 2000 年发布《工程建设项目招标范围和规模标准规定》，对《招标投标法》第 3 条的规定作了细化，具体法定的属于必须招标投标的工程范围包括：

（1）关系社会公共利益、公众安全的基础设施项目的范围包括：煤炭、石油、天然气、电力、新能源等能源项目；铁路、公路、管道、水运、航空以及其他交通运输业等交通运输项目；邮政、电信枢纽、通信、信息网络等邮电通信项目；防洪、灌溉、排涝、引（供）水、滩涂治理、水土保持、水利枢纽等水利项目；道路、桥梁、地铁和轻轨交通、污水排放及处理、垃圾处理、地下管道、公共停车场等城市设施项目；生态环境保护项目；其他基础设施项目。

（2）关系社会公共利益、公众安全的公用事业项目的范围包括：供水、供电、供气、供热等市政工程项目；科技、教育、文化等项目；体育、旅游等项目；卫生、社会福利等项目；商品住宅，包括经济适用住房；其他公用事业项目。

（3）使用国有资金投资项目的范围包括：使用各级财政预算资金的项目；使用纳入财政管理的各种政府性专项建设基金的项目；使用国有企业事业单位自有资金，并且国有资产投资者实际拥有控制权的项目。

（4）国家融资项目的范围包括：使用国家发行债券所筹资金的项目；使用国家对外借款或者担保所筹资金的项目；使用国家政策性贷款的项目；国家授权投资主体融资的项目；国家特许的融资项目。

（5）使用国际组织或者外国政府资金的项目的范围包括：使用世界银行、亚洲开发银行等国际组织贷款资金的项目；使用外国政府及其机构贷款资金的项目；使用国际组织或者外国政府援助资金的项目。

以上工程范围内的各类建设项目，包括项目的勘察、设计、施工、监理以及与工程建设有关的重要设备、材料等的采购，达到下列标准之一的，必须进行招标：（1）施工单项合同估算价在 200 万元人民币以上的；（2）重要设备、材料等货物的采购，单项合同估算价在 100 万元人民币以上的；（3）勘察、设计、监理等服务的采购，单项合同估算价在 50 万元人民币以上的；（4）单项合同估算价低于第（1）、（2）、（3）项规定的标准，但项目总投资额在 3000 万元人民币以上的。

随着社会经济的发展和招标投标工作的转型发展，《住房和城乡建设部关于推进建筑业发展和改革的若干意见》提出要改革招标投标监管方式，调整非国有资金投资项目发包方式，试行非国有资金投资项目建设单位自主决定是否进行招标发包，是否进入有形市场开展工程交易活动，并由建设单位对选择的设计、施工等单位承担相应的责任。要严格控制招标人设置明显高于招标项目实际需要和脱离市场实际的不合理条件，严禁以各种形式排斥或限制潜在投标人投标，并加快推进电子招标投标。通过以上政策释放的信号，可以预见我国有关招标投标的范围和标准必定会有所调整。

国家发展和改革委员会于2018年颁布《必须招标的工程项目规定》，《工程建设项目招标范围和规模标准规定》同时废止。因此，根据《必须招标的工程项目规定》，具体法定的属于必须招标投标的工程范围的判断应当根据以下规定进行：

（1）全部或者部分使用国有资金投资或者国家融资的项目包括：使用预算资金200万元人民币以上，并且该资金占投资额10%以上的项目；使用国有企业事业单位资金，并且该资金占控股或者主导地位的项目。

（2）使用国际组织或者外国政府贷款、援助资金的项目包括：使用世界银行、亚洲开发银行等国际组织贷款、援助资金的项目；使用外国政府及其机构贷款、援助资金的项目。

（3）不属于本规定第2条、第3条规定情形的大型基础设施、公用事业等关系社会公共利益、公众安全的项目，必须招标的具体范围由国务院发展改革部门会同国务院有关部门按照确有必要、严格限定的原则制订，报国务院批准。

（4）本规定第2条至第4条规定范围内的项目，其勘察、设计、施工、监理以及与工程建设有关的重要设备、材料等的采购达到下列标准之一的，必须招标：施工单项合同估算价在400万元人民币以上；重要设备、材料等货物的采购，单项合同估算价在200万元人民币以上；勘察、设计、监理等服务的采购，单项合同估算价在100万元人民币以上。同一项目中可以合并进行的勘察、设计、施工、监理以及与工程建设有关的重要设备、材料等的采购，合同估算价合计达到前款规定标准的，必须招标。

为加强政策指导，进一步做好《必须招标的工程项目规定》和《必须招标的基础设施和公用事业项目范围规定》实施工作，国家发展改革委办公厅于2020年下发通知，从准确理解依法必须招标的工程建设项目范围、规范规模标准以下工程建设项目的采购、严格执行依法必须招标制度等方面进一步作出强调。

【法官提示1】

建设工程必须进行招标而未招标的，发包人和承包人签订的建设工程施工合同无效。因此，在认定合同效力中，首先要解决的问题是案件所涉工程是否属于法律法规规定的必须招标投标的范围。由于该事项查明关系当事人之间建设工程施工合同的效力，并进一步影响双方之间工程款结算、是否支付违约金等实体权利义务，因此在司法实践中，法院应当主动审查案件所涉工程项目是否属于法定的必须招投标的范围。

【规范指引】

《北京市高级人民法院关于审理建设工程施工合同纠纷案件若干疑难问题的解答》(2012年8月6日　京高法发〔2012〕245号)

3. 如何认定是否属于必须招标的建设工程?

《解释》第一条第(三)项规定的"必须进行招标"的建设工程的认定应当依据《中华人民共和国招标投标法》第三条的规定、《中华人民共和国招标投标法实施条例》和原国家发展计划委员会《工程建设项目招标范围和规模标准规定》的相关规定予以确定。法律、行政法规有新规定的，适用其新规定。

《四川省高级人民法院关于审理涉及招投标建设工程合同纠纷案件的有关问题的意见》(2010年6月22日　四川省高级人民法院审判委员会第33次会议通过)

第一条　对建设工程必须进行招标而未招标，或者中标无效的，人民法院应当严格按照《最高人民法院关于审理建设工程施工合同纠纷案件适用法律问题的解释》第一条的规定，认定建设工程施工合同无效。

(三)工程项目应招标未招标的法律后果

如果建设工程项目应招标而未招标，将带来以下法律后果：

(1)根据《招标投标法》第49条的规定，必须进行招标的项目而不招标的，将必须进行招标的项目化整为零或者以其他任何方式规避招标的，责令限期改正，可以处项目合同金额5‰以上10‰以下的罚款；对全部或者部分使用国有资金的项目，可以暂停项目执行或者暂停资金拨付；对单位直接负责的主管人员和其他直接责任人员依法给予处分。

(2)根据《建设工程司法解释(一)》第1条第1款第3项的规定，发包人和承包人之间签订的建设工程施工合同因违反法律行政法规的强制性规定而无效。本条从《招标投标法》的立法目的及宗旨出发，规定违反招标投标程序，对建设工程必须进行招标而未招标或者中标无效后订立的建设工程施工合同,应当认定为无效。

【法官提示2】

法院在审理案件过程中,发现工程项目属于应招标未招标的,除了对所涉施工合同效力作出否定性评价以外,可以向行政机关发送司法建议,建议行政机关对发包人予以行政处罚。因此,发包人切勿贪图一时之便,从而出现施工合同无效,并承担相应行政处罚的后果。根据规定应当履行招标投标程序的,就应当履行相应程序。①

典型案例1

城建五公司与林峰公司等合同纠纷案②

典型案例裁判文书

典型案例1

最高院(2021)最高法民终449号城建五公司与林峰公司等合同纠纷民事判决书

案涉工程由政府决定投资开发,住建局承建的棚户区改造项目,建设内容包括住宅等,涉及回迁安置。发包人林峰公司与承包人城建五公司签订《中央时代广场土建及安装工程施工合同》。林峰公司向宏巨公司、华英公司发出进场通知函,宏巨公司、华英公司回函同意进驻"中央时代广场"项目工地开始施工。林峰公司给城建五公司下达施工单位进场通知书,通知城建五公司可以进场实施该公司工程项目建设。建设施工合同开始履行。后,林峰公司与城建五公司签订《补充协议》。至此,该工程未履行招标投标程序。后双方因工程款纠纷诉至法院,关于合同效力成为案件争议焦点。

裁判规则:根据《招标投标法》第3条第1项和《工程建设项目招标范围和规模标准规定》第3条的规定,案涉项目"关系社会公共利益、公众安全的公用事业项目",属于必须进行招投标的工程建设项目。因此,在未进行招标的情形下,运城林峰公司与城建五公司签订《中央时代广场土建及安装工程施工合

---

① 参见住房和城乡建设部办公厅《关于对2013年以来房屋市政工程质量及转包违法行为典型案例查处情况的通报》(建办质〔2014〕33号)。

② 参见最高人民法院民事判决书,(2021)最高法民终449号。

同》,将案涉项目交由城建五公司施工,违反了《招标投标法》的强制性规定,故《中央时代广场土建及安装工程施工合同》应为无效。《补充协议》作为对《中央时代广场土建及安装工程施工合同》的补充性规定亦应无效。

二、法律规定的中标无效情形

工程项目虽然履行了招标投标程序,但是根据《招标投标法》以及《招标投标法实施条例》的规定,如果存在以下情形,则中标无效:

(一)中标通知书发出之后,招标人改变中标结果的

中标人确定后,招标人应当向中标人发出中标通知书,并同时将中标结果通知所有未中标的投标人。中标通知书对招标人和中标人具有法律效力。中标通知书发出后,招标人改变中标结果的,或者中标人放弃中标项目的,应当依法承担法律责任。

(二)招标代理机构存在违法行为

招标代理机构是依法设立、从事招标代理业务并提供相关服务的社会中介组织,其应当在招标人委托的范围内代理招标业务,并遵守法律关于招标人的规定。

(1)招标代理机构违反保密义务。招标代理机构不得在所代理的招标项目中投标或者代理投标,也不得为所代理的招标项目的投标人提供咨询。在招投标中,招标人设有标底的,标底必须保密。但是如果招标代理机构违反了保密义务,泄露了标底,则中标无效。《招标投标法实施条例》第 65 条规定,招标代理机构在所代理的招标项目中投标、代理投标或者向该项目投标人提供咨询的,接受委托编制标底的中介机构参加受托编制标底项目的投标或者为该项目的投标人编制投标文件、提供咨询的,依照《招标投标法》第 50 条的规定追究法律责任。

(2)招标代理机构与招标人、投标人串通损害国家利益、社会公共利益或者他人合法权益的。根据《民法典》的规定,行为人与相对人恶意串通,损害他人合法权益的民事法律行为无效。所谓恶意串通,是指行为人与相对人互相勾结,为牟取私利而实施的损害他人合法权益的民事法律行为。该行为破坏了国家正常的招标投标程序,损害了正常的交易秩序,由此产生的中标应为无效。

对于上述招标代理机构的违法行为,如果影响中标结果的,中标无效。并且根据《招标投标法》第 50 条的规定,招标代理机构违反本法规定,泄露应当保

密的与招标投标活动有关的情况和资料的,或者与招标人、投标人串通损害国家利益、社会公共利益或者他人合法权益的,处5万元以上25万元以下的罚款,对单位直接负责的主管人员和其他直接责任人员处单位罚款数额5%以上10%以下的罚款;有违法所得的,并处没收违法所得;情节严重的,暂停直至取消招标代理资格;构成犯罪的,依法追究刑事责任。给他人造成损失的,依法承担赔偿责任。

(三)招标人存在泄露标底等情况

依法必须进行招标的项目的招标人向他人透露已获取招标文件的潜在投标人的名称、数量或者可能影响公平竞争的有关招标投标的其他情况的,或者泄露标底的,如果上述招标人行为影响中标结果的,则中标无效。

(四)串通招投标

根据串通招投标的主体不同,可以分为投标人相互串通投标和招标人、投标人之间相互串通投标。

(1)投标人相互串通投标。根据《招标投标法实施条例》第39条以及第40条之规定,有下列情形之一的,属于或视为投标人相互串通投标:

①投标人之间协商投标报价等投标文件的实质性内容;②投标人之间约定中标人;③投标人之间约定部分投标人放弃投标或者中标;④属于同一集团、协会、商会等组织成员的投标人按照该组织要求协同投标;⑤投标人之间为谋取中标或者排斥特定投标人而采取的其他联合行动;⑥不同投标人的投标文件由同一单位或者个人编制;⑦不同投标人委托同一单位或者个人办理投标事宜;⑧不同投标人的投标文件载明的项目管理成员为同一人;⑨不同投标人的投标文件异常一致或者投标报价呈规律性差异;⑩不同投标人的投标文件相互混装;⑪不同投标人的投标保证金从同一单位或者个人的账户转出。

(2)招标人与投标人串通投标。根据《招标投标法实施条例》第41条的规定,有下列情形之一的,属于招标人与投标人串通投标:①招标人在开标前开启投标文件并将有关信息泄露给其他投标人;②招标人直接或者间接向投标人泄露标底、评标委员会成员等信息;③招标人明示或者暗示投标人压低或者抬高投标报价;④招标人授意投标人撤换、修改投标文件;⑤招标人明示或者暗示投标人为特定投标人中标提供方便;⑥招标人与投标人为谋求特定投标人中标而采取的其他串通行为。

关于串通招投标的后果,《招标投标法》第53条规定,投标人相互串通投标或者与招标人串通投标的，投标人以向招标人或者评标委员会成员行贿的手段谋取中标的，中标无效。《招标投标法实施条例》第 67 条规定，投标人相互串通投标或者与招标人串通投标的，投标人向招标人或者评标委员会成员行贿谋取中标的，中标无效；构成犯罪的，依法追究刑事责任；尚不构成犯罪的，依照《招标投标法》第 53 条的规定处罚。

【法官提示 3】

串通投标在招标投标领域时有发生，依法必须进行招标的工程项目，招标人与投标人在履行招投标程序前，签订协议对施工范围、工期、计价方式、总价款等内容进行约定的就属于典型的串通投标，除了需要承担上述有关行政责任以外，还将导致中标无效且双方签订的施工合同无效等法律后果。法律法规对串通投标问题作了较为具体详细的规定，在法律责任的承担上，行政责任、民事责任乃至刑事责任均有所涉及，招标人、投标人对此应当予以高度重视。

典型案例2

百富公司与中兴公司建设工程施工合同纠纷案①

百富公司取得案涉地块的土地使用权。百富公司（甲方）与中兴公司（乙方）签订《建设工程施工合同》，由中兴公司负责该工程小区内已规划的建筑工程的施工总承包工作及图纸设计范围以内的土建及设备安装工程。双方对工期、价款、质量标准等做了约定。后双方因工程款产生纠纷诉至法院。

典型案例裁判文书

典型案例2
最高院（2021）最高法民终841号百富公司与中兴公司建设工程施工合同纠纷民事判决书

裁判规则：双方当事人通过招投标程序签订《建设工程施工合同》，中兴公司在履行法定招标投标程序之前已就案涉工程进场施工，此行为属于串通投标的行为，依据法律及司法解释的规定，中兴公司关于案涉工程的中标无效，《建设工程施工合同》亦因中标无效属无效合同。百富公司虽主张该工程不是必须招标的工程，但既然双方通过招投标程序签订合同，就应当遵守招投标的相关

① 参见最高人民法院民事判决书，(2021)最高法民终 841 号。

法律规定,违反法律规定导致本案中标无效,进而导致《建设工程施工合同》无效。

【规范指引】

《安徽省高级人民法院关于审理建设工程施工合同纠纷案件适用法律问题的指导意见(二)》(2013年12月23日 安徽省高级人民法院审判委员会第32次会议通过)

第二条 依法必须进行招标的建设工程,招标人与投标人在履行招投标程序前,以签订补充协议等形式对建设工程的施工范围、工期、计价方式、总价款等内容进行约定的,属串通投标,所签订的建设工程施工合同无效。

(五)弄虚作假

根据《招标投标法》第33条的规定,投标人不得以他人名义投标或者以其他方式弄虚作假,骗取中标。《招标投标法》第54条以及《招标投标法实施条例》第68条均规定,投标人以他人名义投标或者以其他方式弄虚作假,骗取中标的,中标无效。

(1)以他人名义投标。投标人应当具备承担招标项目的能力,国家有关规定对投标人资格条件或者招标文件对投标人资格条件有规定的,投标人应当具备规定的资格条件。投标人如果不具备承担招标项目的能力或者借用有资格条件的企业名义投标,属于违法行为,中标无效。《招标投标法实施条例》第42条规定,使用通过受让或者租借等方式获取的资格、资质证书投标的,属于《招标投标法》第33条规定的以他人名义投标。《招标投标法实施条例》第69条规定,出让或者出租资格、资质证书供他人投标的,依照法律、行政法规的规定给予行政处罚;构成犯罪的,依法追究刑事责任。此种情形在挂靠施工中尤为常见。

(2)其他方式弄虚作假。投标人有下列情形之一的,属于《招标投标法》第33条规定的以其他方式弄虚作假的行为:①使用伪造、变造的许可证件;②提供虚假的财务状况或者业绩;③提供虚假的项目负责人或者主要技术人员简历、劳动关系证明;④提供虚假的信用状况;⑤其他弄虚作假的行为。

(六)违法就实质性内容进行谈判

在确定中标人前,招标人不得与投标人就投标价格、投标方案等实质性内容进行谈判。《招标投标法》第55条规定,依法必须进行招标的项目,招标人违反本法规定,与投标人就投标价格、投标方案等实质性内容进行谈判影响中标结果的,中标无效。

何为实质性内容?法律没有作出明确规定。根据《民法典》第470条的规定,合同的内容由当事人约定,一般包括以下条款:当事人的名称或者姓名和住所;标的;数量;质量;价款或者报酬;履行期限、地点和方式;违约责任;解决争议的方法。《招标投标法实施条例》第57条规定,招标人和中标人应当依照招标投标法和本条例的规定签订书面合同,合同的标的、价款、质量、履行期限等主要条款应当与招标文件和中标人的投标文件的内容一致。招标人和中标人不得再行订立背离合同实质性内容的其他协议。《建设工程司法解释(一)》第2条第1款规定,招标人和中标人另行签订的建设工程施工合同约定的工程范围、建设工期、工程质量、工程价款等实质性内容,与中标合同不一致,一方当事人请求按照中标合同确定权利义务的,人民法院应予支持。

根据上述法律条文规定,一般认为,实质性内容是指:(1)合同标的(含工程范围);(2)投标方案;(3)投标价格或者工程造价;(4)工程质量;(5)工程期限;(6)违约责任和解决争议方法等合同主要内容。当事人就上述内容进行谈判并影响中标结果的,该中标无效。同时,司法解释起草者认为,凡是可能限制或者排除其他竞标人的条件都可能构成《招标投标法》第46条第1款中的"合同实质性内容"。所以本条只是列举工程范围、建设工期、工程质量与工程价款,而未排除其他可能的因素。①

【法官提示4】

对于该类中标无效的情形,首先需要对实质性内容作出准确认定和把握,只有双方对实质性内容进行了中标前的谈判并影响中标结果的,中标才无效。另外,对于非必须进行招标的项目,如果双方就上述有关实质性内容进行谈判影响中标结果的,中标依然无效。因为只要履行了招投标程序,就应当适用《招标投标法》的规定,该法第43条规定,在确定中标人前,招标人不得与投标人就投标价格、投标方案等实质性内容进行谈判。此时,可以认定双方之间恶意串通,损害了其他投标人的利益,中标应为无效,所签施工合同应为无效。

---

① 参见最高人民法院民事审判第一庭编著:《最高人民法院新建设工程施工合同司法解释(一)理解与适用》,人民法院出版社2021年版,第35页。

典型案例3

新子欣公司与中建四局建设工程施工合同纠纷案[①]

典型案例裁判文书

典型案例3
最高院(2021)民终字第623号子欣公司与中建四局建设工程施工合同纠纷民事判决书

2013 年 7 月 23 日,新子欣公司作为发包人与承包人中建四局签订《总包补充协议》,约定中建四局承建新子欣公司项目。新子欣公司作为招标人对工程采取了邀请招标方式进行了招标。2013 年 11 月 2 日,新子欣公司向中建四局发出中标通知书。同日,新子欣公司作为发包人与承包人中建四局签订《建设工程施工合同》。因施工中产生争议,2014 年 11 月 20 日,甲方新子欣公司与乙方中建四局签订《补充协议书》。

裁判规则:案涉工程建设系以商品住宅为主,施工合同约定的工程价款暂定 2.2 亿元,属于依法必须进行招标的项目,《总包补充协议》系在招标之前签订,违反了法律法规强制性规定,应认定无效。从双方当事人签订建设工程施工合同的过程看,系先行签订《总包补充协议》,后由新子欣公司委托招标代理机构办理邀请招标事宜并确定中建四局中标,再由双方当事人签订建设工程施工合同。故其实质为招投标之前先行确定工程承包人。双方在履行《总包补充协议》过程中签订的《补充协议书》是对无效合同的补充,且对前述合同有实质性的改变,故亦应认定无效。

(七)违法确定中标人

招标人在评标委员会依法推荐的中标候选人以外确定中标人的,依法必须进行招标的项目在所有投标被评标委员会否决后自行确定中标人的,根据《招标投标法》第 57 条的规定,中标无效。

三、低于成本价中标的认定

(一)"低于成本价"的认定

《招标投标法》以及《招标投标法实施条例》对中标无效的情形作了比较详

① 参见最高人民法院民事判决书,(2021)民终字第 623 号。

细的规定,但对于低于成本价中标是否属于中标无效情形,未作明确规定。但《招标投标法》第 33 条作出了禁止性规定:投标人不得以低于成本的报价竞标。该法第 41 条规定:中标人的投标应当符合下列条件之一:(1)能够最大限度地满足招标文件中规定的各项综合评价标准;(2)能够满足招标文件的实质性要求,并且经评审的投标价格最低;但是投标价格低于成本的除外。住房和城乡建设部《建筑工程施工发包与承包计价管理办法》第 10 条规定,投标报价不得低于工程成本,不得高于最高投标限价。

何为“低于成本价”? 笔者认为,此处的成本价应为建筑企业自己的成本价,而不是国家定额。《招标投标法》第 33 条禁止的只是企业以低于自己的成本价进行投标竞标的行为,是为了防止投标人以低于成本的报价中标后可能实施的以停工要挟建设单位提高造价的不良行为,也是为了防止承包人偷工减料造成工程质量隐患等危害公众安全的行为发生。[①] 但是对于是否属于低于成本价投标中标,实际上难以准确认定和查明,在招标投标实践中,有的在评标时参考招标中的规定标准来认定是否低于成本报价。比如,有的招标文件中规定,投标人的报价低于所有投标人报价平均数 5%,评标方有权要求该投标人作出书面澄清说明,投标人不能作出合理澄清说明的,视为低于成本报价,评标方有权宣布其为废标。当前,我国法律、法规对于企业成本如何测算并没有规定,对于如何评定投标价低于企业成本价也没有确实可行的办法,因此,司法实践中可以依据举证规则进行判断。

【法官提示5】

国家通过立法明确规定投标人不得以低于成本的报价竞标。另外,国务院《建设工程质量管理条例》第 10 条也明确规定,建设工程发包单位不得迫使承包方以低于成本的价格竞标。低于成本价中标,对于发包人来说,降低了建设成本,但对于承包人而言,为了使建造成本能够低于中标价,唯有偷工减料,牺牲的是工程质量,危害的是社会公众生命财产安全和建筑市场秩序。对此,发包人特别是施工单位应在追求利润的同时,更为关注工程质量。法院在审理该类案件中,除了合理分配举证责任以外,还可以根据当事人申请或者案件具体情况,依法委托鉴定机构对中标价是否低于成本价进行鉴定,在此基础上对合同效力作出认定。

---

① 参见朱树英:《工程合同实务问答》,法律出版社 2011 年版,第 133 页。

（二）低于成本价中标的效力认定

对于低于成本价中标的效力以及由此产生的中标合同的效力问题，法律包括司法解释没有作出明确规定。实践中，也是观点不一。

有观点认为，按照《招标投标法》第3条规定必须进行招标的工程，经过招投标而签订的施工合同，承包人有证据证明工程价款低于成本价，主张合同无效的，应予支持。不属于《招标投标法》第3条规定必须进行招标的工程，建设工程合同履行中承包人有证据证明工程价款低于成本价或承包人对总价包干合同中工程量有重大误解的，承包人在法定期限内要求撤销或变更合同的，应予支持。重大误解，是我国民法自《民法通则》和《合同法》以来一直沿用的概念，《民法典》第147条规定，基于重大误解实施的民事法律行为，行为人有权请求人民法院或者仲裁机构予以撤销。行为人因为对行为的性质、对方当事人、标的物的品种、质量、规格和数量等的错误认识，使行为的后果与自己的意思相悖，并造成较大损失的，可以认定为重大误解。

还有观点认为，对这类合同的效力在一定条件下可以认定为可撤销可变更合同，法院可以根据当事人的申请依法予以变更或者撤销。(1)发包方有胁迫行为。需要承包方提供证明。(2)中标价低于该企业的成本价；如果该企业的成本价高于社会平均成本价，中标价低于社会平均成本价，也需要承包方提供证据证明。在符合这两个条件时，根据《民法典》第150条“一方或者第三人以胁迫手段，使对方在违背真实意思的情况下实施的民事法律行为，受胁迫方有权请求人民法院或者仲裁机构予以撤销”的规定，承包方可以申请变更合同中价格的约定条款。所谓胁迫，是指行为人通过威胁、恐吓等不法手段对他人思想上施加强制，由此使他人产生恐惧心理并基于恐惧心理作出意思表示的行为。①

根据上述观点，结合民事诉讼中“谁主张，谁举证”的原则，承包方首先要证明自己存在重大误解或者发包人存在胁迫的行为，其次要提供证据证明中标价低于该企业的成本价，最后承包方才得以向仲裁机构或者法院申请变更价格条款，不仅程序烦琐，而且不符合当前建筑市场实际。第一种观点人为地将不是必须招标投标但履行了招标投标程序的项目，排除在《招标投标法》适用范围之外，不可取。

---

① 参见黄薇主编：《中华人民共和国民法典释义》，法律出版社2020年版，第296页。

笔者认为，低于成本价中标，首先中标无效，其次由此签订的施工合同亦为无效。[①] 主要理由如下：

案例索引裁判文书

案例索引1
安徽高院（2021）皖民终字第477号江西建工与东方蓝海公司建设工程施工合同纠纷民事判决书

（1）《招标投标法》第 33 条、第 41 条的相关规定，应为效力性强制性规定，根据《民法典》第 153 条的规定，违反法律、行政法规的强制性规定的合同无效。作出该法律判断，主要的出发点还是为了保障建筑市场秩序，确保工程质量，保护人民群众生命、财产安全。《招标投标法》第 33 条禁止投标人以低于成本的报价竞标，其目的在于保证招投标竞争秩序和确保工程质量，维护经济公序和社会公共利益，《招标投标法实施条例》第 51 条第 5 项也将投标报价低于成本作为评标委员会否决其投标的情形，故低于成本价中标的合同无效。至于低于成本价的判断标准应以企业个别成本为依据，综合建筑市场社会平均成本予以判断。[②] 据此，《全国民事审判工作会议纪要》（法办〔2011〕442 号）第 24 条规定，对按照“最低价中标”等违规招标形式，以低于工程建设成本的工程项目标底订立的施工合同，应当依据《招标投标法》第 41 条第 2 项的规定认定无效。

（2）住房和城乡建设部《建筑工程施工发包与承包计价管理办法》第 11 条规定，投标报价低于工程成本或者高于最高投标限价总价的，评标委员会应当否决投标人的投标。国家发展和改革委员会、工业和信息化部、财政部等联合发布的《评标委员会和评标方法暂行规定》第 21 条规定，评标委员会发现投标人的投标报价明显低于其他投标人的报价或者标底的，由评标委员会认定该投标人以低于成本的投标报价竞标，应当否决其投标。因此，从合同管理的角度，对于低于成本价中标的行为是持否定态度的。因此，低于成本价中标，首先该中标无效，根据《建设工程司法解释（一）》的规定，中标无效，由此签订的施工合同也无效。

（3）当前的建筑市场，实际上发包人掌握着主动权，承包方想要获得工程的承包施工，势必作出妥协让步，各类“潜规则”盛行。在此背景下，承包方不可能

---

① 案例索引 1：参见江西建工与东方蓝海公司建设工程施工合同纠纷案，安徽省高级人民法院（2021）皖民终字第 477 号民事判决书。

② 参见潘军锋：《建设工程施工合同审判新类型问题研究——〈建设工程司法解释〉施行十周年回顾与展望》，载《法律适用》2015 年第 4 期。

去申请变更合同价格。以低于成本价投标，实际上也构成了不正当竞争。为维护建筑市场秩序，保证工程质量，应当认定该类中标无效，由此签订的合同也属无效合同。

典型案例4

金润公司与大洋公司建设工程施工合同纠纷案①

典型案例裁判文书

典型案例4

江苏盐城中院（2013）盐民终字第1237号金润公司与大洋公司建设工程施工合同纠纷民事判决书

大洋公司与金润公司经过招投标，签订了一份建设工程施工合同，约定：金润公司将其开发的3、4、5号楼铝合金门窗制作安装工程发包给大洋公司施工。合同签订后，双方均按约履行了各自的义务，工程项目通过了竣工验收。但在金润公司委托相关单位审计结算时，大洋公司对结算方式不予认可，认为合同价低于成本价，违背国家规范，致使其工程款经济损失45万余元。双方因此发生争议，大洋公司诉至法院。

裁判规则：建设工程的成本价是一个比较难以界定的问题。社会平均成本与个别企业之间的个性成本与市场行情、工程材料管理、工程现场管理、人力资源管理等综合因素相关，存在一定差异绝非偶然。对此，在建设工程纠纷案件处理中也是有规则的。依据相关法律及司法解释之规定，即使合同约定的工程价款低于成本价导致合同无效，发包人要求参照合同约定的价款结算的，人民法院也应予以支持。

【规范指引】

《全国民事审判工作会议纪要》（2011年10月9日　法办〔2011〕442号）

24. 对按照“最低价中标”等违规招标形式，以低于工程建设成本的工程项目标底订立的施工合同，应当依据招标投标法第四十一条第（二）项的规定认定无效。

---

① 参见江苏省盐城市中级人民法院民事判决书，（2013）盐民终字第1237号。

四、一方当事人拒签合同的责任认定

(一)拒签合同时的责任争议

《招标投标法》第 46 条规定,招标人和中标人应当自中标通知书发出之日起 30 日内,按照招标文件和中标人的投标文件订立书面合同。招标人和中标人不得再行订立背离合同实质性内容的其他协议。《招标投标法实施条例》第 57 条规定,招标人和中标人应当依照《招标投标法》和本条例的规定签订书面合同,合同的标的、价款、质量、履行期限等主要条款应当与招标文件和中标人的投标文件的内容一致。招标人和中标人不得再行订立背离合同实质性内容的其他协议。如果招标人与中标人不按照招标文件和中标人的投标文件订立合同的,或者招标人、中标人订立背离合同实质性内容的协议的,则根据《招标投标法》第 59 条的规定,应当责令改正;可以处中标项目金额 5‰以上 10‰以下的罚款。因此,《招标投标法》对于中标通知书发出后,一方拒签合同的行政责任规定得比较明确,也具有可操作性,但是对于中标通知书已经发出但书面合同尚未签订阶段,一方当事人拒签合同时应当承担的民事责任没有明确规定,如需承担民事责任,则该责任属于缔约过失责任还是违约责任,理论和实务界中观点纷呈,争议较大。

笔者认为,认定经招标投标程序依法产生中标人后,一方拒绝签订合同应承担的民事法律责任应为缔约过失责任还是违约责任,其实质指向的是中标通知书的发出与建设工程施工合同的成立或者生效之间的关系问题。①

案例索引裁判文书

案例索引2

最高院(2013)民申字第876号新星公司与二建公司建设工程施工合同纠纷民事裁定书

(二)中标通知书与责任认定

关于中标通知书的发出以及其与建设工程施工合同的成立或生效的关系,主要存在以下观点:

第一种观点认为,中标通知书发出后,合同尚未成立。《民法典》与《招标投标法》均要求招标人与中标人订立书面合同,《民法典》第 490 条还规定,当事人采用合同书形式订立合同的,自当事人均签名、盖章或者按指印时合同成立。因此,中标通知书发出后,双方尚未签订书面合同,未签字或者盖章,所以,双方

① 案例索引 2:新星公司与二建公司建设工程施工合同纠纷案,最高人民法院(2013)民申字第 876 号民事裁定书。

之间的施工合同关系并未成立，一方拒签合同应当承担缔约过失责任。

第二种观点认为，发包人作为招标方依照法定程序和方式发布招标公告，相当于订立合同的要约邀请；投标人的投标相当于订立合同的要约；发包人从投标者中最终选定中标者并发出中标通知书相当于订立合同的承诺。至此，合同已经依法成立并生效，招标人和中标人均应受到法律约束，一方拒绝签订书面合同，应当承担相应违约责任。

第三种观点认为，根据《民法典》第789条的规定，建设工程合同应当采用书面形式。因此，即使中标通知书已经发出甚至送达中标方，因双方尚未订立书面合同，双方之间的合同成立而未生效，根据《民法典》第500条的规定，拒签合同一方有违诚实信用原则，应承担相应缔约过失责任。

解决上述法律争议的关键是对中标通知书的性质要有准确的把握和认识。1999年版《建设工程施工合同（示范文本）》没有对中标通知书作出明确定义，《建设工程施工合同（示范文本）》（GF－2013－0201）新增了有关定义，明确中标通知书是指构成合同的由发包人通知承包人中标的书面文件。《建设工程施工合同（示范文本）》（GF－2017－0201）沿用了上述定义。

案例索引裁判文书

案例索引3
安徽高院（2014）皖民二终字第00659号安徽水利公司与怀远县城投公司缔约过失责任纠纷民事判决书

笔者认为，中标通知书符合《民法典》规定的下列承诺构成要件，系法定的承诺方式。[①] 其理由如下：

（1）由受要约人作出。在建设工程招标投标关系中，发包人作为招标人，中标通知书只能在经过了招标投标程序后才由招标人发出，且只有招标人有承诺的资格。

（2）向要约人作出。承诺是对要约的同意，只能向要约人作出。在招标投标关系中，招标人的招标公告是要约邀请，投标人递交的投标文件是要约，即投标人希望与招标人订立合同的书面意思表示，招标人的中标通知书是向特定的投标人发出的，系同意接受投标人要约的意思表示，是招标人的承诺。

（3）与要约的内容一致。《民法典》第488条规定，承诺的内容应当与要约的内容一致。受要约人对要约的内容作出实质性变更的，为新要约。中标通知

① 案例索引3：安徽水利公司与怀远县城投公司缔约过失责任纠纷案，安徽省高级人民法院（2014）皖民二终字第00659号民事判决书。

书是招标人同意投标文件的意思表示，必须由招标人签字或者盖章，其实质性内容应与承包人递交的投标文件的实质性内容一致，如价款、工期等。招标人和中标人应当自中标通知书发出之日起30日内，按照招标文件和中标人的投标文件订立书面合同。

（4）中标通知书发出即生效。《民法典》第484条规定，承诺通知到达要约人时生效。承诺不需要通知的，根据交易习惯或者要约的要求作出承诺的行为时生效。虽然传统观点认为我国立法对承诺的生效方式采取“到达主义”，但结合《招标投标法》第45条和第46条，均是对中标通知书“发出主义”的一种肯定。所以，笔者认为，在建设工程招标投标领域，中标通知书一经发出即生效。《建设工程施工合同（示范文本）》的起草者认为，实际上，《招标投标法》并未直接规定中标通知书发出后即生效，但有专家认为可以从相关法律条款中推定认为中标通知书在发出时生效。也有专家认为，根据《民法典》的规定，中标通知书如被认定为承诺，则非常明确地应当认定其送达中标人时即生效，否则将产生一个悖论，即投标人在还尚未知道自己中标的情况下，合同已经成立。因此实践中，多以中标通知书送达中标人时生效。

综上，笔者认为，当事人订立合同，采取要约、承诺方式，建设工程合同作为《民法典》规定的有名合同，其订立亦不例外。当然，由于众多工程项目需要履行招标投标程序，导致该类合同的订立过程有别于其他合同，但是，仍然受到经要约承诺即告合同成立之基本原理的调整。建设工程施工合同订立过程，一般都需经过招标、投标、开标、评标、定标、签订合同等几个阶段。招标公告是招标人向潜在的不特定的投标人发出的招标文件，根据《民法典》的规定属于要约邀请；投标是具有意向的投标人根据招标文件向招标人发出的订立合同的意思表示，属于要约；招标人发出中标通知书属于承诺，承诺生效时合同成立，依法成立的合同，自成立时生效。因此，招标人发出中标通知书时，施工合同成立并生效，任何一方拒绝签订书面施工合同均属违约，应当承担违约责任，法律规定要求另行订立的书面合同只是对施工合同的书面确认。

有观点认为，招标人定标即为承诺，此时就意味着施工合同已经成立并生效，中标通知书只是招标人承诺的载体，只是能够证明承诺已经到达要约人的证据之一，但并非唯一的证据，如果有证据证明招标人已经将承诺的意思表示送达中标人，则双方之间的合同仍然成立。比如，开标时的现场录音、录像资料等。笔者认为，该观点有待商榷，且使原本已经复杂且颇有争议的法律关系更为复杂,且在司法实践中,对当事人的举证提出了更高的要求,不利于守约方权利的保护。

【法官提示 6】

中标通知书发出之后,如果发包人拒绝签订施工合同、改变中标结果,则发包人应当承担违约责任,应当赔偿另一方所有损失,包括中标人的可得利益损失;如果中标人拒绝签订施工合同,放弃中标项目的,招标人有权没收其投标保证金,如果保证金不足以弥补招标人损失的,有权另行要求赔偿。

第二节 黑白合同

在建设工程领域中,经常会出现建设单位和施工单位就同一建设工程签订两份或两份以上在实质性内容上存在差异的合同,通常将经过招投标并经备案的合同称为"白合同",把实际履行的与备案合同存在实质性差异的合同称为"黑合同"。建设工程招投标领域黑白合同现象除了发包方过分压价和当事人规避政府强制监管的传统原因之外,呈现出以下新特点:有为套取银行贷款而抬高白合同价款的情形;有因政府(部门)搭车违法乱收费,当事人为少交税费而压低白合同价款的现象;有发包方主动找施工单位压价先签合同,甚至让施工单位先进场并要求施工单位找第三方陪标后备案的情况;更有少数地方政府缺少资金,但为追求政绩从而事先寻找投资或合作伙伴、预先订立协议、形式上走一下招投标程序的例子。[①] 黑白合同的签订履行,不仅违反《招标投标法》《建筑法》《民法典》的规定,而且严重扰乱建筑市场秩序,容易造成工程质量隐患,危害社会公共安全和群众生命财产安全,并且因为黑白合同的大量存在,引发大量拖欠工程款、拖欠材料设备款、拖欠农民工工资现象,影响社会和谐稳定。

《房地产纠纷案件审判意见》第 4 条对此强调,要依照《招标投标法》和司法解释的规定,准确把握"黑白合同"的认定标准,依法维护中标合同的实质性内容;对案件审理中发现的带有普遍性的违反《招标投标法》等法律、行政法规和司法解释规定的问题,要及时与建设行政管理部门沟通、协商,共同研究提出从源头上根治的工作方案,切实维护建筑市场秩序。

---

① 参见林文学:《建设工程合同纠纷司法实务研究》,法律出版社 2014 年版,第 88 页。

一、黑白合同适用对象及表现形式

(一)关于履行了招投标程序的非强制性招标项目

实践中,有观点认为,只有上述强制性招标项目才适用《招标投标法》的规定,因此,黑白合同的适用对象仅限于强制性招标项目,对于非强制性招标项目,即使当事人自愿进行了招投标,签订了施工合同,当事人仍然可以在招标之前或者之后通过签订补充协议的方式变更中标合同的内容,因此,非强制性招标项目不属于黑白合同适用对象。

案例索引裁判文书

案例索引4
内蒙古高院(2014)内民一终字第00182号惠福公司与建设公司建设工程施工合同纠纷民事判决书

对此,笔者认为,履行了招投标程序的非强制性招标项目应当属于黑白合同适用对象。[1] 根据《招标投标法》第2条的规定,在中华人民共和国境内进行招标投标活动,适用该法。该法并未区分强制性招标项目或者非强制性招标项目。只要当事人自愿就建设工程项目进行了招投标,就应当受到招投标法律、法规和规章的约束,就应当遵守公开、公平、公正、透明的招投标原则,否则将会破坏正常的市场竞争秩序。

【法官提示7】

黑白合同的适用对象既包括强制性招标项目,也包括非强制性招标项目但当事人履行了招投标程序的项目。只要当事人按照《招标投标法》的规定,通过招投标方式签订了建设工程施工合同,发包人和中标人就应当根据中标通知书签订建设工程施工合同,不得另行签订与中标合同实质性内容不一致的合同,即"黑白合同"。

(二)黑白合同的表现形式

根据建设工程施工实践,从合同签订的时间和形式上区分,黑白合同主要表现为:

(1)黑合同签订于白合同之前。由于建设工程的不确定因素很多,市场信息的不对称性使建设方难以对投标人的经验及技术、履约能力有准确的判断,给招标人带来了诸多风险。为了规避招投标带来的施工者选择的不确定风险,

---

① 案例索引4:惠福公司与建设公司建设工程施工合同纠纷案,内蒙古自治区高级人民法院(2014)内民一终字第00182号民事判决书。

不少招标人想方设法控制招投标的结果。一是建设单位在招投标之前就已经与投标人(施工单位)进行磋商,涉及实质性内容并签订黑合同,即发生串标行为。之后,履行招投标程序,签订白合同进行备案登记,甚至有些工程在招投标之前,施工单位就已经进场施工。二是建设单位与施工单位直接签订建设工程合同后,由施工单位串通其他有关单位进行招投标,并签订双方并不实际履行的合同进行备案。

(2)黑合同签订于白合同之后,或与白合同同时签订难以确定先后顺序。建设单位按照法律规定履行了招投标程序,与施工单位签订施工合同并进行了备案。之后,建设单位利用自身的优势地位,要求施工单位改变工程款支付方式、降低造价、垫资施工或缩短工期等,订立与中标合同实质性内容相背离的黑合同,并在实际施工过程中得以履行。

【法官提示8】

从《招标投标法》的有关规定来看,对于两份合同性质的认定,没有将合同签订时间作为一个标准,只要针对同一工程的两份合同在实质性内容方面不一致,其中有一份是中标合同或者根据中标文件签订的合同,就可以认定为“黑白合同”或者“阴阳合同”的情形。

二、黑白合同的认定

(一)工程履行招投标程序时黑白合同的认定

《建设工程司法解释(一)》第2条规定,招标人和中标人另行签订的建设工程施工合同约定的工程范围、建设工期、工程质量、工程价款等实质性内容,与中标合同不一致,一方当事人请求按照中标合同确定权利义务的,人民法院应予支持。司法解释只是就双方当事人构成“黑白合同”情形下的结算问题作了明确规定,即以中标合同作为结算依据,但是没有对黑白合同作出定义或者提供认定标准或依据。

如把握标准过严,就意味着大量的施工合同将被认定无效,可能会导致经济活动逆向流转,这样的结果不符合建筑市场现实,不利于经济活动的顺向流转,不利于建筑市场的健康发展;如把握标准过宽,实质是对违法行为的放纵,与党中央、国务院规范整顿建筑市场秩序的初衷相悖;只有执法的分寸把握得当,才能既可以配合人民政府对建筑市场的规范整顿措施,严肃执行《招标投标法》,也可以面对建筑市场的实际情况,保障建筑市场的健康快速发展,为国民经济发展大局服务。[①]

1. 合同实质性内容的判断

根据《民法典》第 470 条的规定,合同的内容由当事人约定,一般包括以下条款:当事人的姓名或者名称和住所;标的;数量;质量;价款或者报酬;履行期限、地点和方式;违约责任;解决争议的方法等。当事人还可以参照各类合同的示范文本订立合同。合同的条款是非常重要的,所以在此条规定了合同的主要条款。但是,并不是说当事人签订的合同中缺了其中任何一项就会导致合同的不成立或者无效。主要条款的规定只具有提示性与示范性。合同的主要条款或者合同的内容要由当事人约定,一般包括这些条款,但不限于这些条款。不同的合同,由其类型与性质决定,其主要条款或者必备条款可能是不同的。根据《民法典》第 795 条的规定,施工合同的内容一般包括工程范围、建设工期、中间交工工程的开工和竣工时间、工程质量、工程造价、技术资料交付时间、材料和设备供应责任、拨款和结算、竣工验收、质量保修范围和质量保证期、相互协作等条款。当然上述条款中的内容并非全部属于合同的必备条款,并非意味着当事人对上述任何条款内容的变更均是对合同实质性内容的变更,均构成黑白合同。

《招标投标法》第 46 条规定,招标人和中标人应当自中标通知书发出之日起 30 日内,按照招标文件和中标人的投标文件订立书面合同。招标人和中标人不得再行订立背离合同实质性内容的其他协议。《招标投标法实施条例》第 57 条第 1 款规定,招标人和中标人应当依照《招标投标法》和本条例的规定签订书面合同,合同的标的、价款、质量、履行期限等主要条款应当与招标文件和中标人的投标文件的内容一致。招标人和中标人不得再行订立背离合同实质性内容的其他协议。因此,司法实践中,判断黑白合同的一个主要依据就是双方另行签订的合同是否对中标合同的实质性内容进行了变更。

关于何为合同的实质性内容?一般认为,合同的实质性内容是指影响或者决定当事人基本权利义务的条款内容。合同的实质性内容与合同成立的必备条款涵盖的范围并不相同,《民法典》并未对合同成立要件作详细规定,也无从考察合同的必备条款,结合原来相关司法解释之规定,原则上,合同成立应具备

---

① 参见最高人民法院民事审判第一庭编:《最高人民法院民事案件解析(附指导案例 3):建设工程》,法律出版社 2010 年版,第 683 页。

"名称或姓名、标的、数量"三个条款。《民法典》第 488 条规定,有关合同标的、数量、质量、价款或者报酬、履行期限、履行地点和方式、违约责任和解决争议方法等的变更,是对要约内容的实质性变更。"本条对于实质性条款项目的开列具有提示性质,在实际交易的具体合同中,哪些条款内容的变更具有提示性质,在实际交易的具体合同中,哪些条款内容的变更构成实质性变更,还需就个案进行具体分析。"①同时,建设工程施工合同属于双务合同,发包人的主要合同义务就是支付工程价款,承包人的主要合同义务就是在约定的工程期限内完成工程建设且工程质量符合约定或者国家标准。由于实践中争议较大且关系合同效力及履行,根据上述法律及司法实践,《建设工程司法解释(一)》第 2 条规定,招标人和中标人另行签订的建设工程施工合同约定的工程范围、建设工期、工程质量、工程价款等实质性内容,与中标合同不一致,一方当事人请求按照中标合同确定权利义务的,人民法院应予支持。招标人和中标人在中标合同之外就明显高于市场价格购买承建房产、无偿建设住房配套设施、让利、向建设单位捐赠财物等另行签订合同,变相降低工程价款,一方当事人以该合同背离中标合同实质性内容为由请求确认无效的,人民法院应予支持。

案例索引裁判文书

案例索引5

浙江高院(2014)浙民提字第123号万厦公司与旺祥公司建设工程施工合同纠纷民事判决书

因此,根据上述条款规定,结合建设工程施工合同的特殊性,笔者认为,司法实践中,认定"黑白合同"时所涉的"实质性内容",主要包括合同中的工程范围、工程价款、工程质量、工程期限四部分。②

工程范围是指施工的界区,是施工人进行施工的工作范围,工程范围是施工合同的必备条款。应该注意的是,施工过程中,因发包人的设计变更、建设工程规划指标调整等客观原因,发包人与承包人以补充协议、会谈纪要甚至签证等变更工程范围的,不应当认定为背离中标合同的实质性内容的协议。③ 工程价款是指发包人用于支付承包人按照合同约定完成承包范围内全部工作的金额,包括合同履行过程中按合同约定发生的价格变化。工程质量是指建设工程施工合同约定的工程具体条件,工程质量标准必须符合现行国家有关工程施工质量验收规范和标准的要

---

① 黄薇主编:《中华人民共和国民法典释义》,法律出版社 2020 年版,第 938 页。

② 案例索引 5:万厦公司与旺祥公司建设工程施工合同纠纷案,浙江省高级人民法院(2014)浙民提字第 123 号民事判决书。

③ 参见最高人民法院民事审判第一庭编著:《最高人民法院新建设工程施工合同司法解释(一)理解与适用》,人民法院出版社 2021 年版,第 32 页。

求。工程期限是指承包人完成工程所需的期限,包括按照合同约定所作的期限变更。双方另行订立的在工程范围、工程价款、工程质量、工程期限四个方面变更中标结果的协议,应当认定为是对司法解释中的“实质性内容”的变更,属于“黑合同”。

另外,在结算依据上,根据《建设工程司法解释(一)》第22条的规定,当事人签订的建设工程施工合同与招标文件、投标文件、中标通知书载明的工程范围、建设工期、工程质量、工程价款不一致,一方当事人请求将招标文件、投标文件、中标通知书作为结算工程价款的依据的,人民法院应予支持。司法解释起草者认为,在合同与招投标文件不一致时以招投标文件作为结算工程价款的根据是严格贯彻执行《招标投标法》、维护招标投标秩序严肃性的必然要求,也是根据招标人、中标人之间成立的合同还原当事人真实意思表示的应有之义。①

2. 合同的正常变更

合同变更,是指合同在成立以后,尚未履行或者完全履行以前,双方当事人就合同的内容进行修改或者补充的行为。合同成立后,当事人应当按照合同约定履行合同,任何一方未经对方同意,都不得改变合同的内容,但是,当事人在订立合同时,不可能对涉及的所有问题都作出明确的约定,对于合同履行过程中一些新的情况,需要对双方的权利义务关系重新进行调整和约定,此时就需要当事人对合同内容进行修改或者补充。合同本身即是当事人自愿达成的协商一致的结果,因此在变更合同内容时,也应当本着协商的原则进行,《民法典》第543条规定,当事人协商一致,可以变更合同。因此对合同进行变更是法律赋予合同当事人的一项基本权利。《民法典》上的合同变更属狭义的合同变更,仅指合同内容的变更,故合同的内容发生变化,自属合同变更题中应有之义。合同内容的变更主要包括以下类型:(1)合同标的物的变更,包括标的物种类的更换、数量的增减、品质的改变、规格的更改等。(2)合同履行条件的变更,包括履行期限、履行地点、履行方式以及结算方式的改变等。(3)合同价金的变更,即合同价款或者酬金的增减,以及利息的变化等。(4)合同所附条件或期限的变更,如所附条件的除去或增加,所附期限的延长或提前等。(5)合同担保的变更,如基于当事人的意思表示或者法律的规定,使合同担保消灭或新设等。

---

① 参见最高人民法院民事审判第一庭编著:《最高人民法院新建设工程施工合同司法解释(一)理解与适用》,人民法院出版社2021年版,第228页。

(6)其他内容的变更,如违约金的变更,选择裁判机构协议的变更,等等。

根据《民法典》及上述分析,合同变更应当具备以下条件:一是合同变更是对已经存在的合同关系的变更。合同变更只是对原有合同关系内容的部分修改和补充。二是合同的变更必须经过当事人协商一致。合同是当事人双方平等协商一致的产物,任何一方未经对方同意,不能擅自变更合同内容。三是合同变更必须遵守法定形式。法律、行政法规规定变更合同应当办理批准、登记等手续的,依照其规定。

关于工程变更,住房和城乡建设部《建设工程工程量清单计价规范》(GB 50500-2013)中定义为:合同工程实施过程中由发包人提出或由承包人提出经发包人批准的合同工程任何一项工作的增、减、取消或施工工艺、顺序、时间的改变;设计图纸的修改;施工条件的改变;招标工程量清单的错、漏从而引起合同条件的改变或工程量的增减变化。建设项目由于施工周期较长、专业性较强,施工合同在履行过程中,发生变更是客观的,也是允许的,也并非所有的变更都会构成黑白合同。住房和城乡建设部、国家工商行政管理总局《建设工程施工合同(示范文本)》(GF-2017-0201)在通用条款第十部分对于通常情况下施工合同产生变更的具体情形进行了列举,主要包括以下情形:(1)增加或减少合同中任何工作,或追加额外的工作;(2)取消合同中任何工作,但转由他人实施的工作除外;(3)改变合同中任何工作的质量标准或其他特性;(4)改变工程的基线、标高、位置和尺寸;(5)改变工程的时间安排或实施顺序。当然,工程建设中的合同变更不仅仅局限于通用条款部分列举的情形,合同当事人可以根据工程建设实际情况在专用条款部分另行约定变更的情形。

【法官提示9】

工程因设计变更、规划调整或者遇特殊地质情况等客观原因导致工程量扩大或者缩小、质量标准或施工工期发生变化,当事人协商一致签订补充协议、会谈纪要等书面文件对中标合同的实质性内容进行变更和补充的,属于正常的合同变更,应以上述文件作为确定当事人权利义务的依据,修改后的合同可以作为结算工程价款的依据。

3. 黑白合同与合同变更的区分

从《民法典》理论上讲,合同的变更是法律赋予合同当事人的一项基本权利,是指对合同相关内容进行修改的行为。《民法典》中也对合同的变更作了明确的规定。合同变更权的行使存在于所有合同的履行过程中,中标合同的履行当然也不例外。因此,如何正确区分合同的变更与规避中标合同的界限,在审理建设工程施工合同纠纷中就显得尤为重要。

对于一些以变更合同之名,行签订"黑白合同"之实的行为,要准确区分。在合同实质性内容之外变更中标合同的,不属于签订"黑白合同"。对于与备案合同不一致的约定,要结合合同履行的具体情况进行认定。比如,只是在工程款稍有调整、工期略微变化的情况下,不宜认定为"黑白合同",否则会导致双方当事人利益失衡。在这个问题上,既要使当事人的合同变更权不受限制和排除,又要防止当事人通过签订"黑白合同",作为不正当竞争的手段。[①] 要区分导致合同重大变更的原因,如果在合同履行过程中,因设计变更导致工程量明显增加或减少等影响中标合同的实际履行,承包人与发包人经协商对中标合同的内容进行了相应变更,则即使两份合同在工程价款、工程质量和工程期限方面存在重大差异,也应认定属于正常的合同变更,而不构成本条所称的"实质性不一致"。[②]

虽然住房和城乡建设部、国家工商行政管理总局《建设工程施工合同(示范文本)》(GF-2013-0201)以及《建设工程施工合同(示范文本)》(GF-2017-0201)在通用条款部分均规定了施工合同的变更条款,并规定了市场价格波动引起的调整问题以及基准日期后,法律变化导致承包人在合同履行过程中所需要的费用发生约定以外的增加、减少时的处理,因法律变化造成工期延误的,工期应予以顺延等。但是,应当保证经过经济洽商记录减少后的工程价款不能低于工程成本,缩短后的工期不能违反建设工程施工行业的工艺流程所必需的周期、不能违反建筑工地应当遵循的自然规律。水泥板结存在自然周期,违反自然规律的水泥未完全板结前开始下一个工序抢工期,这种行为必然会降低水泥的设计强度,必然会影响工程质量,违反国家标准甚至国家强制性标准。突破上述底线的,人民法院应当坚决认定当事人另行签订了黑白合同。

笔者认为,在以下情形下应当允许当事人对中标合同进行变更,并与黑白

---

① 参见最高人民法院民事审判第一庭编:《民事审判指导与参考》(总第57辑),人民法院出版社2014年版,第171页。

② 参见最高人民法院民事审判第一庭编:《民事审判指导与参考》(总第58辑),人民法院出版社2014年版,第117页。

合同做好区分：

（1）对中标合同中的非实质性内容进行变更。《招标投标法》强调不得订立背离合同实质性内容的其他协议。但对当事人另行订立合同变更非实质性内容并没有限制。因此，当事人对工程范围、工程价款、工程质量、工程期限四项实质性内容之外的合同内容进行变更的，因为不涉及双方利益的重大调整，对合同履行及工程款结算也不会产生根本性影响，不构成黑白合同，应属于正常范畴的施工合同的变更。

（2）对中标合同实质性内容依法进行变更。虽然法律规定当事人不得订立背离合同实质性内容的其他协议，但并不意味着对中标合同的实质性内容就不能进行任何变更。在施工过程中，因设计变更、建设工程规划指标调整等客观原因，建设单位和施工单位可以变更工期、工程价款等实质性内容，不应认定为《招标投标法》第46条规定的“招标人和中标人再行订立背离合同实质性内容的其他协议”。当然，该种变更应当从证据角度进行判断，对当事人提交的补充协议、会谈纪要、往来函件、签证等书面文件进行严格审核，综合认定，并应把握以下几项原则：

第一，对于工程价款条款的变更，应特别注意中标人的让利承诺以及垫资行为。关于这两部分的性质及效力认定，在其他章节已经述及，不再赘述。

第二，对于工程质量条款的变更，如果双方对工程质量标准的约定高于原合同的，笔者认为，可以认定变更合法有效，但如果双方降低了对质量的要求，则应认定为无效。

第三，对于工程期限条款的变更，压缩合同工期的补充协议中，既没有写明压缩合同工期的合同依据，也没有写明以编制符合工程安全和工程质量的赶工技术方案或措施为压缩工期的前提条件，更没有对承包人进行赶工措施费用或提前完成工期奖的补偿内容，而仅仅约定了压缩合同工期的时间和逾期竣工的违约责任，则属于非法压缩工期的行为，可能影响建设工程的安全和质量，应属于司法解释规定的实质性变更。

【规范指引】

《全国民事审判工作会议纪要》（2011年10月9日　法办〔2011〕442号）

23.招标人和中标人另行签订的改变工期、工程价款、工程项目性质等中标结果的约定，应当认定为变更中标合同实质性内容；中标人作出的以明显高于市场价格购买承建房产、无偿建设住房配套设施、让利、向建设方捐款等承诺,亦应认定为变更中标合同的实质性内容。

建设工程开工后,发包方与承包方因设计变更、建设工程规划指标调整等原因,通过补充协议、会谈纪要、往来函件、签证等形式变更工期、工程价款、工程项目性质的,不应认定为变更中标合同的实质性内容。

《浙江省高级人民法院民事审判第一庭关于审理建设工程施工合同纠纷案件若干疑难问题的解答》(2012 年 2 月 23 日　浙法民一〔2012〕3 号)

十五、如何认定"黑白合同"?

认定"黑白合同"时所涉的"实质性内容",主要包括合同中的工程价款、工程质量、工程期限三部分。对施工过程中,因设计变更、建设工程规划指标调整等客观原因,承、发包双方以补充协议、会谈纪要、往来函件、签证等洽商记录形式,变更工期、工程价款、工程项目性质的书面文件,不应认定为《中华人民共和国招标投标法》第 46 条规定的"招标人和中标人再行订立背离合同实质性内容的其他协议"。

(二)工程未经招投标程序时黑白合同的处理

上述讨论都只涉及经过了招投标程序时对黑白合同的认定问题,包括非强制性招投标项目履行了招投标程序后即属于黑白合同适用对象。但是如果工程未经招投标程序但当事人双方签订了黑白合同的,如何处理?法律以及司法解释对此没有作出规定。根据《招标投标法》第 2 条的规定,在中华人民共和国境内进行招标投标活动,适用本法。该条并未区分强制性招标项目或者非强制性招标项目,只要履行了招投标程序,即适用该法。但是如果工程系非强制性招标项目,当事人未履行招投标程序的,是否存在黑白合同的适用问题?

笔者认为,此种情形下,关于双方之间权利义务同样受《民法典》等法律调整,在黑合同与白合同实质性内容不一致的情况下,只可能有一份是当事人真实意思的体现,只有体现当事人真实意思的合同,才可能作为确定当事人权利义务的依据。在确定当事人真实意思的情况下,再看体现了当事人真实意思表示的该合同条款是否存在法律规定的合同无效的情形,如未构成无效,便应据此判定双方的权利义务,作为结算的依据,而不论该合同是黑合同还是白

案例索引裁判文书

案例索引6

浙江高院(2015)浙民申字第3198号宁波建工与和邦公司建设工程施工合同纠纷民事裁定书

合同。[①]

（三）让利承诺书性质的认定

建筑领域还存在一类颇有争议的情况，就是让利承诺书。经过招投标程序，中标人（承包人）和发包人签订建设工程施工合同之后，承包人又向发包人出具了让利承诺书，承诺大幅让利。对于让利承诺书的性质和效力，主要存在以下两种不同观点：

第一种观点认为，该类让利承诺书，是在双方经招投标程序并签订建设工程施工合同之后做出，并不违反《建筑法》《招标投标法》的规定，属于双方真实意思表示，符合合同自治原则，也是当前建筑市场的普遍现象，应为有效。

第二种观点认为，双方在签订建设工程施工合同之后，又另行签订让利承诺书，实际上是对合同在工程价款方面的调整，构成对中标价格的实质性背离，属于对合同实质性内容的变更，构成了黑合同，因其违反了《招标投标法》的强制性规定，该承诺书无效，不产生变更建设工程施工合同的效力。

笔者同意第二种观点。[②] 理由如下：

案例索引裁判文书

案例索引7
山东高院（2016）鲁民申460号新世纪公司与自来水公司等建设工程施工合同纠纷民事裁定书

（1）中标人在中标合同之外，承诺让利，实际上是在规避《招标投标法》对招投标的要求，违背了诚实信用原则，是对其他参与竞标者权利的损害。《招标投标法》第5条规定，招标投标活动应当遵循公开、公平、公正和诚实信用的原则。《建筑法》第16条规定，建筑工程发包与承包的招标投标活动，应当遵循公开、公正、平等竞争的原则，择优选择承包单位。由此可见，如果允许中标人承诺大幅让利，则直接损害了其他投标主体参与竞争的机会和合法权益，并损害了法律规定的招标投标应当遵循的基本原则。

（2）根据上述有关“实质性内容”的认定，让利承诺书本质上属于对工程价款的实质变更，违反了《招标投标法》第46条关于招标人和中标人不得再行订立背离合同实质性内容的其他协议的规定，应属无效，不能产生变更双方当事人在原建设工程施工合同中对有关工程价款的约定。

---

① 案例索引6：宁波建工与和邦公司建设工程施工合同纠纷案，浙江省高级人民法院（2015）浙民申字第3198号民事裁定书。

② 案例索引7：新世纪公司与自来水公司等建设工程施工合同纠纷案，山东省高级人民法院（2016）鲁民申460号民事裁定书。

（3）在合同之外，承诺大幅让利，从发包人的角度，看似工程造价减少了，但实际上承包人出于利润的考虑，是否存在降低工程质量的问题，危害公共安全，让人担忧。从《招标投标法》《建筑法》的立法目的即保护国家利益、社会公共利益和招标投标活动当事人的合法权益，维护建筑市场秩序，保证建筑工程的质量和安全，促进建筑业健康发展的角度，应当认定让利承诺书无效。

【法官提示10】

依据《招标投标法》第46条，《建设工程司法解释（一）》第2条、第22条之规定，招标人与中标人按照招标文件和中标人的投标文件订立《建设工程施工合同》后，中标人出具让利承诺书，承诺对承建工程予以大幅让利，实质上是对工程价款的实质性变更，应当认定该承诺无效。对此，《建设工程司法解释（一）》第2条第2款明确规定，招标人和中标人在中标合同之外就明显高于市场价格购买承建房产、无偿建设住房配套设施、让利、向建设单位捐赠财物等另行签订合同，变相降低工程价款，一方当事人以该合同背离中标合同实质性内容为由请求确认无效的，人民法院应予支持。另外，关于非招标投标项目，承包人就非招投标工程承诺予以让利，如无证据证明让利后的工程价款低于施工成本的，可认定该承诺有效，按该承诺结算工程价款。当然，并非任何的让利承诺均发生对工程价款实质性变更，需要结合工程情况、具体让利幅度等予以衡量。①

案例索引裁判文书

案例索引8
最高院(2021)民申字第1659号云南路桥公司与阳鹿公司普通破产债权确认纠纷民事裁定书

典型案例5

广西三建与荣基公司建设工程施工合同纠纷案②

广西三建（乙方）与荣基公司（甲方）签订一份《补充协议》，内容为：乙方承建甲方的住宅楼，工程结算价：中标价＋材料价差＋签证＋设计变更。广西三建出具一份承诺书，内容为：如能有幸中标本工程，我司作出如下承诺：让利返

① 案例索引8：云南路桥公司与阳鹿公司普通破产债权确认纠纷案，最高人民法院（2021）民申字第1659号民事裁定书。

② 参见广西壮族自治区高级人民法院民事判决书，（2019）桂民再575号。

点数:本工程按实际工程量结算。工程竣工结算时,高层建筑给予8.5%的让利,返还给贵司(按总造价计算);多层建筑给予7.5%的让利(按总造价计算),返还给公司。荣基公司(发包人)与广西三建(承包人)签订《建设工程施工合同》合同签订后,广西三建进场并施工完毕。广西三建与荣基公司签订一份结算审定汇总表,合计40,810,549.34元。荣基公司确认已扣除广西三建2,343,468.68元让利款,该让利款不含在40,810,549.34元之内。对于剩余工程款的支付,广西三建、荣基公司存在争议,协商未果,广西三建遂向法院起诉。

典型案例裁判文书

典型案例5

广西高院(2019)桂民再575号广西三建与荣基公司建设工程施工合同纠纷民事判决书

裁判规则:招投标之前荣基公司与广西三建已就工程价款、工程质量、工期等实质性内容进行了协商,达成合意,双方之间的招投标具有明显的先定后招、标前签约、相互串标的违法行为特征,违反了前述招标投标法律的效力性强制性规定,荣基公司与广西三建签订的《补充协议》和《建设工程施工合同》,及广西三建向荣基公司出具的《承诺书》均应为无效。即使在双方后续签订的《建设工程施工合同》中亦约定按承诺书的让利承诺结算工程价款,该让利承诺系广西三建在中标前就投标价格实质性内容与荣基公司进行商谈,违反法律禁止性规定而无效,荣基公司应当将结算时扣除的让利款返还给广西三建。

【规范指引】

《安徽省高级人民法院关于审理建设工程施工合同纠纷案件适用法律问题的指导意见》(2009年5月4日　安徽省高级人民法院审判委员会第16次会议通过)

9. 承包人就招投标工程承诺对工程价款予以大幅度让利的,属于对工程价款的实质性变更,应认定无效;承包人就非招投标工程承诺予以让利,如无证据证明让利后的工程价款低于施工成本,可认定该承诺有效,按该承诺结算工程价款。

三、黑白合同的效力认定

在施工过程中,双方一般会遵照建筑施工领域惯例或者实际履行的合同主张各自权利义务,但如果发生争议,往往出现一方根据中标合同主张权利,另一方主张以实际履行的合同为依据。此时，人民法院应当如何确定双方的权利义务，如何认定合同的效力，如何认定双方之间的工程款结算依据，在实践中尚有困惑。

关于黑白合同的效力，由于《建设工程司法解释（一）》第2条只是规定以白合同作为结算工程价款的依据，并没有对黑白合同的效力作出认定，因此，有观点认为，实践中人民法院不应对合同效力作出认定，也有观点绝对性地认为黑合同无效，白合同有效。笔者认为，上述观点均过于绝对化，司法实践中应当根据黑白合同的不同情形加以区分，合理认定有关合同效力。

（一）黑合同签订于白合同之前

建设单位如果在招投标之前就已经与投标人就投标价格、投标方案等实质性内容进行谈判的，即使后面双方履行了招投标程序，签订施工合同，也因违反了《招标投标法》第43条有关禁止招标人与投标人在招标之前进行实质性谈判规定内容，导致中标无效，实际上也就是违法招投标了。根据《建设工程司法解释（一）》第1条第3项的规定，中标无效的，则有关施工合同因违反国家法律、行政法规强制性规定而无效。因此，在违法招投标中标无效情形下，无论是中标合同即所谓白合同，还是在中标合同之前就已经签订的施工合同即黑合同，均属于无效合同。

（二）黑合同签订于白合同之后

经过法定招投标程序，建设单位和施工单位应当自中标通知书发出之日起30日内，按照招标文件和中标人的投标文件订立书面合同，在中标有效的情形下，该书面合同属于合法有效的白合同，之后，双方另行签订的与中标合同实质性内容不一致的则属于黑合同，此时，关于黑合同的效力问题，因违反《招标投标法》第46条的强制性规定而无效。

（三）备案与否不是认定合同效力的依据

按照国家规定需要履行项目审批、核准手续的依法必须进行招标的项目，其招标范围、招标方式、招标组织形式应当报项目审批、核准部门审批、核准，招标人应当向有关部门提交招标投标情况的书面报告。《房屋建筑和市政基础设施工程施工招标投标管理办法》第46条规定，招标人和中标人应当自中标通知书发出之日起30日内，按照招标文件和中标人的投标文件订立书面合同；招标人和中标人不得再行订立背离合同实质性内容的其他协议。《房屋建筑和市政基础设施工程施工分包管理办法》第10条第2款规定，分包工程发包人应当在订立分包合同后7个工作日内，将合同送工程所在地县级以上地方人民政府住房城乡建设主管部门备案。分包合同发生重大变更的，分包工程发包人应当自变更后7个工作日内，将变更协议送原备案机关备案。上述规定就是建设工程合同需要备案的法律依据。

但备案只是行政机关对招投标活动以及建设工程施工的一种监督，是招投标活动的管理措施，体现了国家对强制招标项目的干预和监督，备案制度并不是说中标结果和中标合同必须经行政部门审查批准后才生效，备案不是合同生效要件，当事人是否对合同进行备案，并不影响合同效力，有效的建设工程施工合同不会因为备案而具备更高的法律效力，无效的建设工程施工合同也不会因为通过了备案就变为有效，没有备案的建设工程施工合同不会当然无效。总之，合同备案只是行政管理的措施，属于行政管理范畴，违反备案管理制度应当受到行政处罚，不会对合同效力产生影响。

为贯彻落实党中央、国务院关于深化"放管服"改革和优化营商环境的部署要求，推动政府职能转向减审批、强监管、优服务，促进市场公平竞争，国务院办公厅出台《关于开展工程建设项目审批制度改革试点的通知》，明确提出取消施工合同备案、建筑节能设计审查备案等事项。据此，住房和城乡建设部于2018年9月对《房屋建筑和市政基础设施工程施工招标投标管理办法》进行了修改，对其中第47条"订立书面合同后7日内，中标人应当将合同送工程所在地的县级以上地方人民政府建设行政主管部门备案"内容予以删除。在前期试点基础上，国务院办公厅下发《关于全面开展工程建设项目审批制度改革的实施意见》，就全面开展工程建设项目审批制度改革提出意见。因此，在取消建设工程备案制度的背景下，《建设工程司法解释（一）》第2条明确规定，招标人和中标人另行签订的建设工程施工合同约定的工程范围、建设工期、工程质量、工程价款等实质性内容，与中标合同不一致，一方当事人请求按照中标合同确定权利义务的，人民法院应予支持。也就是说，在认定"白合同"时不再强调经过"备案"。无论是依法必须进行招标投标的工程项目还是非强制性招标投标的工程项目，当事人通过招标投标的方式进行发包与承包，并根据招标投标结果签订建设工程施工合同即可。

典型案例6

万厦公司与旺祥公司建设工程施工合同纠纷案[①]

典型案例裁判文书

典型案例6

浙江高院（2014）浙民提字第123号万厦公司与旺祥公司建设工程施工合同纠纷民事判决书

经招投标程序，旺祥公司与万厦公司签订了一份由万厦公司承建土建、水电安装工程的《建设工程施工合同》，双方办理了该《建设工程施工合同》的备案登记手续。后，旺祥公司与万厦公司签订一份《工程施工总承包补充协议》，该协议未经备案。之后，因工程进度款支付问题，双方产生纠纷，并最终诉至法院。万厦公司认为其与旺祥公司签订的《建设工程施工合同》依法进行了备案，属于“白合同”，而之后双方签订的《工程施工总承包补充协议》对工期、工程价款等实质性内容进行了变更，属于“黑合同”，应属无效合同。

裁判规则：就合同的备案而言，政府规定对建设工程的招投标合同需要进行备案，它关系到该合同项目涉及社会公共利益和公共安全，因此，对该类合同要依法采取有效的监管措施，以保障公共利益和安全，维护工程建设市场的交易规则和交易秩序。但除法律另有明确规定外，中标合同是否已经备案通常不能作为合同生效的标志。

（四）黑白合同认定原则

在黑白合同的效力认定上，笔者认为，应当注意把握一定的裁判标准，准确理解上述有关对“实质性内容”的判断，并兼顾当前建筑领域的实际情况。目前，由于“行业惯例”盛行，加之监管不到位，严格按照《招标投标法》的规定进行招投标的很少，黑白合同在建筑市场上呈现泛化趋势，在人民法院审理的建设工程合同纠纷案件中，总是能看到黑白合同的身影。在此背景下，如果一味地认定有关合同无效，则不仅不符合当前的建筑市场现实，而且不利于建筑市场的健康有序长远发展，不利于从根本上解决建筑市场秩序混乱问题。但是如果认定标准过宽，则无异于是对《招标投标法》《建筑法》等法律的挑战，突破了法律的底线，使建筑市场更为混乱，没有秩序可言。

① 参见浙江省高级人民法院民事判决书，(2014)浙民提字第123号。

同时,建设单位直接发包的工程,即建设工程无须招标的,但当事人双方自愿将签订的建设工程施工合同向住房城乡建设主管部门备案的,此后又签订与备案合同实质性内容不一致的合同,此种情形不适用“黑白合同”的认定规则。

【法官提示11】

案例索引裁判文书

案例索引9

最高院（2014）民申字第952号林州采桑公司与倪黄庄村委会等建设工程施工合同纠纷民事裁定书

另外,在审理该类案件中,对于所涉合同是否为黑白合同,合同是否无效,人民法院可以主动进行审查,而不必遵循不告不理的诉讼原则。有观点认为,关于“黑白合同”的法律效力问题,《建设工程司法解释(一)》并未对“黑白合同”的效力作出评判,只是规定将“白合同”作为结算工程价款的依据,因此,在审判实践中不宜对“黑白合同”的法律效力进行认定。笔者不认同该观点,因为对合同效力的认定属于法院职权行为,主动审查合同的效力是法律赋予法官的权限。①

四、黑白合同的结算

关于黑白合同的结算问题,一种观点认为,只要出现了黑白合同情形,就应当以白合同作为结算工程款的依据;另一种观点认为,黑白合同情形下,应当以双方实际履行的合同作为结算工程款的依据。

(一)中标有效情形下的结算依据

《建设工程司法解释(一)》第22条规定,当事人签订的建设工程施工合同与招标文件、投标文件、中标通知书载明的工程范围、建设工期、工程质量、工程价款不一致,一方当事人请求将招标文件、投标文件、中标通知书作为结算工程价款的依据的,人民法院应予支持。适用该条的前提是法律、行政法规规定必须进行招标且经过了招投标的工程项目及施工合同。如果法律、行政法规规定必须进行招标但未招标的,应当适用《民法典》第793条之规定,即建设工程施工合同无效,但是建设工程经验收合格的,可以参照合同关于工程价款的约定折价补偿承包人。

---

① 案例索引9:林州采桑公司与倪黄庄村委会等建设工程施工合同纠纷案,最高人民法院(2014)民申字第952号民事裁定书。

需要注意的是，参照招投标文件结算工程价款的前提是招投标活动合法有效。招投标无效而签订的合同包括中标合同、招投标文件以及其他另行订立并实际履行的合同一般应当被认定为无效合同。因此，即使当事人之间存在招投标文件，但如果招标本身是违法的，也不应适用本条款，不能将招投标文件作为结算工程价款的根据。① 在当事人之间就同一建设工程订立的合同均被认定无效的情况下，工程价款的结算应当适用《建设工程司法解释（一）》第 24 条之规定，即当事人就同一建设工程订立的数份建设工程施工合同均无效，但建设工程质量合格，一方当事人请求参照实际履行的合同关于工程价款的约定折价补偿承包人的，人民法院应予支持。实际履行的合同难以确定，当事人请求参照最后签订的合同关于工程价款的约定折价补偿承包人的，人民法院应予支持。

另外，根据《建设工程司法解释（一）》第 23 条之规定，发包人将依法不属于必须招标的建设工程进行招标后，与承包人另行订立的建设工程施工合同背离中标合同的实质性内容，当事人请求以中标合同作为结算建设工程价款依据的，人民法院应予支持，但发包人与承包人因客观情况发生了在招标投标时难以预见的变化而另行订立建设工程施工合同的除外。此处的“变化”，一般包括招标投标后建设工程的原材料、工程设备价格变化超出了正常的市场价格涨跌幅度、招标投标后人工单价发生了重大变化、建设工程的规划、设计发生了重大变化等。

但是上述条文没有规定黑白合同到底哪个有效哪个无效，并未解决黑白合同的效力认定问题，但却明确了黑白合同情形下，为了便于及时解决当事人之间的建设工程施工合同纠纷，应当以白合同即中标合同为计算依据。当事人就同一建设工程另行订立的建设工程施工合同与中标合同实质性内容不一致的，均应当按照司法解释的规定，以中标合同作为工程价款的结算依据。②

案例索引裁判文书

案例索引10
北京高院（2016）京民申866号韩建集团与农职学院建设工程施工合同纠纷民事裁定书

【法官提示 12】

法律、行政法规规定中标合同的变更必须经过法定程序，黑合同虽然可能

---

① 参见最高人民法院民事审判第一庭编著：《最高人民法院新建设工程施工合同司法解释（一）理解与适用》，人民法院出版社 2021 年版，第 229 页。

② 案例索引 10：韩建集团与农职学院建设工程施工合同纠纷案，北京市高级人民法院（2016）京民申 866 号民事裁定书。

是当事人的真实意思表示,但由于合同形式不合法,不产生变更白合同的法律效力。当事人签订中标合同后,如果出现了变更合同的法定事由,双方协商一致后可以变更合同。

典型案例7

森淼开发公司与宇昊建筑公司建设工程施工合同纠纷案①

典型案例裁判文书

典型案例7

黑龙江高院(2019)黑民终281号森淼开发公司与宇昊建筑公司建设工程施工合同纠纷民事判决书

2013年5月21日,宇昊建筑公司项目负责人与森淼开发公司项目负责人曾就大厦工程签订了第一份施工合同。后,宇昊建筑公司中标大厦项目。2013年6月12日,宇昊建筑公司与森淼开发公司签订了第二份施工合同,该合同签订后,宇昊建筑公司组织施工。后双方因施工纠纷诉至法院,案件审理中对结算依据争议较大。

裁判规则:双方当事人分别签订两份施工合同,其中第二份施工合同已经过招投标并进行备案,第一份施工合同未进行招投标,与备案的第二份施工合同的工程价款、结算标准、工期等实质性内容不一致,故认定第二份施工合同有效正确,应依据第二份施工合同作为双方当事人的结算依据。

【规范指引】

《四川省高级人民法院关于审理涉及招投标建设工程合同纠纷案件的有关问题的意见》(2010年6月22日 四川省高级人民法院审判委员会第33次会议通过)

第二条 当事人就同一建设工程另行订立的合同与合法有效的备案中标合同实质性内容不一致的,人民法院应当严格按照《最高人民法院关于审理建设工程施工合同纠纷案件适用法律问题的解释》第二十一条的规定,以备案的中标合同作为结算工程款的依据。

① 参见黑龙江省高级人民法院民事判决书,(2019)黑民终281号。

（二）中标无效情形下的结算依据

关于中标无效情形下的工程款结算问题，司法解释没有给出答案。《招标投标法》对中标无效的情形作了具体规定，《建设工程司法解释（一）》第1条第3项也明确规定，中标无效，则建设工程施工合同无效，即中标合同白合同无效，而对白合同实质性内容进行变更的黑合同也属无效。此时，就产生了如何结算工程款的问题。

第一种观点认为，既然黑白合同均无效，黑白合同约定的结算标准均不能作为结算依据，应当以当地行政主管部门颁布的定额标准据实结算。第二种观点认为，黑白合同均无效，当事人双方对此均有责任，由任何一方完全承担其后果均不公平，可以依据黑白合同约定的结算标准分别计算工程款数额，将两者之间的差额作为损失，由当事人双方根据其在合同无效中的过错程度予以分担。第三种观点认为，司法解释并未认定黑白合同的效力，只是明确以白合同作为结算依据，并且司法解释规定因中标无效签订的施工合同无效，但仍可以参照该合同约定进行结算，因此白合同是否有效并不影响其在黑白合同中作为结算依据的效力，故应当以白合同作为工程款结算的依据。第四种观点认为，在黑白合同都无效情形下，双方当事人均违反了法律的强制性规定，扰乱了建筑市场的正常秩序，黑白合同的差价属于非法利益，双方均不应获得，应当予以收缴。

笔者认为，当事人违法进行招投标，又另行订立建设工程施工合同的，根据前述分析黑白合同两份合同均无效。此时有关工程价款的结算，应当按照规定，将符合双方当事人的真实意思，并在施工中具体履行的那份合同，作为工程价款的结算依据。对此，2020年修订的《建设工程司法解释（一）》第24条明确规定，当事人就同一建设工程订立的数份建设工程施工合同均无效，但建设工程质量合格，一方当事人请求参照实际履行的合同关于工程价款的约定折价补偿承包人的，人民法院应予支持。实际履行的合同难以确定，当事人请求参照最后签订的合同关于工程价款的约定折价补偿承包人的，人民法院应予支持。

案例索引裁判文书

案例索引11
湖南郴州中院（2022）湘10民终1057号坤泰公司与浩旭公司建设工程施工合同纠纷民事判决书

但是，如果建设工程质量不合格，应当如何结算折价补偿款？此时，如果还要发包人为质量不合格的工程支付折价款，对发包人而言，显失公平。对此，《民法典》第793条规定，建设工程施工合同无效，且建设工程经验收不合格的，按照以下情形处理:(1)修复后的建设工程经验收合格的,发包人可以请求承包人承担修复费用;(2)修复后的建设工程经验收不合格的,承包人无权请求参照合同关于工程价款的约定折价补偿。发包人对因建设工程不合格造成的损失有过错的,应当承担相应的责任。①

典型案例8

莱钢公司与普匀丰公司建设工程施工合同纠纷案②

典型案例裁判文书

典型案例8

山东高院(2015)鲁民一终字第122号莱钢公司与普匀丰公司建设工程施工合同纠纷民事判决书

2009年2月28日,普匀丰公司作为发包人与承包人莱钢公司签订工程承包框架协议,约定工程建设事宜。2009年4月30日,普匀丰公司作为招标人向莱钢公司发出中标通知书。后,双方又签订建设工程施工合同一份,对工程施工进行约定。另查明,在发出中标通知书之前,莱钢公司于2009年4月27日向发包方及监理方提交了开工报告。双方因工程款结算问题产生争议,莱钢公司遂诉至法院,案件审理中,双方就工程价款结算的合同依据产生争议。

裁判规则:双方当事人在招标投标前即就投标价格等实质性内容进行约定并签订工程承包框架协议,双方所履行的招投标程序属于先定后招的虚假招标行为,违反了《招标投标法》的强制性规定,在中标合同订立前签订的工程承包框架协议无效,此后双方履行招标投标程序所订立的施工合同亦无效。工程承包框架协议虽然也是无效的,但系双方当事人真实意思表示,且是双方实际履行的合同,应当作为工程价款结算的依据。

【法官提示13】

确定参照合同约定结算工程价款考虑的主要因素是,合同约定的工程价款数额是双方当事人的真实合意,与缔约时的市场行情相符,按照这一标准结

① 案例索引11:坤泰公司与浩旭公司建设工程施工合同纠纷案,湖南省郴州市中级人民法院(2022)湘10民终1057号民事判决书。

② 参见山东省高级人民法院民事判决书,(2015)鲁民一终字第122号。

算工程价款，有利于当事人接受裁决结果。同时，可避免采用委托鉴定方式，增加当事人诉讼成本，延长案件审理期间，增加当事人诉累，符合诉讼经济原则。

【规范指引】

《浙江省高级人民法院民事审判第一庭关于审理建设工程施工合同纠纷案件若干疑难问题的解答》(2012年2月23日 浙法民一〔2012〕3号)

十六、对“黑白合同”如何结算？

当事人就同一建设工程另行订立的建设工程施工合同与中标合同实质性内容不一致的，不论该中标合同是否经过备案登记，均应当按照最高人民法院《关于审理建设工程施工合同纠纷案件适用法律问题的解释》第二十一条的规定，以中标合同作为工程价款的结算依据。

当事人违法进行招投标，当事人又另行订立建设工程施工合同的，不论中标合同是否经过备案登记，两份合同均为无效；应当按照最高人民法院《关于审理建设工程施工合同纠纷案件适用法律问题的解释》第二条的规定，将符合双方当事人的真实意思，并在施工中具体履行的那份合同，作为工程价款的结算依据。

《山东高院民一庭关于审理建设工程施工合同纠纷案件若干问题的解答》

1. 施工合同无效，当事人主张参照合同约定结算工程价款，如何处理？

施工合同无效，建设工程经竣工验收合格的，可以将合同中关于工程价款、付款时间、工程款支付进度、下浮率、质保金等约定条款作为折价补偿的依据。

2. 施工合同无效，当事人主张以另行签订的结算协议作为工程价款结算依据，如何处理？

当事人在施工合同之外签订的结算协议具有独立性，施工合同的效力不影响结算协议的效力，结算协议可以作为确定工程价款的依据。

《陕西省高级人民法院关于审理建设工程施工合同纠纷案件若干问题的解答》(陕高法〔2020〕113号)

3. 当事人在建设工程施工合同之外另行签订的结算协议作为工程价款结算依据，若建设工程施工合同无效，该结算协议效力是否受影响。

当事人在建设工程施工合同之外签订的结算协议具有独立性，建设工程施工合同是否有效不影响结算协议的效力，结算协议可以作为确定工程价款的依据。

第三节　合同效力的认定

在建设工程施工合同纠纷案件中,合同的效力认定往往成为案件的争议焦点和处理难点,关乎合同当事人权利行使和利益诉求,也关乎当事人诉讼权利的行使。人民法院认定建设工程施工合同的效力,应当严格按照《建设工程司法解释(一)》条文规定的情形,以《民法典》及相关司法解释为依据,结合强制性规范的立法目的、合同的履行情况等因素,慎重认定合同效力。

一、认定建设工程施工合同效力的一般原则

合同的效力是指合同经过法律的评价所反映出的效果。根据《民法典》的规定,建设工程施工合同的效力一般可以区分为有效合同、无效合同、可撤销的合同、效力未定的合同四种类型。司法实践中,更多的是针对合同是否有效展开。

(一)关于合同效力的类型

1. 关于合同的生效要件

结合《民法典》第 143 条的规定,生效合同应当具备以下要件:

一是当事人签订合同时具有相应的缔约能力。就自然人而言,完全民事行为能力人可以在法律规定范围内订立各种合同;限制民事行为能力人可以订立与其年龄、智力、精神健康状况相适应的合同;无民事行为能力人由法定代理人代理民事活动。就法人而言,只能在核准登记的经营范围内从事经营活动。就建设工程施工合同而言,根据法律规定,合同主体应当是法人。建设工程施工合同的发包方是指建设工程的建设单位,即投资建设该项工程的单位,建设工程的承包方是指承担建设施工任务的单位,该建筑施工企业应当持有依法取得的资质证书,并在其资质等级许可的业务范围内承揽工程。认定合同效力的首要问题就是合同的主体资格问题。

二是合同当事人的意思表示真实。意思表示真实,是指表意人的表示行为应真实反映其内心的效果意思。意思表示中含有效果意思和表示行为这两个要素即告成立,但需真实方能有效。如果存在意思与表示不一致、意思表示不自由等意思表示瑕疵的,则根据法律规定,有的合同将归于无效,有的合同归于可撤销。建设工程施工合同同样应当是基于当事人真实意思表示签订的合同。

三是双方签订合同不违反法律或者社会公共利益。民法理论上所称的合

同不违反法律，不损害国家和社会公共利益，既指合同的目的，又指合同的内容。合同的目的，指当事人缔结合同的直接内心原因；合同的内容，指合同中的权利义务及其指向的对象。合同内容违法，有的体现为标的违法，有的体现为标的物违法，如非法出版物的加工承揽。合同内容违法固然使合同无效，内容虽不违法，但其目的违法者，如租赁房屋以开赌场，同样使合同无效。建筑领域中，除了《民法典》《建筑法》《招标投标法》等法律，还有大量的行政法规和部门、政府规章，对上述法律法规的违反，不仅有可能对合同效力产生影响，而且有可能被处以行政处罚。

2. 无效合同

根据《民法典》的规定，下列民事行为无效：(1)无民事行为能力人实施的；(2)行为人与相对人以虚假的意思表示实施的；(3)违反法律、行政法规的强制性规定的，但是，该强制性规定不导致该民事法律行为无效的除外；(4)违背公序良俗的；(5)行为人与相对人恶意串通，损害他人合法权益的。无效的民事行为，从行为开始起就没有法律约束力。

【法官提示14】

上述规定，就是当前实践中认定无效合同的法律依据，建设工程合同作为《民法典》规定的有名合同之一，同样受到上述法律条款的约束。司法实践中，往往着重关注司法解释规定的无效类型，而忽略了《民法典》规定的无效情形。

3. 可撤销的合同

根据《民法典》的规定，下列民事法律行为，当事人一方有权请求人民法院或者仲裁机构变更或者撤销：(1)基于重大误解实施的；(2)一方以欺诈手段，使对方在违背真实意思的情况下实施的；(3)第三人实施欺诈行为，使一方在违背真实意思的情况下实施的民事法律行为，对方知道或者应当知道该欺诈行为的；(4)一方或者第三人以胁迫手段，使对方在违背真实意思的情况下实施的；(5)一方利用对方处于危困状态、缺乏判断能力等情形，致使民事法律行为成立时显失公平的。同时，《民法典》第152条规定，有下列情形之一的，撤销权消灭：当事人自知道或者应当知道撤销事由之日起一年内、重大误解的当事人自知道或者应当知道撤销事由之日起九十日内没有行使撤销权；当事人受胁迫，自胁迫行为终止之日起一年内没有行使撤销权；当事人知道撤销事由后明确表示或者以自己的行为表明放弃撤销权。当事人自民事法律行为发生之日起五年内没有行使撤销权的,撤销权消灭。

4. 效力待定的合同

(1)限制民事行为能力人订立的合同。根据《民法典》第 145 条之规定,限制民事行为能力人订立的合同,经法定代理人同意或追认后,该合同有效,但纯获利益的合同或者与其年龄、智力、精神健康状况相适应而订立的合同,不必经法定代理人追认。限制民事行为能力人所签订的合同从主体资格上来看是有瑕疵的,因为当事人缺乏完全的缔约能力、代签合同的资格和处分能力。

(2)无权代理人订立的合同。《民法典》第 171 条规定,行为人没有代理权、超越代理权或者代理权终止后,仍然实施代理行为,未经被代理人追认的,对被代理人不发生效力. 相对人可以催告被代理人自收到通知之日起三十日内予以追认。被代理人未作表示的,视为拒绝追认。行为人实施的行为被追认前,善意相对人有撤销的权利。撤销应当以通知的方式作出。行为人实施的行为未被追认的,善意相对人有权请求行为人履行债务或者就其受到的损害请求行为人赔偿。但是,赔偿的范围不得超过被代理人追认时相对人所能获得的利益。相对人知道或者应当知道行为人无权代理的,相对人和行为人按照各自的过错承担责任。

(3)无权处分人订立的合同。《民法典》第 311 条规定,无处分权人将不动产或者动产转让给受让人的,所有权人有权追回。无权处分的本质是处分人在无权处分的情况下处分他人财产,从而侵害了他人的财产权。如果处分人在合同订立后取得了财产权利或者取得了对财产的处分权,就可以消除无权处分的状态,从而使合同产生效力。

【法官提示 15】

关于效力待定的建设工程施工合同,实践中不多,但在此类纠纷中,往往涉及无权代理、表见代理的认定问题,应当引起重视。

(二)认定合同效力的原则

1. 认定合同无效的依据只能是法律和行政法规的规定

《民法典》第 153 条规定,违反法律、行政法规的强制性规定的民事法律行为无效。但是,该强制性规定不导致该民事法律行为无效的除外。《合同法解释(一)》第 4 条曾经规定,人民法院确认合同无效,应当以全国人大及其常委会制定的法律和国务院制定的行政法规为依据,不得以地方性法规、行政规章为依据。司法解释进一步限制了认定合同无效的依据只能是法律、行政法规。《民法典》吸收了上述司法解释规定,对违反法律、行政法规的强制性规定的,应只限于全国人大及其常委会颁布的法律和国务院颁布的行政法规中的强制性规定,而不能将违反国务院所属各行政部门就行业管理发布的行政管理规章、规定的内容也作为认定合同效力的依据。

2. 认定合同无效的依据只能是法律、行政法规中的效力性强制性规定

《合同法解释(二)》第 14 条曾经指出“强制性规定”,是指效力性强制性规定。《民商事合同纠纷案件指导意见》第 15 条进一步强调:“正确理解、识别和适用合同法第五十二条第(五)项中的‘违反法律、行政法规的强制性规定’,关系到民商事合同的效力维护以及市场交易的安全和稳定。人民法院应当注意根据《合同法解释(二)》第十四条之规定,注意区分效力性强制规定和管理性强制规定。违反效力性强制规定的,人民法院应当认定合同无效;违反管理性强制规定的,人民法院应当根据具体情形认定其效力。”第 16 条规定,人民法院应当综合法律法规的意旨,权衡相互冲突的权益,诸如权益的种类、交易安全以及其所规制的对象等,综合认定强制性规定的类型。如果强制性规范规制的是合同行为本身即只要该合同行为发生即绝对地损害国家利益或者社会公共利益的,人民法院应当认定合同无效。如果强制性规定规制的是当事人的“市场准入”资格而非某种类型的合同行为,或者规制的是某种合同的履行行为而非某类合同行为,人民法院对于此类合同效力的认定,应当慎重把握,必要时应当征求相关立法部门的意见或者请示上级人民法院。上述规定,为司法实践中认定合同无效厘清了思路,提供了认定标准。

审判实务界基本上把强制性规范分为效力性规范与管理性规范。这种区分方法主要以行政法的立法目的和强制性规范的设立目的作为最高指导原则。如果法律规范的目的纯粹是行政管理的需要,并无涉及民事主体之间利益关系的意图,则应当根据行政管理权与司法审判权职能区分要求,把这类强制性规范作为管理性规范对待,排除在认定合同效力依据的范围之外。[①] 法律规范分为强制性规范和任意性规范。任意性规范的目的是引导、规范民事主体的行为,并不具备强制性效力,民事法律行为与任意性规范不一致的,并不影响其效

① 参见最高人民法院民事审判第一庭编著:《最高人民法院建设工程施工合同司法解释的理解与适用》,人民法院出版社 2004 年版,第 22 页。

力。任意性规范体现的是法律对主体实施民事法律行为的一种指引,当事人可以选择适用,也可以选择不适用。与任意性规范相对的是强制性规范,后者体现的是法律基于对国家利益、社会公共利益等的考量,对私人意思自治领域所施加的一种限制。民事主体在实施民事法律行为时,必须服从这种对行为自由的限制,否则会因对国家利益、社会公共利益等的侵害而被判定无效。①

【法官提示16】

在民事审判中,特别是在认定合同效力时,应当将法律、行政法规的效力性强制性规定与管理性强制性规定区分开来,只有违反效力性强制性规定的建设工程合同方为无效。如果当事人违反了管理性强制性规定应当受到行政处罚,但不应当影响民事合同的效力。②

案例索引裁判文书

案例索引12
最高院(2015)民申字第280号乾荣公司与麟凯公司建设工程施工合同纠纷民事裁定书

3. 慎用无效

合同的订立和履行,属于合同当事人之间的民事权利义务关系,主要涉及当事人的利益,只要当事人的意思不与强制性规范、社会公共利益和社会公德相抵触,就承认合同的法律效力,国家及法律尽可能尊重合同当事人的意思,一般不予干预,由当事人自主约定,采取自愿的原则。《民法典》的基本目标是通过合同这一私人间的合意使人们能实现私人目的,从而鼓励交易。特别是建设工程施工合同,不仅关系发包人、承包人的利益,还关系建设农民工甚至购房户的利益保护;不仅发包人投入了大量的人力、物力、财力,承包人同样投入了大量的成本并物化为建筑工程,如果简单认定合同无效,则无异于使原本复杂的法律关系更为复杂。在审判实务中应当注意区分效力性强制性规定和任意性强制性规定,准确认定合同效力。

4. 当事人未主张合同效力,人民法院是否应当主动审查

建设工程施工合同的效力是该类案件的审查重点。即使案件当事人并未对合同效力产生异议,人民法院也应当主动对合同的效力进行认定,也就是说,人民法院应当依职权主动审查案件所涉建设工程施工合同的效力。

---

① 参见黄薇主编:《中华人民共和国民法典释义》,法律出版社2020年版,第305页。

② 案例索引12:乾荣公司与麟凯公司建设工程施工合同纠纷案,最高人民法院(2015)民申字第280号民事裁定书。

【法官提示17】

通常情况下，施工合同的效力是当事人的主要争议焦点之一，因此，在这类案件的审理过程中，法官需要严格审查合同效力，并及时作出相应的释明工作。在审查合同效力时，同时也应当对合同解除、可撤销等问题进行审查，尤其是当事人一方提出可撤销之诉或合同解除之诉时，需要结合合同约定和合同履行中的实际情况，对上述当事人的请求作出判断。根据法律、行政法规的强制性规定被认定为无效的合同，说明该类合同违背国家意志和立法者的初衷，不符合经济社会发展的方向和要求，应当对该类合同进行强制性干预，使其无效并自始无效，而不管当事人是否主张合同的效力。

二、司法解释规定的合同无效情形

《建设工程司法解释（一）》第1条规定，建设工程施工合同具有下列情形之一的，应当依据《民法典》第153条第1款的规定，认定无效：承包人未取得建筑业企业资质或者超越资质等级的；没有资质的实际施工人借用有资质的建筑施工企业名义的；建设工程必须进行招标而未招标或者中标无效的。承包人因转包、违法分包建设工程与他人签订的建设工程施工合同，应当依据《民法典》第153条第1款及第791条第2款、第3款的规定，认定无效。

（一）承包人未取得建筑施工企业资质或者超越资质等级的

这里的承包人是指建筑施工企业。所谓建筑施工企业，是指从事土木工程、建筑工程、线路管道设备安装工程的新建、扩建、改建等施工活动的企业。建设工程关乎民生，其质量好坏，直接关系到人民群众的生命财产安全。因此，国家对建设工程施工有着更为严厉的管理和监督，对施工的主体条件同样也存在严格的限制。

《建筑法》第26条规定，承包建筑工程的单位应当持有依法取得的资质证书，并在其资质等级许可的业务范围内承揽工程。禁止建筑施工企业超越本企业资质等级许可的业务范围或者以任何形式用其他建筑施工企业的名义承揽工程。《建设工程质量管理条例》第25条规定，施工单位应当依法取得相应等级的资质证书，并在其资质等级许可的范围内承揽工程。《建筑业企业资质管理规定》第3条规定，企业应当按照其拥有的资产、主要人员、已完成的工程业绩和技术装备等条件申请建筑业企业资质，经审查合格，取得建筑业企业资质证书后，方可在资质许可的范围内从事建筑施工活动。

建筑业企业资质分为施工总承包资质、专业承包资质、施工劳务资质三个序列。施工总承包资质、专业承包资质按照工程性质和技术特点分别划分为若干资质类别,各资质类别按照规定的条件划分为若干资质等级。施工劳务资质不分类别与等级。《建筑业企业资质标准》对各类企业资质要求以及相应资质可承包工程范围作了详细规定。取得施工总承包资质的企业,可以承接施工总承包工程。施工总承包企业可以对所承接的施工总承包工程内各专业工程全部自行施工,也可以将专业工程或劳务作业依法分包给具有相应资质的专业承包企业或劳务分包企业。取得专业承包资质的企业,可以承接施工总承包企业分包的专业工程和建设单位依法发包的专业工程。专业承包企业可以对所承接的专业工程全部自行施工,也可以将劳务作业依法分包给具有相应资质的劳务分包企业。取得劳务分包资质的企业,可以承接施工总承包企业或专业承包企业分包的劳务作业。

根据《建筑法》的规定,进行工程施工建设的只能是建筑施工企业,并且应当在相应的资质等级范围内承包施工。自然人个人(包工头)、个体施工队或其他组织均没有进行施工建设的资质。当然,根据《建筑法》第 83 条的规定,抢险救灾及其他临时性房屋建筑和农民自建低层住宅的建筑活动,不适用该法。这就意味着对该类房屋的建筑活动,具备一定条件的自然人个人也可以进行承包施工。

(1)未取得建筑施工企业资质承包建设工程。①没有营业执照、施工资质证书的个体施工队伍以及包工头违法承揽建设工程的。根据规定,能够申请施工资质承包工程的只能是企业,有关各类包工头、施工队伍等均不能取得资质承包工程。②虽取得资质证书,但所承揽工程非其资质允许承包范围。比如,《建筑业企业资质标准》将专业承包序列分设 36 个类别,建筑施工企业取得消防设施工程专业承包资质,未取得钢结构工程专业承包资质,但该建筑施工企业与发包人签订有关钢结构工程施工合同。③建筑施工企业的分支机构以自己的名义对外承揽工程的。分支机构不具有法人资格,即使领取了营业执照,但因不具有相应资质,不能对外以自己的名义承包工程。《建筑法》第65 条第3款规定,未取得资质证书承揽工程的,予以取缔,并处罚款;有违法所得的,予以没收。

(2)超越资质等级承包建设工程的情形。建筑施工企业应当在资质等级范围内从事建筑活动,不能超越有关部门核定的等级范围从事建筑活动。比如,根据《建筑业企业资质标准》的规定，取得建筑工程施工总承包二级资质的企业可承担下列建筑工程的施工：①高度 100 米以下的工业、民用建筑工程；②高度 120 米以下的构筑物工程；③建筑面积 4 万平方米以下的单体工业、民用建筑工程；④单跨跨度 39 米以下的建筑工程。取得建筑工程施工总承包三级资质的企业可承担下列建筑工程的施工：①高度 50 米以下的工业、民用建筑工程；②高度 70 米以下的构筑物工程；③建筑面积 1.2 万平方米以下的单体工业、民用建筑工程；④单跨跨度 27 米以下的建筑工程。《建筑法》第 65 条第 2 款规定，超越本单位资质等级承揽工程的，责令停止违法行为，处以罚款，可以责令停业整顿，降低资质等级；情节严重的，吊销资质证书；有违法所得的，予以没收。超越资质等级承包工程，根据《建筑业企业资质管理规定》第 23 条的规定，资质许可机关不予批准其建筑业企业资质升级申请和增项申请。

《建筑法》对建筑施工企业资质等级的强制性规定，在于严格建筑施工企业进入建筑市场的条件，以保证建筑工程质量。任何对建筑施工企业承揽工程必须与其资质等级相一致要求的放宽，都会给建筑工程质量带来隐患，与《建筑法》的立法目的相抵触。因此，未取得施工企业资质或超越资质等级承揽建设工程的行为不仅违反《民法典》有关无效民事行为的规定，同时也违反了《建筑法》的强制性规定，属于无效的民事行为，其与发包人所签订的建设工程施工合同当然属于无效合同。[①]

案例索引裁判文书

案例索引13

最高院(2016)最高法民申1128号有益公司与咸阳一建、双湖公司建设工程施工合同纠纷民事裁定书

但是，根据《建设工程司法解释（一）》第 4 条之规定，承包人超越资质等级许可的业务范围签订建设工程施工合同，在建设工程竣工前取得相应资质等级，当事人请求按照无效合同处理的，人民法院不予支持。承包人在工程竣工前取得了相应资质等级，即超越资质等级签订合同这一违反《建筑法》禁止性规定的情形已经消失，已满足合同生效条件，则可以认定合同有效。[②] 同时，《建设工程司法解释（一）》第 5 条规定，具有劳务作业法定资质的承包人与总承包人、分包人签订的劳务分包合同，当事人请求确认无效的，人民法院依法不予支持。

---

① 案例索引 13：有益公司与咸阳一建、双湖公司建设工程施工合同纠纷案，最高人民法院（2016）最高法民申 1128 号民事裁定书。

② 参见最高人民法院民事审判第一庭编著：《最高人民法院新建设工程施工合同司法解释（一）理解与适用》，人民法院出版社 2021 年版，第 52 页。

典型案例9

冷某、蒋某某与合川城投公司、永存建筑公司建设工程施工合同纠纷案[①]

典型案例裁判文书

典型案例9

最高院（2021）最高法民终983号冷某、蒋某某与合川城投公司、永存建筑公司建设工程施工合同纠纷民事判决书

2011年9月7日,永存建筑公司(甲方)与冷某、蒋某某等(乙方)签订项目管理目标责任书,约定:结合甲方与建设单位签订的《BT合同》(《补充协议》),经甲乙双方协商一致,达成协议。承包内容:详见甲方与建设单位签订的《补充协议》所约定承包内容。后冷某等人进场施工,因工程余款、利息等的支付问题,冷某诉至法院。

裁判规则:本案中,冷某、蒋某某均系自然人,不具备承包案涉工程的资质,其与永存建筑公司签订项目管理目标责任书约定案涉工程全部交由冷某等人进行施工,该项目管理目标责任书因违反法律的强制性规定,应当认定为无效。但案涉工程一、二期竣工验收合格,故冷某等在本案中请求参照合同约定支付工程价款符合规定,对其相应的诉讼请求应当予以支持。

(二)没有资质的实际施工人借用有资质的建筑施工企业名义的

建筑工程,质量是生命线,事关社会公众生命财产安全,因而,《建筑法》对工程施工建设以及建筑施工企业的从业资格有着严格的规定,明确规定只有取得相应资质证书的建筑施工企业才能承包工程,且只能在其相应的资质等级范围内承包施工。根据《建筑法》第26条的规定,禁止建筑施工企业以任何形式用其他建筑施工企业的名义承揽工程。《建设工程质量管理条例》第25条明确规定,禁止施工单位允许其他单位或者个人以本单位的名义承揽工程。禁止建筑施工企业以任何形式允许其他单位或者个人使用本企业的资质证书、营业执照,以本企业的名义承揽工程。但是由于房地产行业的快速发展,建筑市场活跃,加之利润空间大回报高等因素,借用具有相应资质建筑施工企业名义或者相应建筑施工企业出借资质对外承揽工程成为一种普遍现象,也可以认为该现

① 参见最高人民法院民事判决书,(2021)最高法民终983号。

象实际上成为扰乱建筑市场秩序的乱象之一，不仅违反了法律对建筑施工严格管控的有关规定，而且严重影响工程质量，造成安全隐患。《建设工程司法解释（一）》第 7 条规定，缺乏资质的单位或者个人借用有资质的建筑施工企业名义签订建设工程施工合同，发包人请求出借方与借用方对建设工程质量不合格等因出借资质造成的损失承担连带赔偿责任的，人民法院应予支持。

此处司法解释中所称的实际施工人，有别于合法的承包主体，应当特指无效合同的承包人，如非法转包违法分包的承包人，挂靠施工中的借用资质的承包人等。施工人没有资质使用法定资质建筑施工企业名义承揽工程的形式很多，在审判实践中，出现的形式有无资质的施工人挂靠具有资质的施工企业，无资质的施工人变相作为具有资质施工企业的内部承包单位，无资质施工人与具有资质施工企业的名义上的联营等多种形式。形式多种多样，实际上都是利用有资质建筑施工企业名义进行招标投标活动，签订建设工程施工合同，规避行政部门监管的行为，其目的就是获取非法利益。

【法官提示 18】

实际施工人借用资质施工，实际上就是未取得相应资质或者超越资质施工，无非名义上或者在有关合同等书面文件上体现为主体合法，但因其违反法律强制性规定，司法解释规定在该情形下签订的建设工程施工合同无效。不仅合同无效，在行政责任上，《建筑法》第 66 条规定，建筑施工企业转让、出借资质证书或者以其他方式允许他人以本企业的名义承揽工程的，责令改正，没收违法所得，并处罚款，可以责令停业整顿，降低资质等级；情节严重的，吊销资质证书。对因该项承揽工程不符合规定的质量标准造成的损失，建筑施工企业与使用本企业名义的单位或者个人承担连带赔偿责任。

典型案例10

姜某与双湾公司、佰亿公司建设工程施工合同纠纷案[①]

姜某以双湾公司委托代理人的名义与佰亿公司签订了第七期商住楼的《建设工程施工合同》。合同签订后，姜某组织施工。姜某作为双湾公司六期、七期

---

① 参见最高人民法院民事判决书，(2014)民一终字第 31 号。

工程项目人员与佰亿公司签订了“工地目标责任书”。施工期间,姜某数次参加工地例会和由工程监理组织的会议。工程监理对姜某有所处罚,姜某实施了施工中劳务提供、包工、供料等事项,并向双湾公司交纳管理费。姜某组织参与了工程的全部建设。后因工程款纠纷,姜某诉至法院,其中涉及双方之间合同效力问题。

典型案例裁判文书

典型案例10

最高院(2014)民一终字第31号姜某与双湾公司、佰亿公司建设工程施工合同纠纷民事判决书

裁判规则:《建设工程施工合同》虽由双湾公司与佰亿公司签订,实质为双湾公司向姜某出借建设资质,在姜某向双湾公司交纳一定数额管理费后,由姜某具体实施工程施工。根据司法解释的规定,双湾公司与佰亿公司签订的《建设工程施工合同》违反了国家强制性法律规定,应认定无效。

(三)建设工程必须进行招标而未招标或者中标无效的

1. 必须进行招标而未招标

该无效合同的规定源于《招标投标法》的规定。《招标投标法》第 3 条对必须进行招标的工程建设项目包括项目的勘察、设计、施工、监理以及与工程建设有关的重要设备、材料等的采购作了明确规定。原国家发展计划委员会《工程建设项目招标范围和规模标准规定》对《招标投标法》第 3 条的规定作了细化,对必须进行招标的工程建设项目的具体范围和规模标准作了详细规定。国家发改委亦于 2018 年出台《必须招标的工程项目规定》予以修订完善。

《招标投标法》的立法目的是规范招标投标活动,保护国家利益、社会公共利益和招标投标活动当事人的合法权益,提高经济效益,保证项目质量。司法解释通过认定必须招标项目未招标所签合同无效,符合立法目的和宗旨。该法第 49 条规定,违反本法规定,必须进行招标的项目而不招标的,将必须进行招标的项目化整为零或者以其他任何方式规避招标的,责令限期改正,可以处项目合同金额 5‰以上 10‰以下的罚款;对全部或者部分使用国有资金的项目,可以暂停项目执行或者暂停资金拨付;对单位直接负责的主管人员和其他直接责任人员依法给予处分。

【法官提示 19】

根据《必须招标的工程项目规定》,有关大型基础设施、公用事业等关系社会公共利益、公众安全的项目,必须招标的具体范围由国务院发展改革部门会

同国务院有关部门按照确有必要、严格限定的原则制订，报国务院批准。因此，实践中判断一个项目是否属于必须进行招标的项目，还应当结合其他相关具体规定进行判断。

2. 中标无效

《招标投标法实施条例》第81条规定，依法必须进行招标的项目的招标投标活动违反《招标投标法》和本条例的规定，对中标结果造成实质性影响，且不能采取补救措施予以纠正的，招标、投标、中标无效，应当依法重新招标或者评标。关于中标无效情形以及相应的行政责任，《招标投标法》以及《招标投标法实施条例》作了大量并且明确的规定。对于违反招投标的若干法律行为规定了若干法律后果以及由此应当承担的法律责任，其中关于中标无效的效力性强制性规定，尤为重要和具有现实意义，也成为司法实践中认定中标无效的法律依据。

【规范指引】

《四川省高级人民法院民事审判第一庭关于审理建设工程施工合同纠纷案件若干疑难问题的解答》（2015年3月16日　川高法民一〔2015〕3号）

1. 哪些情形下的建设工程施工合同无效？

具有下列情形之一的建设工程施工合同，人民法院应当根据《中华人民共和国合同法》第五十二条第（五）项的规定，认定无效：

（一）承包人未取得建筑施工企业资质或者超越资质等级的；

（二）没有资质的实际施工人借用有资质的建筑施工企业名义的；

（三）建设工程必须进行招投标而未招投标或者中标无效的；

（四）转包、违法分包建设工程的；

（五）法律、行政法规规定的其他情形。

承包人超越资质登记许可的业务范围签订建设工程施工合同，在建设工程竣工前取得相应资质等级，当事人请求按照无效合同处理的，不予支持。

三、未取得“四证”时合同效力的认定

（一）关于建设工程施工中的“四证”

1. 建设用地规划许可证

根据《城乡规划法》第37条和第38条的规定，在城市、镇规划区内以划拨方式提供国有土地使用权的建设项目，经有关部门批准、核准、备案后，建设单

位应当向城市、县人民政府城乡规划主管部门提出建设用地规划许可申请,由城市、县人民政府城乡规划主管部门依据控制性详细规划核定建设用地的位置、面积、允许建设的范围,核发建设用地规划许可证。建设单位在取得建设用地规划许可证后,方可向县级以上地方人民政府土地主管部门申请用地,经县级以上人民政府审批后,由土地主管部门划拨土地。以出让方式取得国有土地使用权的建设项目,在签订国有土地使用权出让合同后,建设单位应当持建设项目的批准、核准、备案文件和国有土地使用权出让合同,向城市、县人民政府城乡规划主管部门领取建设用地规划许可证。因此,建设用地规划许可证是有关工程项目的位置、面积、范围符合城市规划的法律凭证。

2. 建设工程规划许可证

《城乡规划法》第 40 条规定,在城市、镇规划区内进行建筑物、构筑物、道路、管线和其他工程建设的,建设单位或者个人应当向城市、县人民政府城乡规划主管部门或者省、自治区、直辖市人民政府确定的镇人民政府申请办理建设工程规划许可证。第 41 条规定,在乡、村庄规划区内进行乡镇企业、乡村公共设施和公益事业建设的,建设单位或者个人应当向乡、镇人民政府提出申请,由乡、镇人民政府报城市、县人民政府城乡规划主管部门核发乡村建设规划许可证。通过对建设工程的规划许可,一是可以确认城市中有关建设活动符合法定规划的要求,确保建设主体的合法权益;二是可以作为建设活动进行过程中接受监督检查时的法定依据;三是可以作为城乡建设档案的重要内容。[①] 因此,建设工程规划许可证是有关建设工程符合城市规划要求的法律凭证,未取得建设规划审批手续的项目不得建设。

3. 建设用地使用权证

建设用地使用权证是指经土地使用人申请,由各级人民政府颁发的国有土地使用权的法律凭证。《民法典》第 344 条规定,建设用地使用权人依法对国家所有的土地享有占有、使用和收益的权利,有权利用该土地建造建筑物、构筑物及其附属设施。《建筑法》第 8 条第 1 项规定,申请领取施工许可证,应当已经办理该建筑工程用地批准手续。《城乡规划法》第 40 条第 2 款规定,申请办理建设工程规划许可证,应当提交使用土地的有关证明文件。因此,取得建设用地使用权证是建设工程施工的前提条件。

---

① 参见安建主编:《中华人民共和国城乡规划法释义》,法律出版社 2009 年版,第 77 页。

4. 建筑工程施工许可证

《建筑法》第 7 条规定，建筑工程开工前，建设单位应当按照国家有关规定向工程所在地县级以上人民政府建设行政主管部门申请领取施工许可证。《建筑工程施工许可管理办法》第 2 条规定，在中华人民共和国境内从事各类房屋建筑及其附属设施的建造、装修装饰和与其配套的线路、管道、设备的安装，以及城镇市政基础设施工程的施工，建设单位在开工前应当依照本办法的规定，向工程所在地的县级以上地方人民政府住房城乡建设主管部门申请领取施工许可证。因此，建筑工程未取得施工许可证的，一律不得开工。

（二）未取得“四证”与建设工程施工合同效力

根据《建筑法》《城乡规划法》等法律法规的规定，一个工程项目的开工建设，必须具备建设用地规划许可证、建设工程规划许可证、建设用地使用权证、建筑工程施工许可证四个证书。实践中，因为种种原因，有些项目的开工建设，并不当然取得上述“四证”，在此情形下，如何认定所涉建设工程施工合同的效力？

1. 未取得建设用地规划许可证情形下合同效力的认定

根据《城乡规划法》第 37 条、第 38 条的规定，建设用地规划许可证是有关工程项目的位置、面积、范围符合城市规划的法律凭证。同时，该法第 60 条第 2 项规定，超越职权或者对不符合法定条件的申请人核发选址意见书、建设用地规划许可证、建设工程规划许可证、乡村建设规划许可证的，应当对相应主体及人员给予处分。该法第 61 条第 3 项对未依法取得建设用地规划许可证的建设单位划拨国有土地使用权的行为，也规定应当给予相应处分。另外，根据《土地管理法》及其实施条例的规定，对于未经批准，非法占用土地的行为，也应当给予相应的处理。实际上，未取得建设用地规划许可证的建筑工程属于违法建筑，因非法占用土地，应当予以拆除。因此，有关建设用地规划许可证的法律规定，属于效力性强制性规范，发包人未取得该证与承包人签订的建设工程施工合同因违反法律强制性规定而无效。

2. 未取得建设工程规划许可证情形下合同效力的认定

未取得建设工程规划许可证或者未按照建设工程规划许可证的规定进行建设的建设工程实际上也是违法建筑。《浙江省违法建筑处置规定》第 3 条第 1 款规定，本规定所称违法建筑，是指未依法取得规划许可或者未按照规划许可内容建设的建筑物和构筑物，以及超过规划许可期限未拆除的临时建筑物和构筑物,包括城镇开发边界内的违法建筑和城镇开发边界外的违法建筑。对于违法建筑,根据《城乡规划法》第 64 条的规定,由县级以上地方人民政府城乡规划主管部门责令停止建设;尚可采取改正措施消除对规划实施的影响的,限期改正,处建设工程造价 5% 以上 10% 以下的罚款;无法采取改正措施消除影响的,限期拆除,不能拆除的,没收实物或者违法收入,可以并处建设工程造价 10% 以下的罚款。《最高人民法院关于审理城镇房屋租赁合同纠纷案件具体应用法律若干问题的解释》第 2 条规定,出租人就未取得建设工程规划许可证或者未按照建设工程规划许可证的规定建设的房屋,与承租人订立的租赁合同无效。但在一审法庭辩论终结前取得建设工程规划许可证或者经主管部门批准建设的,人民法院应当认定有效。违法建筑损害了国家利益,规避了国家对规划体系、建筑产品质量、房地产交易市场等一系列行为的监管,使违法建筑在现行体制以外生存,直接危及社会的公共安全,直接危及人民群众的生命财产安全。故,违法建筑直接损害国家和社会公共利益,并不是在当事人私权范畴内就能解决的问题,人民法院作为公权力的行使者,应当旗帜鲜明地认定就违法建筑物订立的房屋租赁合同无效。①

根据上述法律和司法解释规定之精神,《建设工程司法解释(一)》第 3 条明确规定,当事人以发包人未取得建设工程规划许可证等规划审批手续为由,请求确认建设工程施工合同无效的,人民法院应予支持,但发包人在起诉前取得建设工程规划许可证等规划审批手续的除外。发包人能够办理审批手续而未办理,并以未办理审批手续为由请求确认建设工程施工合同无效的,人民法院不予支持。

【法官提示 20】

法律对违法建筑的是否评价定性,并且具有强制干预的效果。从审判实务角度来看,一般认为有关建设工程规划许可证的法律规定,属于效力性强制性规范,发包人未取得该证与承包人签订的建设工程施工合同因违反法律强制性规定而无效。但发包人在起诉前取得该证的,可认定有效。另外,司法解释条文中的"建设工程规划许可证等规划审批手续"既包括建设工程规划许可证,也包括乡村建设规划许可证、临时审批手续等。

---

① 参见最高人民法院民事审判第一庭编著:《最高人民法院关于审理城镇房屋租赁合同纠纷案件司法解释的理解与适用》,人民法院出版社 2009 年版,第 37 页。

3. 未取得建设用地使用权证情形下合同效力的认定

建设用地使用权证只有在土地使用者支付全部土地使用权出让金后，才能依照规定办理登记，取得土地使用权。国务院《城镇国有土地使用权出让和转让暂行条例》第16条规定：土地使用者在支付全部土地使用权出让金后，应当依照规定办理登记，领取土地使用证。根据《城乡规划法》第40条第2款的规定，申请办理建设工程规划许可证，应当提交使用土地的有关证明文件、建设工程设计方案等材料。根据该规定，意味着建设单位在申请办理或者取得建设工程规划许可证的时候，实际上就已经取得了使用土地的有关证明文件，并不能认定该工程属于违法建筑。因此，有关建设用地使用权证的法律规定，属于管理性强制性规范，不是影响合同效力性的规范。

4. 未取得建筑工程施工许可证情形下合同效力的认定

根据《建筑法》第8条的规定，建设单位申请领取施工许可证必须在施工企业已经确定的条件下才能办理。也就是说，只有在建设工程施工合同生效后，才能办理。在建设工程正式施工前发放施工许可证应是建设行政主管部门对建设工程项目加强监管的一种行政手段，主要目的是审查建设单位或者承包单位是否具备法律规定的建设或者施工条件，具有行政管理的性质，如果建设单位或者施工单位违反该管理规定，应当受到相应的行政处理。严格相关审批手续禁止的是对土地的使用，而非制约施工合同的效力。施工人在未取得建设审批手续的情况下进行施工，其行为构成非法建设，应受到行政制裁，但不能以此认定建设工程合同无效。况且，办理相关证件手续是建设方的义务，不能因此影响到承包人的合法权益。

【规范指引】

《浙江省高级人民法院民事审判第一庭关于审理建设工程施工合同纠纷案件若干疑难问题的解答》(2012年2月23日　浙法民一〔2012〕3号)

二、如何认定未取得“四证”而签订的建设工程施工合同的效力？

发包人未取得建设用地规划许可证或建设工程规划许可证，与承包人签订建设工程施工合同的，应认定合同无效；但在一审庭审辩论终结前取得建设用地规划许可证和建设工程规划许可证或者经主管部门予以竣工核实的，可认定有效。

发包人未取得建设用地使用权证或建筑工程施工许可证的，不影响建设工程施工合同的效力。

《北京市高级人民法院关于审理建设工程施工合同纠纷案件若干疑难问题的解答》(2012年8月6日　京高法发〔2012〕245号)

1.未取得建设审批手续的施工合同的效力如何认定?

发包人就尚未取得建设用地规划许可证、建设工程规划许可证等行政审批手续的工程,与承包人签订的建设工程施工合同无效。但在一审法庭辩论终结前发包人取得相应审批手续或者经主管部门批准建设的,应当认定合同有效。

发包人未取得建筑工程施工许可证的,不影响施工合同的效力。

《安徽省高级人民法院关于审理建设工程施工合同纠纷案件适用法律问题的指导意见》(2009年5月4日　安徽省高级人民法院审判委员会第16次会议通过)

7.发包人未取得建设工程规划许可证,与承包人签订建设工程施工合同的,应认定合同无效,但起诉前取得规划许可证的,应认定合同有效。

违反建设工程规划许可证规定超规模建设的,所签订的建设工程施工合同无效,但起诉前补办手续的,应认定合同有效。

《四川省高级人民法院民事审判第一庭关于审理建设工程施工合同纠纷案件若干疑难问题的解答》(2015年3月16日　川高法民一〔2015〕3号)

2.未取得建设审批手续的建设工程施工合同的效力如何认定?

未取得建设用地规划许可证、建设工程规划许可证签订的建设工程施工合同无效。但在审理期间取得建设用地使用权,办理了相应审批手续或者经行政主管部门批准建设且已经竣工验收合格的,应当认定为有效。建设单位未领取施工许可证的,不影响建设工程施工合同的效力。

四、垫资条款的认定

建设工程施工过程中,经常可以看到承包人垫资施工的情形,可以说由承包人垫资施工已经成为建筑领域的“潜规则”。所谓垫资,是指承包方在合同签订后,不要求发包方先支付工程款或者支付部分工程款,而是利用自有资金先进场进行施工,待工程施工到一定阶段或者工程全部完成后,由发包方再支付垫付的工程款。垫资施工的方式一般包括:带资施工、形象节点付款、低比例形象进度付款和工程竣工后付款等。

(一)关于垫资的相关规定

关于垫资施工,法律法规并无规定,主要体现为以下三项规定:

一是1996年原国家计划委员会、建设部和财政部制定发布的《1996年通知》。该通知明确指出，一些地区和建设单位无视国家固定资产投资的宏观调控和自身的经济实力，违反工程建设程序，在建设资金不落实或资金不足的情况下，盲目上新的建设项目，强行要求施工单位带资承包工程和垫款施工，转嫁投资缺口，也有一些施工单位以带资承包作为竞争手段，承揽工程，人为助长扩大建设规模，造成拖欠工程款数额急剧增加。这类行为不仅干扰了国家对固定资产投资的宏观调控和工程建设的正常进行，严重影响了投资效益的提高，也加重了建筑业企业生产经营的困难，必须禁止。同时，该通知提出，任何建设单位都不得以要求施工单位带资承包作为招标投标条件，更不得强行要求施工单位将此类内容写入工程承包合同。违者取消其工程招标资格，并给予经济处罚。对于在工程建设过程中出现的资金短缺，应由建设单位自行筹集解决，不得要求施工单位垫款施工。建设单位不能按期结算工程款，且后续建设资金到位无望的，施工单位有权按合同中止施工，由此造成的损失均由建设单位按合同承担责任。

二是2006年建设部、国家发展和改革委员会、财政部、中国人民银行制定发布的《2006年通知》。该通知指出，一些地方政府和部门要求建筑业企业以带资承包的方式建设新的工程项目；同时也有一些建筑业企业以承诺带资承包作为竞争手段，承揽政府投资项目。上述行为严重干扰了国家对固定资产投资的宏观调控，扰乱了建筑市场秩序，同时由于超概算资金落实难度大，造成了拖欠工程款和农民工工资。该通知强调，政府投资项目一律不得以建筑业企业带资承包的方式进行建设，不得将建筑业企业带资承包作为招投标条件；严禁将此类内容写入工程承包合同及补充条款，同时要对政府投资项目实行告知性合同备案制度。该通知同时废止了《1996年通知》。

从上述两个通知来看，实际上对建筑施工企业垫资或者带资施工是明令禁止的。但从《1996年通知》被废止，而《2006年通知》仅限于政府投资项目的内容来看，似乎对禁止的范围有所缩小。

三是司法解释的规定。2005年1月1日起施行的《建设工程司法解释》第6条规定，当事人对垫资和垫资利息有约定，承包人请求按照约定返还垫资及其利息的，应予支持，但是约定的利息计算标准高于中国人民银行发布的同期同类贷款利率的部分除外。当事人对垫资没有约定的，按照工程欠款处理。当事人对垫资利息没有约定，承包人请求支付利息的，不予支持。该条就是司法解释中关于合同中垫资条款的效力及发生纠纷后如何处理的原则规定。新修订的《建设工程司法解释（一）》第25条延续了上述规定。诸如垫资承包就是建设工程实务领域中的一种屡禁不绝的现象，国务院建设主管部门多次发文禁止垫资承包。应当说，这种产业政策也属于一种强制性规范，那么应当如何认定这种普遍存在的违规行为的法律效力就成为一个司法实践必须解决的问题。《建设工程司法解释》对此的处置原则是不否认垫资合同条款的效力，规定当事人对垫资和垫资利息有约定，承包人请求按照约定返还垫资及其利息的，应予支持，等于认可了垫资合同的法律效力。[①]

（二）垫资条款的效力认定

正因为法律法规没有明确规定，而上述通知及司法解释的规定不尽相同，因此，司法实践中，存在以下两种截然不同的观点：

第一种观点认为，对于垫资条款，在2006年建设部、国家发展和改革委员会、财政部、中国人民银行发布《2006年通知》后应慎重处理。对于不采用BOT、BOOT、BOO方式建设的政府投资项目中的垫资条款应当认定为无效。垫资带来的问题，诸如工程质量难以保证、施工安全性差、“胡子工程”多，引发拖欠农民工工资导致社会不稳定等，这些都是中国特有问题，需要通过中国的方法来解决，不能简单地以国际建筑市场的惯例来解决中国的问题。[②]

第二种观点认为，对于垫资施工，法律、行政法规均无规定，2006年建设部、国家发展和改革委员会、财政部、中国人民银行发布的《2006年通知》不能成为否定合同效力的依据，垫资条款应为有效。

笔者同意第二种观点，垫资条款应当有效。[③]理由如下：

（1）工程垫资是我国建设项目在结束了长达几十年的由国家全额投资的计划体制以后，最先由市场主体自觉与国际工程承包管理接轨的一种市场行为，是承发包双方根据市场经济“双向选择”的原则确定合作对象的一种方式。在目前市场条件下，虽然这种方式对承包方而言有

案例索引裁判文书

案例索引14
最高院（2021）最高法民申3230号省直开发公司与新兴公司等建设工程施工合同纠纷民事裁定书

---

① 参见师安宁：《工程建设合同效力体系（二）》，载《人民法院报》2011年11月14日，第7版。

② 参见林文学：《建设工程合同纠纷司法实务研究》，法律出版社2014年版，第104页。

③ 案例索引14：省直开发公司与新兴公司等建设工程施工合同纠纷案，最高人民法院（2021）最高法民申3230号民事裁定书。

点无奈,但仍然是在承认现实的基础上,双方自愿达成的约定,从垫资行为的有效性看,它并不违反现行任何法律。

(2)根据《民法典》的规定,人民法院确认合同无效,应当以全国人大及其常委会制定的法律和国务院制定的行政法规为依据,不得以地方性法规、行政规章为依据。《2006 年通知》属于部门规范性文件,不能以该通知为依据认定垫资条款无效。

(3)垫资符合行业和国际建筑市场的惯例。国务院 2014 年发布《关于促进市场公平竞争维护市场正常秩序的若干意见》,提出建设统一开放、竞争有序、诚信守法、监管有力的现代市场体系,凡是市场主体基于自愿的投资经营和民商事行为,只要不属于法律法规禁止进入的领域,不损害第三方利益、社会公共利益和国家安全,政府不得限制进入。我国已经加入 WTO,建筑市场同样对外开放,市场主体不仅限于本国企业,也可能是外国企业,而国际建筑市场是允许垫资的,如果认定垫资无效,则不符合国际市场惯例。

【法官提示 21】

目前建筑市场正在推行发包人支付工程款和承包人承接工程保证金制度及支付工程款的商业保险制度,这些制度的逐步完善,将从根本上解决拖欠工程款问题,垫资合法化不会导致大量拖欠工程款。此外,是否垫资和垫资多少,也是建筑施工企业综合实力的体现,通过竞争可以实现建筑施工企业的优化组合。在审判实务中常常出现承包人在承揽工程时,主动要求垫资,以达到承接工程的目的;而在诉讼时又坚决主张垫资条款无效,请求返还垫资本息,如其主张得到支持,则不符合诚信原则。据此,垫资行为合法化符合法律的精神,也符合我国建筑市场的实际情况。

典型案例 11

于某与孙某某、博然开发公司建设工程施工合同纠纷案[①]

博然开发公司第八项目部与博然建筑公司签订一份《"购物广场"项目建设施工合同》,约定由施工单位垫资 1000 万元,按工程建筑面积(以实际测绘报告

① 参见黑龙江省高级人民法院民事判决书,(2016)黑民终 252 号。

面积为准)每平方米增加100元作为垫资利息。该合同加盖博然开发公司第八项目部及博然建筑公司公章,孙某某、于某分别在发包单位及承包单位代表人处签字。合同履行完毕工程竣工验收后,双方之间发生纠纷,于某诉至法院,要求支付工程款及相应垫资利息。

典型案例裁判文书

典型案例11

黑龙江高院(2016)黑民终252号于某与孙某某、博然开发公司建设工程施工合同纠纷民事判决书

裁判规则:根据司法解释之规定,合同当事人对垫资和垫资利息有约定,承包人请求按照约定返还垫资及利息的,应予支持,但是约定的利息计算标准高于中国人民银行发布的同期同类贷款利率的部分除外。本案中,双方对垫资及利息作了明确约定,应按合同约定执行。

五、农村建房合同效力的认定及其他

在传统民法上,建设工程合同原为承揽合同的一种,属于承揽完成不动产工程项目的合同。但是由于建设工程不同于其他工作的完成,建设工程合同除具有一般承揽合同相同的特征外,如也是诺成性合同、双务合同、有偿合同,更具有一般承揽合同不同的一些特点,因此《民法典》上将建设工程合同规定为不同于承揽合同的一类新的独立的有名合同。

农村建房规模较小、利润少、农民资金有限,建筑企业一般不愿意到农村建设施工,而农民出于成本考虑,一般也不愿意花更多的钱请建筑企业进行施工建设。因此,农村建筑市场中活跃着一批由个体工匠组织起来的施工队伍,没有进行工商登记、没有资质证书,组织形式松散。该类个体工匠或者施工队伍施工技术有限而安全措施亦不到位。当房主有建房需要时,一般会联系上该个体工匠,将建房任务交给个体工匠,而个体工匠接受任务以后,找来工人进行施工,此时,有关农村建房就涉及多层法律关系,即房主与个体工匠之间的法律关系、房主与工人之间的法律关系以及个体工匠与工人之间的法律关系等。实践中较有争议且对实体处理结果有重大影响的是房主与个体工匠之间的法律关系,讨论最多的就是双方之间到底是承揽合同关系还是建设工程施工合同关系。

同时,由于建筑市场的不规范,房主、个体工匠、施工队伍等在安全意识方面的不够重视以及安全措施不到位等原因,在建房中容易发生人身伤害事故。根据现行法律法规以及司法解释的规定,农村建房过程中,发生人身损害产生

赔偿问题时，又往往涉及农村建房合同关系的性质、效力，并进一步影响责任主体的认定和责任的承担，而上述认定又直接影响到实体处理结果。在将农村建房合同关系认定为建设工程施工合同关系或者承揽合同关系的基础上，从侵权赔偿的角度来考虑，适用的是不同的法律规定，案件的处理结果也截然不同，对于受害人、房主以及个体工匠等当事人的实体权利产生实质性影响。

（一）农村建房合同性质认定

根据《建筑法》第 2 条的规定，在中华人民共和国境内从事建筑活动，实施对建筑活动的监督管理，受该法调整。所谓建筑活动，是指各类房屋建筑及其附属设施的建造和与其配套的线路、管道、设备的安装活动。但该法第 83 条又规定，抢险救灾及其他临时性房屋建筑和农民自建低层住宅的建筑活动，不适用该法。《建设工程安全生产管理条例》第 69 条同样规定，抢险救灾和农民自建低层住宅的安全生产管理，不适用该条例。从上述规定可以看出，并非所有的建设工程均受建筑法律法规的调整，其中农民自建低层住宅就不受《建筑法》的调整。

因此，对农村建房合同的性质作出准确认定的前提是对“农民自建低层住宅”作出界定。原《村镇建筑工匠从业资格管理办法》和《关于加强村镇建设工程质量安全管理的若干意见》均规定，农民自建的两层（含两层）以下住宅为农民自建低层住宅。《关于加强农民住房建设技术服务和管理的通知》规定，三层（含三层）以上的农民住房建设管理要严格执行《建筑法》《建设工程质量管理条例》等法律法规的有关规定。实际上重申了“农民自建低层住宅”的含义为农民自建的两层（含两层）以下住宅。

根据上述规定，如果房主建设的是三层（含三层）以上的农民住房，其建设活动应当适用有关建筑法律法规的规定，相应的房主与个体工匠之间的法律关系一般应当认定为建设工程施工合同关系，而对于农民自建低层住宅的施工一般可以认定为承揽合同关系。

【规范指引】

《山东高院民一庭关于审理建设工程施工合同纠纷案件若干问题的解答》

13. 因农村自建住宅引发的工程价款、工程质量等纠纷如何处理？

承建农村三层（含三层以上）房屋，不属于农民自建低层住宅，依法应纳入《中华人民共和国建筑法》的调整范围，施工合同性质属于农村建设施工合同，施工质量受《中华人民共和国建筑法》调整。

《北京市高级人民法院关于审理建设工程施工合同纠纷案件若干疑难问题的解答》(2012 年 8 月 6 日　京高法发〔2012〕245 号)

6. 小型建筑工程及农民低层住宅施工合同、家庭住宅室内装饰装修合同的效力如何认定?

施工人签订合同承建小型建筑工程或两层以下(含两层)农民住宅,或者进行家庭住宅室内装饰装修,当事人仅以施工人缺乏相应资质为由,主张合同无效的,一般不予支持。对于当事人确实违反企业资质管理规定承揽工程的,可以建议有关行政主管部门予以处理。

前述合同对质量标准有约定的,依照其约定,没有约定的,依照通常标准或符合合同目的的特定标准予以确定。当事人有其他争议的,原则上可以参照本解答的相关内容处理。

《四川省高级人民法院民事审判第一庭关于审理建设工程施工合同纠纷案件若干疑难问题的解答》(2015 年 3 月 16 日　川高法民一〔2015〕3 号)

11. 如何认定小型建筑工程及农民低层住宅施工合同、家庭住宅室内装饰装修合同的效力?

施工人签订合同承建小型建筑工程或两层以下(含两层)农民住宅,或者进行家庭住宅室内装饰装修,当事人仅以施工人缺乏相应资质为由,主张合同无效的,一般不予支持。

(二)农村建房人身损害赔偿纠纷中房主责任的承担

在上述有关房主与个体工匠之间的法律关系性质的认定基础上,关于房主责任的承担问题,司法实践中往往又涉及有关《民法典》第 1193 条的理解适用问题,该条规定,承揽人在完成工作过程中造成第三人损害或者自己损害的,定作人不承担侵权责任。但是,定作人对定作、指示或者选任有过错的,应当承担相应的责任。

1. 承揽合同法律关系基础上房主的责任承担问题

在农民自建低层住宅的施工过程中,房主与个体工匠之间构成承揽合同关系,发生人身损害特别是个体工匠雇用的工人发生人身伤亡时,有关房主的责任承担问题,应适用《民法典》第 1193 条的规定。此时,考量房主是否应当承担赔偿责任,应重点审查房主即定作人对定作、指示或者选任是否存在过失。所谓选任有过失,是指定作人对承揽人的选择具有过失,如选任的承揽人没有从业资格。定作人对承揽人是否具备相应的资质和具备安全生产条件有义务进行审查，如果选任不当，对承揽人的工作人员在执行工作任务中所受到的损害，应该承担过错责任。[①] 实践中，受害人一般主张房主将建房任务发包给没有任何资质的个体工匠施工，应当承担相应的赔偿责任。

为维护村镇建筑市场秩序，保障村镇建筑工程质量，原建设部曾出台《村镇建筑工匠从业资格管理办法》，规定建筑工匠应当依照该办法进行资格审定，取得村镇建筑工匠资格证书。未取得资格证书，不得承揽村镇建筑工程。但是该办法已于2004年被废止，且国务院《关于第三批取消和调整行政审批项目的决定》已经取消了对村镇建筑工匠从业资格的审批，也就意味着对于从事村镇建筑工匠职业没有了资格的限制，任何人都有可能从事农民自建低层住宅的建设，因此，在判断房主是否存在选任过失时，并不能以个体工匠没有资格证书就认定房主存在选任过失，就应当承担相应赔偿责任。因为现行法律并未要求个体工匠具备相应的建筑资格。

实际上有些地方性法规为笔者在司法实践中判断房主是否存在选任过失提供了参考。例如，《浙江省村镇规划建设管理条例》原第31条规定，村镇建筑工匠，必须取得县级村镇建设行政管理部门核发的村镇建筑工匠资格证书，方可承担规定业务范围的村（居）民住宅建设施工任务。该条款于2004年修改为：村镇建筑工匠应当具备相应的建筑施工技能，按照规定承担村（居）民住宅建设施工任务。该条例目前已经废止，虽然法律对个体工匠的资质不再要求，但是可以认为从事农民自建低层住宅施工的工匠还是应当具备相应的建筑施工技能。房主将房屋交给根本不具备建筑施工技能的个人施工，根据上述《民法典》的规定，同样可以认为存在选任过失。

【法官提示22】

对于何为“具备相应的建筑施工技能”，实践中应结合案件的证据材料在调查的基础上作出综合认定。

2. 建设工程施工合同法律关系基础上房主责任的承担

如果房主建设的是三层（含三层）以上的住房，其建设活动应当适用有关建筑法律法规的规定，相应的建房合同应当认定为建设工程施工合同。根据《建筑法》的规定，建设工程合同的承包人只能是具有从事勘察、设计、建筑、安装任

---

① 参见黄薇主编：《中华人民共和国民法典释义》，法律出版社2020年版，第2310页。

务资格的法人,并且承包人是按照其拥有的注册资本、专业技术人员、技术装备和完成的建筑工程业绩等资质条件,分为不同的资质等级,只有取得相应的资质等级,才能在资质等级许可的范围内从事建筑活动。自然人个人既不能为发包人,也不能为承包人。因此,个体工匠或者施工队并不具备承包工程的资质。当发生人身损害特别是个体工匠雇用的工人发生人身伤亡时,有关房主的责任承担问题,随着《人损司法解释》的修订,实践中又发生了变化。2003 版《人损司法解释》第 11 条第 2 款规定,雇员在从事雇佣活动中因安全生产事故遭受人身损害,发包人、分包人知道或者应当知道接受发包或者分包业务的雇主没有相应资质或者安全生产条件的,应当与雇主承担连带赔偿责任。但该条文在 2020 年修订时被删除,2022 年再次修订时亦未再出现。笔者认为,此时关于房主的责任问题,应当依据房主是否存在过错而定,《民法典》第 1165 条规定,行为人因过错侵害他人民事权益造成损害的,应当承担侵权责任。既然发包人、分包人知道或者应当知道接受发包或者分包业务的雇主没有相应资质或者安全生产条件的,那么他们的行为就违反了法定义务,与造成实际损害后果的雇主就具有共同的过错,从一定意义上说,构成了共同侵权,当然应当与雇主承担连带赔偿责任。因此,房主将住房建设工程发包给没有任何资质的个体工匠进行施工,造成人身损害的,根据《民法典》的规定,应当与个体工匠承担连带赔偿责任。

(三)对农村建房人身损害纠纷的再思考

参与农村建房的受害人往往正处于年富力强的年龄段,系家庭的顶梁柱,其收入也是家庭的主要收入来源,该人员的伤亡,往往给家庭带来了无尽的痛苦和经济负担。房主因建房本身已经倾其所有或者债台高筑,如果承担了赔偿责任,则更是雪上加霜,对于房主家庭来说,亦是一场灾难。因此,为了进一步规范农村建筑市场、保证工程质量、降低发生人身伤亡风险、减少事故发生后的损失,笔者认为,应当做好以下几个方面:

(1)加强安全教育,提高防范风险的意识。政府部门应当进一步加强对农民建房的安全教育,强化监督,提高房主的安全意识,做好风险防范。对于从事农村建房的人员做好定期或者不定期的培训工作,进一步提高其建筑施工技能,加强安全管理,保证安全措施得到落实。

(2)完善相应立法,分散事故风险。①参照机动车交通事故责任强制保险的立法模式,设立农村建房的强制保险险种,或者鼓励保险公司设立有关农村建房的商业保险，分散建房过程中人身伤亡所造成的损失。②增设农村建房事故救助基金，完善救助方式。参照道路交通事故社会救助基金的立法模式，设立农村建房事故救助基金，专门救助农村建房事故中伤亡人员。

（3）提高"农民自建低层住宅"的界定标准。根据现有规定"农民自建低层住宅"为农民自建的两层（含两层）以下住宅，笔者认为，该标准不符合目前的农村建房实际，应将"农民自建低层住宅"界定为三层（含三层）以下住宅。如果房主建设的是四层（含四层）以上的农民住房，其建设活动应当适用有关建筑法律法规的规定。

（4）坚持调解优先原则，加大司法救助力度。法院在处理该类案件中，应当更加注重调解，必要时邀请乡镇、村干部一起做好调解工作，争取纠纷能够得到妥善处理。同时，法院应依法对该类案件的诉讼费用进行缓、减、免交，并视案情提供司法救助。

第二章 建设工程施工合同主体纠纷

第一节 转包与违法分包

《建筑法》等法律法规明令禁止承包人非法转包、违法分包，但是建筑领域中，为追求不正当利益，承包人违反法律规定将承包的工程项目非法转包、违法分包的现象屡见不鲜，甚至出现多手转分包、层层转分包现象，严重扰乱了建筑市场秩序，且容易导致工程质量问题，危及社会公众安全。为了规范建筑工程施工承发包活动，保证工程质量和施工安全，住房和城乡建设部于2014年9月9日发布《关于开展严厉打击建筑施工转包违法分包行为工作的通知》，并于2014年10月1日起施行《建筑工程施工转包违法分包等违法行为认定查处管理办法（试行）》，以期能有效遏制违法发包、转包、违法分包及挂靠等违法行为，维护建筑市场秩序和建设工程主要参与方的合法权益。2019年1月，住房和城乡建设部发布《建筑工程施工发包与承包违法行为认定查处管理办法》，并同时废止2014年10月1日起施行的《建筑工程施工转包违法分包等违法行为认定查处管理办法（试行）》。同时，每年通报各地住房和城乡建设主管部门建筑工程施工转包、违法分包等违法违规行为查处情况。

一、转包

（一）转包的定义

转包行为违反诚实信用原则，损害发包人和潜在投标人的利益，严重扰乱建筑市场管理秩序，危害工程质量，系法律明令禁止的违法行为。关于转包的定义，《建筑法》《民法典》均未明确规定，但以禁止性规定的方式规定了两种转包行为：一是《建筑法》第28条规定，禁止承包单位将其承包的全部建筑工程转包给他人，禁止承包单位将其承包的全部建筑工程肢解以后以分包的名义分别转包给他人。二是《民法典》第791条规定，承包人不得将其承包的全部建设工程转包给第三人或者将其承包的全部建设工程支解以后以分包的名义分别转包给第三人。建设工程主体结构的施工必须由承包人自行完成。

《建设工程质量管理条例》第78条第3款规定,本条例所称转包,是指承包单位承包建设工程后,不履行合同约定的责任和义务,将其承包的全部建设工程转给他人或者将其承包的全部建设工程肢解以后以分包的名义分别转给其他单位承包的行为。住房和城乡建设部《房屋建筑和市政基础设施工程施工分包管理办法》第13条规定,禁止将承包的工程进行转包。不履行合同约定,将其承包的全部工程发包给他人,或者将其承包的全部工程肢解后以分包的名义分别发包给他人的,属于转包行为。

综合上述行政法规的规定,《建筑工程施工发包与承包违法行为认定查处管理办法》对转包作出了更为准确和详细的定义,该办法第7条规定,本办法所称转包,是指承包单位承包工程后,不履行合同约定的责任和义务,将其承包的全部工程或者将其承包的全部工程肢解后以分包的名义分别转给其他单位或个人施工的行为。根据该定义,转包主要表现为两种:一是直接转包,施工单位不履行合同责任和义务,将工程全部转包他人施工。二是肢解转包,施工单位将其承包的全部工程肢解后以分包的名义转包他人施工。

禁止工程转包之主要原因为:(1)转包行为违反招标投标制度之目的;(2)转包是一种合同履行障碍的违约行为;(3)转包可能产生行政腐败;(4)转包可能引致质量不良。[①] 承包人擅自将其承包的工程项目转包,破坏了合同关系应有的稳定性和严肃性。在建设工程合同订立过程中,发包人往往是经过慎重选择,才确定与其所信任并具有相应资质条件的承包人订立合同。承包人将其所承包的工程转包给他人,违背了发包人的意志,损害了发包人的利益,这是法律所不允许的。[②]

(二)转包的本质属性

合同权利义务的概括转移,指合同当事人一方的权利义务一并转移给第三人,该第三人取而代之成为合同当事人的现象,又称合同地位的转移。权利义务一并转让的后果,导致原合同关系的消灭,第三人取代了转让方的地位,产生出一种新的合同关系。《民法典》第555条规定,当事人一方经对方同意,可以将自己在合同中的权利和义务一并转让给第三人。根据该规定,合同一方当事

---

① 参见苏南、汤文章:《两岸营建工程转包与分包制度比较——兼评大陆的一个相关案件判决》,载《厦门大学法律评论》2015年第1期。

② 参见黄薇主编:《中华人民共和国民法典释义》,法律出版社2020年版,第1456页。

人在进行转让前应当取得对方的意见,使对方能根据受让方的具体情况来判断这种转让行为能否对自己的权利造成损害。只有经过对方当事人同意,才能将合同的权利和义务一并转让。如果未经对方同意,一方当事人就擅自一并转让权利和义务的,那么其转让行为无效,对方有权就转让行为对自己造成的损害,追求转让方的违约责任。

《民法典》第 556 条规定,合同的权利和义务一并转让的,适用债权转让、债务转移的有关规定。也就是说,合同当事人转让权利义务,除了应当征得对方当事人的同意外,还应当遵守《民法典》有关转让权利和义务转移的其他规定,其中该法第 545 条规定,债权人可以将债权的全部或者部分转让给第三人,但是有下列情形之一的除外:根据债权性质不得转让;按照当事人约定不得转让;依照法律规定不得转让。因此,转包作为法律法规明令禁止的行为,无论转包人是否取得原合同发包人的同意,转包行为均无效。

(三)转包的情形

根据司法实践,结合《建筑工程施工发包与承包违法行为认定查处管理办法》第 8 条的规定,以下情形属于转包:

(1)承包单位将其承包的全部工程转给其他单位(包括母公司承接建筑工程后将所承接工程交由具有独立法人资格的子公司施工的情形)或个人施工的。该条意味着施工单位直接将工程全部转给其他单位或者个人施工,该类转包可以称为直接转包。该种情形属于比较典型、比较常见的转包行为,比较好理解和认定。

(2)承包单位将其承包的全部工程肢解以后,以分包的名义分别转给其他单位或个人施工的。承包人必须是将其承包的全部工程肢解以后,以分包的名义转给其他单位或者个人施工才构成转包,如果只是将全部工程的一部分转给其他单位或者个人施工,则构成分包或者违法分包。该类转包可以称为肢解转包。转包人与转承包人必须是两个独立法人或其他组织或个人。若承包人承包工程后,以内部承包方式授予自己的分公司或内部机构(不包括子公司)施工,则不构成转包。

【法官提示 23】

承包人必须是将其承包的全部建设工程肢解以后,以分包的名义分别转让给其他单位或个人施工才构成转包。若承包人只是将其承包工程中的分部分项或某一部分分包给其他单位或个人,应构成分包或违法分包而不是转包。

(3)施工总承包单位或专业承包单位未在施工现场设立项目管理机构或未派驻项目负责人、技术负责人、质量管理负责人、安全管理负责人等主要管理人员,不履行管理义务,未对该工程的施工活动进行组织管理的。施工单位应当在工程施工现场设立项目管理机构并派驻实际管理人员,履行合同中约定的责任和义务,对工程的施工活动进行组织管理。《建设工程施工合同(示范文本)》在通用条款中对承包人的义务特别是施工现场的义务作了比较详细的规定,尤其对项目经理的权责作了明确规定。在正常、合法的施工承包关系中,施工单位在承接工程之后,应当在施工现场设立项目管理机构并派驻实际管理人员,履行合同约定的责任和义务,对工程的施工活动进行组织管理。如果施工单位未在施工现场设立项目管理机构或未派驻相应的项目负责人、技术负责人、质量管理负责人、安全管理负责人等主要管理人员,而现场施工却在进行,视为不履行合同约定的责任和义务,未对该工程的施工活动进行组织管理,可认定为转包。

【法官提示24】

如果施工单位虽以自身名义在现场设立了项目管理机构,但项目管理机构的主要管理人员(包括项目负责人、技术负责人、质量管理负责人、安全管理负责人等)同施工单位间没有合法的劳动合同、工资、社会保险关系的,对施工单位的行为可认定为转包,对实际施工人可认定为挂靠。

(4)合同约定由承包单位负责采购的主要建筑材料、构配件及工程设备或租赁的施工机械设备,由其他单位或个人采购、租赁,或施工单位不能提供有关采购、租赁合同及发票等证明,又不能进行合理解释并提供相应证明的。在正常的建设工程施工合同关系中,主要建筑材料、构配件及工程设备的采购一般应由施工单位负责采购,且发包人不得指定生产厂家或供应商。但法律法规并不禁止施工单位委托其他单位或个人采购材料设备,尤其是进口材料设备的委托采购,如果施工单位能够提供材料证明其他单位或个人采购材料设备系受其委托,有委托代理的证据且其他单位或个人除受委托采购材料设备之外,并不负责具体施工事宜;同时施工单位能够证明自己履行了合同约定的责任和施工管理义务,则不认定为转包。

(5)专业作业承包人承包的范围是承包单位承包的全部工程,专业作业承包人计取的是除上缴给承包单位“管理费”之外的全部工程价款的。比如,劳务作业分包并不违反法律规定,但劳务分包单位只能收取相应的劳务报酬及必要的辅材费用,如果主要建筑材料、构配件及工程设备的采购均由劳务分包单位实施,施工设备、周转材料租赁也由劳务分包单位租赁,劳务分包单位的承包范围与施工总承包或专业承包单位的范围相同,对施工总承包或专业承包单位可认定存在转包行为。

(6)承包单位通过采取合作、联营、个人承包等形式或名义,直接或变相将其承包的全部工程转给其他单位或个人施工的。合作、联营、内部个人承包等形式本身并不被法律所禁止,均是施工单位生产经营过程中提升竞争力和企业效益的有效措施。但近些年来却产生了大量以合作、联营、内部个人承包等形式或名义,直接或变相地将其承包的全部工程转给他人施工的违法情形。

【法官提示25】

该种情形下,对于转包行为的认定,关键从以下两个方面把握:第一,承包人是否实际参与工程的组织施工与管理及合作、联营人是否以自身身份或联合体身份参与施工。第二,合作、联营人是否具有实施该工程的资质。两者必须全部满足才能被认定为合作、联营施工,而不是转包或挂靠。如果合作、联营方没有资质,或者是在项目上不是以其自身身份或联合体身份出现,仍然以承包人名义对外的,对合作、联营方应认定存在挂靠行为,对承包人应认定为转包。内部承包关键是看是否组成项目管理机构以及现场主要管理人员与施工单位之间有没有劳动合同、工资、社保关系,有没有统一的资产、财务关系等,如果没有这些关系,对施工单位可认定为转包。

(7)法律法规规定的其他转包行为。专业工程的发包单位不是该工程的施工总承包或专业承包单位的,但建设单位依约作为发包单位的除外;专业作业的发包单位不是该工程承包单位的;施工合同主体之间没有工程款收付关系,或者承包单位收到款项后又将款项转拨给其他单位和个人,又不能进行合理解释并提供材料证明的。两个以上的单位组成联合体承包工程,在联合体分工协议中约定或者在项目实际实施过程中,联合体一方不进行施工也未对施工活动进行组织管理的,并且向联合体其他方收取管理费或者其他类似费用的,视为联合体一方将承包的工程转包给联合体其他方。

典型案例12

楼某某与方泰公司、施某某等建设工程施工合同纠纷案①

农牧局向方泰公司送达中标通知书，确定方泰公司为中标人。2009 年 7 月 26 日，农牧局（甲方）与方泰公司（乙方）签订《建设工程施工合同》。2009 年 8 月 18 日，方泰青海分公司（甲方）与楼某某、施某某（乙方）签订项目工程内部承包责任书，约定由乙方承建案涉工程。后，工程竣工验收合格。因工程款结算问题，楼某某诉至法院，双方对项目工程内部承包责任书的性质和效力发生争议。

典型案例裁判文书

典型案例12

最高院（2013）民一终字第149号楼某某与方泰公司、施某某等建设工程施工合同纠纷民事判决书

裁判规则：方泰青海分公司在方泰公司与农牧局签订涉案工程的《建设工程施工合同》后，与楼某某、施某某就该工程签订的项目工程内部承包责任书，性质为转包合同。根据司法解释之规定，由于楼某某、施某某不具有建筑施工企业资质，作为转包合同的项目工程内部承包责任书无效。

【规范指引】

《四川省高级人民法院民事审判第一庭关于审理建设工程施工合同纠纷案件若干疑难问题的解答》（2015 年 3 月 16 日　川高法民一〔2015〕3 号）

3. 如何认定转包？

转包是指建筑施工企业承包工程后，不履行合同约定的责任和义务，将其承包的全部工程或者将其承包的全部工程肢解后以分包的名义分别转给其他企业或个人施工的行为。

存在下列情形之一的，一般可以认定为转包：

（一）建筑施工企业未在施工现场设立项目管理机构或未派驻项目负责人、技术负责人、质量管理负责人、安全管理负责人等主要管理人员，不履行管理义务，未对该工程的施工活动进行组织管理的；

（二）建筑施工企业不履行管理义务，只向实际施工企业或个人收取费用，主要建筑材料、构配件及工程设备由实际施工企业或个人采购的；

① 参见最高人民法院民事判决书，（2013）民一终字第 149 号。

（三）劳务分包企业承包的范围是建筑施工企业承包全部工程，劳务分包企业计取的是除上缴给建筑施工承包企业管理费之外的全部工程价款的；

（四）建筑施工企业通过采取合作、联营、个人承包等形式或名义，直接或变相将其承包的全部工程转给其他企业或个人施工的；

（五）法律、行政法规规定的其他转包情形。

二、分包

（一）分包要件

在建设工程施工合同纠纷案件中，工程分包现象较为常见，但并非所有的分包即为违法，实践中有必要对此进行了解认识，并对合同效力等做出准确认定。《建筑法》第29条规定，建筑工程总承包单位可以将承包工程中的部分工程发包给具有相应资质条件的分包单位；但是，除总承包合同中约定的分包外，必须经建设单位认可。施工总承包的，建筑工程主体结构的施工必须由总承包单位自行完成。建筑工程总承包单位按照总承包合同的约定对建设单位负责；分包单位按照分包合同的约定对总承包单位负责。总承包单位和分包单位就分包工程对建设单位承担连带责任。禁止总承包单位将工程分包给不具备相应资质条件的单位。禁止分包单位将其承包的工程再分包。《民法典》第791条第2款规定，总承包人或者勘察、设计、施工承包人经发包人同意，可以将自己承包的部分工作交由第三人完成。第三人就其完成的工作成果与总承包人或者勘察、设计、施工承包人向发包人承担连带责任。承包人不得将其承包的全部建设工程转包给第三人或者将其承包的全部建设工程支解以后以分包的名义分别转包给第三人。因此工程分包是总承包人或者勘察、设计、施工承包人根据承包合同的约定或者征得发包人同意后，将部分工程交给具有相应资质的承包人完成的行为。①

案例索引裁判文书

案例索引15
最高院（2013）民提字第156号凯城公司与华洋公司、圣达公司建设工程施工合同纠纷民事判决书

1. 分包范围

建筑施工中，并非所有工程项目均属分包范围，根据前述《建筑法》第29条

① 案例索引15：凯城公司与华洋公司、圣达公司建设工程施工合同纠纷案，最高人民法院（2013）民提字第156号民事判决书。

和《民法典》第791条的规定，施工总承包的，建筑工程主体结构的施工必须由总承包单位自行完成。

因此，根据法律规定，属于合法分包范围的只能是建筑工程主体结构以外的专业工程或者劳务作业。

2. 分包类型

(1)专业工程分包。所谓专业工程分包，是指施工总承包企业将其所承包工程中的专业工程发包给具有相应资质的其他建筑业企业完成的活动。哪些工程属于可以分包的范围？根据《建筑业企业资质标准》的划分，专业承包序列包括地基基础工程、消防设施工程、桥梁工程、隧道工程、钢结构工程等36个类别。每个类别对承包人都有相应的资质要求。禁止分包单位将其承包的工程再分包。

(2)劳务作业分包。劳务作业分包，是指施工总承包企业或者专业承包企业将其承包工程中的劳务作业发包给劳务分包企业完成的活动。

3. 发包人同意

《建筑法》第29条规定，建筑工程总承包单位可以将承包工程中的部分工程发包给具有相应资质条件的分包单位；但是，除总承包合同中约定的分包外，必须经建设单位认可。《民法典》第791条规定，总承包人或者勘察、设计、施工承包人经发包人同意，可以将自己承包的部分工作交由第三人完成。发包人认可并最终选择承包人施工，是基于工程建设实际需要并综合承包人建设能力、业绩水平等各项因素作出的判断，承包人即使根据法律规定可以将分包范围内的工程予以分包施工，亦应根据法律规定取得发包人同意，除非双方已经就有关分包工程在合同中作了明确约定。

4. 资质要求

根据《建筑业企业资质管理规定》，从事土木工程、建筑工程、线路管道设备安装工程的新建、扩建、改建等施工活动的企业，应当按照其拥有的资产、主要人员、已完成的工程业绩和技术装备等条件申请建筑业企业资质，经审查合格，取得建筑业企业资质证书后，方可在资质许可的范围内从事建筑施工活动。建筑业企业资质分为施工总承包资质、专业承包资质、施工劳务资质三个序列。施工总承包资质、专业承包资质按照工程性质和技术特点分别划分为若干资质类别，各资质类别按照规定的条件划分为若干资质等级。施工劳务资质不分类别与等级。分包工程承包人必须具有相应的资质，并在其资质等级许可的范围内承揽业务,禁止承包人将工程分包给不具备相应资质条件的单位。严禁个人承揽分包工程业务。

5. 质量保证

《建筑法》第29条规定,建筑工程总承包单位按照总承包合同的约定对建设单位负责;分包单位按照分包合同的约定对总承包单位负责。总承包单位和分包单位就分包工程对建设单位承担连带责任。根据上述法律规定,分包工程在不违反法律法规禁止性规定的情况下是允许的,只是根据法律规定,在有关工程质量上分包人也应当承担相应责任。对此,《建筑法》第55条再次重申,建筑工程实行总承包的,工程质量由工程总承包单位负责,总承包单位将建筑工程分包给其他单位的,应当对分包工程的质量与分包单位承担连带责任。分包单位应当接受总承包单位的质量管理。同时,《建设工程质量管理条例》第27条也规定,总承包单位依法将建设工程分包给其他单位的,分包单位应当按照分包合同的约定对其分包工程的质量向总承包单位负责,总承包单位与分包单位对分包工程的质量承担连带责任。

(二)违法分包

违法分包,是指施工单位承包工程后违反法律法规规定或者施工合同关于工程分包的约定,把单位工程或分部分项工程分包给其他单位或个人施工的行为。《建筑法》第29条规定,禁止总承包单位将工程分包给不具备相应资质条件的单位。禁止分包单位将其承包的工程再分包。《建设工程质量管理条例》第25条规定,施工单位不得转包或者违法分包工程。根据《建设工程质量管理条例》第78条的规定,违法分包是指下列行为:总承包单位将建设工程分包给不具备相应资质条件的单位的;建设工程总承包合同中未有约定,又未经建设单位认可,承包单位将其承包的部分建设工程交由其他单位完成的;施工总承包单位将建设工程主体结构的施工分包给其他单位的;分包单位将其承包的建设工程再分包的。根据上述规定,结合《建筑工程施工发包与承包违法行为认定查处管理办法》第12条的规定,存在下列情形之一的,属于违法分包:

(1)施工单位将工程分包给个人的。根据《建筑法》的规定,个人不具有承包工程进行施工的主体资格,因此施工单位将工程分包给个人的行为属于违法行为。

(2)施工单位将工程分包给不具备相应资质或安全生产许可的单位的。承包工程的分包单位,必须具备相应的资质或安全生产许可,否则属于违法分包行为。

(3)施工合同中没有约定,又未经建设单位认可,施工单位将其承包的部分工程交由其他单位施工的。施工合同中没有约定可以分包,且又未经建设单位认可进行的分包,可以认定为违法分包,根据前述分析,发包人同意是分包合法化的构成要件之一。当然,并非合同中约定可以分包或者建设单位认可分包,就可以认定分包有效,此时,应当考量分包是否存在其他违法情形。

(4)施工总承包单位将房屋建筑工程的主体结构的施工分包给其他单位的,钢结构工程除外。根据《建筑法》第29条和《建设工程质量管理条例》第78条的规定,建筑工程主体结构的施工必须由总承包单位自行完成,违反规定进行分包的,即构成违法分包。如果主体结构是钢结构工程的,可以进行专业分包。

(5)专业分包单位将其承包的专业工程中非劳务作业部分再分包的。根据《房屋建筑和市政基础设施工程施工分包管理办法》第9条的规定,专业分包工程承包人必须自行完成所承包的工程。专业分包单位将其承包的专业工程中非劳务作业部分再分包的,属于违法分包。

(6)劳务分包单位将其承包的劳务再分包的。根据《房屋建筑和市政基础设施工程施工分包管理办法》第9条的规定,劳务作业承包人必须自行完成所承包的任务。劳务分包单位将其承包的劳务再分包的,或与其他单位或者个人签订劳务合同的,属于违法分包。

(7)劳务分包单位除计取劳务作业费用外,还计取主要建筑材料款、周转材料款和大中型施工机械设备费用的。劳务分包单位收取的费用应限定在分包工程的劳务报酬及必要的辅材费用。如果劳务分包单位计取主要建筑材料款、周转材料款和大中型施工机械设备费用的,属于违法分包。

(8)法律法规规定的其他违法分包行为。

【法官提示26】

《建设工程施工合同(示范文本)》(GF-2017-0201)通用条款第3.5.1条同样对分包作了如下规定:承包人不得将其承包的全部工程转包给第三人,或将其承包的全部工程肢解后以分包的名义转包给第三人。承包人不得将工程主体结构、关键性工作及专用合同条款中禁止分包的专业工程分包给第三人,主体结构、关键性工作的范围由合同当事人按照法律规定在专用合同条款中予以明确。承包人不得以劳务分包的名义转包或违法分包工程。

典型案例13

仕龙公司与余某某、某住建局建设工程施工合同纠纷案[①]

典型案例裁判文书

典型案例13

云南高院(2014)云高民一终字第143号仕龙公司与余某某、某住建局建设工程施工合同纠纷民事判决书

2009年9月16日,某住建局与仕龙公司签订《建设工程施工合同》,双方约定:将某县城市生活垃圾处理厂一期工程即垃圾坝、库区等土石方工程发包给仕龙公司,承包范围为(招标范围)设计施工图及工程量清单范围内的所有内容,合同价款为2,300,363.83元。同年9月19日,黑某某与余某某签订《工程施工合同》,除将合同价款2,300,363.83元改为1,700,000元外,其他内容跟某住建局与仕龙公司签订的《建设工程施工合同》基本一致。此后,仕龙公司与某住建局签订的《建设工程施工合同》所涉及的工程由余某某具体组织施工人员进行实施。现工程已经投入使用。双方就停工损失、返工费用、资料费三个方面争议较大,且对合同效力发生纠纷。

裁判规则:某住建局与仕龙公司签订《建设工程施工合同》,将某县城市生活垃圾处理厂一期工程即垃圾坝、库区等土石方工程发包给仕龙公司,此后,仕龙公司通过黑某某与余某某签订《工程施工合同》,将所承包的工程交由没有建筑资质的余某某个人组织施工,黑某某的行为应视为是仕龙公司的行为,因此,仕龙公司与余某某之间实际存在工程违法转包的关系,仕龙公司与余某某签订的《工程施工合同》无效,但余某某请求仕龙公司支付工程款的诉讼请求应予支持。

【规范指引】

《安徽省高级人民法院关于审理建设工程施工合同纠纷案件适用法律问题的指导意见》(2009年5月4日　安徽省高级人民法院审判委员会第16次会议通过)

5.符合下列情形之一的,应认定为违法分包,所签订的建设工程施工合同无效:

(1)承包人将建设工程主体结构的施工分包给他人完成;

---

① 参见云南省高级人民法院民事判决书,(2014)云高民一终字第143号。

(2)分包单位不具备相应的资质条件;

(3)分包未经建设单位认可;

(4)分包单位将其承包的工程再行分包。

《四川省高级人民法院民事审判第一庭关于审理建设工程施工合同纠纷案件若干疑难问题的解答》(2015年3月16日 川高法民一〔2015〕3号)

4. 如何认定违法分包?

违法分包是指建筑施工企业承包工程后违反法律法规规定或者施工合同关于工程分包的约定,把单位工程或分部分项工程分包给其他企业或个人施工的行为。

存在下列情形之一的,一般可以认定为违法分包:

(一)建筑施工企业将工程分包给个人的;

(二)建筑施工企业将工程分包给不具备相应资质的企业的;

(三)施工合同中没有约定,又未经建设单位认可,建筑施工企业将其承包的部分工程交由其他企业施工的;

(四)施工总承包企业将除钢结构工程以外的房屋建筑工程的主体结构的施工分包给其他企业的;

(五)专业分包企业将其承包的专业工程中非劳务作业部分再分包的;

(六)劳务分包企业除计取劳务作业费用外,还计取主要建筑材料款、周转材料款和大中型施工机械设备费用的;

(七)法律、行政法规规定的其他违法分包情形。

(三)转包与分包的区别

在分包中,承包人与分包人承担连带责任,在转包中,转包人与转承包人不承担连带责任。分包是在分包人同意的情况下为法律所允许,转包则为法律所禁止。

(1)法律限制程度不同。工程转包是违法行为,法律明确规定禁止,而依法成立的分包合同具有法律效力。《建筑法》第29条规定,施工总承包的,建筑工程主体结构的施工必须由总承包单位自行完成。《招标投标法》第48条第2款规定,中标人按照合同约定或者经招标人同意,可以将中标项目的部分非主体、非关键性工作分包给他人完成。因此专业分包是依法有效的行为。

(2)工程项目管理不同。转包工程中总承包人只收取管理费,不对工程承担任何技术、质量、经济法律责任,对工程建设不提供任何技术和管理。专业分包中，总承包人需要独立完成工程的主体结构建设，并对分包工程进行管理。

（3）承担责任方式不同。转包和分包都是由第三人实际完成工程，但在工程分包中，分承包人就其完成的工作成果与总承包人或者勘察、设计、施工承包人向发包人承担连带责任，工程转包中的转包人对工程不承担责任。

【法官提示27】

转包和分包界限比较模糊，《建筑工程施工发包与承包违法行为认定查处管理办法》规定转包是以全部建设工程为标的，但如果包括主体在内的大部分工程以分包形式承包，收取管理费而不进行实质管理的，应认定为转包。《房屋建筑和市政基础设施工程施工分包管理办法》第13条第2款规定，分包工程发包人将工程分包后，未在施工现场设立项目管理机构和派驻相应人员，并未对该工程的施工活动进行组织管理的，视同转包行为。因此区分转包和分包，主要把握承包人对分包工程是否进行管理和控制以及建设工程项目的转让程度如何。

三、劳务分包与转包、分包

劳务分包既不是转包，也不是分包，转包及违法分包为法律所禁止，劳务分包则不为法律所禁止。《建筑法》和《民法典》中均未规定劳务分包，《房屋建筑和市政基础设施工程施工分包管理办法》第5条第1款规定，房屋建筑和市政基础设施工程施工分包分为专业工程分包和劳务作业分包。第3款规定，本办法所称劳务作业分包，是指施工总承包企业或者专业承包企业将其承包工程中的劳务作业发包给劳务分包企业完成的活动。第9条第2款规定，劳务作业分包由劳务作业发包人与劳务作业承包人通过劳务合同约定。劳务作业承包人必须自行完成所承包的任务。

劳务分包合同从性质上说属于建设工程施工合同，其既不是劳动合同，也不是发包人与承包人之间劳务关系的合同，更不是企业或者单位内部的劳务合同。劳务分包合同是基于建设工程施工合同派生出来的合同关系，在一个工程建设项目中，必然要有建设工程施工合同，但不一定同时还有建设工程分包合同、专业分包合同和劳务分包合同。然而，只有产生了建设工程施工合同后，才会有建设工程分包合同、专业分包合同和劳务分包合同。因此，应当将劳务分包合同理解为建设工程施工合同的一部分，没有建设工程施工合同也就没有劳务分包合同的存在。[①]

为加强建筑劳务用工管理，保障劳务人员合法权益，提高工程质量水平，促进建筑业健康发展，住房和城乡建设部于2014年制定实施《关于进一步加强和完善建筑劳务管理工作的指导意见》，该意见要求施工总承包、专业承包企业应拥有一定数量的与其建立稳定劳动关系的骨干技术工人，或拥有独资或控股的施工劳务企业，组织自有劳务人员完成劳务作业；也可以将劳务作业分包给具有施工劳务资质的企业；还可以将部分临时性、辅助性或者替代性的工作使用劳务派遣人员完成作业。施工劳务企业应组织自有劳务人员完成劳务分包作业。施工劳务企业应依法承接施工总承包、专业承包企业发包的劳务作业，并组织自有劳务人员完成作业，不得将劳务作业再次分包或转包。

（一）劳务分包的特点

（1）劳务作业承包人具有劳务分包企业资质。《建筑业企业资质标准》中对劳务分包企业的资质标准规定如下：①企业资产：企业净资产200万元以上；具有固定的经营场所。②企业主要人员：技术负责人具有工程序列中级以上职称或高级工以上资格；持有岗位证书的施工现场管理人员不少于5人，且施工员、质量员、安全员、劳务员等人员齐全；经考核或者培训合格的技术工人不少于50人。

（2）劳务分包的内容是建设工程中的劳务部分。原建设部颁布实施的《建筑业劳务分包企业资质标准》对劳务作业分包的种类及各种类企业的资质标准作出了明确规定，其中劳务作业分包包括木工、砌筑、抹灰、石制作、油漆、钢筋、混凝土、脚手架、模板、焊接、水暖电、钣金、架线作业十三种，每种作业的承包人都分别应当具备相应的资质等级标准及作业的具体范围。随着住房和城乡建设部《建筑业企业资质标准》的颁布实施，劳务施工不再区分类别和等级，相关企业只要符合资质条件，即可承担各类施工劳务作业。

（3）劳务分包承包人一般只包人工，不负责项目技术及管理，工程材料、施工的机械设备等均由劳务作业发包人提供。

（4）劳务费用一般是通过工日的单价和工日的总数量进行费用结算，不发生主要材料、大型机械、设备等费用的结算，不收取管理费。

---

① 参见最高人民法院民事审判第一庭编著：《最高人民法院建设工程施工合同司法解释的理解与适用》，人民法院出版社2004年版，第80页。

(二)劳务分包与转包

《建设工程司法解释(一)》第5条规定,具有劳务作业法定资质的承包人与总承包人、分包人签订的劳务分包合同,当事人请求确认无效的,人民法院依法不予支持。由此可见,司法实践中,劳务分包与转包虽有混淆,但却有显著区别:

(1)合同标的不同。劳务施工不区分类别和等级,相关企业只要符合资质条件,即可承担各类施工劳务作业,相关的劳务主要包括木工、砌筑、抹灰、油漆等。转包是总承包人将其承包的全部工程或者将其承包的全部工程肢解后以分包的名义分别转给其他单位或个人施工的行为,其合同指向的对象是全部的工程建设任务。

(2)合同效力不同。转包因违反国家强制性规定而无效,劳务分包属于合法行为,国家对劳务分包并不禁止。

(3)责任承担不同。劳务分包情形下,劳务分包人对总承包人或者分包人负责,不对发包人负责。转包情形下,根据《建筑法》第67条的规定,对因转包工程不符合规定的质量标准造成的损失,转包人与接受转包的单位共同向发包人承担连带赔偿责任。

(三)劳务分包与工程分包

虽然《房屋建筑和市政基础设施工程施工分包管理办法》中将房屋建筑和市政基础设施工程施工分包分为专业工程分包和劳务作业分包,一个强调的是对专业工程的分包,另一个强调的是对劳务的分包,但是由于建筑市场的复杂性和分包工程及劳务作业的多样性,导致审判实践中对劳务分包还是工程分包往往存在争议,基础法律关系的认定,事关当事人权利义务的认定。因此,有必要厘清两者之间的区别。

审判实践中,一般从以下几方面进行判断:

(1)合同标的不同。按照《建筑业企业资质标准》的规定,专业承包序列包括:地基基础工程、钢结构工程、建筑装修装饰工程、消防设施工程、桥梁工程等36个类别的专业承包。劳务施工不区分类别和等级,相关企业只要符合资质条件,即可承担各类施工劳务作业,相关的劳务主要包括木工、砌筑、抹灰、油漆等。从上述分包的内容可以看出专业分包合同标的是建设工程中非主体、非关键性部分的工程,劳务分包合同标的是劳务作业,技术含量低,与工程成果无关。

(2)施工内容不同。劳务分包承包人提供的仅是劳动力,工程分包承包人应以自己的材料设备、专业技术等自行组织施工。取得专业承包资质的企业应对所承接的专业工程全部自行组织施工，劳务作业可以分包，但应分包给具有劳务施工资质的企业。所以，工程分包中一定包含劳务内容，劳务分包在工程施工中只是工程分包内容的一部分。

(3)计取费用不同。工程分包对象是分部分项的工程，计取的是工程款，由直接费、间接费、税金和利润组成。劳务分包对象是劳务作业，计取的是人工费，体现为直接费中的人工费以及相应的管理费。

(4)分包要求不同。《建筑法》第29条对工程分包明确规定，建筑工程总承包单位可以将承包工程中的部分工程发包给具有相应资质条件的分包单位；但是，除总承包合同中约定的分包外，必须经建设单位认可。对于劳务分包，目前尚未有法律层面的规定，其仅限于劳务分包合同双方当事人双方的意思自治，无须经发包人或总包人的同意。

(5)转包要求不同。《建筑法》明确规定，禁止分包单位将其承包的工程再分包。分包单位可以将专业工程中的劳务作业进行分包，但是对于工程本身不能再转包或者分包。劳务分包承包人不能将其承包的劳务再分包或者转包，只能由其进行劳务作业。

(6)责任承担不同。工程分包情形下，总承包人需要对分包工程进行管理，总承包人、分包人就工程质量问题向发包人承担连带责任。劳务分包情形下，劳务分包人自行管理劳务施工，其对总承包人或者分包人负责，不对发包人负责，对发包人负责的应当是总承包人或者分包人。

典型案例14

黄某某、林某某与江西通威公司、泉三高速公路公司建设工程分包合同纠纷案①

泉三高速公路公司与江西通威公司签订《施工合同书》与《公路工程施工补充合同书》，约定泉三高速公路公司为修建高速公路工程，接受江西通威公司的投标书。后，江西通威公司项目经理部作为甲方与黄某某作为乙方签订《公路建设工程施工劳务承包合同》约定，工程名称：路基土石方、涵洞、防护排水工

① 参见最高人民法院民事判决书，(2013)民一终字第93号。

典型案例裁判文书

典型案例14
最高院(2013)民一终字第93号黄某某、林某某与江西通威公司、泉三高速公路公司建设工程分包合同纠纷民事判决书

程。项目经理部作为甲方与黄某某作为乙方签订《公路建设工程施工劳务承包合同》约定,工程名称:土建工程。后双方产生纠纷,并对双方之间的合同性质和效力发生争议。

裁判规则:建设工程分包合同的主要法律特征是承包方将其承包的部分工程交给第三方完成,第三方就其施工交付的工程获得工程价款。劳务分包合同的主要内容指向的是工程施工中具有较强专业技术性的劳务作业,其对象是计件或者计时的施工劳务,主要指人工费用以及劳务施工的相应管理费用。本案中,江西通威公司与黄某某先后签订的两份《公路建设工程施工劳务承包合同》,约定的主要内容是路基、土石方、涵洞、防护排水、土建工程交给黄某某施工。上述合同约定内容符合工程分包合同的法律特征。因工程分包合同是承包人将其承包的部分工程交给第三人完成,因此,承包人需要对第三人的施工提供一定的施工管理,也不排除承包人与第三人约定承包人提供部分材料设备。江西通威公司以其提供材料设备、施工管理为由,主张本案所涉合同为劳务分包合同,应认定有效,缺乏事实及法律依据。

【规范指引】

《北京市高级人民法院关于审理建设工程施工合同纠纷案件若干疑难问题的解答》(2012 年 8 月 6 日　京高法发〔2012〕245 号)

4. 劳务分包合同的效力如何认定?

同时符合下列情形的,所签订的劳务分包合同有效:

(1)劳务作业承包人取得相应的劳务分包企业资质等级标准;

(2)分包作业的范围是建设工程中的劳务作业(包括木工、砌筑、抹灰、石制作、油漆、钢筋、混凝土、脚手架、模板、焊接、水暖、钣金、架线);

(3)承包方式为提供劳务及小型机具和辅料。

合同约定劳务作业承包人负责与工程有关的大型机械、周转性材料租赁和主要材料、设备采购等内容的,不属于劳务分包。

《安徽省高级人民法院关于审理建设工程施工合同纠纷案件适用法律问题的指导意见》(2009 年 5 月 4 日　安徽省高级人民法院审判委员会第 16 次会议通过)

6. 同时符合下列情形的,应认定为劳务分包,所签订的合同有效:

(1)实际施工人具备劳务分包企业资质等级标准规定的一种或几种项目的施工资质,承包的施工任务仅是整个工程的一道或几道工序,而不是工程的整套工序;

(2)承包的方式为提供劳务,而非包工包料。

《四川省高级人民法院民事审判第一庭关于审理建设工程施工合同纠纷案件若干疑难问题的解答》(2015 年 3 月 16 日 川高法民一〔2015〕3 号)

7. 如何认定劳务分包?

劳务分包是指建设工程的总承包人或者专业承包人将其包工程中的劳务作业(包括木工、砌筑、抹灰、石制作、油漆、钢筋、混凝土、脚手架、模板、焊接、水暖、钣金、架线等)发包给具有相应劳务资质的劳务作业承包人完成的行为。

审判实践中,可以结合下列情形综合认定是否属于劳务分包:

(一)劳务作业承包人具有劳务分包企业资质;

(二)分包内容是劳务作业而不是工程本身;

(三)劳务作业承包人一般仅提供劳务作业,施工技术、工程主要材料、大型机械、设备等均由总承包人或者专业承包人负责;

(四)劳务费用一般是通过工日的单价和工日的总数量进行费用结算,不发生主要材料、大型机械、设备等费用的结算,不收取管理费。

四、转包、违法分包的法律后果

转包与违法分包,发包人与承包人行为不规范,不仅导致建筑市场秩序的混乱,而且直接导致建筑工程质量缺陷,建设工程容易发生安全事故,危及公众生命财产安全,破坏社会安定和谐。

(一)转包、违法分包的行政责任

《建筑法》第 67 条规定,承包单位将承包的工程转包的,或者违反本法规定进行分包的,责令改正,没收违法所得,并处罚款,可以责令停业整顿,降低资质等级;情节严重的,吊销资质证书。承包单位有前款规定的违法行为的,对因转包工程或者违法分包的工程不符合规定的质量标准造成的损失,与接受转包或者分包的单位承担连带赔偿责任。《建设工程质量管理条例》第 62 条第 1 款规定:违反本条例规定,承包单位将承包的工程转包或者违法分包的,责令改正,没收违法所得,对勘察、设计单位处合同约定的勘察费、设计费 25% 以上 50% 以下的罚款;对施工单位处工程合同价款 0.5% 以上 1% 以下的罚款;可以责令停业整顿,降低资质等级;情节严重的,吊销资质证书。《建筑工程施工发包与承包违法行为认定查处管理办法》将《建筑法》《建设工程质量管理条例》《建设工程安全生产管理条例》中对相关违法行为的处罚规定进行了分类归总,便于执法机构使用,也便于市场主体对违法行为的后果能有清楚的认知。其中第15条对建设单位、施工单位、个人等分别作出了相应的具体明确规定。

因此,对于转包、违法分包的行政处罚的种类,主要包括:罚款、没收违法所得、停业整顿、降低资质等级、吊销资质证书、停止执业、吊销执业资格证书、终身不予注册等。根据《建筑法》第76条和《建设工程质量管理条例》第75条的规定,责令停业整顿、降低资质等级和吊销资质证书的行政处罚,由颁发资质证书的机关决定;其他行政处罚,由建设行政主管部门或者有关部门依照法律和国务院规定的职权范围决定。被吊销资质证书的,由工商行政管理部门吊销其营业执照。

(二)转包、违法分包的合同效力

虽然法律法规包括规章对转包、违法分包等违法行为的认定、处罚的主体、依据及具体行政处罚标准等作了较为详细的规定,但是对于该类合同的效力并未作出规定。对于转包和违法分包的处理原则,《建设工程司法解释(一)》第1条第2款规定,承包人因转包、违法分包建设工程与他人签订的建设工程施工合同,应当依据《民法典》第153条第1款及第791条第2款、第3款的规定,认定无效。

1. 关于合同效力

《民法典》《建筑法》《建设工程质量管理条例》等法律、行政法规均明确规定禁止转包、违法分包,《民法典》明确规定违反法律行政法规强制性规定的合同无效。《建设工程司法解释(一)》则更为明确地规定了承包人因转包、违法分包与他人签订的建设工程施工合同应当认定为无效。人民法院对合同性质认定的不一致,使案件审判达不到良好的社会效果,同时不利于制裁民事违法行为,进而无法达到规范建筑业市场的目的。故而,本条中明确规定,承包人非法转包、违法分包的建设工程施工合同无效。①

案例索引裁判文书

案例索引16
河南高院(2021)豫民终1279号余某某与四季春公司等建设工程分包合同纠纷民事判决书

① 案例索引16:余某某与四季春公司等建设工程分包合同纠纷案,河南省高级人民法院(2021)豫民终1279号民事判决书。

2. 收缴非法所得

《建筑法》第 67 条明确规定，承包单位将承包的工程转包的，或者违反本法规定进行分包所取得的利益认定为非法所得，并规定了相应的处罚措施。因此，在有关纠纷当中，根据法律规定，人民法院可以视情况收缴非法所得。人民法院对非法所得予以收缴，可以在合同被认定无效后平衡当事人利益。同时在审理案件中及时作出收缴措施，有利于打击建筑业市场的违法行为，进而规范建筑业市场的经营行为。

【法官提示 28】

实践中，应当注意以下几个方面：

1. 采取收缴非法所得的对象是进行分包、转包的承包人，收缴的非法所得是承包人因违法分包、转包取得的利益。

2. 非法所得应当限定在已经实际取得的财产范围内，对于约定取得不宜采取收缴措施。

3. 根据法律授权，有关行政主管部门具有收缴非法所得的职权，在具体案件中，应当避免重复处罚，在行政主管部门已经做出收缴处罚的情况下，人民法院不宜再做出收缴决定。

第二节　内部承包

内部承包是法律允许的一种生产组织形式，虽然法律对此并没有系统性的规定，但该种模式在很多行业中普遍存在，在建筑生产领域同样多见。建设工程施工合同中的内部承包，是指建筑施工企业承包工程后，将施工任务分包给其分支机构、职能部门或者职工进行建设施工的行为。在内部承包施工中，实际承包人在建筑施工企业的监督管理下进行工程的建设施工，追求工程收益，而建筑施工企业通过实际承包人间接对工程建设进行管理，确保其与发包人签订的建设工程施工合同能够得到有效履行，保证工程质量，并获得相应管理费。

【法官提示 29】

企业内部承包属于企业经营管理方式，是企业自主决策范围。由此签订的合同的特殊性在于，一方面，在合同履行过程中，双方系平等主体之间的合同关系；另一方面，就主体而言，双方之间又存在行政上的隶属关系。在该类纠纷中,实际施工人与建筑施工企业之间的关系认定尤为重要,有关主体特别是建筑施工企业应当注重平时对相关证据的固定、保管。

一、内部承包制度的演进

在建筑业市场上,内部承包制是由建设单位在承接工程之后,与其内部承包人签订内部承包合同,由内部承包人自负盈亏、自担风险地完成施工内容。内部承包制能够有效地利用企业资源,调动建设单位内部人员的积极性,节约工程成本,是目前建筑市场较为盛行的做法。

(一)法律渊源

关于内部承包制度,现行法律中并无明确规定。

1987 年,原国家计划委员会、财政部、中国人民建设银行发布的《关于改革国营施工企业经营机制的若干规定》第 2 条规定:施工企业内部可以根据承包工程的不同情况,按照所有权与经营权适当分离的原则,实行多层次、多形式的内部承包经营责任制,以调动基层施工单位的积极性。可组织混合工种的小分队对或专业承包队,按单位工程进行承包,实行内部独立核算;也可以由现行的施工队进行集体承包,队负盈亏。不论采取哪种承包方式,都必须签订承包合同,明确规定双方的责权利关系。该条规定可以视为国家对内部承包制度的一个规范渊源。

1988 年,国务院颁布《全民所有制工业企业承包经营责任制暂行条例》第 41 条规定:承包经营企业应当按照责权利相结合的原则,建立和健全企业内部经济责任制,搞好企业内部承包。该条例对内部承包作了更为明确的要求。

1999 年,原建设部颁布《关于若干违法违规行为的判定》,对转包、违法分包、挂靠等行为作了区分,其中在判定挂靠时,认为主要条件就是有无统一的财务管理,不能以“承包”等名义搞变相的独立核算,实际上是将挂靠与内部承包作了区分。

2004 年,原建设部颁发《房屋建筑和市政基础设施工程施工分包管理办法》第 15 条规定,禁止转让、出借企业资质证书或者以其他方式允许他人以本企业名义承揽工程。分包工程发包人没有将其承包的工程进行分包,在施工现场所设项目管理机构的项目负责人、技术负责人、项目核算负责人、质量管理人员、安全管理人员不是工程承包人本单位人员的,视同允许他人以本企业名义承揽工程。该条实际上对挂靠和内部承包作了“人员隶属关系”上的区分。

（二）有关内部承包纠纷的处理规定

关于内部承包纠纷的处理，实践中并未形成统一的处理模式，有的作为民事案件处理，有的作为劳动争议处理，有的法院干脆不予受理。①

案例索引裁判文书

案例索引17
最高院（2021）最高法民终663号许某某与建设中心建设工程施工合同纠纷民事判决书

司法实践中，主要存在以下两种观点：一是内部承包合同的当事人虽然存在人事隶属关系，存在管理与被管理关系，但就工程施工签订的内部承包合同而言，双方的法律地位平等，由此产生的纠纷属于平等民事主体之间的纠纷，人民法院应当作为普通民事纠纷受理。二是内部承包合同往往包含了双方有关《劳动法》上的权利义务关系，双方履行合同产生的纠纷不是普通的民事纠纷，应当作为劳动争议纠纷处理，即先由劳动争议仲裁委员会处理。

《最高人民法院关于加强经济审判工作的通知》第 2 条第 2 项指出：许多企业内部的经济纠纷要求法院受理。这类纠纷原则上应由企业或其上级主管机关处理。企业内部的承包合同纠纷，大部分应由企业或其上级主管机关调处；极少数违反法律，必须由人民法院受理的，人民法院应予受理。根据该规定，对于内部承包合同纠纷原则上不予受理。但该通知已于 2013 年被最高人民法院废止。

理论上，劳动合同的主体是用人单位和劳动者，如果说单位与劳动者订立的内部承包合同可以定性为劳动合同的话，则单位与其下属分支机构或生产经营管理职能部门订立的内部承包合同就很难将其定性为劳动合同。显然，将内部承包合同一律认定为劳动合同，过于简单。另外，内部承包合同在很多时候也涉及劳动合同的某些要素或内容，如工作内容和工作地点、劳动报酬、社会保险、劳动保护、劳动条件与职业危害防护及费用承担等问题。若将含有此类内容的内部承包合同也简单归结为民事案件并予受理，是欠妥的。

虽然理论上还是存在分歧，但司法实践中人民法院已逐步将内部承包合同作为普通民事纠纷进行处理，特别是在相关建设工程施工合同纠纷中，诸多地方性司法文件对此作了正面规定，如《安徽省高级人民法院关于审理建设工程施工合同纠纷案件适用法律问题的指导意见（二）》《浙江省高级人民法院民事审判第一庭关于审理建设工程施工合同纠纷案件若干疑难问题的解答》《四川省高级人民法院民事审判第一庭关于审理建设工程施工合同纠纷案件若干疑

① 案例索引 17：许某某与建设中心建设工程施工合同纠纷案，最高人民法院（2021）最高法民终 663 号民事判决书。

难问题的解答》等都在相关的建设工程施工合同纠纷指导性文件中对内部承包问题作了规定。

(三)内部承包合同的效力

建设工程施工合同的承包人与其下属分支机构或职工就所承包的全部或部分工程施工所签订的承包合同为企业内部承包合同,属建筑施工企业的一种内部经营方式,法律和行政法规对此并不禁止,该合同的签订符合合同自由原则,契合公司自治精神,相应的内部承包合同应认定有效。其理由如下:

(1)根据《民法典》的规定,下列民事行为无效:①无民事行为能力人实施的;②行为人与相对人以虚假的意思表示实施的;③违反法律、行政法规的强制性规定的,但是,该强制性规定不导致该民事法律行为无效的除外;④违背公序良俗的;⑤行为人与相对人恶意串通,损害他人合法权益的。内部承包合同并非以欺诈、胁迫手段订立,也不存在恶意串通和以合法形式掩盖非法目的的情形,同时,我国法律、行政法规中并未作出禁止性规定,因此,内部承包合同并不符合合同无效构成要件。

(2)内部承包合同符合合同自由原则。合同自由原则的内容包括:缔约自由;选择相对人自由;合同内容的自由;合同方式的自由。契约自由系私法自治的一种表现方式,为私法自治的核心,从而私法自治亦受"宪法"保护,使个人得依意思自我形成其法律关系。[①] 在法律并未禁止的情形下,承包人将其承包工程交由内部分支机构或者职工施工,充分体现了合同自由原则。

(3)《公司法》对于公司承包经营模式的效力未予以明确,但公司承包经营模式在实践中大量存在,只要公司承包经营不改变公司法人治理结构,未动摇公司法人独立和股东责任有限两大基石,以承包经营合同为基础的公司承包经营模式是合法可行的,应当认定公司承包经营合同有效。

(4)承包经营合同符合《公司法》鼓励公司自治的立法理念。公司自治是现代公司法的灵魂,而公司承包经营是当事人意思自治原则在《公司法》领域的体现和具体运用。根据公司自治的精神,充分尊重公司法律关系的各方基于私法自治精神而达成的契约,在法律没有明文禁止的情况下,任何公司均可选择适合自身情况的经营模式。[②]

---

① 参见王泽鉴:《债法原理》,北京大学出版社2009年版,第13页。

② 参见臧峻月:《公司承包经营合同效力如何》,载《人民法院报》2009年10月18日,第7版。

【法官提示30】

禁止承包人转包和分包本意是为了建设工程的质量和维护建筑市场的正常秩序。之所以内部承包合同有效，实际上就是因为内部承包并不是违法转分包，而仅仅是建筑企业内部的管理和操作模式。

典型案例15

福华公司与大华公司建设工程施工合同纠纷案①

大华公司与福华公司签订《工程建设承包合同》，合同约定：全框架五层厂房，建筑面积15,993平方米（以预算清单工程量内容，施工完成任务为准），总承包价款为7,196,850元，工期为签订合同之日起8个月内。在施工过程中，福华公司授权其职员林某某全权负责诉争工程的竣工结算、催讨工程款诉讼以及处理与之有关的事务等。2011年1月24日大华公司支付给林某某30万元，林某某写下保证书一份。另查明，根据泉州市中级人民法院民事判决书认定的事实，林某某系福华公司所承建的大华公司厂房建筑工地的承包人。福华公司于2011年11月5日将工程结算资料呈报大华公司审核，但至今双方未进行工程款结算。双方就林某某的身份关系以及本案合同效力发生争议。

典型案例裁判文书

典型案例15
福建高院（2015）闽民终字第1318号福华公司与大华公司建设工程施工合同纠纷民事判决书

裁判规则：根据福华公司出具给法院的诉讼代理委托书，其自认林某某系其公司职员，结合福华公司提供的委托书和授权委托书的内容，可以认定福华公司与林某某之间的承包合同关系系企业内部承包合同，其属于建筑施工企业的一种内部经营方式，法律和行政法规对此并不禁止，总承包人仍应对工程施工过程及质量等进行管理，对外承担施工合同的权利义务，大华公司以内部承包合同的承包方无施工资质为由主张合同无效，依法不予支持。

① 参见福建省高级人民法院民事判决书，（2015）闽民终字第1318号。

【规范指引】

《浙江省高级人民法院民事审判第一庭关于审理建设工程施工合同纠纷案件若干疑难问题的解答》(2012 年 2 月 23 日　浙法民一〔2012〕3 号)

一、如何认定内部承包合同?如何认定其效力?

建设工程施工合同的承包人与其下属分支机构或在册职工签订合同,将其承包的全部或部分工程承包给其下属分支机构或职工施工,并在资金、技术、设备、人力等方面给予支持的,可认定为企业内部承包合同;当事人以内部承包合同的承包方无施工资质为由,主张该内部承包合同无效的,不予支持。

《北京市高级人民法院关于审理建设工程施工合同纠纷案件若干疑难问题的解答》(2012 年 8 月 6 日　京高法发〔2012〕245 号)

5. 如何认定建筑企业的内部承包行为?

建设工程施工合同的承包人将其承包的全部或部分工程交由其下属的分支机构或在册的项目经理等企业职工个人承包施工,承包人对工程施工过程及质量进行管理,对外承担施工合同权利义务的,属于企业内部承包行为;发包人以内部承包人缺乏施工资质为由主张施工合同无效的,不予支持。

《福建省高级人民法院关于审理建设工程施工合同纠纷案件疑难问题的解答》(2007 年 11 月 22 日)

1. 问:如何认定施工企业内部承包合同的性质与效力?

答:建设工程施工合同的承包人与其下属分支机构或职工就所承包的全部或部分工程施工所签订的承包合同为企业内部承包合同,属建筑施工企业的一种内部经营方式,法律和行政法规对此并不禁止,承包人仍应对工程施工过程及质量等进行管理,对外承担施工合同的权利义务。当事人以内部承包合同的承包方无施工资质为由主张合同无效的,不予支持。

二、内部承包的认定

首先应当明确的是,内部承包合同是合法的法律行为,不违反法律、行政法规的强制性规定,其与其他建设工程施工合同的主要区别在于,它是企业内部一种生产经营管理性质的合同。虽然从合同关系的角度,双方当事人地位平等,但在合同以外双方当事人又是管理与被管理的关系,因此,其法律地位具有双重性。司法实践中出现了很多名为内部承包,实为转包、挂靠的情形,而转包与挂靠为法律所禁止,根据法律规定,所涉及的合同无效,将直接影响到合同效力的认定和当事人权益的保障。因此,应当对内部承包的构成要件有一个比较清晰的认识。

(一)内部承包的构成要件

司法实践中,可以结合下列情形综合认定是否属于内部承包:

(1)内部承包合同的发包人为建筑企业,承包人为建筑企业下属分支机构、职能部门或者职工,两者之间存在管理与被管理的关系。内部承包人是否为施工企业的内部职工,是判断内部承包是否成立的重中之重,至于内部职工如何认定,如果内部承包人与企业签订了劳动合同,有劳动合同的情况下一般情况就可以认定为施工企业的工作人员;如果内部承包人与企业没有签订劳动合同,参考原劳动和社会保障部《关于确立劳动关系有关事项的通知》的规定,第一,用人单位招用劳动者未订立书面劳动合同,但同时具备下列情形的,劳动关系成立:用人单位和劳动者符合法律、法规规定的主体资格;用人单位依法制定的各项劳动规章制度适用于劳动者,劳动者受用人单位的劳动管理,从事用人单位安排的有报酬的劳动;劳动者提供的劳动是用人单位业务的组成部分。第二,用人单位未与劳动者签订劳动合同,认定双方存在劳动关系时可参照下列凭证:工资支付凭证或记录(职工工资发放花名册)、缴纳各项社会保险费的记录;用人单位向劳动者发放的"工作证""服务证"等能够证明身份的证件;劳动者填写的用人单位招工招聘"登记表""报名表"等招用记录;考勤记录;其他劳动者的证言等。

(2)建筑企业与承包人之间具有产权联系。用于建设工程施工的主要资产应当属于建筑企业所有,承包人组织项目施工所需的人、财、物及资金,由建筑企业协调解决。施工企业仍然需要在资金、技术、设备、人力等方面提供支持,对施工质量和安全进行监督。

(3)承包人的工程管理人员或其他现场管理人员接受建筑企业的任免,调动和聘用的,应当也是建筑企业内部员工,与建筑企业之间存在劳动关系。

(4)建筑企业与承包人之间有统一的财务管理体系,承包人在建筑施工企业统一管理和监督下独立核算、自负盈亏。内部承包人需要向施工企业交纳管理费,交纳的管理费与承包事项相对应。

综上所述,建筑施工企业将其承包的全部或部分工程交由其下属分支机构或在册的项目经理等本企业职工个人承包施工,建筑施工企业对工程施工过程及质量进行管理,并在资金、技术、设备、人力等方面给予支持的,对外承担施工合同权利义务的,就属于内部承包。

【规范指引】

《四川省高级人民法院民事审判第一庭关于审理建设工程施工合同纠纷案件若干疑难问题的解答》(2015 年 3 月 16 日　川高法民一〔2015〕3 号)

6. 如何认定内部承包?

建筑施工企业将其承包的全部或部分工程交由其下属分支机构或在册的项目经理等本企业职工个人承包施工,建筑施工企业对工程施工过程及质量进行管理,并在资金、技术、设备、人力等方面给予支持的,属于内部承包。

审判实践中,可以结合下列情形综合认定是否属于内部承包:

(一)合同的发包人为建筑施工企业,承包人为建筑施工企业下属分支机构或在册的项目经理等本企业职工,两者之间存在管理与被管理的行政隶属关系的;

(二)发包给个人的,发、承包人之间有合法的劳动关系以及社会保险关系的;

(三)承包人使用建筑施工企业的建筑资质、商标及企业名称等是履行职责行为,在建筑施工企业的管理和监督下进行项目施工,承包人根据承包合同约定向建筑施工企业交纳承包合同保证金的;

(四)施工现场的项目经理或其他现场管理人员接受建筑施工企业的任免,调动和聘用的;

(五)承包人组织项目施工所需的人、财、物及资金,由建筑施工企业予以协调支持的;

(六)承包人在建筑施工企业统一管理和监督下独立核算、自负盈亏,承包人与建筑施工企业按照承包合同约定对经营利润进行分配的。

内部承包的对外民事权利义务主体为该合同发包人建筑施工企业。

(二)内部承包与转包

转包是指施工单位承包工程后,不履行合同约定的责任和义务,将其承包的全部工程或者将其承包的全部工程肢解后以分包的名义分别转给其他单位或个人施工的行为。承包人不履行建设工程合同义务,未在施工现场设立项目管理机构或未派驻项目负责人、技术负责人、质量管理负责人、安全管理负责人等主要管理人员,未对该工程的施工活动进行组织管理,将全部工程转让给转承包人后,原合同约定的全部建设工程任务均由转承包人完成。转包行为违反诚实信用原则，损害发包人和潜在投标人的利益，严重扰乱建筑市场管理秩序，危害工程质量，系法律明令禁止的违法行为。

内部承包合同不同于转包合同。首先，内部承包合同的实际承包人是承包人的职工，转包中一般双方之间并无劳动关系；其次，内部承包合同下，是由企业负责管理、技术、财务等事项，由实际承包人负责具体施工的形式，并非完全将工程项目转给他人，而转包工程中总承包人只收取管理费，不对工程承担任何技术、质量、经济法律责任，对工程建设不提供任何技术和管理。如果双方建立劳动合同关系与该项目的施工时间基本重合，在工程结束时即解除了劳动合同，那么实际承包人其本质不是内部职工，该工程承包协议应当认定是以内部承包形式下的转包行为，承包协议无效。①

典型案例16

潘某某与广元公司等建设工程施工合同纠纷案②

典型案例裁判文书

典型案例16

最高院（2013）民提字第211号潘某某与广元公司等建设工程施工合同纠纷民事判决书

某工程指挥部与广元公司签订《建设工程施工合同》将办公楼承包给广元公司建设施工。广元公司与潘某某签订企业内部项目承包管理责任制，约定：乙方（潘某某）接受甲方（广元公司）委托，主持办公楼工程施工。某工程指挥部与广元公司再次签订《建设工程施工合同》，将住宅1、2、3号楼承包给广元公司建设施工。广元公司与潘某某签订项目承包内部责任制，约定：乙方（潘某某）接受甲方（广元公司）委托，主持管理1号、2号、3号宿舍楼工程施工。上述合同签订后，潘某某按约进行了工程项目的施工。后，广元公司移交了办公楼。

裁判规则：广元公司与某工程指挥部签订案涉两份《建设工程施工合同》，承包了办公楼及1、2、3号住宅楼的建设施工后，又与潘某某分别签订了企业内

① 参见叶跃：《建设工程内部承包合同司法适用问题探究——以审判实践的冲突为样本》，载《宁波大学学报（人文科学版）》2012年第3期。

② 参见最高人民法院民事判决书，(2013)民提字第211号。

部项目承包管理责任书和项目承包内部责任书，从企业内部项目承包管理责任书和项目承包内部责任书约定的内容及潘某某与广元公司对该两份内部承包合同实际履行情况看，潘某某当时并非广元公司职工，广元公司将其承包的案涉工程又以“内部承包”的形式非法转包给了潘某某。据此，依照《建设工程司法解释》第4条的规定，本案“内部承包合同”依法应认定为无效。

(三)内部承包与挂靠

挂靠是指单位或个人以其他有资质的施工单位的名义承揽工程的行为。承揽工程，包括参与投标、订立合同、办理有关施工手续、从事施工等活动。工程挂靠施工不仅严重扰乱建筑市场秩序，而且对工程质量带来重大安全隐患。《建筑法》《建设工程质量管理条例》等法律、行政法规明确禁止工程挂靠。根据《建筑工程施工发包与承包违法行为认定查处管理办法》的规定，存在下列情形之一的，属于挂靠：没有资质的单位或个人借用其他施工单位的资质承揽工程的；有资质的施工单位相互借用资质承揽工程的，包括资质等级低的借用资质等级高的，资质等级高的借用资质等级低的，相同资质等级相互借用的。

案例索引裁判文书

案例索引18
福建高院（2014）闽民申字第290号杨某某与路宇公司合同纠纷民事裁定书

内部承包不同于挂靠。主体上，挂靠人不是企业职工，与建筑企业没有行政隶属关系，与建筑企业无合法的人事或劳动合同、工资福利以及社会保险关系，不享受建筑企业的工资福利待遇，主要是不具备承包工程的主体资格的个人、个体工商户、包工头、施工队等以具备从事建筑活动资质的建筑施工企业名义承包工程。内部承包人与企业之间存在劳动关系，是企业内设部门、分支机构或者职工。内部承包时，建筑企业对工程项目施工、资金、施工安全等方面一般会进行严格的管理，挂靠中，被挂靠企业收取管理费，并不实施管理，也不承担有关技术、质量、经济责任。二者的区分主要应从合同当事人间是否有劳动或隶属管理关系，承包工程所需资金、材料、技术是否由对方当事人提供等进行判断。①

① 案例索引18：杨某某与路宇公司合同纠纷案，福建省高级人民法院(2014)闽民申字第290号民事裁定书。

【规范指引】

《安徽省高级人民法院关于审理建设工程施工合同纠纷案件适用法律问题的指导意见(二)》(2013 年 12 月 23 日 安徽省高级人民法院审判委员会第 32 次会议通过)

第一条 建筑施工企业的内部人员对外以企业名义承包工程,对内与企业签订承包协议,企业只收取管理费,不在资金、技术、设备、人力等方面提供支持,不承担技术、质量监管和经济责任的,应当认定为借用资质,以建筑施工企业名义与发包人签订的建设工程施工合同无效。

(四)总公司与分公司之间内部承包的认定

根据《公司法》第 14 条第 1 款的规定,公司可以设立分公司。分公司不具有法人资格,其民事责任由公司承担。也就是说,分公司作为总公司的一个分支机构,没有独立的法人资格,其民事责任均由总公司负担。因此,不具有法人资格的企业法人的分支机构,以自己的名义对外签订的保证合同,一般应当认定无效。但因此产生的财产责任,分支机构如有偿付能力的,应当自行承担;如无偿付能力的,应由企业法人承担。总公司与分公司之间的内部承包方式,不符合转包的构成要件,不是《民法典》《建筑法》意义上的转包,只是公司内部的分工,属于公司经营策略的一种,该类内部承包合同应属有效。

(五)母公司与子公司之间内部承包的认定

《公司法》第 14 条第 2 款规定,公司可以设立子公司,子公司具有法人资格,依法独立承担民事责任。有观点据此认为,如果子公司本身也有承揽工程的资质,这种所谓的内部承包就完全属于转包;如果子公司本身没有承揽该工程的资质,那么子公司的行为同时也属于《建设工程司法解释(一)》第 1 条第 1 款第 2 项借用资质的情况。

笔者认为,不能简单认为下属子公司具有法人资格能够依法独立承担民事责任,就认为母公司与子公司之间的内部承包违法。母公司将中标的工程交由子公司施工,债务履行主体的资质和能力并没有发生实质性改变,没有损害债权人的利益,与债务转移制度的价值并不冲突,这种关系是一种特殊的内部组织管理关系。且母子公司内部之间不需要签订民事合同,而是依据公司的管理办法直接规范二者之间的经济关系,所以将这种母子公司之间的"分包"定性为内部管理关系为宜,不宜定性为分包性质的法律关系。

三、内部承包中责任的承担

(一)对外责任的承担

建设工程施工过程中,内部承包人必定会进行建筑设备材料采购或租赁、融资等行为,对于内部承包人施工过程中发生的设备材料款、租赁费等债务,司法实践中主要有以下情形:一是由建筑施工企业承担责任,理由是内部承包人构成职务行为或表见代理;二是由内部承包人承担责任,建筑施工企业无须承担责任;三是由内部承包人承担责任,建筑施工企业承担连带责任。

案例索引裁判文书

案例索引19
最高院(2015)民申字第1037号天字公司与陈某某买卖合同纠纷民事裁定书

主流观点认为,内部承包方产生的对外债务原则上由承包方承担,但内部承包方对外行为不构成职务行为、代理行为和表见代理行为的,承包方不承担民事责任。① 因此,内部承包的对外民事权利义务主体为内部承包合同中的发包人即建筑施工企业,并且必须是内部承包人的行为构成了职务行为、代理行为或者表见代理行为。因此,在考虑内部承包人与建筑施工企业对外债务的承担上,应当重点把握以下几个方面:

1. 内部承包人的行为是否构成职务行为

所谓职务行为是法人或者其他组织的工作人员行使职务的行为,是履行职责的活动,与个人行为相对应。职务行为是行为人以法人名义、利用职务上便利而从事经营活动,与企业的经营活动关联性强。在判断行为人的行为属于何种性质的民事行为时,可以引入"利益归属"的考量标准。所谓利益归属,是指行为人设立、变更、终止民事权利义务关系时,所产生的行为人期待的利益,是归属于个人还是单位。若民事行为的利益归属于单位,无论行为人是以何种名义实施的,也不论行为人或单位对此持何种抗辩观点,一般应认定是职务行为;若民事行为的利益归属于个人,通常会存在两种可能:一是纯粹的个人行为,二是表见代理行为下的个人行为。判断是否执行职务的标准是:(1)是否以用人单位名义;(2)是否在外观上足以被认为属于执行职务;(3)是否依社会共同经验足以认为与用人单位职务有相当关联。在构成职务行为的前提下,《民法典》第61条规定,法定代表人以法人名义从事的民事活动,其法律后果由法人承

---

① 案例索引19:天字公司与陈某某买卖合同纠纷案,最高人民法院(2015)民申字第1037号民事裁定书。

受。第62条规定,法定代表人因执行职务造成他人损害的,由法人承担民事责任。根据上述理论和法律规定,内部承包人为工程建设施工产生的利益当然归于建筑施工企业,属于行使职务行为,由此发生的债务应该由建筑企业承担民事责任。

2. 内部承包人的行为是否构成代理行为

根据法律规定,公民、法人可以通过代理人实施民事法律行为。代理人在代理权限内,以被代理人的名义实施民事法律行为。民事法律行为的委托代理,可以用书面形式,也可以用口头形式。法律规定用书面形式的,应当用书面形式。书面委托代理的授权委托书应当载明代理人的姓名或者名称、代理事项、权限和期间,并由委托人签名或者盖章。公司的普通工作人员经公司委托或授权,在公司生产经营过程中,处于公司代理人的法律地位,其职务行为属于公司行为的延伸。依据一般代理原则,公司应对其行为承担民事责任。作为公司代理人的一般工作人员,受公司经营范围以及授权范围的限制。一般认为,基于保护交易安全的考虑,超越公司经营范围的行为仍然有效,该有效行为当然包括公司代理人对他人的职务侵权行为。同时,公司作为被代理人,不仅要对其工作人员在实有代理权限内的代理行为负责,而且还要对代理人在表见代理权限范围内实施的行为负责。[①] 因此,根据法律规定,原则上建筑施工企业应当对内部承包人的对外债务承担责任。但是如果内部承包人的行为系没有代理权、超越代理权或者代理权终止后的行为,只有经过建筑施工企业的追认,建筑施工企业才承担民事责任。未经追认的行为,由内部承包人承担民事责任。

【法官提示31】

内部承包人有时会对合同约定或者没有约定的违约责任作出承诺,且该承诺的违约责任往往高于合同约定或者法定责任,建筑企业往往不知情,如果直接适用于建筑企业并不公平。对于这类承诺效力认定,应严格按照内部承包合同约定及法律规定,如果内部承包人超越承包权限,又未经建筑企业认可的,一般对建筑企业不产生效力。

3. 内部承包人的行为是否构成表见代理

《民法典》第172条规定,行为人没有代理权、超越代理权或者代理权终止

---

① 参见翁国民、马俊彦:《论用人单位侵权责任的统一与分立——基于法人侵权责任与雇佣人侵权责任的关系视角》,载《浙江大学学报(人文社会科学版)》2014年第2期。

后,仍然实施代理行为,相对人有理由相信行为人有代理权的,代理行为有效。这就是有关表见代理制度的规定。设立表见代理制度是为保护合同相对人的利益,并维护交易的安全,依诚实信用原则使怠于履行其注意义务的本人直接承受行为人没有代理权、超越代理权或者代理权终止后仍为代理行为而签订的合同的责任。因此,只要相对人对行为人有代理权形成了合理信赖,即使实际情况相反,也应保护这种信赖利益,在一定程度上牺牲被代理人的利益,而将无权代理的效果归属于被代理人,以维护交易安全。[①] 构成表见代理合同要满足以下条件:(1)行为人并没有获得本人的授权就与第三人签订了合同;(2)合同的相对人在主观上必须是善意的、无过失的。表见代理虽然需要归因于本人才可以让本人承担责任,但是这种归因并不是由于本人违反对相对人的行为义务。相对人的信赖其实是由代理人的行为引起的,是代理人实施了违反本人利益和意思的无权代理行为。于是,表见代理的结构就是代理人实施的行为,导致被代理人依据法律规定承担责任。所以,被代理人实际是在为代理人的行为承担责任。[②] 内部承包人的行为构成表见代理,使施工人有理由相信是建筑企业的行为,建筑企业依法承担相应责任。

(二)对内责任的承担

对内属性是指在内部承包合同履行过程中施工企业与承包人的法律关系,在二者之间发生争议时,双方的法律关系和权利义务界定应以内部承包合同为依据,而内部承包合同是受《劳动法》还是《民法典》调整,在实务上有两种不同观点:一种观点认为属于劳动法律关系。企业内部实行生产责任制,由企业及企业的车间与工人之间订立责任制合同,这些都只是企业内部的管理措施,是一种生产管理手段,当事人之间仍然是一种管理和被管理的关系,双方地位不平等,应属于《劳动法》等法律调整,不受《民法典》调整。另一种观点则认为属于民事合同的范畴。就内部承包合同而言,双方具有签订合同主体地位平等、自愿、协商一致的特点,合同的内容具有对价性,合同的双方均应按照合同的约定严格地履行各自的权利义务。笔者认为,承包人与施工企业发生纠纷,

案例索引裁判文书

案例索引20

最高院(2015)民申字第52号陈某某与一建建设公司内部承包合同纠纷民事裁定书

① 参见黄薇主编:《中华人民共和国民法典释义》,法律出版社2020年版,第340页。

② 参见殷秋实:《论代理权授予与基础行为的联系》,载《现代法学》2016年第1期。

内部承包合同受《民法典》调整。[①] 其理由如下:(1)虽然施工企业与内部承包人之间具有隶属关系,但是,此种隶属关系并不影响整个内部承包合同的根本内容。内部承包合同内容体现了《民法典》意义上合同所具有的平等、自愿、等价有偿等原则。(2)内部承包合同也体现了对价原则。施工企业允许内部承包人使用其资质是为了获得管理费,而内部承包人支付管理费是为了获得企业资质的使用许可,进而取得内部承包的收益,管理费与收益构成对价。[②]

第三节　挂靠(借用资质)

挂靠(借用资质)是指没有建筑施工资质的企业或个人以其他建筑施工企业的名义,资质等级低的建筑施工企业以资质等级高的建筑施工企业名义,没有施工总承包资质的建筑施工企业以具有施工总承包资质的建筑施工企业名义承揽工程的行为,或者有资质的建筑施工企业通过名义上的联营、合作、内部承包等其他违法方式允许他人以本企业的名义承揽工程的行为。承揽工程,包括参与投标、订立合同、办理有关施工手续、从事施工等活动。"挂靠"是行业内约定俗成的通行名词,与"挂靠"概念相对应的法律概念是"借用资质"。

建设工程关乎民生,其质量好坏,直接关系到人民群众的生命财产安全。因此,国家对建设工程施工有着更为严厉的管理和监督,对施工的主体条件同样也存在严格的限制。工程挂靠施工不仅严重扰乱建筑市场秩序,而且对工程质量带来重大安全隐患。我国《建筑法》《建设工程质量管理条例》等法律、行政法规明确禁止工程挂靠。从行政法的角度而言,挂靠是一种违反行政管理规定、扰乱建筑市场管理秩序、应承受行政处罚的行为。从民法的角度而言,挂靠是一种挂靠者与被挂靠者恶意串通,欺诈招标人(发包人)并损害其利益的行为;也是违反法律强制性规定依法应属无效的民事行为。[③] 虽然被法律法规明令禁止,但建筑领域挂靠现象层出不穷,在人民法院审理的有关建设工程合同纠纷案件中总是能看到挂靠施工的身影。由于工程挂靠的普遍性、隐蔽性,导致发包人、挂靠人、被挂靠人以及第三人之间的法律关系复杂,在一些案件的审

---

① 案例索引 20:陈某某与一建建设公司内部承包合同纠纷案,最高人民法院(2015)民申字第 52 号民事裁定书。

② 参见徐建民:《建设工程内部承包的法律性质及风险防范》,载《浙江万里学院学报》2014 年第 2 期。

③ 参见黄强光:《建设工程合同纠纷司法前沿问题析解》,法律出版社 2010 年版,第 266 页。

理中往往对挂靠施工的认定、法律关系的界定、施工合同的效力以及工程款的支付等有关民事责任的承担上存在较大分歧，导致该类案件处理不一。

一、司法实践中挂靠施工的判定

（一）挂靠的类型

在审判实践中，施工人没有资质使用法定资质建筑施工企业名义承揽工程的形式很多，出现的形式有无资质的施工人挂靠具有资质的施工企业，无资质的施工人变相作为具有资质施工企业的内部承包单位，无资质施工人与具有资质施工企业的名义上的联营等多种形式。司法实践中有关工程挂靠施工的类型主要可以归纳为以下两种：

（1）"内部承包"形式的工程挂靠施工。此种形式在司法实践中比较常见，多为不具备建筑施工资质的个人借用被挂靠人资质并以被挂靠人名义与发包人订立合同，而个人由被挂靠人聘为员工或被任命为项目经理、施工负责人。个人与被挂靠人之间又签订一份所谓的"内部承包协议"或"内部经济责任制合同"等形式的协议，对双方的权利义务进行约定，并约定了一定数额的管理费。

（2）"借用资质"形式的工程挂靠。低资质等级的建筑施工企业有能力有手段或者社会关系承建工程，但因为资质所限所以寻找符合建设项目要求的高资质建筑施工企业，并以该高资质建筑企业名义进行招标。中标后，与发包人签订合同，然后实际上由低资质的建筑施工企业进行实际施工建设。此种形式下，又会出现以"联营"或者"分包"名义的挂靠形式，但是其实质就是低资质建筑企业借用高资质建筑企业的资质进行施工建设。

（二）挂靠具体行为

原建设部《关于若干违法违规行为的判定》规定，根据《建筑法》第26条的规定，凡转让、出借资质证书或者以其他方式允许他人以本单位名义承接工程任务的，均属挂靠承接工程任务，包括无资质证书的单位、个人或低资质等级的单位，通过种种途径和方式，利用有资质证书或高资质等级的单位名义承接工程任务。其判定条件是：(1)有无资产的产权（包括所有权、使用权、处分权、受益权等）联系，即其资产是否以股份等方式划转现单位，并经公证；(2)有无统一的财务管理，不能以"承包"等名义搞变相的独立核算；(3)有无严格、规范的人事任免和调动、聘用手续。凡不具备上述条件之一的，定为挂靠行为。根据以上判定条件，如果实际施工人无建筑施工企业资质或者超越资质等级承包项目,以建筑施工企业的分支机构、施工队或者项目部等形式对外进行施工,但与建筑施工企业之间既无资产产权联系,又无统一的财务管理,各自独立核算且无正常人事任免手续的,则可以认定双方之间存在工程挂靠施工关系。

原《建筑工程施工转包违法分包等违法行为认定查处管理办法(试行)》第11条对于挂靠情形作了更为具体的规定,住房和城乡建设部建筑市场监管司《建筑工程施工转包违法分包等违法行为认定查处管理办法(试行)释义》对挂靠作出具体解读。为规范建筑工程施工发包与承包活动中违法行为的认定、查处和管理,保证工程质量和施工安全,有效遏制发包与承包活动中的违法行为,维护建筑市场秩序和建筑工程主要参与方的合法权益,住房和城乡建设部于2019年制定出台《建筑工程施工发包与承包违法行为认定查处管理办法》(建市规〔2019〕1号)。结合上述法律规定,以下情形属于挂靠:

(1)没有资质的单位或个人借用其他施工单位的资质承揽工程的。该种情形在实践当中较为常见,也比较容易判断。

(2)有资质的施工单位相互借用资质承揽工程的,包括资质等级低的借用资质等级高的,资质等级高的借用资质等级低的,相同资质等级相互借用的。实践中,资质等级低的施工单位借用资质等级高的施工单位资质承揽工程较为普遍,资质等级高的施工单位出于承包工程的需要借用资质等级低的施工单位资质也会出现,相同资质等级的施工单位相互借用资质承揽工程的,都构成了挂靠施工。

(3)专业工程的发包单位不是该工程的施工总承包或专业承包单位的,但建设单位依约作为发包单位的除外。正常情况下,施工单位与其承包范围内专业分包工程的发包单位应当是相同的。如果不是,则很可能存在挂靠行为。需要说明的是,在此种情形下,如果相关单位不能进行合理解释和提供材料证明的,应认定为挂靠。需要注意三个问题:①该种挂靠情形要求施工单位与其承包范围内专业分包工程的发包单位分别为两个独立法人单位。如果两者不是两个独立法人单位,如专业分包工程的发包单位系施工单位下属的不具有独立法人资格,但取得工商营业执照的分公司的,则不能认定为挂靠;如专业分包工程的发包单位系施工单位下属的没有取得工商营业执照的分支机构或项目管理机构的,还应当调查其他履行文件以确定是否认定为挂靠,但即使不存在挂靠也可能存在违法分包。②该种挂靠情形应排除建设单位依约作为发包单位的情况,即建设单位依据施工合同约定发包部分专业工程,不能认定为挂靠。

而且,即便建设单位没有在合同约定的情况下发包部分专业工程,也不能认定为挂靠,而是构成建设单位的违法发包行为。③出现此种情形时,应当允许相关单位或个人进行解释和提供材料证明,如相关单位或个人能够进行合理解释或提供材料证明其不构成挂靠行为或构成其他违法行为的,则不应认定为挂靠行为。

(4)劳务分包的发包单位不是该工程的施工总承包、专业承包单位或专业分包单位的。通常情况下,施工单位与其承包范围内劳务作业的发包单位应当是相同的。如果不是,则很可能存在挂靠行为,或存在转包行为。出现这种情形,要进一步核查相关单位或个人,确定是转包还是挂靠行为。

(5)施工单位在施工现场派驻的项目负责人、技术负责人、质量管理负责人、安全管理负责人中一人以上与施工单位没有订立劳动合同,或没有建立劳动工资或社会养老保险关系的。在正常、合法的施工承包关系中,施工单位在施工现场派驻的项目负责人、技术负责人、质量管理负责人、安全管理负责人应当是施工单位的正式员工,即应当与施工单位订立劳动合同、建立劳动工资及社会养老保险关系(三者应同时满足,且在整个工程合同履行期内这些管理人员进驻现场起就应具备),如果这些实际管理人员(尤其是项目负责人即项目经理)中有一人与施工单位之间没有订立的劳动合同,或没有建立劳动工资或社会养老保险关系,则可能存在挂靠情形,如果相关单位或个人不能进行合理解释和提供材料证明的,应认定为挂靠。

【法官提示32】

需要注意的是,出现此种情形,除了可能存在挂靠行为外,亦可能是存在其他违法行为(如转包),但也可能是聘用了退休人员而无须再缴纳社保的情况。因此,在出现此种情形时,应当允许相关单位或个人进行解释和提供材料证明,如相关单位或个人能够进行合理解释或提供材料证明其不构成挂靠行为或构成其他违法行为(如转包)的,则不认定为挂靠行为。

(6)实际施工总承包单位或专业承包单位与建设单位之间没有工程款收付关系,或者工程款支付凭证上载明的单位与施工合同中载明的承包单位不一致,又不能进行合理解释并提供材料证明的。在正常、合法的施工承包关系中,施工单位在承接工程之后,工程款应当由建设单位支付给施工单位,两者之间应当存在直接的工程款收付关系,工程款支付凭证上载明的单位应当与施工合同中载明的承包单位相一致。如果工程款支付上不是这种情况，且相关单位或个人不能进行合理解释并提供材料证明的，则应认定为挂靠。法律法规并不禁止施工合同当事人对工程款支付作出特别安排，如果有建设单位委托第三方支付工程款、承包单位委托第三方收取工程款等情形，关键是施工合同当事人能够证明双方对工程款支付作出特别安排（如施工合同中约定），同时施工合同中约定的承包人有在现场履行施工管理义务的证明，则不应认定为挂靠。

（7）合同约定由施工总承包单位或专业承包单位负责采购或租赁的主要建筑材料、构配件及工程设备或租赁的施工机械设备，由其他单位或个人采购、租赁，或者施工单位不能提供有关采购、租赁合同及发票等证明，又不能进行合理解释并提供材料证明的。

【法官提示33】

出现此种情形，除了可能存在挂靠情形之外，还可能存在施工单位委托其他单位或个人采购、租赁材料设备及施工单位有关采购、租赁合同及发票已遗失损毁等情况。法律并不禁止施工单位委托其他单位或个人采购、租赁材料设备，如果施工单位能够提供材料证明其他单位或个人采购、租赁材料设备系受其委托，且其他单位或个人除受托采购、租赁材料设备之外，并不负责具体施工事宜，则不应认定为挂靠。另外，出现此种情形时，还可能是存在挂靠之外的其他违法行为（如转包）。因此，应允许相关单位或个人进行解释和提供材料证明。

（8）法律法规规定的其他挂靠行为。实践中，如果建设工程施工合同的承包人与其下属分支机构或在册职工签订合同，将其承包的全部或部分工程承包给其下属分支机构或职工施工，并在资金、技术、设备、人力等方面给予支持的，可认定为企业内部承包合同。内部承包作为建筑施工企业的一种经营管理模式，既不是违法转分包，也不是挂靠，是企业自主决策自主选择的范围，具有合法性，当事人以内部承包合同的承包方无施工资质为由，主张该内部承包合同无效的，不予支持。[①] 挂靠施工行为本身是违法的，以签订内部承包合同为名实施挂靠行为比直接的挂靠行为更具隐蔽性。隐藏在内部承包合同下的挂靠使资

① 参见上海市建纬律师事务所主编：《建设工程法律操作实务》，法律出版社2013年版，第177页。

质、项目和资金的结合仅仅是表面现象，即实际施工人不具备资质，而具备资质的一方则不实施管理，这将对建设工程的质量和安全造成极大的隐患。因此，从质量和安全管理的角度来看，禁止内部承包合同下的挂靠经营，是立法的需要。因此，在判断有关挂靠施工关系时应当注意与正常企业内部承包合同关系进行区分。

典型案例17

江西银鹰公司与史某某、华南公司挂靠经营合同纠纷案①

典型案例裁判文书

典型案例17

江西高院（2016）赣民终219号江西银鹰公司与史某某、华南公司挂靠经营合同纠纷民事判决书

江西银鹰公司、史某某签订了内部承包责任书，史某某以独立核算、自负盈亏的方式承包经营江西银鹰公司驻广西的分公司，承包期限自2011年8月1日起至2014年7月30日止，承包范围为广西地区范围内按江西银鹰公司方资质及营业执照规定的营业范围可承接的各类建筑、市政、装饰、公路、水利工程等业务，按照合同约定史某某在承包期间内需向银鹰公司交纳相应管理费。双方在签订上述内部承包合同书以后，史某某随即以江西银鹰公司的名义与华南公司签订了《项目分包合同》，实际承建广西某商住小区工程建设。后江西银鹰公司诉至法院，主张史某某在经营广西分公司期间因管理混乱等原因，给其造成经济损失4,636,840元，要求史某某予以赔偿，并要求华南公司在拖欠史某某工程款的范围内直接将款项支付给江西银鹰公司，用于代偿史某某给江西银鹰公司造成的经济损失。

裁判规则：史某某并无相关工程建设的资质，与江西银鹰公司并无劳动合同关系，其与江西银鹰公司签订内部承包责任书，约定其独立核算、自负盈亏并需按期交纳管理费等，系借用江西银鹰公司的资质、公章、财务凭证等方式承揽了建设工程，而江西银鹰公司除了出借资质并收取管理费之外，对工程建设不进行任何监督管理。因此，江西银鹰公司与史某某之间为挂靠关系，且该合同违反了法律禁止性规定而无效。

---

① 参见江西省高级人民法院民事判决书，（2016）赣民终219号。

【规范指引】

《北京市高级人民法院关于审理建设工程施工合同纠纷案件若干疑难问题的解答》(2012 年 8 月 6 日 京高法发〔2012〕245 号)

2.《最高人民法院关于审理建设工程施工合同纠纷案件适用法律问题的解释》(以下简称《解释》)第一条第(二)项规定的"没有资质的实际施工人借用有资质的建筑施工企业名义"承揽建设工程(即"挂靠")具体包括哪些情形?

具有下列情形之一的,应当认定为《解释》规定的"挂靠"行为:

(1)不具有从事建筑活动主体资格的个人、合伙组织或企业以具备从事建筑活动资格的建筑施工企业的名义承揽工程;

(2)资质等级低的建筑施工企业以资质等级高的建筑施工企业的名义承揽工程;

(3)不具有施工总承包资质的建筑施工企业以具有施工总承包资质的建筑施工企业的名义承揽工程;

(4)有资质的建筑施工企业通过名义上的联营、合作、内部承包等其他方式变相允许他人以本企业的名义承揽工程。

《安徽省高级人民法院关于审理建设工程施工合同纠纷案件适用法律问题的指导意见》(2009 年 5 月 4 日 安徽省高级人民法院审判委员会第 16 次会议通过)

4. 同时符合下列情形的,应认定为挂靠经营,所签订的建设工程施工合同无效:

(1)实际施工人未取得建筑施工企业资质或者超越资质等级;

(2)实际施工人以建筑施工企业的分支机构、施工队或者项目部等形式对外开展经营活动,但与建筑施工企业之间没有产权联系,没有统一的财务管理,没有规范的人事任免、调动或聘用手续;

(3)实际施工人自筹资金,自行组织施工,建筑施工企业只收取管理费,不参与工程施工、管理,不承担技术、质量和经济责任。

(三)挂靠的特点

根据建筑领域工程挂靠施工的实际以及上述有关法律法规的规定,工程挂靠施工主要有以下特点:

一是挂靠人与被挂靠人之间没有产权联系,没有劳动关系,没有财务管理关系。挂靠人没有从事建筑活动的主体资格，或者虽然具有一定的资质，但不具备相关建设项目的资质。一般包括以下两种情形：(1)不具备承包工程的主体资格的个人、个体工商户、包工头、施工队等以具备从事建筑活动资质的建筑施工企业名义承包工程；(2)有关建筑施工企业虽然具有资质，但未在资质许可的范围内从事建筑施工活动，或者超越资质等级承包工程。比如，资质等级低的建筑施工企业以资质等级高的建筑企业名义承包工程或者不具备施工总承包资质的建筑施工企业以具有总包资质的建筑企业名义承包工程。

二是被挂靠人具有承包相应建设项目的资质。《建筑业企业资质管理规定》将建筑业企业资质分为施工总承包、专业承包和劳务分包三个序列。每个序列之下又有类别和等级的区分。被挂靠人即建筑施工企业必须具有承包建设项目的资质，无意自己承包施工、应挂靠人要求或者收取管理费目的而出借资质给挂靠人。

三是挂靠人需要向被挂靠人交纳一定数额的管理费，并以被挂靠人名义订立及履行合同。被挂靠人收取一定数额的管理费，是工程挂靠施工的显著特点，但被挂靠人并不实施管理，也不承担有关技术、质量、经济责任，挂靠人以被挂靠人名义与发包人订立合同并办理各项手续后，自行组织人员进行施工，并交纳管理费。

四是被挂靠人与发包人之间没有实质上的工程款支付关系，基本上是以委托支付、代付等其他非正常名义进行工程款支付，或者仅仅是过账转付关系，不存在真正的真实性工程款支付。

【法官提示34】

挂靠关系的成立并非以工程实际开工为前提。只要是有关单位或个人以其他有资质的施工单位的名义“承揽工程”，即构成挂靠行为，至于有关单位或个人是否实际承接到工程，以及是否实际施工，都不予排除。

二、工程挂靠施工所涉法律关系及其效力的认定

在工程挂靠施工情形下，一般存在三方当事人，即发包人、被挂靠人（出借资质的建筑施工企业）、挂靠人（实际施工人）。这些当事人形成多种法律关系，而诸多的法律关系因为挂靠行为的无效而产生不同法律效果。对诉讼主体的确定、工程价款的给付、工程质量的保障等方面产生重大影响。因此，厘清当事人之间的法律关系，对于明确各方当事人的权利义务，维护各方当事人合法权益具有重要

意义。在挂靠纠纷中,存在挂靠者、被挂靠者以及第三方个体真实利益冲突,进行利益位阶定位时要结合社会公共利益、主流价值倾向等实际情况确定利益衡量的价值准则,以各方合法利益的协调及牺牲最小化为目的,进行价值平衡。①

(一)挂靠人与被挂靠人之间的挂靠合同关系

《建筑法》第26条第2款规定,禁止建筑施工企业超越本企业资质等级许可的业务范围或者以任何形式用其他建筑施工企业的名义承揽工程。禁止建筑施工企业以任何形式允许其他单位或者个人使用本企业的资质证书、营业执照,以本企业的名义承揽工程。《建设工程质量管理条例》第25条第2款规定,禁止施工单位超越本单位资质等级许可的业务范围或者以其他施工单位的名义承揽工程。禁止施工单位允许其他单位或者个人以本单位的名义承揽工程。《房屋建筑和市政基础设施工程施工分包管理办法》第15条规定,禁止转让、出借企业资质证书或者以其他方式允许他人以本企业名义承揽工程。分包工程发包人没有将其承包的工程进行分包,在施工现场所设项目管理机构的项目负责人、技术负责人、项目核算负责人、质量管理人员、安全管理人员不是工程承包人本单位人员的,视同允许他人以本企业名义承揽工程。上述规定可以认为法律法规从禁止性规范的角度对工程挂靠施工进行了界定,实际上是对建筑市场准入机制的一个强制性规定,也是为了维护建筑市场秩序和工程质量,最终保障人民群众生命财产安全。

根据前述法律法规的规定,工程挂靠行为因违反国家强制性规定而无效。司法实践中对于案件审理中涉及的挂靠人与被挂靠人之间签订的"内部承包协议""分包协议""合作开发协议"等挂靠合同一般均认定为无效。合同主体缺乏相应资质或者超越资质而引起的合同效力问题,在我国现行法律制度中只有禁止性规范及行政制度,并没有明确的私法效力规定。应当承认的是,虽然无论以法人行为能力角度或以强制性规定的角度否定主体资质有瑕疵的合同效力都不适当,但最高人民法院的司法解释以及各级法院在实践中的判决都倾向于将主体资质瑕疵的合同判定为无效。②

---

① 参见董建中、高玲:《建筑行业挂靠纠纷审理中存在的问题及解决对策》,载《法律适用》2007年第6期。

② 参见李有星、高放:《主体资质影响合同效力之理论探析——以建设工程合同为例》,载《浙江大学学报(人文社会科学版)》2015年第5期。

【法官提示35】

《建筑法》第26条未区分借用人是否具备相应资质,凡是借用他人名义承揽工程的行为均在禁止之列。借用人和出借人之间的协议违反了《建筑法》的强制性规定,本质上是危害建筑市场秩序,危害社会公共利益的行为,符合《民法典》的无效事由。

(二)发包人与被挂靠人之间的建筑工程施工合同关系

挂靠人以被挂靠人名义与发包人签订总包合同,该合同从表面上看,主体符合法律规定,该总包合同似乎合法有效。但合同的签订是被挂靠人出借单位公章、资质证明等给挂靠人所签,合同的履行是由挂靠人实际履行,挂靠人与被挂靠人的挂靠行为无效。因此,该总包合同是挂靠人和被挂靠人以合法形式掩盖非法目的的结果,根据《民法典》关于合同无效情形的规定,该总包合同无效。或者说,在排除发包人知晓工程挂靠施工的前提下,该总包合同的签订,也是挂靠人与被挂靠人恶意串通,损害发包人或其他投标人利益的行为,同样根据《民法典》的规定,该总包合同无效。《建设工程司法解释(一)》第1条明确规定,没有资质的实际施工人借用有资质的建筑施工企业名义与他人签订建设工程施工合同的行为无效。这种现象的普遍存在,规避了行政管理机关对建筑施工企业资质条件的管理,扰乱建筑市场秩序,严重影响了建设工程的质量。如果放宽对无资质企业借用具有法定资质企业名字对外承揽工程,牺牲的是法律规定的价值,最终导致的是建筑业市场的混乱,影响建筑业市场的健康有序发展,影响建筑工程质量,给国家和人民的生命财产安全带来威胁。

【法官提示36】

虽然该类总包合同无效,但在挂靠人未参加诉讼,只有发包人与建筑企业(被挂靠人)之间发生建筑工程施工合同纠纷时,法院不宜主动审查是否存在挂靠行为,并据此认定合同无效,这样有利于保护善意发包人的利益。

(三)发包人与挂靠人之间的法律关系

根据传统理论,合同相对性在大陆法系称为债的相对性,是指债只能在债权人和债务人之间产生法律拘束力。债权债务关系发生在特定的享有权利的债权人和承担义务的债务人之间。《民法典》第522条、第523条对合同相对性作了强调。虽然发包人和挂靠人之间并无合同关系,但不能否认,挂靠人的人工、机械以及投入的资金已经物化为建设工程，总包合同的主要义务均由挂靠人实际履行，其相应的合法权益应当得到保障。《建设工程司法解释（一）》第15条规定，因建设工程质量发生争议的，发包人可以以总承包人、分包人和实际施工人为共同被告提起诉讼。第43条规定，实际施工人以转包人、违法分包人为被告起诉的，人民法院应当依法受理。实际施工人以发包人为被告主张权利的，人民法院应当追加转包人或者违法分包人为本案第三人，在查明发包人欠付转包人或者违法分包人建设工程价款的数额后，判决发包人在欠付建设工程价款范围内对实际施工人承担责任。上述规定当中涉及的实际施工人应当包括了本文探讨的挂靠人，虽然对合同相对性有所突破，但也平衡了双方在没有合同关系情形下的权利和义务。

因此，根据目前司法解释的规定，发包人和挂靠人之间在工程质量和工程价款方面存在法律关系。[①]

案例索引裁判文书

案例索引21
最高院（2015）民申字第3367号城建开发公司与徐某某建设工程施工合同纠纷民事裁定书

三、工程挂靠施工中有关民事责任的承担

法律规范违法成本低廉的缺陷，将导致法律无法发挥其指引、预测、警戒、强制等规范作用，无法彰显其本应具有的威慑力量。从法经济学上分析，低廉的违法成本相比丰厚的违法收益，自然也就给作为“理性经济人”的挂靠人在行为选择方面做出了错误方向的诱导，使其毫不犹豫地选择了违法行为，而将守法行为抛至九霄云外。[②]

关于挂靠的危害，首先，执业资格的挂靠使挂靠企业具备了获取更高企业资质标准的条件，破坏了建筑市场“公平竞争、优胜劣汰”的原则，在一定程度上“架空”了法律和制度，使法律的严肃性、原则性受到了挑战。其次，由于挂靠人不亲自参与建筑活动的实施，而由其他人代替，替代人由于设计、施工经验或组织能力的限制，难以满足工程的实际需求，管理水平落后，违规作业，工程在质量、安全、进度、投资等方面难以实施有效的控制，带来诸多隐患。最后，挂靠单位为了应付政府建设行政主管部门的检查，不惜拉关系、走后门，滋生了腐败，破坏了社会的和谐发展。总之，建筑工程职业资格的挂靠，违背了我国实行建

① 案例索引21：城建开发公司与徐某某建设工程施工合同纠纷案，最高人民法院（2015）民申字第3367号民事裁定书。

② 参见林达：《建设工程挂靠行为的法律问题研究》，载《福建法学》2011年第4期。

筑工程执业资格制度的初衷,不能保证工程建设的质量与安全生产,不利于提高我国的工程建设水平。同时,建筑工程体积大、造价高,并涉及社会的公共利益和人民的生命财产安全。一旦发生质量和安全事故,社会影响非常恶劣,经济损失严重。①

【法官提示37】

法院在审理该类涉及工程挂靠有关纠纷(主要是建设工程施工合同纠纷)时,必须坚持权责统一原则,一方面对各方当事人的合法权益进行保护,另一方面需要在现行法律框架内体现对工程挂靠的否定性评价。挂靠人客观上付出了劳动,进行了工程施工,不能因为其挂靠,否定其劳动成果,免除发包人的工程款支付责任。发包人也不能以挂靠人挂靠施工为由,要求不予支付相应工程款。被挂靠人不能以其仅出借相应资质证书收取管理费为由而要求免除其应当承担的责任。

(一)工程挂靠施工情形下的工程款结算问题

根据《建设工程司法解释(一)》第24条的规定,当事人就同一建设工程订立的数份建设工程施工合同均无效,但建设工程质量合格,一方当事人请求参照实际履行的合同关于工程价款的约定折价补偿承包人的,人民法院应予支持。实际履行的合同难以确定,当事人请求参照最后签订的合同关于工程价款的约定折价补偿承包人的,人民法院应予支持。因此,验收合格或者修复后验收合格是发包人支付工程款的前提条件。

1.挂靠人应当向发包人且有权向发包人主张工程款

有观点认为,挂靠人以被挂靠人名义履行合同,从合同相对性原理出发,挂靠人并非合同一方当事人,不享有合同权利,也不承担合同义务。合同相对方不履行合同义务的,只能由被挂靠人主张合同权利。反之,第三人也只能要求被挂靠人承担违约责任。

笔者认为,工程挂靠施工中,挂靠人系实际施工人,实际进行了建设施工,发包人也享有了挂靠人的劳动成果,正常情况下挂靠人应向发包人主张工程价款,其亦有权向发包人主张工程款。虽然在一定程度上突破了合同相对性原则,但却符合《建设工程司法解释(一)》第43条第2款的规定,发包人只在欠付

① 参见谷金省:《建设工程执业资格挂靠的形式、法律责任与对策》,载《建设监理》2012年第3期。

工程价款范围内对实际施工人承担责任。此处的实际施工人应当包括工程挂靠中的挂靠人。参见最高人民法院民事审判第一庭2021年第20次专业法官会议纪要认为，在借用资质的实际施工人与发包人之间形成事实上的建设工程施工合同关系且建设工程经验收合格的情况下，借用资质的实际施工人有权请求发包人参照合同关于工程价款的约定折价补偿。①

典型案例18

新怡发投资公司与刘某某、建工集团等建设工程施工合同纠纷案②

典型案例裁判文书

典型案例18

新疆高院（2014）新民一终字第22号新怡发投资公司与刘某某、建工集团等建设工程施工合同纠纷民事判决书

建工集团与新怡发投资公司签订建设工程施工合同，约定由建工集团对新怡发投资公司开发建设的国际商贸城工程的批发市场2A、2B、临街商铺A、会展旁商铺等工程承建施工。建工集团承包该工程后，将工程转包给刘某某负责具体施工。另，以建工集团为甲方，刘某某为乙方签订了项目工程内部承包经营合同书。建工集团与刘某某达成协议，约定由刘某某承建新怡发工程，工程款由刘某某自行诉讼，或以其他方式索要，建工集团尽力协助。新怡发投资公司接收工程后一直在使用，刘某某多次索要工程款未果，故诉至法院。新怡发投资公司认为，其与建工集团存在合法有效的建设工程施工合同关系，与刘某某没有合同关系，刘某某无权向其主张工程款。

裁判规则：新怡发投资公司是案涉工程的发包人，建工集团为承包人，刘某某挂靠建工集团，是案涉工程的实际施工人。根据司法解释的规定，实际施工人以发包人为被告主张权利的，人民法院可以追加转包人或者违法分包人为本案当事人。发包人只在欠付工程价款范围内对实际施工人承担责任。该司法解释赋予了实际施工人可以突破合同相对性，直接向发包人主张工程价款的权

---

① 参见最高人民法院民事审判第一庭编：《民事审判指导与参考》（总第87辑），人民法院出版社2022年版，第162页。

② 参见新疆维吾尔自治区高级人民法院民事判决书，（2014）新民一终字第22号。

利。因此,刘某某向新怡发投资公司主张工程款具有法律依据。

关于诉讼主体,具体应按以下原则确定:(1)若挂靠人只要求给付工程款(通常在发包人未付清工程款,而被挂靠人不欠挂靠人工程款的情况下发生),被挂靠人应列为无独立请求权第三人。(2)若挂靠人要求发包人、被挂靠人均承担付款责任(通常在发包人未付清工程款,且被挂靠人亦欠挂靠人工程款的情况下发生),应将发包人、被挂靠人列为共同被告。(3)若挂靠人只向被挂靠人主张权利(通常在发包人已付清工程款,而被挂靠人欠挂靠人工程款的情况下发生),则不必要追加发包人参加诉讼。①

在上述原则内,实际上又会涉及另外一个问题,就是挂靠人能否向被挂靠人主张工程款?一般在发包人与被挂靠人签订的总包合同中,均会约定工程款支付给被挂靠人,而在挂靠人与被挂靠人签订的"挂靠协议"中,一般也约定被挂靠人收到发包人支付的工程款后扣除相应的管理费再支付给挂靠人,因此,在处理有关工程款问题时,应当根据工程款的实际支付情况并结合《建设工程司法解释(一)》的规定予以综合认定。

(1)如果被挂靠人并未收到发包人支付的工程款,则应当坚持上述原则,即挂靠人应当向发包人且有权向发包人要求支付工程款。

案例索引裁判文书

案例索引22
新疆高院(2015)新民一终字第23号周某某与金轮公司建设工程施工合同纠纷民事判决书

如前文所述,被挂靠人并未真正提供施工,其仅仅是出借了自己的资质并收取了一定数额的管理费,并没有向挂靠人支付工程款的义务。挂靠人向其主张工程款也没有相应法律依据。笔者认为,这也是挂靠施工与违法转分包在合同相对性以及民事责任方面的一个重要区别。②

(2)如果被挂靠人收到了发包人支付的工程款,则挂靠人应以发包人、被挂靠人为共同被告,发包人在欠付工程款范围内承担责任。对于已经由发包人支付给被挂靠人的工程款(被挂靠人通过诉讼途径或者根据总包合同约定取得),在挂靠情形下被挂靠人与发包人订立的合同无效,被挂靠人向发包人收取的工程款,属不当得利之性质,本应予以返还给发包人,挂靠人应得的工程款需另行

① 参见刘尊知:《挂靠纠纷的诉讼主体确立及责任承担》,载《人民司法》2008年第16期。

② 案例索引22:周某某与金轮公司建设工程施工合同纠纷案,新疆维吾尔自治区高级人民法院(2015)新民一终字第23号民事判决书。

向发包人追讨,但为减少讼累,可判决由被挂靠人直接转付给挂靠人。

2. 被挂靠人无权作为原告向发包人主张工程款

被挂靠人不是总包合同真正的权利义务人,没有进行施工建设,挂靠人与被挂靠人的行为对象仅仅是被挂靠人的资质证书和挂靠人交纳的管理费。双方的行为对象不是工程施工本身,因此,被挂靠人不能向发包人主张工程款。在有关建筑施工企业向发包人主张工程款的建设工程施工合同纠纷案件中,如果双方当事人均没有主张工程存在挂靠施工情形的,则法院无须主动审查是否存在挂靠情形,此时可以判决由发包人(建设单位)向被挂靠人(建筑施工单位)支付工程款。但如果双方当事人认可存在挂靠情形或者一方当事人提供的证据足以认定存在挂靠施工情形的,则法院应当追加挂靠人作为具有独立请求权的第三人参加诉讼,根据查明的案件事实和理由,结合工程款的实际支付情况,判决由发包人、被挂靠人承担支付责任。

(二)挂靠人与被挂靠人应就工程质量问题向发包人承担连带责任

工程施工由挂靠人实际完成,工程出现质量问题,挂靠人的施工行为是首要原因,由挂靠人就质量问题承担责任并无不当。被挂靠人违反法律规定出借自己的资质给挂靠人,由其对质量问题承担连带责任,一方面其是合同的名义主体,另一方面也体现了法律对挂靠行为的否定性评价,对规范市场秩序有着积极引导意义。《建筑法》第 66 条规定,建筑施工企业转让、出借资质证书或者以其他方式允许他人以本企业的名义承揽工程的,责令改正,没收违法所得,并处罚款,可以责令停业整顿,降低资质等级;情节严重的,吊销资质证书。对因该项承揽工程不符合规定的质量标准造成的损失,建筑施工企业与使用本企业名义的单位或者个人承担连带赔偿责任。挂靠人和被挂靠人违背诚实信用原则实行工程挂靠,当工程出现质量问题时,由挂靠人和被挂靠人向发包人承担连带责任,也符合《民法典》有关缔约过失责任的规定。因此,《建设工程司法解释(一)》第 7 条明确规定,缺乏资质的单位或者个人借用有资质的建筑施工企业名义签订建设工程施工合同,发包人请求出借方与借用方对建设工程质量不合格等因出借资质造成的损失承担连带赔偿责任的,人民法院应予支持。连带赔偿责任加重了相关人负担,应当严格限制,故将连带赔偿责任限定在仅针对出借资质造成的建设工程质量不合格等损失的范围内。这里的建设工程质量不合格既包括达不到法定标准,也包括达不到约定标准。法律、司法解释之所以规定被挂靠人承担连带责任,其理由在于被挂靠人以资产和信誉作为挂靠人从事经营活动的基础,担保挂靠人合同义务的履行,这就是挂靠关系中被挂靠人所承担的风险,被挂靠人既然接受了他人的挂靠,相应地就必须承担这种风险,不能只享受收取挂靠利益的权利,而不承担挂靠风险的义务。同时,《建设工程司法解释(一)》第15条赋予了发包人选择的权利,即因建设工程质量发生争议的,发包人可以以总承包人、分包人和实际施工人为共同被告提起诉讼。本条规定侧重从保护当事人合法诉权角度出发,赋予当事人特别是作为发包人的原告以选择权,其可以选择将三类主体共同作为被告,也可以仅仅选择其中部分主体提起诉讼。当然,如果出于为彻底查明案情、妥善解决纠纷原因,人民法院认为有必要追加原告未起诉的当事人的,也属于本解释应有之义。①

【法官提示38】

如果发包人对工程质量问题的发生也存在过错的,比如说发包人同意或者知晓挂靠情形下仍与被挂靠人签订合同的;发包人提供的设计存在缺陷的;发包人指定的建筑材料、建筑设备不符合工程施工要求等,则发包人也应当承担相应的责任,这也符合公平原则及《民法典》规定的按照过错承担无效合同赔偿责任的原则。

(三)挂靠人以被挂靠人名义对外债务的承担问题

类似的债务,应当由谁承担,应当如何承担?挂靠对内涉及挂靠人与被挂靠人的权利义务关系,对外涉及与上游发包单位的施工合同关系以及与下游材料商、农民工等第三方形成的买卖、劳动用工等其他法律关系。实际施工过程中,挂靠人往往会以被挂靠人名义对外产生经济债务,如向第三人购买设备材料等。因为挂靠工程项目的实际施工人是挂靠人,对挂靠施工经营纠纷中的对外民事责任,原则上都是由挂靠人对外承担。但由于被挂靠人承担责任的能力强于挂靠人,或者挂靠人下落不明,此时相关的权利人就会向被挂靠人主张权利,要求被挂靠人承担民事责任。被挂靠人是否应承担责任,要具体情况具体处理。②

有观点认为,挂靠人为履行施工合同而与第三人发生买卖、租赁、借贷等纠

---

① 参见最高人民法院民事审判第一庭编著:《最高人民法院新建设工程施工合同司法解释(一)理解与适用》,人民法院出版社2021年版,第159页。

② 参见徐开勇:《建设工程挂靠施工对外民事责任的承担》,载《建筑时报》2015年12月21日,第4版。

纷，第三人以挂靠人、被挂靠人为被告提起诉讼，要求承担责任的，按下列原则予以处理：(1)挂靠人明确以自己的名义与第三人交易，根据合同相对性原则，一般应当由挂靠人承担责任，但第三人有证据证明被挂靠人也应承担责任的除外。(2)挂靠人明确以被挂靠人的名义（如持被挂靠人介绍信或委托书、盖有被挂靠人章印的合同等）与第三人交易或者第三人有理由相信挂靠人系以被挂靠人名义进行交易的，一般应当由被挂靠人与挂靠人承担连带责任，但被挂靠人有证据证明不应当承担责任的除外。(3)挂靠人以被挂靠人的工程项目部、工程负责人等名义与第三人交易的，一般应当由挂靠人与被挂靠人承担连带责任，但被挂靠人有证据证明不应当承担责任的除外。笔者并不否认上述观点的合理性，对于该问题的解决，主要还应取决于表见代理制度的具体适用。

根据《民法典》有关表见代理的规定，表见代理具有以下构成要件：行为人无代理权；有使相对人相信行为人具有代理权的事实或者理由；相对人为善意；行为人与相对人之间的民事行为具备有效要件。挂靠人以被挂靠人名义对外进行民事行为，构成无权代理，但是否必然构成表见代理，笔者认为，应当根据相对人有无过失进行判断。如果第三人知道或者应当知道存在挂靠关系，而仍与挂靠人实施民事行为，第三人存在过失，也失去了表见代理制度保护善意第三人及交易安全的目的，有关债务应当由挂靠人自行承担。如果第三人不知道挂靠关系，有充分的理由相信挂靠人具有代理权而与挂靠人进行民事活动的，则应当构成表见代理。但此时，应当如何承担责任？司法实践中，有的判决认为挂靠人以建筑公司名义进行民事行为，对于第三人来说构成表见代理，应由被挂靠人承担责任。有的判决认为可以参照前述《建筑法》第 66 条的规定，从保护善意第三人的角度来考虑，判决由挂靠人和被挂靠人承担连带责任。

笔者认为，在构成表见代理的情形下，表见代理对被代理人产生有权代理的效力，即在相对人与被代理人之间产生民事关系，被代理人应受表见代理人与相对人之间实施的民事行为的约束，享有该行为设定的权利和履行该行为约定的义务。因此，被挂靠人应当对挂靠人的行为后果承担责任，应当对挂靠人的债务承担清偿责任。接下来的问题是，法院是否可以判决挂靠人承担连带责任？有学者认为，关于连带责任的观点，最大的障碍在于没有法律依据。法律关于连带责任的设定，将各债务人的责任扩张至其他债务人，使其他债务人承担了较为严重的法律后果，所以除法律有明确规定或当事人有特别约定外，不能让当事人负连带责任，即连带债务的成立必须以法律明确规定或数债务人明示为要件。[①] 在法律没有明确规定的情况下,判决挂靠人与被挂靠人承担连带责任依据不足。因此,被挂靠人应当首先向第三人承担民事责任,之后有权向挂靠人追偿有关损失。

案例索引裁判文书

案例索引23
黑龙江高院(2014)黑民终字第52号王某某与世纪天恒公司等建设工程施工合同纠纷民事判决书

因此,挂靠人以自己的名义将工程转包或者与材料设备供应商签订购销合同,实际施工人或者材料设备供应商起诉要求被挂靠单位承担合同责任的,不予支持。[②] 挂靠人以被挂靠单位的名义将工程转包或者与材料设备供应商签订购销合同的,一般应由被挂靠单位承担合同责任,但实际施工人或者材料设备供应商签订合同时明知挂靠的事实,并起诉要求挂靠人承担合同责任的,由挂靠人承担责任。

典型案例19

周某某与民基公司、富某某劳务分包合同纠纷案[③]

典型案例裁判文书

典型案例19
安徽高院(2012)皖民二终字第00252号周某某与民基公司、富某某劳务分包合同纠纷民事判决书

富某某(甲方)与周某某(乙方)签订一份轻工总承包合同,约定由周某某承包丰源公司仓库冷库所有施工用工劳务。2010年10月14日,富某某(甲方)与周某某(乙方)签订结算单,载明经甲乙双方协商,由乙方承建的工程,总劳务费171.6万元,押金10万元,现已支付现金83万元(含乙方为甲方支付的模板费24万元),余款为122.6万元,其余未结算款项,得甲方与开发商结算后再由甲乙双方据实结算,本工程范围内未完工的工程由乙方承担完工。

另查明:2009年12月1日,民基公司出具授权委托书给富某某,委托富某

---

① 参见周凯:《表见代理制度的司法适用——以涉建设工程商事纠纷为对象的类型化研究》,载《法律适用》2011年第4期。

② 案例索引23:王某某与世纪天恒公司等建设工程施工合同纠纷案,黑龙江省高级人民法院(2014)黑民终字第52号民事判决书。

③ 参见安徽省高级人民法院民事判决书,(2012)皖民二终字第00252号。

某办理承建丰源公司的仓储及办公楼工程事项，权限范围：由富某某全权负责处理该项工程所需建材、工地安全、债权债务和该工程所需费用等一切款项（包括工程垫资）。2010年3月28日，民基公司与丰源公司签订建筑施工承包合同，富某某在合同上签字，合同加盖有民基公司合同专用章。周某某以结算单为依据，要求民基公司对工程余款承担责任。民基公司认为富某某挂靠其公司施工，富某某应当承担相应款项支付责任。

裁判规则：富某某借用民基公司资质承建涉案工程，并以民基公司名义实施的一系列民事行为，是代表民基公司实施的，其民事责任应由民基公司承担，即使其以民基公司名义与丰源公司订立合同超越代理权限，周某某也有理由相信富某某代表民基公司，故民基公司应当承担给付周某某涉案工程施工劳务费的责任。

【规范指引】

《福建省高级人民法院关于审理建设工程施工合同纠纷案件疑难问题的解答》（2007年11月22日）

3.被挂靠单位（出借名义的建筑施工企业）是否应对挂靠人在施工过程中的转包、购买施工材料等行为承担责任？

答：挂靠人以自己的名义将工程转包或者与材料设备供应商签订购销合同，实际施工人或者材料设备供应商起诉要求被挂靠单位承担合同责任的，不予支持；挂靠人以被挂靠单位的名义将工程转包或者与材料设备供应商签订购销合同的，一般应由被挂靠单位承担合同责任，但实际施工人或者材料设备供应商签订合同时明知挂靠的事实，并起诉要求挂靠人承担合同责任的，由挂靠人承担责任。

第四节　实际施工人

《民法典》《建筑法》《建设工程质量管理条例》等法律法规中均未出现实际施工人的字眼。《民法典》在第3编第18章中专门就建设工程合同作了规定，其中在合同主体上规定了发包人、总承包人、第三人、承包人、分包人、转包人、施工人等，但也没有出现实际施工人的概念。《民法典》第791条规定，承包人不得将其承包的全部建设工程转包给第三人或者将其承包的全部建设工程支解以后以分包的名义分别转包给第三人。禁止承包人将工程分包给不具备相应资质条件的单位。禁止分包单位将其承包的工程再分包。建设工程主体结构的施工必须由承包人自行完成。第801条规定,因施工人的原因致使建设工程质量不符合约定的,发包人有权请求施工人在合理期限内无偿修理或者返工、改建。经过修理或者返工、改建后,造成逾期交付的,施工人应当承担违约责任。从上述规定可以看出,《民法典》规定的施工人包括了建设工程施工合同所有的施工主体,并且是指有效建设工程施工合同的主体,并不包括非法转包、违法分包的承包人。需要指出的是,《民法典》中"施工人"身份的认可是以施工合同合法有效为前提,相关规定并不适用基于非法转包、违法分包合同关系形成的施工人。①

最早使用实际施工人概念的是《建设工程司法解释》,该解释第1条、第4条、第25条、第26条四个条文规定了实际施工人,涉及有关合同效力认定、发包人权利主张以及实际施工人利益保护等方面。为了与《合同法》中规定的合法施工人概念进行区分,《建设工程司法解释》使用了"实际施工人"的概念。该解释中有三条使用了"实际施工人"的概念,即第4条、第25条和第26条,三处均是指无效合同的承包人,如转承包人、违法分包合同的承包人、没有资质借用有资质的建筑施工企业的名义与他人签订建设工程施工合同的承包人,各级法院办案时,应当注意区分司法解释的"实际施工人"与法条表述的"施工人"内涵是不一样的。② 2020年修订的《建设工程司法解释(一)》延续了以上用法。

根据上述分析,实际施工人是指无效建设施工合同情形下完成建设工程施工的单位或者个人,包括违法的专业工程分包和劳务作业分包合同的承包人、转承包人、借用资质的施工人(挂靠施工人),不包括承包人的履行辅助人、合法的专业分包工程承包人、劳务作业承包人。建设工程经数次转包的,实际施工人应当是最终实际投入资金、材料和劳力进行工程施工的法人、非法人企业、个人合伙、包工头等民事主体。

【法官提示39】

实务中,应当严格把握实际施工人的认定标准,不得随意扩大范围。司法解释的目的在于保护农民工利益,但农民工请求工资报酬,并不具有实际施工

---

① 参见最高人民法院民事审判第一庭编著:《最高人民法院新建设工程施工合同司法解释(一)理解与适用》,人民法院出版社2021年版,第156页。

② 参见最高人民法院民事审判第一庭编著:《最高人民法院建设工程施工合同司法解释的理解与适用》,人民法院出版社2004年版,第218页。

人的地位。由于实际施工人收取工程款直接影响农民工工资的发放，司法解释通过对缺乏施工资质的建筑企业或施工队的保护，达到维护农民工利益的目的，并没有直接赋予农民工诉权。

【规范指引】

《四川省高级人民法院民事审判第一庭关于审理建设工程施工合同纠纷案件若干疑难问题的解答》(2015年3月16日 川高法民一〔2015〕3号)

12. “实际施工人”的范围如何确定？

《建工司法解释》中的“实际施工人”是指转包、违法分包以及借用资质的无效建设工程施工合同的承包人。建设工程经数次转包或分包的，实际施工人应当是实际投入资金、材料和劳力进行工程施工的企业或个人。对于不属于前述范围的当事人依据《建工司法解释》第二十六条第二款规定以发包人为被告主张欠付工程款的，应当不予受理，已经受理的，应当裁定驳回起诉。

建筑工人追索欠付工资或劳务报酬的，按照劳动关系或雇佣关系妥善处理。

《山东高院民一庭关于审理建设工程施工合同纠纷案件若干问题的解答》

7. 施工班组以实际施工人身份主张权利，如何处理？

建设工程承包人与其雇佣的施工班组之间是劳务合同法律关系，施工班组不属于法律意义上的实际施工人。

一、对实际施工人的保护应当遵循合同相对性原则

(一)关于合同相对性原则

根据传统理论，合同相对性在大陆法系称为债的相对性，是指债只能在债权人和债务人之间产生法律拘束力，并不及于第三人。债权债务关系发生在特定的享有权利的债权人和承担义务的债务人之间。合同权利由合同中的权利人向相对人主张，而不能向合同外的第三人主张，只有合同中的权利人有权要求义务人向其履行合同义务，合同以外的第三人不能要求该义务人履行合同中的义务。

正如王泽鉴先生所说，债权人基于债之关系，得向债务人请求给付。债务人的义务与债权人的权利，乃同一给付关系的两面。此种仅特定债权人得向特定债务人请求给付的法律关系，学说上称为债权(或债之关系)的相对性，与物权所具有对抗一般不特定人的绝对性不同。[①] 一般认为合同相对性，包括以下

① 参见王泽鉴：《债法原理》，北京大学出版社2009年版，第60页。

三个方面:

(1)主体相对性。合同关系只能发生在特定的主体之间即订立合同的主体之间,只有合同的一方当事人才能向合同另一方当事人提出请求或者提起诉讼,在诉讼程序中,只有合同相对方才能作为当事人。在有效建设工程施工合同中,合同相对人系发包人与承包人,在非法转分包合同关系中,发包人与总承包人是合同相对人,总承包人与转分包承包人是合同相对人,转分包承包人再次转分包的,依次形成合同关系,系合同相对方。

(2)内容相对性。合同内容是指合同中的权利义务。内容相对性是指只有合同当事人才享有合同中约定的权利,并承担合同中约定的义务,合同当事人以外的第三人不能主张合同权利也不承担合同义务。合同权利与义务主要是合同当事人为彼此设定的,主要对合同当事人产生约束力,即主要是一种对内效力。建设工程施工合同中,发包人承担提供施工现场、施工条件、基础资料等义务,并应按照合同约定向承包人及时支付合同价款。承包人应办理法律规定由其办理的许可和批准,并按法律规定和合同约定完成工程,并在保修期内承担保修义务。

(3)责任相对性。合同责任也即违约责任,是合同当事人不履行合同债务所应承担的法律后果。合同责任的承担,只能发生在特定的合同当事人之间,合同当事人之外的第三人不承担合同责任。建设工程施工合同中,发包人应承担因其违约给承包人增加的费用和延误的工期,并支付承包人合理的利润。同样,承包人应承担因其违约行为而增加的费用和延误的工期。

案例索引裁判文书

案例索引24

山东高院(2014)鲁民一终字第523号柏斯莱特公司与普研公司建设工程施工合同纠纷民事判决书

《民法典》并未直接规定和使用“合同相对性原则”的概念和术语,但是在一些条款内容上体现了该原则,如《民法典》第119条规定,依法成立的合同,对当事人具有法律约束力。《民法典》第522条规定,当事人约定由债务人向第三人履行债务,债务人未向第三人履行债务或者履行债务不符合约定的,应当向债权人承担违约责任。《民法典》第523条规定,当事人约定由第三人向债权人履行债务,第三人不履行债务或者履行债务不符合约定的,债务人应当向债权人承担违约责任。上述条文在一定程度上体现了合同相对性原则,特别是责任的相对性。合同相对性原则意味着合同一般仅对当事人发生效力,而不能对与合同无关的第三人发生效力,同时,合同对当事人的约束力，除法律、合同另有规定外，也仅以合同所约定的事项为限，不能超越合同的规定。①

(二)建设工程施工合同纠纷中合同相对性原则的坚持

在传统合同法理论中，合同相对性原则包含以下两个基本理念：一是合同相对性原则体现着意思自治、契约自由的私法精神。意思自治和合同自由则是整个合同法理论的根基与核心。二是合同相对性原则还是保护第三人活动自由的体现与必要。有鉴于此，合同履行乃至发生纠纷进行处理时，必须坚持合同相对性原则，建设工程施工合同作为《民法典》规定的有名合同之一，理应遵循这一基本原则。虽然无效的合同自订立时起就没有法律约束力，不能产生当事人预期的经济利益目的，但仍然产生一定的民事法律后果。在建设工程施工合同纠纷中，由于实际施工人的人工、机械以及投入的资金已经物化为建设工程，属于法律上的不能返还也无法返还的情形，因此，只能通过折价补偿方式进行处理。

《建设工程司法解释(一)》第43条规定，实际施工人以转包人、违法分包人为被告起诉的，人民法院应当依法受理。实际施工人以发包人为被告主张权利的，人民法院应当追加转包人或者违法分包人为本案第三人，在查明发包人欠付转包人或者违法分包人建设工程价款的数额后，判决发包人在欠付建设工程价款范围内对实际施工人承担责任。实际施工人与转包人、违法分包人属于承、发包关系，是建设工程施工合同的两造，其属于实际施工人的合同相对人。根据该条款规定，实际施工人起诉索要工程款的，按照合同相对性原则，首先就应当向合同相对方主张权利，也就是说，非法转包、违法分包因违反法律强制性规定而无效，但并不妨碍当事人一方向另一方主张权利。这应该是实际施工人主张权利的主要方向。即使存在多次转包、违法分包的情形，亦应坚持该原理，转包合同、违法分包合同关系中的实际施工人主张工程款，应当以不突破合同相对性为基本原则，只在有特别规定的情形下，以准许突破合同相对性为补充。

【法官提示40】

实际施工人主张权利的前提条件是其工程质量验收合格，或者虽然初验

① 案例索引24：柏斯莱特公司与普研公司建设工程施工合同纠纷案，山东省高级人民法院(2014)鲁民一终字第523号民事判决书。

不合格但经发包方主张“修复权”后实际施工人将工程质量修复合格的,实际施工人可以请求以造价鉴定为基数据实结算,从而获得合法的支付请求权。①

【规范指引】

《山东高院民一庭关于审理建设工程施工合同纠纷案件若干问题的解答》

8. 在多层转包或者违法分包情况下,实际施工人主张各转包人或者违法分包人均承担付款责任,如何处理?

在多层转包或者违法分包情况下,实际施工人原则上仅可以要求与其有直接合同关系的转包人或者违法分包人对工程欠款承担付款责任。实际施工人向发包人主张权利的,为查明发包人欠付转包人或者违法分包人工程款的数额,人民法院可以追加与其无合同关系的转包人或者违法分包人为第三人。

《陕西省高级人民法院关于审理建设工程施工合同纠纷案件若干问题的解答》(陕高法〔2020〕113 号)

14. 在多层转包或者违法分包情况下,实际施工人主张各转包人或者违法分包人均承担付款责任,如何处理。

在多层转包或者违法分包情况下,实际施工人原则上仅可以要求与其有直接合同关系的转包人或者违法分包人对工程欠款承担付款责任。

实际施工人向发包人主张权利的,为查明发包人欠付工程款的数额,应追加总承包人作为第三人。其余违法分包人、转包人如未参与实际施工,不影响案件事实查明的,可以不追加为案件诉讼主体。

二、实际施工人向发包人主张权利的特殊情形

随着社会经济的发展,事涉第三人的合同越来越多,内容也愈加多样化、复杂化。再继续恪守严格的合同相对性原则已越来越不能平衡社会利益、实现司法公正、保护交易安全,势必会出现侵害包括国家和社会在内的第三人的合法利益等阻碍市场交易的行为,这与《民法典》鼓励交易的初衷相悖。在现代条件下,随着国际经济的发展,商事活动涉及的当事方逐步增多,活动形式也呈现出多元化的特征,为了适应这种新变化,以便提高经济运行的效率,各国立法或司法均在遵循传统合同法原则的基础上,适度扩张合同的效力范围,并在某些领

① 参见师安宁:《“实际施工人”保护制度》,载《人民法院报》2011 年 11 月 28 日,第 7 版。

域里实现了对合同相对性原则的突破。①

严格的合同相对性原则已不能适应社会发展和司法实践需要。若严格实施该原则,可能对合同当事人产生不便甚至是不公正的后果。因此大陆法系从合同相对性原则产生之时就以法律条文规范形式确定了这一原则的例外规定;英美法系国家则在其司法界出现了回避该原则的趋向,并通过判例限制了该原则。尤其是在第三人侵害合同债权以及为第三人订立的合同方面,很多国家已作出例外规定,在一定程度上突破了合同相对性原有基本理念,保护了市场交易的安全和利益相关人。

为保护农民工的合法权益,《建设工程司法解释(一)》第 43 条第 2 款规定,实际施工人以发包人为被告主张权利的,人民法院应当追加转包人或者违法分包人为本案第三人,在查明发包人欠付转包人或者违法分包人建设工程价款的数额后,判决发包人在欠付建设工程价款范围内对实际施工人承担责任。该条突破了合同相对性原则,赋予实际施工人以诉权,在一定条件下,可以向发包人(业主)主张权利,但也限于向发包人(业主)主张权利,且发包人只在欠付工程价款范围内对实际施工人承担责任。因此,实际施工人主张工程款,应当首先向其发包人即转包人、违法分包人主张,而不是直接向发包人主张。该条款虽然系程序性规定,但实际上也是强调了合同相对性原则。该条款的含义首先是实际施工人以发包人为被告向人民法院起诉主张权利的,人民法院应当受理。其次是实际施工人为原告以发包人为被告的诉讼中,法院可以追加转包人或者违法分包人为共同被告或者第三人,追加为哪一种当事人应当视情况而定。司法解释作出上述规定的理由主要有以下几个方面:

(1)实际施工人与发包人之间没有合同关系,如果承包人将工程转包收取一定的管理费后,没有进行工程结算或者对工程结算不主张权利的,实际施工人难以向发包人主张权利,则不利于保护其合法权益。

(2)实际施工人进行了工程的施工建设,其人工、机械以及投入的资金已经物化为建设工程,实际施工人与发包人已经全面履行了发包人与承包人之间的合同并形成了事实上的权利义务关系。从法理上看,承包人将建设工程转包、违法分包后,施工合同无效,在施工合同无效的情况下合同相对性相对弱化,应当允许实际施工人向发包人主张工程款。

① 参见傅廷中:《论国际海运立法对合同相对性原则的突破》,载《清华法学》2012 年第 1 期。

(3)此外,在个别情况下,转包、违法分包合同纠纷中,发包人对承包人转包或者违法分包的事实是清楚的,默认了实际施工人的施工,主观上存在一定过错,也应当承担过错责任。①

(4)按当前建筑领域施工现状,实际施工人不能得到工程款则直接影响到农民工工资的发放,实际上就是拖欠农民工的工资。因此,司法解释突破合同相对性原则的背景是从本质上保护农民工的合法权益。

(5)方便案件审理。案件审理涉及两个合同关系,人民法院根据案件的实际情况追加转包人或者违法分包人为共同被告或者案件的第三人,实际施工人可以发包人、承包人为共同被告主张权利。这样既能够方便查清案件事实,分清当事人的责任,也便于实际施工人实现自己的权利。

随着经济的发展,契约理论不断演进,固守传统的合同相对性原则,在客观上已经无法满足现实社会复杂的经济关系需要。于是,现代合同法逐步确立合同相对性原则的若干例外规则,来顺应合同关系扩张的发展趋势,同时又满足了合同法的经济功能,促进了法律制度效益的最大化。在坚持合同相对性原则的基础上加以突破,赋予合同第三人基于约定或者法定的权利和施加给合同第三人相应的约定或者法定的义务,正是减少纠纷数量,简化烦琐路径,提高经济效益,节约社会成本的最佳时机选择。②

关于诉讼程序上,《建设工程司法解释》第 26 条第 2 款规定,实际施工人以发包人为被告主张权利的,人民法院可以追加转包人或者违法分包人为本案当事人。该条文用的是“可以”,且未明确转包人或者违法分包人在诉讼中的具体身份。《建设工程司法解释(一)》对此作了修正,该解释第 43 条规定,实际施工人以发包人为被告主张权利的,人民法院应当追加转包人或者违法分包人为本案第三人,在查明发包人欠付转包人或者违法分包人建设工程价款的数额后,判决发包人在欠付建设工程价款范围内对实际施工人承担责任。因此,实际施工人还是可以突破合同相对性,以发包人为被告,转包人或者违法分包人应当被追加为第三人。

【法官提示 41】

应当注意的是,实际施工人仅以违法分包人、转包人为被告要求支付工程

---

① 参见张大为:《实际施工人向发包人主张权利的尺度》,载《人民法院报》2013 年 12 月 11 日,第 7 版。

② 参见马超、邵和平:《论合同相对性原则突破的原因、内涵与价值》,载《河北法学》2013 年第 7 期。

款的，法院不得依职权追加发包人为共同被告；实际施工人以发包人为被告要求支付工程款的，应当追加违法分包人或转包人作为第三人参加诉讼，发包人在其欠付违法分包人或转包人工程款范围内承担连带责任。发包人以其未欠付工程款为由提出抗辩的，应当对此承担举证责任。如发包人与承包人就工程款已经或者可以结算清楚，欠付工程款范围明确，方可依法判决发包人在欠付工程款范围内对实际施工人承担给付责任。

典型案例20

罗某某与钢建公司、开投公司建设工程施工合同纠纷案[①]

2015 年 8 月 13 日，钢建公司与罗某某签订《项目内部承包合同》约定：罗某某对承包工程的经营管理全面负责，即罗尚雄对承包项目自筹资金、自主经营、独立核算、自负盈亏，并承担承包工程的全部经济、质量、安全等法律责任。本工程除成本支出及罗某某向钢建公司交纳的管理费及税金，其余部分作为罗某某的收益，如因本工程发生亏损亦由罗某某自行承担。管理费按 50 万元包干，由钢建公司在每次工程款中逐笔按比例扣除。建设单位工程进度款到钢建公司后，钢建公司在三个工作日内办理完工程款支付。2016 年 1 月 5 日，开投公司向钢建公司出具中标通知书，随后，开投公司与钢建公司签订《建设工程施工合同》。合同签订后，罗某某进场施工。2018 年 5 月 16 日，钢建公司与罗某某签订《会议纪要》，主要内容是明确罗某某是案涉工程的实际承包人，负责整个工程的全部事项。在施工过程中要垫资的，由罗某某负责。后因工程款支付问题，罗某某诉至法院。

典型案例裁判文书

典型案例20
最高院（2021）最高法民终394号罗某某与钢建公司、开投公司建设工程施工合同纠纷民事判决书

裁判规则： 本案系罗某某提起的建设工程施工合同纠纷，在建设工程施工合同这一有名合同中，发包人向承包人支付工程价款的前提是双方之间存在建设工程施工合同关系，承包人按照合同约定对案涉工程进行施工后，其劳动成果物化为案涉工程，承包人据此可以依照建设工程施工合同向其劳动成果的享

---

① 参见最高人民法院民事判决书，(2021)最高法民终 394 号。

有者即发包人主张工程款债权。同理,无论承包人将其承包的工程进行合法分包、非法分包、转包,虽然其行为的效力各异,但其行为的完成均是通过订立合同的方式进行。作为承包人合法分包、非法分包、转包等行为的相对方,实际施工人在满足其实际施工的条件下,只能够向其合同相对人主张相应施工对价。据此,通过转包、违法分包等形式参与案涉工程并实际施工的主体,其只能向转包人、违法分包人主张工程款。发包人和转包关系或违法分包关系下的实际施工人之间并不存在合同关系,实际施工人无权基于合同关系要求发包人向其支付工程款;如果发包人存在欠付承包人工程款的情况,进而导致承包人不能够支付实际施工人的包括农民工工资在内的工程款的,司法解释有条件地突破了合同相对性,规定了发包人应在欠付建设工程价款范围内对实际施工人承担责任。因此,本案罗某某有权依照《项目内部承包合同》向案涉工程承包人即转包人钢建公司要求其支付工程款。开投公司作为发包人其对于罗某某的工程款请求,其只在欠付合同相对人钢建公司工程款范围之内承担责任。

关于实际施工人向发包人主张权利还有一种特殊情形,即当转包人或者违法分包人怠于向发包人行使到期债权并对实际施工人造成损害的,此时,实际施工人能否提起代位权诉讼,实践中争议较大。代位权是指债务人怠于行使权利,债权人为保全债权,以自己的名义向第三人行使债务人现有债权的权利。《民法典》第535条规定,因债务人怠于行使其债权或者与该债权有关的从权利,影响债权人的到期债权实现的,债权人可以向人民法院请求以自己的名义代位行使债务人对相对人的权利,但是该权利专属于债务人自身的除外。代位权的行使范围以债权人的到期债权为限。债权人行使代位权的必要费用,由债务人负担。相对人对债务人的抗辩,可以向债权人主张。因此,代位权应当具备以下四个条件:一是债务人对第三人享有债权;二是债务人怠于行使其权利;三是债务人怠于行使自己的债权已经损害债权人权益;四是债务人已经迟延履行。具备上述条件,债权人即可行使债务人的权利,以自己的名义请求第三人向债务人清偿债务。对该问题,《建设工程司法解释(一)》第44条规定,实际施工人依据《民法典》第535条的规定,以转包人或者违法分包人怠于向发包人行使到期债权或者与该债权有关的从权利,影响其到期债权实现,提起代位权诉讼的,人民法院应予支持。需要注意的是,实际施工人无权代位行使优先受偿权。对于债权人行使代位权的范围,实际施工人代转包人或者违法分包人的位向发包人行使债权，既不能超过其对转包人或者违法分包人享有的债权，也不能超过转包人或者违法分包人对发包人享有的债权。[①]

三、实际施工人突破合同相对性原则的界限

在承认相对性原则存在的前提下，就特定事实否定相对性原则，而不是对该原则的存在给予全面否定。因此，对“相对性”的“突破”并非对其“推倒”，更不是处处以“突破”来标新立异。突破本身要理性而谨慎，必须接受“实质正义”的衡量与评判，即只有固守合同相对性原则与实质上体现民法的公平、正义价值不能两立的时候，为弥补合同相对性原则的不足，平衡合同当事人和第三人之间的利益，才能突破相对性原则，体现权利不可侵性和促成合同交易的现代合同法理念。[②]

从建设市场的实际情况来看，承包人将所承建的工程转包或违法分包给第三人的情况比较普遍，按照合同相对性原则，实际施工人只能向合同关系的相对人即承包人主张权利，然而，从实际情况来看，有的承包人将工程转包收取一定的管理费后，没有进行工程结算或对发包人不主张工程款，由于实际施工人与发包人无合同关系，这样导致实际施工人得不到工程款，进而影响农民工的利益，不利于对农民工利益的保护。为了保护实际施工人和农民工的合法权益，《建设工程司法解释（一）》第 43 条第 2 款突破了合同相对性原则，作出了特殊规定，实际上，这也是司法解释进行价值衡量、利益平衡的结果。但是该条文在司法实践中不仅被广泛运用而且存在以下滥用的趋势：

（1）不论转分包的承包人是否怠于行使权利，或者是否存在资信状况严重恶化等情形，实际施工人均向发包人主张工程款，要求承担连带责任。

（2）发包人与总承包人之间尚未进行工程价款结算，甚至在工程尚未竣工时，实际施工人即向发包人主张工程款，导致发包人抗辩权的行使缺乏事实基础。

（3）根据《建设工程司法解释（一）》的规定，发包人只在欠付工程款范围内承担责任，但如果发包人与总承包人尚未结算，实际施工人就向发包人主张工

---

① 参见最高人民法院民事审判第一庭编著：《最高人民法院新建设工程施工合同司法解释（一）理解与适用》，人民法院出版社 2021 年版，第 460 页。

② 参见徐静：《对突破合同相对性原则的再认识——兼及对〈德国民法典〉第 359 条之借鉴》，载《法学论坛》2012 年第 1 期。

程款,则在该案件中又涉及发包人与总承包人之间的工程造价问题。

(4)存在实际施工人与转分包的承包人恶意串通,损害发包人利益的行为,特别是当承包人存在违约行为需承担违约责任时,为防止剩余工程款作为违约金被抵扣,承包人不出面主张工程款,而由实际施工人出面主张。

虽然司法解释的规定有其特殊的历史背景,但合同相对性仍然是《民法典》的基本原则。司法实践中适用该条文时,应作限缩理解,只有存在以下情形之一时,才允许突破合同相对性原则,实际施工人才能向发包人主张工程款:

①实际施工人的合同相对人破产;

②实际施工人的合同相对人下落不明;

③实际施工人的合同相对人资信状况严重恶化;

④实际施工人与承包人(总承包人)之间的合同均为无效。

【法官提示42】

虽然实际施工人与发包人之间没有合同关系,但并不意味着实际施工人享有权利而不承担义务。根据《建设工程司法解释(一)》第15条的规定,因建设工程质量发生争议的,发包人可以以总承包人、分包人和实际施工人为共同被告提起诉讼。

【规范指引】

《山东高院民一庭关于审理建设工程施工合同纠纷案件若干问题的解答》

5.借用资质的施工人直接向发包人主张工程款,如何处理?

通常情况下,借用资质的施工人只有在出借资质人怠于履行权利时,才能提起代位权诉讼。但发包人明知借用资质事实存在的,借用资质的施工人可以直接向发包人主张权利。

《陕西省高级人民法院关于审理建设工程施工合同纠纷案件若干问题的解答》(陕高法〔2020〕113号)

13.借用资质的施工人直接向发包人主张工程款,如何处理。

通常情况下,借用资质的施工人只有在出借资质人怠于履行权利时,才能提起代位权诉讼。但发包人明知借用资质事实存在的,借用资质的施工人可以直接向发包人主张权利。

四、发包人在欠付工程款范围承担责任

根据《建设工程司法解释(一)》第43条第2款的规定,当实际施工人向发

包人主张工程款时，发包人只应在欠付工程款范围内承担责任。工程价款的组成一般包括直接费、间接费、利润和税金四部分。其中直接费主要包括材料费、机械费和人工费。在工程款之外，实际施工人还会向发包人及总承包人、转包人、分包人主张工程款利息、违约金、工程奖励等款项。实际施工人可以向发包人主张的款项范围应当限定为工程款，不包括违约金、损失、赔偿等。本解释规定的“欠付工程款”应当指的是发包人欠付总承包人的工程款，而非欠付实际施工人的工程款，不能要求发包人、总承包人、转包人对实际施工人的所有债权承担责任。[①]

（一）关于发包人的抗辩理由

虽然司法解释有明确规定，但对于实际施工人要求支付工程款的主张，发包人一般会抗辩其与实际施工人之间并未签订施工合同，不存在施工合同关系，另外，对于实际施工人的主张，发包人往往还会作以下抗辩：

（1）已向总承包人付清全部款项。司法实践中，有的发包人举证证明已经将工程款全部支付给总承包人，其并未欠付工程余款，实际施工人则不能再要求发包人给付工程款，发包人以其未欠付工程价款或者实际施工人要求给付的工程款高于其欠付的工程款进行抗辩的，应当由发包人承担举证责任。对于该类情形，尤其总承包人由于下落不明等各种原因未能应诉的案件，需要对发包人的抗辩以及提供的证据进行认真审核，准确判断，发包人对其已支付的工程价款数额负有举证责任。

（2）已向转分包的承包人付清全部款项。承包人依据建设工程施工合同要求发包人支付工程款，发包人主张将其已向合法分包人、实际施工人支付的工程款予以抵扣的，不予支持，但当事人另有约定、生效判决、仲裁裁决予以确认或发包人有证据证明其有正当理由向合法分包人、实际施工人支付的除外。

（3）管辖异议的提出。发包人与总承包人签订的建设工程施工合同中，就纠纷的处理约定由仲裁委员会处理，当实际施工人向发包人主张权利要求支付工程款时，发包人往往认为根据仲裁条款，法院并无管辖权。笔者认为，该仲裁条款系由发包人与总承包人签订，只能约束发包人和总承包人，不能约束实际施工人，实际施工人有权至法院提起诉讼向发包人主张权利。

---

① 参见最高人民法院民事审判第一庭编著：《最高人民法院新建设工程施工合同司法解释（一）理解与适用》，人民法院出版社 2021 年版，第 448 页。

【规范指引】

《安徽省高级人民法院关于审理建设工程施工合同纠纷案件适用法律问题的指导意见(二)》(2013年12月23日 安徽省高级人民法院审判委员会第32次会议通过)

第十三条 实际施工人根据《最高人民法院关于审理建设工程施工合同纠纷案件适用法律问题的解释》第二十六条第二款的规定要求发包人承担责任,发包人对其已支付的工程价款数额负有举证责任。

(二)三类特殊约定的效力

(1)总承包人收到发包人支付工程款后再向分包人支付的条款的效力。分包合同中约定待总承包人与发包人进行结算且发包人支付工程款后,总承包人再向分包人支付工程款,该约定笔者认为不违反法律行政法规的强制规定,应为有效。因总承包人拖延结算或怠于行使其到期债权致使分包人不能及时取得工程款,分包人要求总承包人支付欠付工程款的,应予支持。总承包人对于其与发包人之间的结算情况以及发包人支付工程款的事实负有举证责任。

(2)实际施工人与总承包人约定以发包人与总承包人的结算结果作为结算依据的效力。实际施工人与承包人约定以总承包人与发包人之间的结算价款作为双方结算依据的,应按该约定确定实际施工人应得的工程价款。实际施工人举证证明总承包人与发包人之间的结算结果损害其合法权益的,可以根据实际施工人的申请,依据总承包人与发包人之间的合同及相关签证确定实际施工人应得的工程价款。

总承包人与发包人尚未结算,实际施工人向发包人主张工程价款的,分别按下列情形处理:①总承包人与发包人未结算且在合理期限内的,驳回实际施工人的诉讼请求。②总承包人已经开始与发包人结算、申请仲裁或者在法院诉讼中的,本案中止审理。③总承包人怠于向发包人主张工程价款,根据司法解释的规定,实际施工人有权向发包人主张工程款,且有权主张参照发包人与承包人签订的建设工程施工合同确定工程价款。

(3)实际施工人和发包人就建设工程价款签订的结算协议的效力。如果实际施工人在工程竣工验收合格的情况下,通过结算而签署了结算协议,则应视同实际施工人同发包人就工程价款折价补偿所达成的合意,在此情况下如果这种合意的意思表示真实,则在发包人不支付根据结算协议应支付的工程款情况下,实际施工人向人民法院请求支付的,应视为实际施工人对于折价补偿权利的行使,从而人民法院应予以保护;发包人主张对工程进行鉴定或者主张向借用资质等单位支付的,则有违诚信原则,人民法院不应予以支持。[①] 从减少当事人诉累的角度,双方自愿结算过了,如果再次通过鉴定,必然造成案件拖延,增加负担,也罔顾当事人的真实意思表示。

【规范指引】

《北京市高级人民法院关于审理建设工程施工合同纠纷案件若干疑难问题的解答》(2012 年 8 月 6 日　京高法发〔2012〕245 号)

22. 分包合同中约定总包人收到发包人支付工程款后再向分包人支付的条款的效力如何认定?

分包合同中约定待总包人与发包人进行结算且发包人支付工程款后,总包人再向分包人支付工程款的,该约定有效。因总包人拖延结算或怠于行使其到期债权致使分包人不能及时取得工程款,分包人要求总包人支付欠付工程款的,应予支持。总包人对于其与发包人之间的结算情况以及发包人支付工程款的事实负有举证责任。

《安徽省高级人民法院关于审理建设工程施工合同纠纷案件适用法律问题的指导意见》(2009 年 5 月 4 日　安徽省高级人民法院审判委员会第 16 次会议通过)

13. 非法转包、违法分包建设工程,实际施工人与承包人约定以承包人与发包人之间的结算价款作为双方结算依据的,应按该约定确定实际施工人应得的工程价款;实际施工人举证证明承包人与发包人之间的结算结果损害其合法权益的,人民法院可根据实际施工人的申请,依据承包人与发包人之间的合同及相关签证确定实际施工人应得的工程价款。

(三)发包人责任的性质

司法解释规定了发包人应在欠付工程款范围内承担责任,但是对于发包人承担责任的性质以及如何承担责任,司法解释并未作规定,由此导致司法实践中又有不同观点:

第一种观点认为,该责任属于连带责任性质。实际施工人以违法转分包人

---

① 参见最高人民法院民事审判第一庭编:《民事审判指导与参考》(总第 49 辑),人民法院出版社 2012 年版,第 179 页。

以及发包人为被告索要工程款，本身属于对合同相对性原则的突破，为最大限度地保护实际施工人及农民工的权益，应认定该责任为连带责任，因此，应当先判决由违法转分包人承担欠付工程款的支付义务，并判决由发包人在欠付工程款范围内承担连带责任。

第二种观点认为，该责任为补充责任性质。发包人不是实际施工人的合同相对人，其对实际施工人没有给付工程款的义务，判决发包人对实际施工人承担连带责任缺乏法律依据。既然该条款规定是为了保护实际施工人的利益，那么只要实际施工人得到了其应得的工程款即可。因此，发包人仅需在欠付工程款的范围内承担一种补充责任即可。

第三种观点认为，该责任为独立责任性质。在实际施工人向发包人追索工程款的情况下，对发包人责任范围内的部分，应由发包人单独承担责任，而不应判决发包人承担连带责任或补充责任。采取这种责任形态，实质上是在金钱债务场合，借助于抵销制度，使代位权制度发挥了简易的债权回收手段的功能，从而简化了债务消灭的程序。①

笔者认为，对于责任性质的认定和承担，既要考虑合同相对性原则，也要关注司法解释对实际施工人的特殊保护，既要保证程序正义，也要注重案结事了。《房地产纠纷案件审判意见》明确提出，要妥善处理因发包人资金困难产生的发包人拖欠工程款、承包人拖欠劳务分包人工程款等连锁纠纷案件。要统筹协调各方当事人的利益……实现当事人双赢、多赢的结果。调解不成的，要综合考虑连锁案件的整体情况，根据当事人的偿付能力和对方的资金需求，确定还款期限、还款方式，最大限度地避免连锁案件引发群体事件影响社会稳定。因此，关于补充责任的观点，未能全面领会司法解释出台的背景和出发点，不利于切实有效地发挥保护实际施工人的作用。关于独立责任的观点，直接将违法转分包人的责任划出合同之外，完全摒弃了合同相对性原则，跳跃性过大，而且如果转承包人或者发包人发生了资不抵债的情况，同样不利于保护实际施工人的利益。因此，关于发包人的责任性质和承担应当认定为连带责任，这样既维护了合同相对性原则，又兼顾了司法解释制定的初衷，同时也有利于最大限度地保护实际施工人的利益。司法解释未对发包人的责任性质作出认定，同时认为考虑本条款的立法本意及特殊性，审判中直接判决发包人在欠付工程款范围内承

① 参见邬砚:《实际施工人向发包人追索工程款的权利解析》，载《人民司法》2013 年第 9 期。

担责任更为妥当。当然,不论发包人承担的是什么性质责任,承担责任的区间应在“欠付工程价款范围内”。①

典型案例21

航道工程局与顺达公司、临海公司航道疏浚合同纠纷案②

典型案例裁判文书

典型案例21

广西高院(2015)桂民四终字第18号航道工程局与顺达公司、临海公司航道疏浚合同纠纷民事判决书

2010年11月15日,临海公司向航道工程局出具中标通知书。2010年11月23日,临海公司与航道工程局签订《Ⅱ标段施工合同》,约定由航道工程局施工。合同还对发包人义务、监理人职责、承包人义务、进度计划、开工和竣工、计量与支付、交工验收和竣工验收、缺陷责任和保修责任、违约等事项作了约定。2011年5月21日,顺达公司与航道工程局签订《分包施工合同协议书》,约定由顺达公司承包Ⅱ标段航道的一半长度。2013年3月27日,顺达公司与航道工程局签订Ⅱ标段分包工程量确认单。5月19日,顺达公司与航道工程局签订Ⅱ标段分包决算单。后因工程余款支付问题,顺达公司诉至法院。

裁判规则:临海公司作为案涉整体Ⅱ标段的发包人,至今未向航道工程局支付完毕工程款。司法解释明确了发包人应在欠付款的范围内承担责任的原则,该规定突破合同相对性明确发包人承担责任之目的旨在保护实际施工人的利益,但转包人、分包人作为转包合同、分包合同的一方当事人,无疑应为工程欠款支付的第一责任人,发包人应承担连带清偿责任。本案中,航道工程局作为《分包施工合同协议书》的一方当事人,应当为工程款项支付的第一责任人,而发包方临海公司应当承担的是在欠付工程款范围内的连带清偿责任。

---

① 参见最高人民法院民事审判第一庭编著:《最高人民法院新建设工程施工合同司法解释(一)理解与适用》,人民法院出版社2021年版,第449页。

② 参见广西壮族自治区高级人民法院民事判决书,(2015)桂民四终字第18号。

五、诉讼主体的确定

由于转包人未实际施工且已经收取了转包人交纳的转包利润,发包人是否支付工程价款与自己的利益无关,对发包人是否按期支付工程价款并不特别关注,也并不会向业主积极主张权利;实际施工人与发包人没有合同关系,即使发包人欠付工程款,实际施工人也无法向发包人主张权利。在转包人资信状况恶化、破产、法人主体资格消灭、超过诉讼时效等情况下,可能永远无法主张权利,对于众多的农民工来说维系生存的血汗钱可能永远都难以要回。这种情况下,应当在一定条件下赋予实际施工人以诉权,在一定条件下可以向发包人(业主)主张权利。① 但是对于实际施工人如何行使权利维护自己的合法权益,案件当事人如何罗列或者追加,司法实践中认识不一,争议较大。

特定当事人间的特定合同是确立合同纠纷诉讼当事人的直接根据。依据合同相对性原则,合同实体性权利、义务关系具有相对性和特定性。相应地,程序法上除了法律另有规定外,只有合同当事人才能依据合同提起诉讼,成为合同纠纷案件的当事人(成为原告、被告或者第三人),合同以外的第三人一般不能成为合同案件的当事人。合同当事人与合同纠纷中的当事人一般具有同一性、重合性和对应性。所以,在诉讼主体的确定上,应当坚持合同相对性原则。合同相对性不仅是确定责任主体的基本原则,而且是确定诉讼主体的基本原则。

需要明确的是,《建设工程司法解释(一)》第 43 条中的"发包人"应当理解为建设工程的业主,不应扩大理解为转包人、违法分包人等中间环节的相对发包人。建设工程因转包、违法分包导致建设工程施工合同无效的,实际施工人以转包人、违法分包人为被告主张权利的,人民法院一般不主动依职权追加发包人作为共同被告参加诉讼,但为查明案件事实需要,可以追加发包人为第三人。实际施工人以发包人为被告主张权利的,为查明案件事实,人民法院应当追加与实际施工人存在直接合同关系的转包人、违法分包人作为共同被告参加诉讼,发包人在欠付工程价款范围内对实际施工人承担责任。

---

① 参见最高人民法院民事审判第一庭编著:《最高人民法院建设工程施工合同司法解释的理解与适用》,人民法院出版社 2004 年版,第 224 页。

典型案例22

景安公司与曹某某、明都公司等建设工程施工合同纠纷案①

2007年8月18日，明都公司与景安公司签订《建设工程施工合同》，由明都公司承建锦水花乡住宅楼工程。合同加盖景安公司及明都公司印章，陈某某在承包人明都公司委托代理人一栏签名。明都公司承建该项目后，将劳务部分分包给叶某某，双方未签订书面协议。叶某某组织了曹某某等民工对其中的支模部分进行施工。后因劳务报酬问题，曹某某诉至法院，要求判令陈某某、叶某某、明都公司连带支付拖欠劳务费及利息；景安公司在欠付明都公司工程价款的范围承担连带付款责任。景安公司认为其不是《建设工程司法解释》第26条所指的“发包人”，不是本案适格被告。该条中的发包人、承包人、实际施工人概念是以内含两重法律关系的特定模型为基础的，发包人只是一个相对性的概念。

典型案例裁判文书

典型案例22
四川高院（2014）川民提字第452号景安公司与曹某某、明都公司等建设工程施工合同纠纷民事判决书

裁判规则：从《建设工程司法解释》的整个规定来看，发包人的概念是统一的，就是指工程建设方，并不包括工程转包人、分包人。该条的立法旨意是针对建筑领域普遍存在的非法转包、违法分包情形下，实际施工人与发包人已经形成了事实上的权利义务关系，但因与发包人没有合同关系导致其权利难以实现的问题，为保护实际施工人（主要是农民工）的合法权益而作出的突破合同相对性的特别规定。因此，该条规定并非单纯依据债权人代位权原理，而是针对现实生活中的实际问题，为保护特定群体利益而制定的。景安公司提出该司法解释条文是以两重法律关系的特定模型为基础，发包人只是一个相对性的概念，本案存在三重法律关系，因此景安公司不应承担发包人责任的主张，缺乏法律依据。

另外，《建设工程司法解释（一）》第15条规定，因建设工程质量发生争议的，发包人可以以总承包人、分包人和实际施工人为共同被告提起诉讼。该条

① 参见四川省高级人民法院民事判决书，（2014）川民提字第452号。

是关于建设工程质量纠纷案件的程序性规定。为何实际施工人就工程质量问题需要与总承包人、分包人承担连带责任呢?当事人的诉讼地位很大程度上是由当事人之间的实体法律关系所决定,该连带责任的承担也是由实体法律关系决定的。《建筑法》第67条规定,承包单位将承包的工程转包的,或者违反本法规定进行分包的,责令改正,没收违法所得,并处罚款,可以责令停业整顿,降低资质等级;情节严重的,吊销资质证书。承包单位有前款规定的违法行为的,对因转包工程或者违法分包的工程不符合规定的质量标准造成的损失,与接受转包或者分包的单位承担连带赔偿责任。《建设工程质量管理条例》第27条规定,总承包单位依法将建设工程分包给其他单位的,分包单位应当按照分包合同的约定对其分包工程的质量向总承包单位负责,总承包单位与分包单位对分包工程的质量承担连带责任。因此,实际施工人就工程质量作为被告承担连带责任是有法律依据的。

六、实际施工人受伤雇员之权利救济

在建筑施工领域中,具备用工主体资格的建筑企业往往违反法律法规规定出借资质或将工程转包、分包给不具备用工主体资格的组织或者自然人等实际施工人,该实际施工人又大量招用劳动者进行施工。一般来说,劳动者参与建设施工的途径即是如此。一旦发生伤亡事件,劳动者如何维护自己的权益,建筑企业是否应当承担责任,如需承担责任,则应承担何种责任,实践中认识不一。

(一)劳动者与建筑企业之间不存在劳动关系

《关于确立劳动关系有关事项的通知》第4条曾经规定,建筑施工、矿山企业等用人单位将工程(业务)或经营权发包给不具备用工主体资格的组织或自然人,对该组织或自然人招用的劳动者,由具备用工主体资格的发包方承担用工主体责任。但是对于什么是"用工主体责任",该责任是否等同于"用人单位责任",相关行政部门没有作出解释。有观点认为,根据该规定,可以认定劳动者与具备用工主体资格的建筑施工企业之间存在劳动关系,并应进一步认定为工伤,该责任甚至还包括工资报酬支付、社会保险费缴纳、经济补偿金和双倍工资等《劳动法》规定的各项权利义务。

笔者认为,根据《劳动法》的规定,劳动关系的构成有其实质性条件和形式要件,并与劳务关系、雇佣关系等社会关系存在诸多不同。《关于进一步做好建筑业工伤保险工作的意见》规定，施工人员发生工伤后，以劳动合同为基础确认劳动关系。对未签订劳动合同的，由人力资源社会保障部门参照工资支付凭证或记录、工作证、招工登记表、考勤记录及其他劳动者证言等证据，确认事实劳动关系。因此，即使从形式要件进行判断，建筑业劳动者实质上受雇于实际施工人，并未与建筑企业签订任何形式的劳动合同，在工作时间和工作方式上也不受建筑施工企业的制度约束，建筑施工企业也不向其发放工资，双方之间不构成劳动关系。在这种完全缺乏双方合意的情形下，直接认定建筑施工企业与劳动者之间存在合法劳动关系，虽然加大了对劳动者的保护，但与事实情节有所脱节。

实际上，《全国民事审判工作会议纪要》对此问题已经作了回答，该纪要第59条规定：建设单位将工程发包给承包人，承包人又非法转包或者违法分包给实际施工人，实际施工人招用的劳动者请求确认与具有用工主体资格的发包人之间存在劳动关系的，不予支持。最高人民法院在2014年发布的《对最高人民法院〈全国民事审判工作会议纪要〉第59条作出进一步释明的答复》中认为，实际施工人的前一手具有用工主体资格的承包人、分包人或转包人与劳动者之间既不存在雇佣关系，也不存在劳动关系。因此，在司法实践中，不应再认定具备合法用工主体资格的建筑企业与劳动者之间存在劳动关系。[①]

案例索引裁判文书

案例索引25
黑龙江高院（2015）黑高民申二字第346号安装公司与刘某劳动争议民事裁定书

【法官提示43】

司法实践中，不宜认定建筑企业与劳动者之间存在劳动关系。《关于进一步做好建筑业工伤保险工作的意见》（人社部发〔2014〕103号）规定将建筑企业作为赔偿义务人，并参照工伤保险待遇的相关规定予以赔偿，只是考虑实际施工人往往缺乏赔偿能力，但又得及时救济劳动者之需。如果强行认定双方存在劳动关系，就会产生社会保险费缴纳、未签订书面劳动合同的责任、经济补偿金或赔偿金的支付等有关劳动法上的权利义务关系，势必造成更大的法律适用上的混乱，对建筑企业来说也过于苛刻。

---

① 案例索引25：安装公司与刘某劳动争议案，黑龙江省高级人民法院（2015）黑高民申二字第346号民事裁定书。

(二)建筑企业应当承担工伤保险责任

1. 工伤保险责任的认定

《关于执行〈工伤保险条例〉若干问题的意见》第7条规定,具备用工主体资格的承包单位违反法律、法规规定,将承包业务转包、分包给不具备用工主体资格的组织或者自然人,该组织或者自然人招用的劳动者从事承包业务时因工伤亡的,由该具备用工主体资格的承包单位承担用人单位依法应承担的工伤保险责任。《最高人民法院关于审理工伤保险行政案件若干问题的规定》第3条规定,社会保险行政部门认定下列单位为承担工伤保险责任单位的,人民法院应予支持:……(4)用工单位违反法律、法规规定将承包业务转包给不具备用工主体资格的组织或者自然人,该组织或者自然人聘用的职工从事承包业务时因工伤亡的,用工单位为承担工伤保险责任的单位。

上述规定修正了前述有关"用工主体责任"的概念,而使用了"工伤保险责任",用词更为精准,避免了实务中的争议。既然不是"用工主体责任"或"用人单位责任",则建筑企业只应承担劳动者本次伤亡的赔偿责任,而不包括社会保险费缴纳、经济补偿金支付等其他劳动法上的责任,也就是双方之间不发生其他劳动法意义上的权利义务关系。同样,上述规定从侧面反映了最高人民法院对双方之间不存在劳动关系的观点是一以贯之的。由具备用工主体资格的建筑企业承担工伤保险责任,一方面体现了国家对建筑企业出借资质、违法转分包的惩戒,另一方面也体现了对劳动者进行及时救治和经济补偿的核心价值。

有观点在阐述以工伤保险责任对劳动者进行救济的时候,认为为了符合当前有关工伤法律规定,应当认定建筑企业与劳动者之间存在无效劳动关系。笔者认为,该观点不能成立,理由如下:第一,根据前述分析,双方之间并不构成劳动关系,在救济的时候又认为双方之间存在无效劳动关系,陷入逻辑怪圈。第二,劳动者除了工伤保险责任请求权以外,尚有民事侵权责任救济路径可选,而民事侵权责任救济路径的理论基础在于实际施工人与劳动者之间存在提供劳务关系,而不是建筑企业与劳动者之间所谓的无效劳动关系。

2. 关于《劳动合同法》第94条的理解适用

《劳动合同法》第94条规定,个人承包经营违反本法规定招用劳动者,给劳动者造成损害的,发包的组织与个人承包经营者承担连带赔偿责任。该条就是关于个人承包损害劳动者权益的法律责任的规定。发包组织与个人承包经营者承担连带责任的目的就是防止个人承包经营者在承包经营过程中,急功近利侵害劳动者利益,或者损害劳动者利益后没有能力或逃避承担对劳动者的损害赔偿责任。诉讼中,劳动者既可以单独起诉发包组织或者个人承包经营者,也可以将发包组织或者个人承包经营者列为共同被告。① 实践中,有观点认为,建筑业劳动者因工受伤的,可以根据该法律规定向实际施工人、建筑企业主张赔偿,并承担连带责任。笔者同意该观点,但该条中规定的"连带赔偿责任",是指民法上的侵权赔偿责任还是《劳动法》上的工伤赔偿责任,这在实务中存在较大争议的问题。根据前述分析,劳动者与建筑企业之间并不存在劳动关系,在双方之间探讨劳动法上有关权利义务,欠缺事实基础,缺乏理论和法律支撑。法律规定连带责任的目的只是使劳动者能够得到及时足额赔偿,而不是在双方之间确定劳动关系。因此,该条文中规定的责任应当是民事侵权责任,而不是《劳动法》上的工伤赔偿责任。《劳动合同法》扩大了发包人承担连带责任的范围,加重了发包人的责任,目的就在于使劳动者在个人承包经营者赔偿能力的不足,或者个人承包经营者逃避责任的情况下,亦能获得应有的赔偿,同时促使发包人关注个人承包经营中劳动者的职业安全和健康,更好地保障个人承包经营中劳动者的权益。②

【法官提示44】

虽然民事侵权赔偿与工伤保险责任两种救济路径在归责原则、伤残鉴定、赔偿标准等方面存在差异,但是从畅通救济渠道,最大限度地保护建筑业劳动者的合法权益出发,人民法院应当依据当事人主张的法律关系、请求权基础作出裁判,即劳动者有权选择向实际施工人主张雇主赔偿责任并由建筑企业承担连带责任,也有权选择向建筑企业主张工伤保险责任。

(三)工伤保险责任救济路径的程序规制

根据《社会保险法》的规定,职工应当参加工伤保险,由用人单位缴纳工伤保险费,职工不缴纳工伤保险费。职工因工作原因受到事故伤害或者患职业病,且经工伤认定的,享受工伤保险待遇;其中,经劳动能力鉴定构成伤残的,享受伤残待遇。因此,享受工伤保险待遇的前提条件是双方之间建立劳动关系,并经认定为工伤。

---

① 参见信春鹰、阚珂主编:《中华人民共和国劳动合同法释义》,法律出版社 2013 年版,第 380 页。

② 参见施杨、朱瑞:《个人承包经营招用的劳动者与发包人身份关系之辨——万洲旅馆诉熊忠武确认劳动关系纠纷上诉案》,载《法律适用》2012 年第 3 期。

虽然法律上规定了建筑企业的工伤保险责任,但是劳动者应当如何主张权利,实践中又出现不同做法。劳动者往往还是按照传统的工伤理赔程序进行救济,先向劳动行政部门申请工伤认定,而劳动行政部门往往认为双方之间没有劳动合同,不存在劳动关系,不予受理工伤认定申请。劳动者又得向劳动争议仲裁委员会申请确认劳动关系,经过劳动仲裁、民事诉讼等程序,费时耗力,而最终的结果往往又认为双方之间并不存在劳动关系,完全弱化了法律对此类人员的特殊保护。

笔者认为,根据前述讨论,既然双方之间不存在劳动关系,并且司法解释、部门规章已经规定了建筑企业的工伤保险责任,为了有效地维护伤亡劳动者的合法权益,及时进行救济,不应再要求劳动者进行工伤认定,应当允许该类劳动者回避劳动关系确认、工伤认定等程序,以达到充分保障其合法权益的目的。

【法官提示 45】

此类案件中,应允许建筑业伤亡劳动者直接向人民法院起诉,要求建筑企业参照工伤的有关规定进行赔偿,而无须经过劳动行政部门的劳动关系确认程序以及劳动争议仲裁部门的裁决,当然,是否应当支持劳动者的主张有待于案件事实的查明。

第三章　工程价款

工程价款结算是指发、承包双方根据合同约定，对合同工程在实施中、终止时、已完工后进行的合同价款计算、调整和确认。从竣工结算的目的出发，竣工结算的范围应当包括施工合同项下全部工作的计量与计价直至全部债权债务的清算。按照合同约定或者法律规定，发包人的主要合同义务是对竣工验收合格的工程按合同约定的条款进行决算，并支付价款，在向承包人支付价款后接受工程，而获得工程款是承包人的主要合同权利。《民法典》第 799 条规定，建设工程竣工后，发包人应当根据施工图纸及说明书、国家颁发的施工验收规范和质量检验标准及时进行验收。验收合格的，发包人应当按照约定支付价款，并接收该建设工程。建设工程竣工经验收合格后，方可交付使用；未经验收或者验收不合格的，不得交付使用。

第一节　工程价款结算

在建设工程施工合同纠纷案件中，当事人最容易发生争议且处理难度较大的就是工程价款的结算问题，不仅涉及未付款的确定（其中包括对已付款的认定），更重要的是对工程量、工程造价的确定。无论双方在合同中如何约定工程款的支付方式，包括预付款、进度款、中间结算款、结算款等，在法律上均为发包人应付工程款，应当严格按照合同约定或者法律规定向承包人支付，承包人亦有权向发包人主张应付工程款，发包人拒绝支付的，应承担违约责任。现实中，有的发包人为了拖延支付工程款，在验收后迟迟不进行工程结算。发包人无正当理由在收到结算报告后迟延办理结算的，应当承担相应的违约责任。

大部分建设工程合同纠纷案件均因发包人拖欠工程款引起，其根源在于建设方投资资金不足，盲目开发建设项目。近几年，房地产行业发展迅猛，利润空间大，从而吸引了许多企业和个人投资。有些企业抱着“先拿到项目再说”的心态，不管有无资金、能否筹集资金，先将项目开发，然后想方设法筹集资金，一旦失败,便产生一些“烂尾楼”工程,产生了拖欠施工方的工程款的现象,最终导致建设工程合同纠纷案件层出不穷。[①]《房地产纠纷案件审判意见》要求妥善处理因发包人资金困难产生的发包人拖欠工程款、承包人拖欠劳务分包人工程款等连锁纠纷案件。要统筹协调各方当事人的利益,加大案件调解力度,力争通过案件审判盘活现有的存量资金,实现当事人双赢、多赢的结果。调解不成的,要综合考虑连锁案件的整体情况,根据当事人的偿付能力和对方的资金需求,确定还款期限、还款方式,最大限度避免连锁案件引发群体事件影响社会稳定。

一、工程价款的计价方式、计价方法及调整

工程价款是指发包人用于支付承包人按照合同约定完成承包范围内全部工作的金额,包括合同履行过程中按合同约定发生的价格变化。合同价款的有关事项由发承包双方约定,一般包括合同价款约定方式,预付工程款、工程进度款、工程竣工价款的支付和结算方式,以及合同价款的调整情形等。

(一)工程价款的计价方式

(1)《建设工程施工合同(示范文本)》(GF-1999-0201)中规定了三种确定合同价款的方式:

①固定价格合同。包括固定总价和固定单价,双方在专用条款内约定合同价款包含的风险范围和风险费用的计算方法,在约定的风险范围内合同价款不再调整。风险范围以外的合同价款调整方法,应当在专用条款内约定。

②可调价格合同。合同价款可根据双方的约定而调整,双方在专用条款内约定合同价款调整方法。可调价格合同中合同价款的调整因素包括:法律、行政法规和国家有关政策变化影响合同价款;工程造价管理部门公布的价格调整;一周内非承包人原因停水、停电、停气造成停工累计超过 8 小时;双方约定的其他因素。

③成本加酬金合同。合同价款包括成本和酬金两部分,双方在专用条款内约定成本构成和酬金的计算方法。

(2)为了规范当事人对合同条款的理解与运用,结合工程实践惯例,2013年版的《建设工程施工合同(示范文本)》(GF-2013-0201)对 1999 年版中的合同价格形式作了调整,2017 年版的《建设工程施工合同(示范文本)》(GF-

---

① 参见潘福仁主编:《建设工程合同纠纷》,法律出版社 2010 年版,第 15 页。

2017－0201)的内容与2013年版一致。

①单价合同。单价合同是指合同当事人约定以工程量清单及其综合单价进行合同价格计算、调整和确认的建设工程施工合同,在约定的范围内合同单价不作调整。合同当事人应在专用合同条款中约定综合单价包含的风险范围和风险费用的计算方法,并约定风险范围以外的合同价格的调整方法,其中因市场价格波动引起的调整按第11.1款〔市场价格波动引起的调整〕约定执行。

②总价合同。总价合同是指合同当事人约定以施工图、已标价工程量清单或预算书及有关条件进行合同价格计算、调整和确认的建设工程施工合同,在约定的范围内合同总价不作调整。合同当事人应在专用合同条款中约定总价包含的风险范围和风险费用的计算方法,并约定风险范围以外的合同价格的调整方法,其中因市场价格波动引起的调整按第11.1款〔市场价格波动引起的调整〕、因法律变化引起的调整按第11.2款〔法律变化引起的调整〕约定执行。

③其他价格形式。合同当事人可在专用合同条款中约定其他合同价格形式。

住房和城乡建设部《建筑工程施工发包与承包计价管理办法》第13条规定,发承包双方在确定合同价款时,应当考虑市场环境和生产要素价格变化对合同价款的影响。实行工程量清单计价的建筑工程,鼓励发承包双方采用单价方式确定合同价款。建设规模较小、技术难度较低、工期较短的建筑工程,发承包双方可以采用总价方式确定合同价款。紧急抢险、救灾以及施工技术特别复杂的建筑工程,发承包双方可以采用成本加酬金方式确定合同价款。《建设工程工程量清单计价规范》(GB 50500－2013)第7.1.3条规定,实行工程量清单计价的工程,应采用单价合同;建设规模较小,技术难度较低,工期较短,且施工图设计已审查批准的建设工程可采用总价合同;紧急抢险、救灾以及施工技术特别复杂的建设工程可采用成本加酬金合同。该标准并非强制性标准,对于合同当事人采用何种计价方式,应当结合工程实际情况由当事人自行约定。

(二)工程价款的计价方法

工程的计价方法,在我国目前的工程造价管理体系下,主要包括以下两种:

(1)定额计价方法。建设工程定额标准是各地建设主管部门根据本地建筑市场建安成本的平均值确定的,是完成一定计量单位产品的人工、材料、机械和资金消费的规定额度,是政府指导价范畴,属于任意性规范而非强制性规范。

价款包括了直接工程费、间接费、利润和税金。在计价中以定额为依据,按定额规定的分部分项子目逐项计算工程量,套用定额单价确定直接费,然后按规定收费标准确定构成工程价格的其他费用和利税,最后汇总就可以获得建筑安装工程造价。定额体现了编制时点常规建筑物在合理的劳动组织、合理的材料消耗和机械使用量的前提下分部分项工程的直接费以及人工、材料、机械的社会平均水平消耗量。费用定额作为计算间接费(政府规费、企业管理费等)、法定利润和税金的依据;造价主管部门定期或不定期发布的《造价信息》及政策性调价文件使人工、材料、机械费等成本要素更加贴近市场价。但是,在定额模式下建筑工程的"量和价"是由政府主管部门指导和控制的,各投标人的投标报价都是社会平均水平,从而限制了承包人在投标时在机械设备使用、实物消耗量、企业管理费、利润等方面的企业竞争,也不能体现工程的真实成本。这就是定额制度作为计划经济产物的局限性。①

(2)工程量清单计价方法。工程量清单是载明建设工程分部分项工程项目、措施项目、其他项目的名称和相应数量以及规费、税金项目等内容的明细清单。建设工程发承包及实施阶段的工程造价应由分部分项工程费、措施项目费、其他项目费、规费和税金组成。为规范建设工程造价计价行为,统一建设工程计价文件的编制原则和计价方法,2012 年 12 月 25 日住房和城乡建设部颁布《建设工程工程量清单计价规范》(GB 50500 - 2013)规定,使用国有资金投资的建设工程发承包,必须采用工程量清单计价,非国有资金投资的建设工程,宜采用工程量清单计价,工程量清单应采用综合单价计价。

工程量清单计价,从名称来看,只表现出这种计价方式与传统计价方式在形式上的区别。但从实质上,工程量清单计价模式是一种与市场经济相适应的、允许承包单位自主报价,通过市场竞争确定价格,且与国际惯例接轨的计价模式。因此,实行工程量清单计价是我国工程造价管理体制的重要改革措施,必将引起我国工程造价管理体制的重大变革。② 住房和城乡建设部《关于推进建筑业发展和改革的若干意见》提出要全面推行清单计价制度,建立与市场相适应的定额管理机制,构建多元化的工程造价信息服务方式,清理调整与市场不符的各类计价依据。

---

① 参见朱树英、王先伟:《工程定额的法律地位及指导市场计价的操作性》,载《建筑时报》2015 年 3 月 12 日,第 3 版。

② 参见马楠、张丽华主编:《建筑工程预算与报价》,科学出版社 2010 年版,第 203 页。

定额计价适用的是造价管理部门编制的、具有社会平均水平的预算定额（或消耗量定额），即使是招标投标的建设工程，只要是定额计价，各投标人使用的定额就是相同的。清单计价招投标的建设工程，招标方使用的定额是具有社会平均水平的消耗量定额；投标方使用的是企业定额，企业定额的水平将因企业的综合生产能力而不同，清单计价使用的定额具有多样性。①

根据原建设部、财政部《建设工程价款结算暂行办法》第 11 条的规定，工程价款结算应按合同约定办理，合同未作约定或约定不明的，发、承包双方应依照下列规定与文件协商处理：①国家有关法律、法规和规章制度；②国务院建设行政主管部门、省、自治区、直辖市或有关部门发布的工程造价计价标准、计价办法等有关规定；③建设项目的合同、补充协议、变更签证和现场签证，以及经发、承包人认可的其他有效文件；④其他可依据的材料。根据原《合同法》第 61 条、第 62 条的规定，当事人就价款没有约定或约定不明的，可以协议补充；不能达成补充协议的，按照合同有关条款或交易习惯确定；仍然不能确定的，按照订立合同时履行地的市场价格履行；依法应当执行政府定价或政府指导价的，按照规定履行。

【法官提示 46】

司法实践中，建设工程施工合同中没有约定工程价款的计价标准和结算办法，或虽有约定但约定不明，当事人对工程款的结算存在争议且不能协商一致的，可以参照签订建设工程施工合同时当地建设行政主管部门发布的计价方法或者计价标准结算工程价款。在当事人之间没有做出以定额价作为工程价款的约定时，一般不宜以定额价确定工程价款。根据《民法典》规定仍不能确定的，按照订立合同时履行地的市场价格履行；依法应当执行政府定价或者政府指导价的，按照规定履行。同时，建设工程施工合同约定的工程价款的确定方法虽然与建设工程计价依据不一致，但并不违反法律、行政法规强制性规定的，该约定应认定有效。

（三）合同价款的调整

发、承包双方应当在合同中约定，发生下列情形时合同价款的调整方法：法律、法规、规章或者国家有关政策变化影响合同价款的；工程造价管理机构发布

---

① 参见蓝仑山：《建设工程施工合同法律实务》，法律出版社 2010 年版，第 48 页。

价格调整信息的;经批准变更设计的;发包方更改经审定批准的施工组织设计造成费用增加的;双方约定的其他因素。

1. 合同价款调整的原因

《建设工程施工合同(示范文本)》(GF-2017-0201)通用条款第11条专门就价格调整作了规定,调整的原因主要包括以下两个方面:

一是市场价格波动引起的调整。除专用合同条款另有约定外,市场价格波动超过合同当事人约定的范围,合同价格应当调整。

二是法律变化引起的调整。基准日期后,法律变化导致承包人在合同履行过程中所需要的费用发生除第11.1款〔市场价格波动引起的调整〕约定以外的增加时,由发包人承担由此增加的费用;减少时,应从合同价格中予以扣减。基准日期后,因法律变化造成工期延误时,工期应予以顺延。因法律变化引起的合同价格和工期调整,合同当事人无法达成一致的,由总监理工程师按第4.4款〔商定或确定〕的约定处理。因承包人原因造成工期延误,在工期延误期间出现法律变化的,由此增加的费用和(或)延误的工期由承包人承担。

另外,《建设工程工程量清单计价规范》(GB 50500-2013)第9.1.1条规定,下列事项(但不限于)发生,发承包双方应当按照合同约定调整合同价款:法律法规变化、工程变更、项目特征不符、工程量清单缺项、工程量偏差、计日工、物价变化、暂估价、不可抗力、提前竣工(赶工补偿)、误期赔偿、索赔、现场签证、暂列金额、发承包双方约定的其他调整事项。

2. 合同价款调整的方式

(1)出现合同价款调增事项(不含工程量偏差、计日工、现场签证、索赔)后的14天内,承包人应向发包人提交合同价款调增报告并附上相关资料;承包人在14天内未提交合同价款调增报告的,应视为承包人对该事项不存在调整价款请求。

(2)出现合同价款调减事项(不含工程量偏差、索赔)后的14天内,发包人应向承包人提交合同价款调减报告并附相关资料;发包人在14天内未提交合同价款调减报告的,应视为发包人对该事项不存在调整价款请求。

(3)发(承)包人应在收到承(发)包人合同价款调增(减)报告及相关资料之日起14天内对其核实,予以确认的应书面通知承(发)包人。当有疑问时,应向承(发)包人提出协商意见。发(承)包人在收到合同价款调增(减)报告之日起14天内未确认也未提出协商意见的,应视为承(发)包人提交的合同价款调增(减)报告已被发(承)包人认可。发(承)包人提出协商意见的,承(发)包人应在收到协商意见后的14天内对其核实,予以确认的应书面通知发(承)包人。承(发)包人在收到发(承)包人的协商意见后14天内既不确认也未提出不同意见的,应视为发(承)包人提出的意见已被承(发)包人认可。

(4)发包人与承包人对合同价款调整的不同意见不能达成一致的,只要对发承包双方履约不产生实质影响,双方应继续履行合同义务,直到其按照合同约定的争议解决方式得到处理。

(5)经发、承包双方确认调整的合同价款,作为追加(减)合同价款,应与工程进度款或结算款同期支付。

【规范指引】

《四川省高级人民法院关于审理涉及招投标建设工程合同纠纷案件的有关问题的意见》(2010年6月22日 四川省高级人民法院审判委员会第33次会议通过)

第三条 合同实际履行过程中因设计变更导致工程量(价)增加的,且履行了约定的或规定的报批、审查程序,承包人与发包人就中标合同的内容协商作了修订和补充的,人民法院可以按照《最高人民法院关于审理建设工程施工合同纠纷案件适用法律问题的解释》第十六条第一款的规定,以当事人实际履行的合同作为结算工程价款的依据;当事人对发生变化部分的工程价款不能协商一致的,可以按照《最高人民法院关于审理建设工程施工合同纠纷案件适用法律问题的解释》第十六条第二款的规定,参照建设行政主管部门发布的计价方法或者计价标准结算工程价款。

二、工程价款的认定

(一)竣工结算及资料的提交

1.竣工结算流程

根据《建设工程价款结算暂行办法》第21条的规定,工程竣工后,发、承包双方应及时办清工程竣工结算,否则,工程不得交付使用,有关部门不予办理权属登记。结合《建设工程施工合同(示范文本)》(GF-2017-0201)通用条款的规定,竣工结算的过程如下:

(1)竣工结算申请除专用合同条款另有约定外,承包人应在工程竣工验收合格后28天内向发包人和监理人提交竣工结算申请单,并提交完整的结算资料,有关竣工结算申请单的资料清单和份数等要求由合同当事人在专用合同条款中约定。竣工结算申请单的内容通常包括竣工结算合同价格、发包人已支付承包人的款项、应扣留的质量保证金、发包人应支付承包人的合同价款以及专用合同条款约定的其他内容。

(2)除专用合同条款另有约定外,监理人应在收到竣工结算申请单后 14 天内完成核查并报送发包人。发包人应在收到监理人提交的经审核的竣工结算申请单后 14 天内完成审批,并由监理人向承包人签发经发包人签认的竣工付款证书。监理人或发包人对竣工结算申请单有异议的,有权要求承包人进行修正和提供补充资料,承包人应提交修正后的竣工结算申请单。

(3)除专用合同条款另有约定外,发包人应在签发竣工付款证书后的 14 天内,完成对承包人的竣工付款。发包人逾期支付的,按照中国人民银行发布的同期同类贷款基准利率支付违约金;逾期支付超过 56 天的,按照中国人民银行发布的同期同类贷款基准利率的两倍支付违约金。

(4)承包人对发包人签认的竣工付款证书有异议的,对于有异议部分应在收到发包人签认的竣工付款证书后 7 天内提出异议,并由合同当事人按照专用合同条款约定的方式和程序进行复核,或按照约定处理。对于无异议部分,发包人应签发临时竣工付款证书,并完成付款。承包人逾期未提出异议的,视为认可发包人的审批结果。

竣工结算文件资料应当由承包人编制,但承包人自行编制的工程结算书一般不宜作为工程价款结算的依据。从证据角度上看,在承包人编制的工程结算书中,承包人的计算过程纯系自己证明自己,基本上没有证明力。至于承包人的分包单位、劳务单位、供应单位及其员工证明工程价款情况,属于与承包人有利害关系一方出具的意见,发包人也没有办法核实其真实性,即便可以作为证据使用,也属于不能单独作为认定案件事实的依据,故也不能单独证明承包人完成的工程总造价。①

【法官提示 47】

并不是承包人自行编制的结算书就完全不能作为工程价款结算依据,此时应当视情况而定。如果发包人和承包人在合同中对该类结算书的证据能力及证明力作了明确约定的,应当遵循该约定。

---

① 参见上海市建纬律师事务所主编:《建设工程法律操作实务》,法律出版社 2013 年版,第 436 页。

2. 竣工资料的提交

《建设工程工程量清单计价规范》(GB 50500－2013)第11.3.1条规定,合同工程完工后,承包人应在经发、承包双方确认的合同工程期中价款结算的基础上汇总编制完成竣工结算文件,应在提交竣工验收申请的同时向发包人提交竣工结算文件。承包人未在合同约定的时间内提交竣工结算文件,经发包人催告后14天内仍未提交或没有明确答复的,发包人有权根据已有资料编制竣工结算文件,作为办理竣工结算和支付结算款的依据,承包人应予以认可。除专用合同条款另有约定外,承包人应在工程竣工验收合格后28天内向发包人和监理人提交竣工结算申请单,并提交完整的结算资料,有关竣工结算申请单的资料清单和份数等要求由合同当事人在专用合同条款中约定。除专用合同条款另有约定外,监理人应在收到竣工结算申请单后14天内完成核查并报送发包人。发包人应在收到监理人提交的经审核的竣工结算申请单后14天内完成审批,并由监理人向承包人签发经发包人签认的竣工付款证书。

【法官提示48】

完整的结算资料包括结算书、联系单、施工图纸、签证、往来函件等施工过程中形成的影响结算的所有书面文件。实践当中,对于结算资料的性质存在不同理解:第一种观点认为,结算资料属于证据材料,受《民事诉讼法》《民事诉讼证据规定》等法律司法解释的调整,当事人应当在举证期限届满前提出,并经对方质证;第二种观点认为,结算资料不属于证据材料,不受上述法律司法解释的调整。笔者认为,相关的结算资料应当属于证据材料,当事人应在举证期限届满前向法院提交,并经对方质证,特别是案件需要委托进行司法鉴定的情形下,有关结算资料更需要先行进行举证质证,方可作为鉴定资料移交。

(二)工程价款的认定依据

《建设工程司法解释(一)》第20条规定,当事人对工程量有争议的,按照施工过程中形成的签证等书面文件确认。承包人能够证明发包人同意其施工,但未能提供签证文件证明工程量发生的,可以按照当事人提供的其他证据确认实际发生的工程量。该条是关于人民法院在当事人对工程量发生争议时以签证等书面文件或者其他能证明实际工程量发生的证据作为确认工程量的依据的规定。在认定工程量、工程价款的依据上,结合上述司法解释的规定:

(1)发包人与承包人签订的《建设工程施工合同》,合同中有明确约定的,

案例索引裁判文书

案例索引26
最高院(2014)民申字第1781号中交公司与左某某建设工程施工合同纠纷民事裁定书

按照合同约定的计算标准、范围进行认定。

(2)双方当事人在建设工程施工过程中形成的补充协议、会议纪要、工程联系单、工程变更单、工程对账签证以及其他往来函件、记录等书面证据,都可以作为工程量计算和认定工程价款的依据。[①]

(3)如果双方对工程量存在争议,承包人未能提供签证文件证明工程量发生,但能够证明发包人同意其施工,可以按照当事人提供的其他非书面证据确认实际发生的工程量。

(4)工程量发生变化后的总量确定,是一个事实认定问题。当承包人与发包人双方发生争执时,根据承包人在施工中实际付出的人工费和原材料费用以及实际支出的其他费用,应当按照订立合同时履行地的市场价格确定。

【规范指引】

《浙江省高级人民法院民事审判第一庭关于审理建设工程施工合同纠纷案件若干疑难问题的解答》(2012年2月23日　浙法民一〔2012〕3号)

十、哪些证据可以作为工程量、工程价款的结算依据?

双方当事人在建设工程施工过程中形成的补充协议、会议纪要、工程联系单、工程变更单、工程对账签证以及其他往来函件、记录等书面证据,可以作为工程量计算和认定工程价款的依据。

(三)合同价款低于定额标准的处理

当事人在建设工程施工合同中约定的合同价款明显低于工程定额标准,已经超出一定合理范围时,有观点认为当事人以合同约定价款明显违反定额标准为由,主张该合同约定无效的应予支持。工程定额计价方法的法律地位随着国家经济的发展,在不同时期有不同的法律地位。

从计划经济转移到市场经济的过程中,工程定额计价方法本身并无革命性变化,但由于经济环境发生了改变,所以工程定额的规定也从强制性规范变成了任意性规范。[②] 所以,工程造价定额标准并非法律、法规的强制性规定,即使合同约定的价款低于工程定额标准,并不导致合同约定无效。当事人以合同约

---

① 案例索引26:中交公司与左某某建设工程施工合同纠纷案,最高人民法院(2014)民申字第1781号民事裁定书。

② 参见姚捷:《工程合同造价法律实务》(最新增补版),法律出版社2011年版,第30页。

定的价款过低从而显失公平为由，主张撤销或变更合同的，人民法院可以按照《民法典》的相关规定处理。①

案例索引裁判文书

案例索引27
最高院（2014）民申字第933号螺丝公司与南方公司建设工程施工合同纠纷民事裁定书

（四）诉讼前已经达成结算协议的处理

（1）当事人在诉讼前已就工程价款的结算达成协议，一方在诉讼中要求重新结算的，不予支持，但结算协议被认定为无效或被撤销的除外。结算协议是双方就合同价款、履约责任等在内的工程事项经过协商达成的协议，属于双方当事人之间自愿达成的债权债务协议，在没有证据证明存在无效或者可撤销情形的前提下，应当认定为有效，当事人一方要求重新结算依据不足，且在诉讼中重新结算，往往涉及对工程造价的司法鉴定，不利于案件及时有效处理和另一方当事人合法权益的保护。据此，《建设工程司法解释(一)》第29条明确规定，当事人在诉讼前已经对建设工程价款结算达成协议，诉讼中一方当事人申请对工程造价进行鉴定的，人民法院不予准许。当事人对工程价款结算达成协议，意味着双方已对结算金额或者结算方式等事项予以确认。如果当事人诉讼中再就此申请鉴定，则意味着当事人对之前结算反悔，此时，可以借鉴禁反言原则，不准许当事人事后就工程造价鉴定的申请。

（2）建设工程施工合同无效，但工程经竣工验收合格，当事人一方以施工合同无效为由要求确认结算协议无效的，不予支持。结算协议虽然是双方履行建设工程施工合同之后达成的有关协议，但并非完全依附于合同而存在，其应当属于一份独立的合同，施工合同无效，并不影响结算协议的效力。双方当事人已经就整个工程施工达成的结算协议，即使施工合同无效，也不意味着结算协议无效。

【法官提示49】

当事人就工程款达成结算协议后，承包人依据结算协议提起诉讼主张工程款的，由于结算协议只是建设工程施工合同履行过程中的工程价款结算依据，在案件审理中仍应当对作为结算协议基础的建设工程施工合同进行审查，故该类案件不应定性为债务纠纷案件，在性质上仍属于建设工程施工合同纠纷案件。

---

① 案例索引27：螺丝公司与南方公司建设工程施工合同纠纷案，最高人民法院(2014)民申字第933号民事裁定书。

另外，当事人就工程款结算达成一致后又主张索赔的，如何处理？结算协议生效后，承包人依据协议要求支付工程款，发包人以因承包人原因导致工程存在质量问题或逾期竣工为由，要求拒付、减付工程款或赔偿损失的，不予支持，但结算协议另有约定的除外。当事人签订结算协议不影响承包人依据约定或法律、行政法规规定承担质量保修责任。结算协议生效后，承包人以因发包人原因导致工程延期为由，要求赔偿停工、窝工等损失的，不予支持，但结算协议另有约定的除外。①

典型案例23

奎山宝塔公司与驼峰公司建设工程施工合同纠纷案②

典型案例裁判文书

典型案例23

新疆高院（2015）新民一终字第128号奎山宝塔公司与驼峰公司建设工程施工合同纠纷民事判决书

2013年5月10日，奎山宝塔公司与驼峰公司签订了一份工程施工合同。合同签订后，驼峰公司依约施工，并于2013年9月30日交工。同年12月12日竣工验收合格。2014年5月9日，奎山宝塔公司接收了工程竣工文件。同年7月23日，双方进行结算审核后确认工程造价为401万元，奎山宝塔公司项目负责人、造价部工作人员、分管领导、总指挥长及执行总经理均在工程项目结算审核签发单上签字并加盖了该公司公章和工程管理专用章。双方因工程款结算问题发生争议，奎山宝塔公司在庭审中申请对讼争工程的工程量进行鉴定。

裁判规则：2014年7月23日，双方对讼争工程进行了结算审核，奎山宝塔公司项目负责人、造价部工作人员、分管领导、总指挥长及执行总经理均在工程项目结算审核签发单上签字，并加盖了该公司的工程管理专用章和公章。该行为应属于《民事诉讼证据规定》第8条第1款的自认行为。奎山宝塔公司抗辩该协议没有其公司副总签字，工程管理专用章不是公司公章，虽然核算单据的档案封面是该公司工程管理专用章，但工程项目结算审核签发单中加盖了公司

① 参见段明阳：《常见的八类工程合同纠纷解决办法》，载《建筑时报》2015年8月13日，第3版。
② 参见新疆维吾尔自治区高级人民法院民事判决书，（2015）新民一终字第128号。

公章,奎山宝塔公司对该结算协议的真实性并无异议,因此,双方就工程款数额已经达成结算协议,且该协议不存在无效和可撤销的情形下,对双方均具有拘束力。并且,驼峰公司与奎山宝塔公司在施工合同中约定工程款采取固定总价,且无法定或约定变更事由的情形,对奎山宝塔公司对讼争工程委托工程造价鉴定的申请不应支持。

【规范指引】

《北京市高级人民法院关于审理建设工程施工合同纠纷案件若干疑难问题的解答》(2012 年 8 月 6 日　京高法发〔2012〕245 号)

7. 当事人在诉讼前已就工程价款的结算达成协议,一方要求重新结算的,如何处理?

当事人在诉讼前已就工程价款的结算达成协议,一方在诉讼中要求重新结算的,不予支持,但结算协议被法院或仲裁机构认定为无效或撤销的除外。

建设工程施工合同无效,但工程经竣工验收合格,当事人一方以施工合同无效为由要求确认结算协议无效的,不予支持。

《四川省高级人民法院民事审判第一庭关于审理建设工程施工合同纠纷案件若干疑难问题的解答》(2015 年 3 月 16 日　川高法民一〔2015〕3 号)

22. 当事人诉前达成的结算协议如何处理?

当事人在诉讼前已就工程价款的结算达成协议,一方在诉讼中要求重新结算的,不予支持,但结算协议被人民法院或仲裁机构认定为无效或撤销的除外。

《陕西省高级人民法院关于审理建设工程施工合同纠纷案件若干问题的解答》(陕高法〔2020〕113 号)

5. 当事人就工程款结算达成一致后又主张索赔的,如何处理。

结算协议生效后,承包人依据协议要求支付工程款,发包人以因承包人原因导致工程存在质量问题或逾期竣工为由,要求拒付、减付工程款或赔偿损失的,不予支持,但结算协议另有约定的除外。

结算协议生效后,承包人以因发包人原因导致工程延期为由,要求赔偿停工、窝工等损失的,不予支持,但结算协议另有约定的除外。

当事人签订结算协议不影响承包人依据约定或法律、行政法规规定承担质量保修责任。

(五)政府文件作为结算依据被撤销或者修改时的处理

当事人双方在建设工程施工合同中约定以地方人民政府的文件作为工程价款的结算标准和依据的,该政府文件已经构成合同的内容,该约定并不违反法律、行政法规的强制性规定,应当依法认定约定有效。在建设工程施工合同履行中,如果合同所依据的政府文件被撤销或者失效,但该政府文件已经转化为合同约定,仍应按照政府文件的规定作为结算工程价款的依据。当地人民政府出台新的文件对原文件的规定进行调整和修改的,除当事人另有约定的外,仍应以原政府文件的规定作为结算工程价款的依据。因此,当事人主张按合同约定结算工程价款的,应予支持,但属于情势变更情形的,则予以调整。情势变更原则实际上就是借助法院来变更合同的内容或者解除合同,以此来平衡由于社会的异常变动所引起的当事人双方的利益失衡,实质上就是在法律的框架下,由双方当事人来分担由于异常损害所造成的风险,这是符合法律的公平原则的。

(六)发包人或者承包人的工作人员签证效力认定

如前文所述,施工过程中形成的补充协议、会议纪要、工程联系单、工程变更单、工程对账签证以及其他往来函件、记录等书面证据,可以作为工程量计算和认定工程价款的依据。但是对于这类资料的效力应当如何认定?哪些人员签字才发生效力?实践当中争议较大。笔者认为,要严格把握工程施工过程中相关材料的签证和确认。当事人在施工合同中就有权对工程量和价款洽商变更等材料进行签证确认的具体人员有明确约定的,依照其约定。没有约定的,应根据是否履行职务行为进行综合认定和判断。建设工程施工合同纠纷中,有关职务行为的主体主要涉及发包人或者承包人的法定代表人以及其他工作人员的认定问题。

根据法律以及司法解释的规定,法定代表人或者其他工作人员,只要是履行职务的行为,则有关行为的后果和责任应当由企业承担,相关的签证应当视为履行职务行为,对该类人员签字的补充协议、会议纪要、工程联系单等书面凭证的效力,应当予以认可,并作为工程价款结算的依据。但发包人有证据证明承包人明知该工作人员无相应权限的,该工作人员签证的内容对发包人不发生法律效力。当事人在履行合同的过程中,签署文件、接收文件等不规范的情况经常发生,因此法官不能苛求当事人行为的规范,只要是一方当事人能证明这些文件是另一方当事人的施工负责人、现场经理、现场监理、现场代表、项目经理或项目负责人等签字,法院即应认定其法律效力。

典型案例24

石某某与东同辉公司、林某某等建设工程施工合同纠纷案①

典型案例裁判文书

典型案例24
福建高院（2014）闽民终字第807号石某某与东同辉公司、林某某等建设工程施工合同纠纷民事判决书

2010年8月5日及2011年4月28日，林某某代表东同辉公司与石某某签订协议一和协议二，东同辉公司将其承包的工程承包给石某某。2011年12月，石某某对其承包的工程施工完毕并交付。后因工程款支付问题，石某某诉至法院，请求判令东同辉公司支付石某某工程余款，林某某对东同辉公司的还款承担连带清偿责任。

裁判规则：关于石某某施工的讼争工程的工程单价、工程量及工程价款如何确认的问题。本案中，石某某已提供协议一、协议二（签名人为林某某）证明其主张。东同辉公司对石某某提供协议的真实性虽有异议，但东同辉公司对该协议所涉工程系由石某某承包并由石某某施工完成的事实并无异议，且东同辉公司在石某某履行上述协议的过程中亦向石某某支付了工程款245.1万元，以实际行为认可了上述协议，并履行了付款义务。因此，石某某系因上述协议而与东同辉公司建立讼争工程的承包关系，林某某系受东同辉公司的授权与石某某签订协议，林某某的行为应视为代表东同辉公司的职务行为，该协议对东同辉公司具有法律约束力。该协议中关于工程单价的约定亦可约束东同辉公司。

【规范指引】

《山东高院民一庭关于审理建设工程施工合同纠纷案件若干问题的解答》

4.项目经理以承包人名义实施确认工程量、签订买卖合同或租赁合同、对外借款等行为，效力如何认定？

承包人对项目经理授权不明，或者项目经理在承包人授权范围外从事的相关行为，应当适用表见代理的法律规定，审查承包人是否对项目经理行为承担民事责任。合同相对人主张构成表见代理的，应当承担举证证明责任。

对于项目经理确认工程量的行为，一般应认定为有效，但承包人明确项目经理无确认工程量的授权，且发包人明知的除外。

---

① 参见福建省高级人民法院民事判决书，(2014)闽民终字第807号。

对于签订买卖、租赁合同的行为,应当结合购买材料或租赁设备的品类、用途、交货地点,是否用于涉案工程以及施工合同履行习惯,相对方是否善意等情况,认定是否由承包人承担责任。

对于对外借款行为效力的认定要从严掌握,应当对借款流向、用途以及出借人是否善意等事实进行实质性审查,并结合承包人与项目经理之间关于涉案工程的资金投入、结算方式等约定,综合认定是否由承包人承担还款责任。

《陕西省高级人民法院关于审理建设工程施工合同纠纷案件若干问题的解答》(陕高法〔2020〕113 号)

12. 承包人的项目部负责人以承包人名义实施的行为效力如何判断。

建设工程承包人设立项目部并任命项目部负责人的,项目部负责人受承包人委托从事民事行为,应视为履行职务行为,承包人应为合同主体。建设工程承包人设立的项目部负责人在承包人授权范围外从事的行为,构成表见代理的,承包人应对外承担责任。承包人与其设立的项目部负责人签订的有关内部协议,约定免除承包人对外承担责任的条款,不具有对外效力,不能约束第三人。

对于签订买卖、租赁合同的行为,应当结合购买材料或租赁设备的品类、用途、交货地点,是否用于涉案工程以及施工合同履行习惯,相对方是否善意等情况,认定是否由承包人承担责任。

对于对外借款行为效力的认定要从严掌握,应当对借款流向、用途以及出借人是否善意等事实进行实质性审查,出借人要求承包人承担还款责任的,一般不予支持;出借人举证证明项目部负责人系获得承包人授权,或具有款项进入承包人账户、实际用于工程等情形的,出借人要求承包人承担还款责任的,可予支持。

《北京市高级人民法院关于审理建设工程施工合同纠纷案件若干疑难问题的解答》(2012 年 8 月 6 日　京高法发〔2012〕245 号)

9. 当事人工作人员签证确认的效力如何认定?

当事人在施工合同中就有权对工程量和价款洽商变更等材料进行签证确认的具体人员有明确约定的,依照其约定,除法定代表人外,其他人员所作的签证确认对当事人不具有约束力,但相对方有理由相信该签证人员有代理权的除外;没有约定或约定不明,当事人工作人员所作的签证确认是其职务行为的,对该当事人具有约束力,但该当事人有证据证明相对方知道或应当知道该签证人员没有代理权的除外。

《福建省高级人民法院关于审理建设工程施工合同纠纷案件疑难问题的解答》(2007 年 11 月 22 日)

15. 问:施工过程中,发包方工作人员确认的工程量以及价款等的签证能否作为工程价款的结算依据?

答:双方当事人对有权进行工程量和价款等予以签证、确认的具体人员有约定的,除该具体人员及法定代表人外,他人对工程量和价款等所作的签证、确认不能作为工程价款的结算依据;没有约定的,发包人应对其工作人员的职务行为承担民事责任,但发包人有证据证明承包人明知该工作人员无相应权限的,该工作人员签证的内容对发包人不发生法律效力。

《四川省高级人民法院民事审判第一庭关于审理建设工程施工合同纠纷案件若干疑难问题的解答》(2015 年 3 月 16 日　川高法民一〔2015〕3 号)

26. 如何认定当事人的工作人员签证确认行为的效力?

当事人的法定代表人以及经合同约定或当事人授权的工作人员对工程量和价款等的签证确认行为对当事人具有约束力。虽没有合同约定或当事人授权,当事人工作人员的签证确认属于履行职务行为,或者当事人事后追认。或者当事人虽不予追认,相对方有理由相信该签证确认人员有代理权的签证确认行为,对当事人具有约束力。

三、发包人拒付工程款理由解析

(一)发包人拖延验收时工程价款的支付

关于发包人的竣工验收义务,《民法典》第 799 条规定,建设工程竣工后,发包人应当根据施工图纸及说明书、国家颁发的施工验收规范和质量检验标准及时进行验收。《建设工程质量管理条例》第 16 条规定,建设单位收到建设工程竣工报告后,应当组织设计、施工、工程监理等有关单位进行竣工验收。《建设工程施工合同(示范文本)》(GF－2017－0201)通用条款第 13.2.2 条〔竣工验收程序〕中规定,发包人应在收到经监理人审核的竣工验收申请报告后 28 天内审批完毕并组织监理人、承包人、设计人等相关单位完成竣工验收。由此可见,组织竣工验收是发包人的法定义务,建设工程竣工经验收合格后,方可交付使用;未经验收或者验收不合格的,不得交付使用。在实践中,如发包人在收到承包人送交的竣工验收报告后,无正当理由不组织验收,或者在验收后的合理期间内既不批准又不提出修改意见的,应视为发包人已批准竣工验收报告,承包人可以要求发包人办理结算手续,支付工程款。①

【法官提示 50】

实践中,工程因发包人原因未及时竣工验收,发包人能否以工程未竣工验收为由拒绝支付工程款?由于附条件的合同的生效或者终止的效力取决于所附条件的成就或者不成就,并且所附条件事先是不确定的,因此,任何一方均不得以违反诚实信用原则的方法恶意地促成条件的成就或者阻止条件的成就。竣工验收既是发包人的法定义务,也是承包人请求支付工程价款的前提,如果发包人为了自己的利益恶意阻止条件成就的,就应当视为条件已成就,发包人不得以工程未验收合格为由拒绝支付工程款,其应当履行验收或者组织验收义务之日为付款条件成就之日。《建设工程司法解释(一)》第 9 条第 2 项规定,承包人已经提交竣工验收报告,发包人拖延验收的,以承包人提交验收报告之日为竣工日期。实际上也是对发包人及时履行验收义务的一个强调和约束。

【规范指引】

《福建省高级人民法院关于审理建设工程施工合同纠纷案件疑难问题的解答》(2007 年 11 月 22 日)

18. 问:建设工程施工合同约定,工程竣工验收合格后支付工程款,但工程完工后,发包人拒不验收或者不组织验收,承包人起诉要求支付工程款的,如何处理?

答:工程完工后,发包人无正当理由不依照法律规定或者合同约定进行竣工验收的,视为恶意阻止付款条件成就,其应当履行验收或者组织验收义务之日为付款条件成就之日。

《浙江省高级人民法院民事审判第一庭关于审理建设工程施工合同纠纷案件若干疑难问题的解答》(2012 年 2 月 23 日　浙法民一〔2012〕3 号)

十八、工程因发包人的原因未及时竣工验收,发包人能否以工程未竣工验收为由拒绝支付工程款?

发包人收到承包人竣工验收报告后,在合理期限内无正当理由不组织竣工验收的,不能以工程未验收合格为由,拒绝支付工程价款。

---

① 参见黄薇主编:《中华人民共和国民法典释义》,法律出版社 2020 年版,第 1471 页。

(二)发包人以工程存在质量问题为由拒绝支付工程款

工程竣工验收合同是发包人支付工程款的前提,《建筑法》第58条规定,建筑施工企业对工程的施工质量负责。第61条规定,交付竣工验收的建筑工程,必须符合规定的建筑工程质量标准,有完整的工程技术经济资料和经签署的工程保修书,并具备国家规定的其他竣工条件。《建设工程质量管理条例》也对承包人(施工单位)的质量责任和义务作了专门规定。因承包人的原因致使建设工程质量不符合约定的,发包人有权要求施工人在合理期限内无偿修理或者返工、改建。经过修理或者返工、改建后,造成逾期交付的,承包人应当承担违约责任。

正因如此,针对承包人的工程款请求,发包人往往提出工程质量抗辩,此外经常还会提起反诉,请求承包人承担违约责任。对于该诉讼程序问题,《建设工程司法解释(一)》第16条亦明确规定,发包人在承包人提起的建设工程施工合同纠纷案件中,以建设工程质量不符合合同约定或者法律规定为由,就承包人支付违约金或者赔偿修理、返工、改建的合理费用等损失提出反诉的,人民法院可以合并审理。因此,如果工程质量确实存在问题或者瑕疵,则发包人的合同目的就无法实现,其有权请求承包人进行修复。因此,针对发包人主张的质量问题,结合司法解释的规定,可从以下几个方面进行把握:

(1)建设工程经鉴定不合格并需要拆除重建的,发包人有权拒绝支付工程款,并且要求承包人赔偿损失;建设工程可以修复,修复后经竣工验收不合格的,承包人请求支付工程价款的,不予支持;因建设工程不合格造成的损失,发包人有过错的,也应承担相应的民事责任。

(2)建设工程可以修复,修复后经竣工验收合格的,发包人应支付工程款,也就是说,只要最终工程质量合格,发包人就应当支付工程款,有关的修复费用应由承包人承担负担。

(3)发包人已组织验收并在相关文件上签字确认验收合格,后又以工程质量存在瑕疵为由,拒绝支付或要求延期支付工程价款的,该主张不能成立。但确因承包人施工导致地基基础工程、工程主体结构质量不合格的,发包人仍可以拒绝支付或要求延期支付工程价款。

(4)发包人作为被告可以以反诉形式要求承包人承担责任。具体责任方式依据施工合同是否有效而不同:施工合同有效,发包人可以主张违约金等违约责任;施工合同无效,发包人可以主张赔偿修理、返工、改建的合理费用等损失。

发包人仅提出抗辩、未提出反诉的,人民法院不应支持,应告知其提出反诉或者另诉解决,以保障承包人及时获得建设工程价款。

【法官提示51】

如果当事人在合同中明确约定,工程除了达到合格标准之外,还必须符合特别约定的质量条件才能通过验收并办理竣工结算,该特别约定应予尊重。如果合同约定工程若在合格基础上达到更高等级的质量标准,则发包人额外给予质量奖励,那么达到更高标准只能作为奖励的对价,而不应作为竣工结算的条件。

【规范指引】

《北京市高级人民法院关于审理建设工程施工合同纠纷案件若干疑难问题的解答》(2012年8月6日　京高法发〔2012〕245号)

23.发包人以工程未验收或承包人未移交工程竣工资料为由拒绝支付工程款的,如何处理?

建设工程施工合同约定工程竣工验收合格后再支付工程款,发包人收到承包人提交的工程竣工验收资料后,无正当理由在合同约定期限或合理期限内未组织竣工验收,其又以工程未验收为由拒绝支付工程款的,不予支持。

发包人以承包人未移交工程竣工资料为由拒绝支付工程款的,不予支持,但合同另有约定的除外。

(三)发包人主张承包人逾期竣工拒绝支付工程款

工期是指在合同协议书约定的承包人完成工程所需的期限,包括按照合同约定所作的期限变更。承包人应当按合同约定的工作内容和施工进度要求,在合同工期内完成建设工程施工任务。

笔者认为,逾期竣工并不能构成发包人拒绝支付工程款的理由。因承包人原因造成工期延误的,应当按照合同约定的逾期竣工违约金的计算方法承担违约责任,由承包人支付逾期竣工违约金,并不免除承包人继续完成工程及修补缺陷的义务。但是对于应当支付的工程价款,发包人还是应当予以支付。同时,对于该类纠纷,应当关注以下因素:

(1)发包人未能按合同约定提供图纸或所提供图纸不符合合同约定的;发包人未能按合同约定提供施工现场、施工条件、基础资料、许可、批准等开工条件的;发包人提供的测量基准点、基准线和水准点及其书面资料存在错误或疏漏的；发包人未能在计划开工日期之日起 7 天内同意下达开工通知的。

（2）发包人未能按合同约定日期支付工程预付款、进度款或竣工结算款的。

（3）监理人未按合同约定发出指示、批准等文件的。

在合同履行过程中，存在以上三种情况导致工期延误或费用增加的，由发包人承担由此延误的工期或增加的费用，且发包人应支付承包人合理的利润。

（4）隐蔽工程在隐蔽以前，承包人应当通知发包人检查。发包人没有及时检查的，承包人可以顺延工程日期，并有权要求赔偿停工、窝工等损失。

（5）设计变更导致停工或增加工程量。

（6）因发包人原因未按计划开工日期开工的，发包人应按实际开工日期顺延竣工日期，确保实际工期不低于合同约定的工期总日历天数。

典型案例25

广厦公司与南洲公司建设工程施工合同纠纷案[①]

南洲公司与广厦公司签订《建设工程施工合同》，该合同在当地建设工程招标投标办公室办理了备案。其后，因设计变更，双方又签订了三份补充协议书，三份补充协议书中约定“其他条款不变，仍按原合同条款执行”。南洲公司与广厦公司财务人员经核对后，形成印湖山庄项目收工程款明细。在明细上双方确认截止日期，南洲公司以各种方式支付的款项为 53,583,759.05 元。因剩余工程款纠纷，广厦公司诉至法院。南洲公司抗辩认为，广厦公司迟延竣工，施工质量也存在缺陷，南洲公司享有先履行抗辩权，不应承担工程欠款的利息。

典型案例裁判文书

典型案例25

江苏高院（2015）苏民终字第365号广厦公司与南洲公司建设工程施工合同纠纷民事判决书

裁判规则：南洲公司主张广厦公司逾期竣工且施工质量存在缺陷，其可以拒绝支付工程款，故不应计算其逾期付款的利息。然其提起的追究广厦公司逾期竣工及施工质量存在缺陷的违约之诉，均尚未审结，尚无定论；即使其胜诉，则广厦公司承担违约责任之时，既是弥补其违约情形之时，从而也是南洲公司

① 参见江苏省高级人民法院民事判决书，（2015）苏民终字第 365 号。

的先履行抗辩权不复存在之时。因此,对其主张,不予采纳,涉案工程的欠款应计算相应的利息。

(四)承包人未开具发票不符合先履行抗辩权条件

建设工程合同纠纷中经常出现支付工程款与开具发票的争论。这种争论一般出现在承包人与发包人之间,也出现在承包人与其他工程款支付主体之间。最常见的就是承包人要求发包人支付工程款时,发包人往往以承包人未开具发票为由拒绝支付工程款。对于发包人的抗辩理由,实践中,存在以下两种意见:

第一种意见认为,承包人未开具发票,发包人有权行使先履行抗辩权,有权拒绝支付工程款。第二种意见认为,开具发票不是承包人的主给付义务,发包人不能以此为由行使先履行抗辩权,有关工程款应当支付给承包人。

1. 先履行抗辩权的构成要件

先履行抗辩权,是指依照合同约定或法律规定负有先履行义务的一方当事人,届期未履行义务或者履行义务严重不符合约定条件时,相对方为保护自己的期限利益或为保证自己履行合同的条件而中止履行合同的权利。《民法典》第526条规定,当事人互负债务,有先后履行顺序,应当先履行债务一方未履行的,后履行一方有权拒绝其履行请求。先履行一方履行债务不符合约定的,后履行一方有权拒绝其相应的履行请求。因此,先履行抗辩权,其实质是对先期违约的抗辩。根据该条规定,先履行抗辩权应当具备以下构成要件:一是基于同一份双务合同而互负债务。双务合同是指双方当事人互负对价意义债务的合同,或者说双方互负居于给付与对待给付关系之义务的合同。双方当事人因同一合同互相负担债务,在履行上存在关联性,形成对价关系。单务合同不存在对价关系,不发生先履行抗辩权。如果当事人互负的债务不是基于同一份合同,也不发生先履行抗辩权。二是双方互负的债务有先后履行顺序。履行顺序或者依据法律规定,或者按照当事人约定确定,如果没有法律规定和当事人约定的,则根据交易惯例确定。三是应当先履行的当事人不履行合同或者不适当履行合同。

当具备上述要件时,则后履行义务一方有权向先履行义务一方主张抗辩权。因此,先履行抗辩权的行使适用于以下情形:一是应当先履行的当事人不履行义务,已到履行期的应当后履行的对方当事人享有不履行合同的权利。二是应当先履行的当事人不适当履行合同造成根本违约,对方当事人享有不履行的权利。三是应当先履行的当事人不适当履行构成部分履行，对方当事人有权就未履行部分拒绝给付，只对其相应给付。当然，先履行抗辩权属于延期的抗辩权，只是暂时阻止对方当事人请求权的行使，并不是永久的抗辩权。对方当事人完全履行了合同义务，先履行抗辩权消灭，当事人应当履行自己的义务。当事人行使先履行抗辩权致使合同迟延履行的，迟延履行的责任应由对方当事人承担。

根据上述条件，建设工程施工合同关系中，发包人如果想要行使先履行抗辩权并拒绝支付工程款的，则必须是承包人不履行或者不适当履行相应的义务，且该义务应能与“支付工程款”形成对价关系。

2. 建设工程合同中主给付义务的认定

主给付义务是合同中所固有的和必备的，可以决定合同类型的基本义务，又称合同关系的要素。合同法分则明确规定了各种有名合同中当事人应承担的主给付义务。《民法典》第 490 条规定，法律、行政法规规定或者当事人约定合同应当采用书面形式订立，当事人未采用书面形式但是一方已经履行主要义务，对方接受时，该合同成立。第 563 条第 1 款第 3 项规定，当事人一方迟延履行主要债务，经催告后在合理期限内仍未履行。合同中主要义务的特点在于，主要义务与合同的成立或当事人的缔约目的紧密相连，对主要义务的不履行将会导致债权人订立合同目的的无法实现，债务人的违约行为如果构成根本违约，债权人有权解除合同；在双务合同中如果一方不履行其依据合同所负有的主要义务，另一方有权行使抗辩权。[①]

《民法典》第 3 编第 18 章对建设工程合同作了较为详细的规定，一共规定了 21 条内容。其中第 788 条第 1 款规定，建设工程合同是承包人进行工程建设，发包人支付价款的合同。该定义体现了合同双方当事人即发包人和承包人的基本义务。发包人除了提供施工现场、施工条件和基础资料以及组织竣工验收以外，其最基本义务就是按照约定及时向承包人支付工程款，相应地，承包人按合同约定及时获得工程款的支付也就成为其核心合同权利。

关于承包人的义务，《建设工程施工合同（示范文本）》（GF－2017－0201）在第二部分通用合同条款第 3.1 条中，列出了十项承包人在履行合同过程中应承担的一般责任和义务。承包人的义务主要来源于法律规定和合同约定，其中

---

① 参见最高人民法院民事审判第一庭编：《民事审判指导与参考》（总第 58 辑），人民法院出版社 2014 年版，第 239 页。

法定义务主要为承包人应保证工程施工全过程的合法合规、获得法律规定应由承包人获得批准和许可、做好人员安全防护和环境保护工作、杜绝质量安全事故、做好文明施工、履行保修义务、编制竣工资料等;合同约定义务主要包括按照合同约定完成工程施工、编制和提交施工组织设计、遵守发包人的现场管理规定、按照分包合同及采购合同约定支付分包工程合同价款和供应商材料款等义务。从法律规定以及《建设工程施工合同(示范文本)》(GF-2017-0201)的内容来看,承包人最基本的义务就是按期保质保量地完成工程建设,开具发票显然不属于承包人的主给付义务。

3. 未开具发票不能成为发包人拒付工程款的理由

先履行抗辩权的行使条件跟主给付义务的履行与否有直接关系,并且要求双方义务有对价性,而不能以对方不履行附随义务或履行瑕疵而提出先履行抗辩权,拒绝履行主给付义务。①

只有当一方不履行主给付义务时,另一方才有权拒绝履行自己债务;一方单纯违反从给付义务或附随义务,且已经履行了主给付义务,则另一方不得行使先履行抗辩权。但是,如果附随义务的履行与合同目的实现具有密切关系,应认为该附随义务与对方的主给付义务之间具有较强的牵连性或依赖性,一方不履行或不适当履行合同附随义务,将直接影响到合同主要义务履行及权利实现,另一方就可以行使先履行抗辩权。② 发包人行使先履行抗辩权并拒绝支付工程款的,必须是承包人不履行或者不适当履行的义务能与“支付工程款”这个发包人的主给付义务形成对价关系。既然开具发票不是承包人的主要义务,就不能与发包人支付工程款的基本义务形成对价关系,也就不符合先履行抗辩权的构成要件。根据先履行抗辩权适用的条件,承包人已经完成了合同主要义务即工程施工,只是未履行开具发票的附随义务,发包人无权行使先履行抗辩权,不能以此为由拒绝履行合同主要义务即支付工程价款。③

案例索引裁判文书

案例索引28

最高院(2014)民申字第890号东佳公司与庆峰公司等定作合同纠纷民事裁定书

---

① 参见郑方舟:《未履行合同附随义务并非先履行抗辩权的行使条件》,载《人民司法》2014年第24期。

② 参见杨书方、马旭升:《合同附随义务不构成行使先履行抗辩权的先决条件》,载《人民司法》2011年第16期。

③ 案例索引28:东佳公司与庆峰公司等定作合同纠纷案,最高人民法院(2014)民申字第890号民事裁定书。

但根据《第八次全国法院民事商事审判工作会议(民事部分)纪要》第34条的规定,承包人不履行配合工程档案备案、开具发票等协作义务的,人民法院视违约情节,判令承包人限期履行、赔偿损失等。

【法官提示52】

如果当事人在合同中明确约定:承包人不开具发票,发包人有权拒绝支付工程款的,此时说明合同当事人将开具发票视为与支付工程价款同等的义务,承包人未开具发票的,则发包人可以按照合同约定主张先履行抗辩权。

典型案例26

海外建设集团与矿山机械公司等建设工程施工合同纠纷案[①]

典型案例裁判文书

典型案例26

辽宁高院(2015)辽民一终字第00151号海外建设集团与矿山机械公司等建设工程施工合同纠纷民事判决书

海外建设集团获得重工集团研发大厦建设工程土建、水暖、电气工程的中标通知书,成为大厦建设工程土建、水暖、电气工程的承包人。海外建设集团与重工集团的全资子公司即矿山机械公司签订《建设工程施工合同》。合同签订后,海外建设集团进场进行施工。后,海外建设集团施工的研发大厦土建、给排水、电气等工程,经海外建设集团、被告、监理单位、勘察单位、设计单位五方竣工验收,取得房屋建筑工程竣工验收报告。后因工程余款问题,海外建设集团向法院起诉,矿山机械公司提出海外建设集团尚欠发票的抗辩理由。

裁判规则:支付工程款为合同的主义务,而开具发票则为合同的从义务,矿山机械公司不能以海外建设集团未开具发票为由拒绝履行支付工程款的合同义务,且在法院第一次庭审中,矿山机械公司确认海外建设集团已经向其开具了已付工程款的发票。因此对于矿山机械公司该抗辩理由,法院不予支持。

---

① 参见辽宁省高级人民法院民事判决书,(2015)辽民一终字第00151号。

【规范指引】

《四川省高级人民法院民事审判第一庭关于审理建设工程施工合同纠纷案件若干疑难问题的解答》(2015 年 3 月 16 日 川高法民一〔2015〕3 号)

29. 欠付工程价款的利息如何确定?

发包人以承包人未开具发票、未移交工程竣工资料为由拒付工程价款的,不予支持。但建设工程施工合同另有约定的除外。

四、发包人逾期不结算的后果

从司法实践来看,工程款的结算依据问题,是建设工程施工合同中承包人与发包人之间产生争议最多的问题,可以说有 90% 以上的此类案件都不同程度地存在工程款的争议问题。之所以产生工程款争议,是因为承包人与发包人对结算文件发生争议。

有的发包人收到承包人提交的工程结算文件后迟迟不予答复或者根本不予答复,以达到拖欠或者不支付工程价款的目的,这种行为严重侵害了承包人的合法权益。住房和城乡建设部《建筑工程施工发包与承包计价管理办法》第 18 条规定,承包方应当在工程完工后的约定期限内提交竣工结算文件。发包方逾期未答复的,按照合同约定处理,合同没有约定的,竣工结算文件视为已被认可。该规定体现了充分尊重合同当事人约定的原则,对制止发包人无正当理由拖欠工程款的不法行为,保护承包人的合法权益发挥了较大作用。同时,《建设工程施工合同(示范文本)》(GF－1999－0201)通用条款第 33.3 条曾经作如下规定:发包人收到竣工结算报告及结算资料后 28 天内无正当理由不支付工程竣工结算价款,从第 29 天起按承包人同期向银行贷款利率支付拖欠工程价款的利息,并承担违约责任。修订后的《建设工程施工合同(示范文本)》(GF－2013－0201)及 2017 年版本均延续该条规定,发包人在收到承包人提交竣工结算申请书后 28 天内未完成审批且未提出异议的,视为发包人认可承包人提交的竣工结算申请单,并自发包人收到承包人提交的竣工结算申请单后第 29 天起视为已签发竣工付款证书。对于发包人逾期审核竣工结算申请单的行为,因其直接影响到合同价款的支付,2013 年版施工合同为了防范发包人拖延结算,启用了默示条款机制,即发包人在收到承包人提交竣工结算申请书后 28 天未完成审核且未提出异议的,视为发包人认可承包人提交的竣工结算申请单,并自发包人收到承包人提交的竣工结算申请单后第 29 天起视为已签发竣工付款证书。该默示条款包括两项内容：一是对竣工结算单的认可，二是视为签发竣工付款证书。[①]

《建设工程司法解释(一)》第21条规定，当事人约定，发包人收到竣工结算文件后，在约定期限内不予答复，视为认可竣工结算文件的，按照约定处理。承包人请求按照竣工结算文件结算工程价款的，人民法院应予支持。该条是关于建设工程合同的发包人违反合同约定逾期不结算工程款的后果问题的规定。最高人民法院在《关于如何理解和适用〈最高人民法院关于审理建设工程施工合同纠纷案件适用法律问题的解释〉第20条的请示的复函》中明确：适用该司法解释的前提条件是当事人之间约定了发包人收到竣工结算文件后，在约定期限内不予答复，则视为认可竣工结算文件。承包人提交的竣工结算文件可以作为工程款结算的依据。建设部制定的建设工程施工合同格式文本中的通用条款第33条第3款的规定，不能简单地推论出，双方当事人具有发包人收到竣工结算文件一定期限内不予答复，则视为认可承包人提交的竣工结算文件的一致意思表示，承包人提交的竣工结算文件不能作为工程款结算的依据。[②]

案例索引裁判文书

案例索引29
最高院（2021）最高法民终706号二建公司与房开公司、石油管理局建设工程施工合同纠纷民事判决书

根据上述司法解释以及通用条款的规定，对于发包人逾期不结算的效力及后果，应当从以下几个方面理解：

(1)《建设工程施工合同(示范文本)》(GF－2017－0201)通用条款是合同当事人根据《建筑法》《合同法》等法律法规的规定，就工程建设的实施及相关事项，对合同当事人的权利义务作出的原则性约定，不属于司法解释规定的"当事人约定"情形，不能简单地按照承包人报价结算工程价款。这是因为建设工程竣工结算涉及合同目的的实现与合同利益的获得，而工程造价事关双方重大利益，将通用条款内容视为双方约定，容易导致利益失衡。

(2)双方当事人在建设工程施工合同的专用条款部分中明确约定，发包人应在承包人提交竣工结算文件后一定期限内予以答复，且逾期未答复则视为认

---

① 参见《建设工程施工合同(示范文本)(GF－2013－0201)使用指南》编委会编：《建设工程施工合同(示范文本)(GF－2013－0201)使用指南》，中国建筑工业出版社2013年版，第221页。

② 案例索引29：二建公司与房开公司、石油管理局建设工程施工合同纠纷案，最高人民法院(2021)最高法民终706号民事判决书。

可竣工结算文件的,承包人可以请求按照竣工结算文件进行工程价款结算。发包人的责任是从发包人与承包人所签订的建设工程施工合同中派生出来的责任,而不是法律或者司法解释所确定的新的责任。

(3)双方当事人之间约定了“发包人收到竣工结算文件后,在约定期限内不予答复,则视为认可竣工结算文件”,如果当事人仅约定了答复期限,而没有约定“在约定期限内不予答复,则视为认可竣工结算文件”,则不能适用司法解释的规定。

(4)建设工程施工合同中明确约定发包人收到竣工结算文件后不予答复视为认可竣工结算文件,但未约定答复期限的,根据《建筑工程施工发包与承包计价管理办法》第18条的规定,应当按照国家有关规定执行;国家没有规定的,可认为其约定期限均为28天。由于对单方结算文件的“认可”制度是建立在约定的基础之上的,故合同是否有答复期的约定十分重要。如果没有约定答复期的,则一律适用28天的期限,即当承包方提交结算报告后,发包方最迟应当在该法定期限内履行答复义务。这条规定对制止发包人无正当理由拖欠工程款的不法行为,保护承包人的合法权益发挥了很大作用。①

(5)“发包人收到竣工结算文件”的举证责任在于承包人,承包人应提供相应的证据证明已将竣工结算报告资料递交给发包人,结算文件的递交方式必须是书面的,且不适用留置送达。只要承包人举出的结算文件属于视为发包人认可的情形,人民法院就应当采信该证据,基于承包人的请求将该结算文件作为确定结算工程价款的依据。

(6)发包人如果有存在阻碍结算的正当事由并提供了相关证据予以证明,只要发包人不存在主观恶意,“逾期不答复”并不必然产生“视为认可”的法律后果。

(7)承包人提交的竣工结算资料不完整的,发包人应在约定的期限内告知承包人,发包人未告知的,视为在约定的期限内不予答复。

---

① 参见师安宁:《工程结算文件效力的确认规则(二)》,载《人民法院报》2011年12月26日,第7版。

典型案例27

林立公司与永泰公司建设工程施工合同纠纷案[①]

典型案例裁判文书

典型案例27

最高院（2014）民提字第32号林立公司与永泰公司建设工程施工合同纠纷民事判决书

永泰公司与林立公司签订《建设工程施工合同》，约定：林立公司将“时代锦园”工程发包给永泰公司总承包施工。根据永泰公司竣工验收报告，林立公司组织监理、设计、施工、勘察、建设等相关单位对“时代锦园”工程项目进行竣工验收，并于次日出具福建省房屋建筑工程竣工验收报告和福建省房屋建筑工程和市政基础设施竣工验收备案表，结论为验收合格。林立公司接收永泰公司送交的时代锦园ⅰ、ⅱ段的竣工决算资料，并注明未收到竣工图。因工程款支付双方发生纠纷并诉至法院，其中对工程款的计价依据产生较大争议。

裁判规则：工程竣工验收合格后，永泰公司虽然向林立公司提交了工程竣工决算资料，但林立公司收到该结算资料后明确注明未收到竣工图，且在此后的28天内亦已函告永泰公司竣工结算资料存在缺陷致使不能结算，永泰公司未作函复，亦未及时补充相关资料并修正存在的问题。因此，林立公司收到永泰公司送交的竣工决算资料后作出了答复，由于资料存在缺陷没有审核同意永泰公司编制的工程竣工决算文件，本案情形不符合司法解释的规定，永泰公司请求以其自行编制的工程竣工决算文件作为确定讼争工程价款的依据，不符合双方合同约定和法律规定。

关于工程完工后的竣工结算问题，住房和城乡建设部制定并于2014年2月1日起施行的《建筑工程施工发包与承包计价管理办法》第18条第1款第2项规定，国有资金投资建筑工程的发包方，应当委托具有相应资质的工程造价咨询企业对竣工结算文件进行审核，并在收到竣工结算文件后的约定期限内向承包方提出由工程造价咨询企业出具的竣工结算文件审核意见；逾期未答复的，按照合同约定处理，合同没有约定的，竣工结算文件视为已被认可。非国有

---

① 参见最高人民法院民事判决书，(2014)民提字第32号。

资金投资的建筑工程发包方,应当在收到竣工结算文件后的约定期限内予以答复,逾期未答复的,按照合同约定处理,合同没有约定的,竣工结算文件视为已被认可;发包方对竣工结算文件有异议的,应当在答复期内向承包方提出,并可以在提出异议之日起的约定期限内与承包方协商;发包方在协商期内未与承包方协商或者经协商未能与承包方达成协议的,应当委托工程造价咨询企业进行竣工结算审核,并在协商期满后的约定期限内向承包方提出由工程造价咨询企业出具的竣工结算文件审核意见。

【法官提示53】

有观点据此认为,即使双方在合同中没有约定发包人逾期未答复的,视为认可竣工结算文件,也可以直接依据住建部的规章据此认定承包人提交的竣工结算文件的效力。笔者认为,该观点忽视了合同签订履行过程中当事人的意愿,如果当事人约定在竣工结算中适用该行政规章的,则根据该约定并依据规章的规定,可以认为当事人对此有了明确约定。

【规范指引】

《浙江省高级人民法院民事审判第一庭关于审理建设工程施工合同纠纷案件若干疑难问题的解答》(2012年2月23日　浙法民一〔2012〕3号)

十四、承包人能否直接请求按照竣工结算文件结算工程价款?

建设工程施工合同明确约定发包人应在承包人提交竣工结算文件后一定期限内予以答复,且逾期未答复则视为认可竣工结算文件的,承包人可以请求按照竣工结算文件进行工程价款结算。

建设工程施工合同虽约定发包人应在承包人提交竣工结算文件后一定期限内予以答复,但未约定逾期不答复则视为认可竣工结算文件的,承包人不能请求按照竣工结算文件确定工程价款。

建设工程施工合同约定发包人在承包人提交竣工结算文件后未答复则视为认可竣工结算文件,但未约定答复期限,且经承包人催告后,发包人仍不予答复的,人民法院可根据实际情况确定合理的答复期限,但答复期限不应超过60天。

建设工程施工合同中对此未明确约定,承包人不能仅以GF－1999－0201《建设工程施工合同(示范文本)》通用条款33.2条为依据,要求按照竣工结算文件结算工程价款。

《安徽省高级人民法院关于审理建设工程施工合同纠纷案件适用法律问题的指导意见》(2009 年 5 月 4 日　安徽省高级人民法院审判委员会第 16 次会议通过)

10. 建设工程施工合同约定发包人应在承包人提交结算文件后一定期限内予以答复,但未约定逾期不答复视为认可竣工结算文件的,承包人请求按结算文件确定工程价款的,不予支持。

五、建设工程施工合同无效情形下工程款的结算

根据《民法典》的规定,在合同无效或者被撤销的情形下,当事人仍然应当承担以下几种民事责任:

一是返还财产。返还财产是指当事人在合同被确认无效或者被撤销以后,对已交付给对方的财产享有返还请求权,而已接受该财产的当事人则有返还财产的义务,意图让双方的财产状态恢复到订立合同之前的状态下。返还财产不以合同当事人存在过错为条件,不论对方当事人是否存在过错,负有返还义务的一方均应当返还财产,返还财产责任的承担以相关财产在法律上或者事实上能够返还为前提。

二是折价补偿。在不能返还或者没有必要返还财产情形下,应当按照财产的价值进行折算,以金钱方式折价补偿对方当事人。

三是赔偿损失。有过错的一方应当赔偿对方因此所受到的损失,双方都有过错的,应当各自承担相应的责任。

建设工程施工合同的特殊之处在于,建设工程的施工过程,就是承包人将劳务及建筑材料物化到建设工程的过程。基于这一特殊性,合同无效,发包人取得的财产形式上是承包人建设的工程,实际上是承包人对工程建设投入的劳务即建筑材料(一般是工程款),故而无法适用无效恢复原状的返还原则,只能折价补偿。发包人通过向承包人支付工程款的方式对承包人的劳动进行补偿。

(一)无效情形下的结算原则

《建筑法》和《建设工程质量管理条例》均规定,建筑工程竣工经验收合格后,方可交付使用;未经验收或者验收不合格的,不得交付使用。鉴于工程质量对发包人权益的重大影响,因此合同无效,发包人对承包人的投入进行折价补偿时,根据司法解释的规定,尚需区分工程验收合格与工程验收不合格两种情形。

1. 合同无效,工程验收合格的处理原则

《民法典》第793条第1款规定,建设工程施工合同无效,但是建设工程经验收合格的,可以参照合同关于工程价款的约定折价补偿承包人。《建设工程司法解释(一)》第24条第1款规定,当事人就同一建设工程订立的数份建设工程施工合同均无效,但建设工程质量合格,一方当事人请求参照实际履行的合同关于工程价款的约定折价补偿承包人的,人民法院应予支持。相较之下,《民法典》第793条第1款变化之处在于:一是承包人享有的权利为折价补偿,二是"关于工程价款的约定"系合同参照范围的限定词。不变之处在于,"参照合同约定"认定工程价款的审理规则是一以贯之的。[①] 上述规定确立了合同无效情形下的工程价款结算与建设工程的质量直接挂钩的基本原则。根据该条规定,折价补偿时应当坚持以下原则:

(1)工程经验收合格。对于已完工程应当经竣工验收合格,对于正在建设中的工程经阶段性验收合格,也包括经修复后验收合格的工程。工程如果未经验收合格,承包人主张工程款的,不适用该条款规定。

(2)参照合同约定支付工程价款。有观点认为,参照合同约定支付工程价款,与合同有效情形下的结算并无区别,容易让人产生"无效合同按有效处理"的印象,应当按照工程定额标准计算工程价款。笔者认为,该观点失之偏颇。

首先,法律法规并未规定合同无效特别是建设工程施工合同无效情形下折价补偿的计算方法,而鉴于建筑领域中工程计价方式方法的多样性和复杂性,同时施工合同无效的事实基础,法律规定"参照合同约定",该规定实际上是对折价补偿方法的规定,明确了人民法院在处理该类纠纷时的裁判标准,并非无效合同按照有效处理。

其次,根据建筑领域实际情况,在签订施工合同过程中,发包人除了要求承包人垫资的惯例以外,往往还将工程款压得很低,常常低于当年适用的工程定额标准和政府信息价标准。如果适用工程定额标准,则将会造成无效合同比有效合同的工程价款还高,势必造成更大的混乱。

最后,合同约定的工程价款数额是双方当事人的真实合意,与缔约时的市场行情相符,按照这一标准结算工程价款,利于当事人接受裁决结果;同时,可避免采用委托鉴定方式,增加当事人诉讼成本,延长案件审理期间,增加当事人

---

① 参见刘力等:《论无效建设工程施工合同的折价补偿——〈民法典〉第793条第1款评释》,载《法律适用》2002年第2期。

诉累,符合诉讼经济原则。

双方当事人就同一建设工程签订的数份施工合同均被认定无效时,应综合缔约时建筑市场行情、利于当事人接受、诉讼经济等因素,参照双方达成合意并实际履行的合同结算工程价款。[①] 因此,在合同无效的情况下,参照合同约定支付工程款,与法理和现行法律有关无效合同的处理原则相悖。但这种处理方式有利于保障工程质量,且这种方式利于案件的审理,平衡当事人之间的利益关系。实践中,如果承包人主张折价补偿款的诉讼请求不是参照合同约定计算得出,而是主张进行建设工程造价鉴定,人民法院一般应对其鉴定申请不予准许,并告知其不予准许的原因,以便承包人变更诉讼请求以符合本解释规定。[②]

《建设工程司法解释(一)》第 24 条第 2 款规定,实际履行的合同难以确定,当事人请求参照最后签订的合同关于工程价款的约定折价补偿承包人的,人民法院应予支持。该条文实际上也是对当事人意思自治的尊重。相同当事人、同一建设工程,数份内容不同的施工合同都无效,只要工程质量合格,就可参照实际履行合同结算工程价款,如果无法认定实际履行的是哪份合同,则以最后签订的合同为准。

【法官提示 54】

目前我国的建筑市场属于发包人市场,如果合同无效按照建设工程实际造价补偿,就可能诱使承包人恶意主张合同无效,以达到获取高于合同约定工程款的目的,这与无效合同处理原则及制定关于审理建筑工程纠纷案件的司法解释以期达到规范建筑市场、促进建筑业的发展并提供法律保障的初衷相悖。参照合同约定确定工程款数额折价补偿,符合签约时当事人的真实意思,且有利于保证工程质量,平衡双方之间的利益关系。

【规范指引】

《安徽省高级人民法院关于审理建设工程施工合同纠纷案件适用法律问题的指导意见》(2009 年 5 月 4 日　安徽省高级人民法院审判委员会第 16 次会议通过)

11. 建设工程施工合同无效,但工程经竣工验收合格的,应当参照合同约

---

① 参见关丽:《建设工程所涉施工合同均无效时工程价款的结算》,载《人民法院报》2014 年 1 月 16 日,第 6 版。

② 参见最高人民法院民事审判第一庭编著:《最高人民法院新建设工程施工合同司法解释(一)理解与适用》,人民法院出版社 2021 年版,第 254 页。

定确定工程价款。

《安徽省高级人民法院关于审理建设工程施工合同纠纷案件适用法律问题的指导意见(二)》(2013 年 12 月 23 日 安徽省高级人民法院审判委员会第 32 次会议通过)

第八条 当事人就同一建设工程订立的数份施工合同均被认定无效,应当参照当事人实际履行的合同结算工程价款。

《陕西省高级人民法院关于审理建设工程施工合同纠纷案件若干问题的解答》(陕高法〔2020〕113 号)

1. 建设工程施工合同无效,当事人对于建设工程折价补偿时可参照合同的哪些约定。

建设工程施工合同无效,建设工程经验收合格的,承包人和发包人均可主张参照合同关于工程价款的约定折价补偿承包人。合同中关于工程价款计价方法、计价标准等与工程价款数额有关的约定可以作为折价补偿的依据。

2. 合同无效,工程验收不合格的处理原则

《民法典》第 793 条第 2 款规定:建设工程施工合同无效,且建设工程经验收不合格的,按照以下情形处理:(1)修复后的建设工程经验收合格的,发包人可以请求承包人承担修复费用;(2)修复后的建设工程经验收不合格的,承包人无权请求参照合同关于工程价款的约定折价补偿。

建筑施工企业对工程的施工质量负责。工程经验收合格的,发包人应当按照约定支付工程款,并接收该建设工程。当然,如果工程验收不合格,对于发包人来说,就失去了任何价值,其有权拒绝接受工程并有权拒绝支付工程款。《建设工程质量管理条例》第 32 条规定,施工单位对施工中出现质量问题的建设工程或者竣工验收不合格的建设工程,应当负责返修。因此,承包人还有返修的义务(或者发包人自己进行了修复),根据修复以后情况的不同,其工程款的主张也有所不同。如果是承包人进行修复的,就不适用该条的规定,如果是发包人自行修复的,则适用该条规定。总之,修复后的建设工程经竣工验收合格的,发包人应当向承包人支付工程价款,同时可以要求承包人承担建设工程的修复费用,修复后的建设工程经再次竣工验收不合格的,发包人可以不支付工程价款。故发包人可以请求承包人对该工程进行修复,如果修复后的建设工程经验收合格,承包人可以请求参照合同关于工程价款的约定折价补偿,发包人也可以反诉承包人因修复建设工程导致的工期延误损失。如果修复后的建设工程

经验收不合格,承包人请求参照合同关于工程价款的约定折价补偿的,不予支持。如果承包人拒绝修复的,发包人可以另找他人修复该建设工程达到验收合格。相应地,发包人可反诉承包人承担修复费用。另外,即便发包人另找人修复该建设工程最终经验收仍不合格,承包人不能主张折价补偿款,发包人仍可反诉承包人承担修复费用等。①

【法官提示55】

对于建设工程的修复,发包人往往对承包人失去了信任的基础,不愿意让承包人进行修复,或者承包人不愿意履行修复义务的,如果双方均同意不再由承包人修复的,则又容易产生另外一个问题:发包人认为工程无法修复,不愿意支付工程价款,而承包人认为可以修复合格,发包人应当支付工程价款。此时,又出现工程能否修复的争议。这种情况下,建筑工程质量存在的缺陷是否能够修复,就需要委托专业部门进行评定,以评定的结果作为人民法院认定建筑工程经验收不合格,其存在的质量问题是否可以修复的参考。发包人在提出请求承包人承担修复费用的主张后,并不妨碍和影响发包人向承包人主张合同无效其受到损失的赔偿责任及缔约过失责任。

3. 关于合同无效情形下的赔偿问题

《民法典》第157条规定,民事法律行为无效、被撤销或者确定不发生效力后,行为人因该行为取得的财产,应当予以返还;不能返还或者没有必要返还的,应当折价补偿。有过错的一方应当赔偿对方由此所受到的损失;各方都有过错的,应当各自承担相应的责任。法律另有规定的,依照其规定。建设工程合同作为受到《民法典》调整的有名合同,同样受到上述法律规定调整。同时,《民事诉讼法》第67条规定,当事人对自己提出的主张,有责任提供证据。因此,《建设工程司法解释(一)》第6条明确规定,建设工程施工合同无效,一方当事人请求对方赔偿损失的,应当就对方过错、损失大小、过错与损失之间的因果关系承担举证责任。损失大小无法确定,一方当事人请求参照合同约定的质量标准、建设工期、工程价款支付时间等内容确定损失大小的,人民法院可以结合双方过错程度、过错与损失之间的因果关系等因素作出裁判。无效施工合同损害赔偿的举证责任主体为主张方。证明对象为损失大小、对方过错、损失与过

① 参见最高人民法院民事审判第一庭编著:《最高人民法院新建设工程施工合同司法解释(一)理解与适用》,人民法院出版社2021年版,第254页。

错之间的因果关系。损失大小确定不了,可以参照合同约定、双方过错、损失与过错之间因果关系等因素。

(二)合同无效时的工程款请求权主体

《建设工程司法解释》第2条曾经对承包人的工程款请求权作了明确规定,对于合同无效情形下经竣工验收合格的建设工程,如果承包人未请求按照合同约定支付工程价款的,则发包人能否请求参照合同约定进行工程价款结算?对于该问题,该司法解释未规定。有观点认为,根据文义解释,司法解释只是将工程款请求权赋予了承包人。笔者认为,建设工程施工合同无效,但只要建设工程经竣工验收合格,发包人亦有权请求参照合同约定支付工程价款。

一是如前文所述,有的当事人在合同中约定的工程价,常常低于当年适用的工程定额标准和政府信息价标准。如果发包人无权依据合同约定请求支付工程款,则会出现由于承包人的原因导致合同无效时,由于按照定额标准据实结算工程价款高于合同约定工程价款,使其获得了比有效合同下更多的利益。

二是出于经济利益考虑,有的承包人往往申请通过造价鉴定来确定工程款数额,而发包人则要求参照合同约定结算工程价款。根据案件的具体情况,按照合同约定无法计算工程款,往往发生在未完的工程,或者工程大规模改变设计的情况下,也不排除进行造价鉴定的可能。除此之外,应当支持发包人参照合同的约定支付工程价款的请求。

三是如果允许承包人主张据实结算,则所有的无效合同,包括固定价合同都需要通过造价鉴定的方式确定工程款数额,延长了案件审理周期、增加了当事人的诉讼成本,与司法解释的制定目的相悖。根据合同权利相对等的原则,既然承包人有权选择参照合同约定结算,作为相对方的发包人也应当有此权利。①

四是从《建设工程司法解释》的文义内容看,承包人请求参照合同约定支付工程价款的表述形式,只是在文字表述上以承包人的名义出现而已,不具有其他内涵。从建筑市场的实际情况看,建筑业签约价格一般低于签约时工程定额标准,施工企业必然不会请求按照合同约定结算工程款,这样《建设工程司法解释》第2条规定就没有任何意义。②

---

① 参见陈旻:《建设工程案件审判实务与案例精析》,中国法制出版社2014年版,第137页。

② 参见姚宝华:《应平等保护发包人与承包人参照合同约定支付工程价款的请求权》,载《人民司法》2008年第23期。

鉴于司法实践之需要,2020 年修订的《建设工程司法解释(一)》对该问题进行了明确,第 24 条规定,当事人就同一建设工程订立的数份建设工程施工合同均无效,但建设工程质量合格,一方当事人请求参照实际履行的合同关于工程价款的约定折价补偿承包人的,人民法院应予支持。

【规范指引】

《浙江省高级人民法院民事审判第一庭关于审理建设工程施工合同纠纷案件若干疑难问题的解答》(2012 年 2 月 23 日 浙法民一〔2012〕3 号)

十三、建设工程施工合同无效,但工程竣工验收合格的,谁有权利请求参照合同约定确定工程价款?

建设工程施工合同无效,但工程竣工验收合格,按照最高人民法院《关于审理建设工程施工合同纠纷案件适用法律若干问题的解释》第二条的规定精神,承包人或发包人均可以请求参照合同约定确定工程价款。

《北京市高级人民法院关于审理建设工程施工合同纠纷案件若干疑难问题的解答》(2012 年 8 月 6 日 京高法发〔2012〕245 号)

17. 无效建设工程施工合同中的工程价款如何确定?

建设工程施工合同无效,但工程经竣工验收合格,当事人任何一方依据《解释》第二条的规定要求参照合同约定支付工程折价补偿款的,应予支持。承包人要求发包人按中国人民银行同期贷款利率支付欠付工程款利息的,应予支持。发包人以合同无效为由要求扣除工程折价补偿款中所含利润的,不予支持。

《福建省高级人民法院关于审理建设工程施工合同纠纷案件疑难问题的解答》(2007 年 11 月 22 日)

5. 问:建设工程施工合同无效,但建设工程质量合格,发包人请求按照合同约定计算工程造价,而承包人请求按照工程定额标准计算工程造价的,如何处理?

答:建设工程施工合同无效,但建设工程质量合格的,发包人或者承包人任何一方请求参照合同约定支付工程价款的,均应予以支持。

(三)非法转包、违法分包中的结算问题

非法转包、违法分包情形下的结算中,根据合同相对性原则,实际施工人应当按照其与承包人签订的合同主张工程价款,而不能依据承包人与发包人签订的建设工程施工合同主张权利。如果实际施工人与承包人约定以承包人与发

包人之间的结算价款作为双方结算依据的，应按该约定确定实际施工人应得的工程价款；实际施工人举证证明承包人与发包人之间的结算结果损害其合法权益的，人民法院可根据实际施工人的申请，依据承包人与发包人之间的结算文件、合同及相关签证确定实际施工人应得的工程价款。

总承包人与分包人在合同中约定，待发包人付款之后，总承包人再向分包人支付工程款，有观点认为该约定不利于保护分包人、实际施工人以及农民工的合法权益。笔者认为，《建筑法》第 29 条规定了总分包的连带责任。连带责任的内容应包含权利和义务两个方面，完成分包工程并确保分包工程质量是总分包双方的共同义务，而收取建设单位的工程款是共同的权利，因此，如总分包双方已约定待收到建设单位工程款后再支付分包方工程款，体现的是对连带的权利即收取工程款作了特别约定，此约定符合《建筑法》的相关规定。[①] 实际上，该约定属于《民法典》规定的附条件的合同，不违反法律、行政法规的强制性规定，同样合法有效。

（四）尚未完工工程的工程价款结算问题

工程未完工，但承包人实际上还是投入了人力、物力和财力，其完成的建设工程，只要质量合格，还是具有价值的。对于已完工程依然要结算工程价款。由于承包人的原因造成工程“烂尾”，承包人应当根据合同约定承担违约责任，并赔偿发包人的损失，但违约责任的承担，并不妨碍发包人对已经完成的工程价款进行结算。如果因为发包人的原因造成工程“烂尾”，则不仅要据实计算工程价款，发包人还需赔偿承包人的损失计算。

此时，又会出现如何确定工程量的问题。工程未完工的，对于已完工工程的工程量的确定，如果有建设方工程师确认的工程量记录，说明建设单位和施工单位对已完工程的工程量达成了一致意见，那么就可以依据建设方工程师确认的工程量记录来确认已完工程的工程量。如果没有工程量记录或者工程量记录没有得到建设方工程师的确认，则说明建设单位和施工单位对已完工程量存在争议，此时就需要双方共同委托有资质的鉴定机构进行鉴定。

【法官提示 56】

需要特别注意的是，双方约定了固定总价情形下，工程量、工程价款的鉴定问题。约定固定价款结算的，其固定价款确定的依据是工程全部完成，工程

---

① 参见朱树英：《工程合同实务问答》，法律出版社 2011 年版，第 100 页。

未完工，就无法适用固定价款。此时，对工程价款的确定也只有通过鉴定进行。但应确定所完工程的工程量占全部工程量的比例，按所完工程的比例乘以合同约定的固定价款得出工程价款。①

典型案例28

东阳公司与康福公司建设工程施工合同纠纷案②

康福公司与东阳公司协商签订了《建设工程施工合同》，约定：由东阳公司（乙方）对康福公司（甲方）开发项目土建、安装进行建设施工。施工过程中，康福公司两次要求东阳公司停工，给东阳公司造成经济损失，后康福公司通知东阳公司退场。双方和监理公司对东阳公司停工损失进行了会议协商，康福公司承认停工系由自身建设手续不全造成。之后工程施工多次停工、复工。双方与监理公司、设计单位和国家工程质量验收部门共同对工程主体进行了验收，结论为合格。现东阳公司诉至法院要求支付工程款等。

典型案例裁判文书

典型案例28
最高院（2014）民一终字第108号东阳公司与康福公司建设工程施工合同纠纷民事判决书

裁判规则：案涉工程虽未完工，但东阳公司完成的主体部分经验收合格。双方当事人作出工程总决算书，确定决算造价为23,204,207.36元，诉讼中双方对此均无异议。根据《建设工程司法解释》第2条的规定，双方之间的合同虽无效，但双方均同意按照该合同结算并共同签署了总决算书，确定了工程价款，应予支持。

【规范指引】

《安徽省高级人民法院关于审理建设工程施工合同纠纷案件适用法律问题的指导意见》（2009年5月4日　安徽省高级人民法院审判委员会第16次会议通过）

12. 建设工程施工合同终止履行，工程未完工但质量合格的，应参照合同约定确定工程价款。

---

① 参见林文学：《建设工程合同纠纷司法实务研究》，法律出版社2014年版，第157页。

② 参见最高人民法院民事判决书，（2014）民一终字第108号。

第二节 固定价合同

一、固定价合同的界定

(一)固定价合同的定义

关于合同价格形式,从合同价格的计价和风险模式角度进行区分,《建设工程施工合同(示范文本)》(GF-1999-0201)中规定了三种确定合同价款的方式:固定价格合同、可调价格合同、成本加酬金合同。固定价格包括固定总价和固定单价,双方在专用条款内约定合同价款包含的风险范围和风险费用的计算方法,在约定的风险范围内合同价款不再调整。风险范围以外的合同价款调整方法,应当在专用条款内约定。原建设部、财政部《建设工程价款结算暂行办法》第8条规定,发、承包人在签订合同时对于工程价款的约定,可选用下列一种约定方式:固定总价,合同工期较短且工程合同总价较低的工程,可以采用固定总价合同方式;固定单价,双方在合同中约定综合单价包含的风险范围和风险费用的计算方法,在约定的风险范围内综合单价不再调整,风险范围以外的综合单价调整方法,应当在合同中约定;可调价格,可调价格包括可调综合单价和措施费等。

以上形式的表述,在实际运用过程中带来了以下问题:第一,带有"固定"字眼的价格,容易造成价格绝对固定、永远固定的理解;第二,"固定价格合同"不能区分最终是固定单价合同,还是固定总价合同;第三,可调价格合同原本不是一类单独的合同价格形式,一般施工合同的价格并非永远不可调整,因此没有绝对的固定价格,当然不宜将可调合同价格作为相对应的一类合同价格形式单列;第四,成本加酬金的价格形式在工程实践中非常少见,因此单列一类意义不大;第五,采用定额计价形式的施工合同还是比较常见的,因此在分类上可以将成本加酬金与定额计价等合同类型列入其他价格形式合同比较好。①

据此,《建设工程施工合同(示范文本)》(GF-2013-0201)对1999年版中的合同价格形式作了较大调整,规定了以下三种确定合同价款的形式:单价合同、总价合同、其他价格形式。之后的2017年版本沿袭了2013年版本的内容。

① 参见《建设工程施工合同(示范文本)(GF-2013-0201)使用指南》编委会编:《建设工程施工合同(示范文本)(GF-2013-0201)使用指南》,中国建筑工业出版社2013年版,第192页。

其中单价合同是指合同当事人约定以工程量清单及其综合单价进行合同价格计算、调整和确认的建设工程施工合同,在约定的范围内合同单价不作调整。总价合同是指合同当事人约定以施工图、已标价工程量清单或预算书及有关条件进行合同价格计算、调整和确认的建设工程施工合同,在约定的范围内合同总价不作调整。

因此,固定价合同分为两种形式:

(1)固定总价合同,是指合同当事人约定以施工图、已标价工程量清单或预算书及有关条件进行合同价格计算、调整和确认的建设工程施工合同,在约定的范围内合同总价不作调整。合同当事人应在专用合同条款中约定总价包含的风险范围和风险费用的计算方法,并约定风险范围以外的合同价格的调整方法。固定总价又称总价包干、全部闭口价、一口价、包死价等,该类合同中的施工单价和施工量都是不可调整的。固定总价固定的是合同承包范围内的工程内容,合同承包范围外的工程则可以追加合同价款。

【法官提示 57】

在司法实践中,有 80% 以上的案件,当事人之间约定的是固定总价。承包人之所以大多采用固定总价的方式,是由于目前我国建筑市场管理不到位,导致承包人尤其是实际施工人通过钢筋拉大间距、以次充好;混凝土降低标号、配比;桩基深度不够等各种方式偷工减料,降低施工成本,从而获得最大利润。①

(2)固定单价合同,是指合同当事人约定以工程量清单及其综合单价进行合同价格计算、调整和确认的建设工程施工合同,在约定的范围内合同单价不作调整。合同当事人应在专用合同条款中约定综合单价包含的风险范围和风险费用的计算方法,并约定风险范围以外的合同价格的调整方法。固定单价又称单价闭口或半闭口价,包括综合单价和工料单价。工料单价是指单位工程分部分项工程量的单价为直接成本单价,按现行计价定额的人工、材料、机械的消耗量及其预算价格确定。其他直接成本、间接成本、利润(酬金)、税金等按现行计算方法计算。综合单价是指单位工程分部分项工程量的单价是全部费用单价,既包括按计价定额和预算价格计算的直接成本,也包括间接成本、利润(酬

---

① 参见罗有才:《关于建设工程施工合同案件审理中的一些法律问题》,载《中国招标》2012 年第 9 期。

金)、税金等一切费用。

(二)固定价合同的适用范围

在同一合同计价方式中,一般对固定总价、固定单价两者只能选择一种,不能同时选择;其实签订总价合同或单价合同是与其工程的内容相关的,总价合同相对应的是施工总承包或专业承包,而单价合同相对应的是劳务分包合同。另外,固定单价合同强调的是单价固定其总价是不固定的,而可调总价合同强调的是市场的工、料、机等的价格发生变化时,都要调整(当然合同双方会在合同中进行约定)。固定单价合同常用于设计或建设条件或技术条件不明确的工程(简单地说,就是常用于工程量将来变动大的工程中),工程量的增加是否要调整中标单价,完全要看招标文件中的规定,如果招标文件或合同条款中,没有规定或约定因工程变更就导致工程单价调整的约定,如果双方针对中标后工程量大大增加的事实签订了补充协议,就违反了《招标投标法》的禁止性规定,因为该行为已构成对合同条件实质性的改变。①

固定总价合同在建筑领域普遍而经常使用,由于总价固定,因此只要发包人不改变施工内容,合同中约定的工程价款就是双方最终的结算价款。对于发包人来说,这样的价款确定形式节省了大量的计量审核工作,从而能集中精力抓好工程进度和施工质量。《建筑工程施工发包与承包计价管理办法》第 13 条规定,发承包双方在确定合同价款时,应当考虑市场环境和生产要素价格变化对合同价款的影响。建设规模较小、技术难度较低、工期较短的建筑工程,发承包双方可以采用总价方式确定合同价款。在实践中一般在下列情况下业主可以考虑采用固定总价合同:

(1)工程范围清楚明确。招标文件和合同中必须明确规定工程范围,工程设计比较详细,图纸完整、详细、清楚,承包商能够依据设计图纸进行具体的工程量计算。

(2)工程量小、工期短,估计在工程实施过程中环境因素(特别是物价)变化小,工程条件稳定,与招标文件说明无明显差异。

(3)工程结构、技术简单,一般很少或不采用新技术、新工艺,风险小,报价估算方便。

(4)工程比较复杂但投标期相对宽裕,承包商可以详细作现场调查,有足够

① 参见王文杰:《工程价格调整的相关法律问题(二)》,载《中华建筑报》2013 年 7 月 12 日,第 8 版。

的时间复合工程量,分析招标文件,拟订计划。[①]

二、工程价款的调整

在固定价合同中,发包人提供施工图纸和说明,承包人在报价的时候自己计算工程量,再根据申报的综合单价,得出合同总价。工程价格固定,说明合同当事人已经充分预判合同风险,并考虑到了合同履行过程中引起价格变动的种种因素,也就意味着承包范围内的工程合同价款额已经确定,在工程实施中不再因约定的风险范围内的因素发生变化而调整合同价款,因此,固定总价合同应当在合同中明确约定合同总价包括的施工范围和已包括的风险范围。

关于施工范围,当事人对固定价结算的建设工程施工合同的施工范围有争议且不能协商一致的,按下列规则处理:(1)根据合同约定和签约时依据的设计图纸等原始资料确定工程施工范围;(2)对合同中施工范围条款理解有争议的,按照《民法典》第466条的规定处理;(3)根据前两项规定仍不能确定施工范围的,如发包人不能证明争议事项已包括在固定总价包干范围内的,则应当另计工程价款。

关于合同风险,工程仲裁与诉讼之发生,系基于争议之存在,而争议多之情况又多因合同签订当下风险未能适当分配,又或按合同所签订之风险分担于风险发生时,合同所签订之风险承担人不愿予以承担,此情形之发生有时系因从业人员自认所为已尽相当注意,对合同签订之初所规定之风险负担,认为已居不平等议约地位。此时才主张该合同不公平或不合理,唯双方当初即能完成合同之签订,就法律观点原则上应尊重双方基于意思合致所签订之承揽合同,除非合同中有违公序良俗或强制性规定,为法律所不许,则合同中之条款方才予以否认,至于当事人双方若有主张合同中属不平等议约部分,除非有显失公平情形,否则在法律上并不直接予以否定之评价。[②] 基于该工程合同风险分配的观点,固定价合同在合同订立时,当事人就应当预见风险且自愿负担风险,合同价款在风险范围内不可调整。

【法官提示58】

以上阐述并非意味着固定价合同中工程价款一定不能调整,固定总价的

---

① 参见姚捷:《工程合同造价法律实务》(最新增补版),法律出版社2011年版,第68页。

② 参见苏南:《工程合同风险分配与合同变更之法律效果》,载《北京仲裁》2010年第4期。

“固定”是建立在风险范围内确定工程量基础上的，固定的是量，而不是绝对固定价。在固定总价模式下（风险范围内），量变化，总价变化。固定单价“固定”的是价而不是量，在固定单价模式下，量变化，单价不变化，总价变化。

（一）工程价款可以变更

合同是双方当事人通过要约、承诺的方式，经协商一致达成的。合同成立后，当事人应当按照合同的约定履行合同。任何一方未经对方同意，都不得改变合同的内容。但是，当事人在订立合同时，有时不可能对涉及合同的所有问题都作出明确的固定；合同签订后，当事人在合同履行前或者履行过程中也会出现一些新的情况，需要当事人对合同内容重新修改或者补充。因此，《民法典》第543条规定，当事人协商一致，可以变更合同。合同变更既可能是合同标的的变更，也可能是合同数量的变更；既可能是履行地点的变更，也可能是合同价款的变更。虽然《建设工程司法解释（一）》第28条规定，当事人约定按照固定价结算工程价款，一方当事人请求对建设工程造价进行鉴定的，人民法院不予支持。但该规定并非意味着固定价合同下工程价款是绝对不变的。

关于固定价合同工程价款的变更，如固定价合同下，人工、材料价格发生了大幅度的变化，超出了合同当事人的预期，则应当允许变更。实际上该类变更还可以在原《合同法解释（二）》中找到依据。该司法解释第26条规定，合同成立以后客观情况发生了当事人在订立合同时无法预见的、非不可抗力造成的不属于商业风险的重大变化，继续履行合同对于一方当事人明显不公平或者不能实现合同目的，当事人请求人民法院变更或者解除合同的，人民法院应当根据公平原则，并结合案件的实际情况确定是否变更或者解除。如果合同订立的时候是公平的，在合同生效由于社会环境发生重大变化，使一方当事人遭受重大的损害，造成双方当事人显失公平，这种情况下应该适用情势变更原则。

情势变更是指合同依法成立后，客观情况发生了无法预见的重大变化，致使原来订立合同的基础丧失或者动摇，如继续履行合同则对一方当事人明显不公平，因此允许变更或者解除合同以维持当事人之间的公平。情势变更原则实际上就是借助法院来变更合同或者解除合同，以此来平衡有社会的异常变动所引起的当事人双方的利益失衡，实质上就是在法律的框架下，由双方当事人来分担由于异常损害所造成的风险，这是符合法律的公平原则的。同时，公平原则要求合同双方当事人之间的权利义务要公平合理，要大体上平衡，强调一方给付与对方给付之间的等值性,合同上的负担和风险的合理分配。将公平原则作为合同当事人的行为准则,可以防止当事人滥用权利,有利于保护当事人的合法权益,维护和平衡当事人之间的利益。《民法典》正式规定了情势变更制度,该法第533条规定,合同成立后,合同的基础条件发生了当事人在订立合同时无法预见的、不属于商业风险的重大变化,继续履行合同对于当事人一方明显不公平的,受不利影响的当事人可以与对方重新协商;在合理期限内协商不成的,当事人可以请求人民法院或者仲裁机构变更或者解除合同。人民法院或者仲裁机构应当结合案件的实际情况,根据公平原则变更或者解除合同。

由于建设工程往往工期长,在履行过程中会发生建筑材料价格的异常波动,也会出现特殊天气、地质状况的变化。合同中约定的工期和价款会发生订立合同时无法预见的变更,如果继续履行原合同,对一方当事人显失公平,更不利于保障工程的质量和安全。对于固定总价合同及固定单价合同,履行过程中,建筑施工企业往往主张因材料、人工价格上涨,需要对合同价款进行调整,而发包方认为,合同为总价包干或单价包干,合同价款不因材料、人工价格上涨而调整。导致的后果往往包括:工程停工,或者承包方在发包方不同意调整合同价款的情况下,拒绝交付验收合格的工程等。对双方来说,均造成不同程度的损害。[①]

【法官提示59】

该类案件中需要注意区分正常的商业风险和情势变更,建设单位或者施工单位不能以正常的商业风险作为变更的理由。同时,主张工程价款调整的当事人应当对合同约定施工的具体范围、实际工程量增减的原因、数量等事实承担举证责任。

(二)固定价合同的变更方式

《建设工程施工合同(示范文本)》(GF-2017-0201)第12条合同价格、计量与支付部分,在对固定价合同进行定义时,又规定因市场价格波动引起的调整按第11.1款〔市场价格波动引起的调整〕约定执行、因法律变化引起的调整按第11.2款〔法律变化引起的调整〕约定执行。实际上也是认可固定价合同有

① 参见崔玉清:《建设工程合同履行中情势变更原则的适用》,载《政法论坛》2014年第1期。

关合同价款在特定情况下调整的可能性。住房和城乡建设部《建筑工程施工发包与承包计价管理办法》第14条规定:“发承包双方应当在合同中约定,发生下列情形时合同价款的调整方法:(一)法律、法规、规章或者国家有关政策变化影响合同价款的;(二)工程造价管理机构发布价格调整信息的;(三)经批准变更设计的;(四)发包方更改经审定批准的施工组织设计造成费用增加的;(五)双方约定的其他因素。”

《建设工程施工合同(示范文本)》(GF-2017-0201)不仅规定固定价合同可以进行价格调整,同时规定除专用合同条款另有约定外,市场价格波动超过合同当事人约定的范围,合同价格应当调整。合同当事人可以在专用合同条款中约定选择以下一种方式对合同价格进行调整:第一种方式即采用价格指数进行价格调整;第二种方式即采用造价信息进行价格调整。合同履行期间,因人工、材料、工程设备和机械台班价格波动影响合同价格时,人工、机械使用费按照国家或省、自治区、直辖市建设行政管理部门、行业建设管理部门或其授权的工程造价管理机构发布的人工、机械使用费系数进行调整;需要进行价格调整的材料,其单价和采购数量应由发包人审批,发包人确认需调整的材料单价及数量,作为调整合同价格的依据。

建设工程施工合同采用固定总价包干方式,合同有约定的,按照约定执行。当事人在建设工程施工合同中约定的固定价格条款,实际上是起着分配风险的作用,由此决定着谁在实际上防御风险和承担风险。如果不承认这类合同条款的法律效力,那么实际上建设工程施工合同约定的工程价款就很可能是另外一种状况,实际上的合同当事人也会发生变化。因此,对于当事人双方来说,利益和风险分配的结果是一样的。如此,可以最大限度地防止和限制不正当竞争行为的发生和蔓延,有利于建立和发展健康的建筑市场秩序。

【法官提示60】

合同中没有约定,总价包干范围明确的,可相应调整工程价款,在范围外增加的工程量计入工程价款,在范围内减少的工程量扣减相应工程价款。总价包干范围约定不明的,主张调整的当事人应承担举证责任。也就是说,谁主张调整工程价款的,谁负担举证责任。

在结算方式上,可在确认固定价的基础上,参照合同约定对增减部分进行结算,再根据结算结果相应增减总价款。不应撇开合同约定,对整个工程造价进行重新结算。考虑到建设工程合同系继续性合同,时间跨度较大,合同履行过程中原材料价格发生重大变化、设计变更、工程量增加导致工程质量标准变化,签订合同时的预见性与现实可能完全不同,如仍按原合同结算工程价款,势必导致施工人承担巨额亏损,对施工人显失公平,因此允许对合同价款予以调整。关于调整的幅度,有约定的按照约定处理,没有约定的,应考虑到建筑市场的利润率、合同的约定、招投标等情形综合确定,不使利益过于失衡。①

当然,实践中情况比较复杂,由于固定总价是与投标图纸确定的工程量相对应,但有些三边工程,当事人在签订合同做工程预算时没有图纸或只有非常简单的草图,施工时才拿到经过设计审查的施工图,两个图在工程量、质量标准上差别很大,甚至在某种程度上已不再是同一个工程,此时还坚持按照合同约定的固定总价结算工程款既缺乏依据,也显失公平,在没有其他结算依据的情况下,可以参照定额标准据实结算。②

【规范指引】

《浙江省高级人民法院民事审判第一庭关于审理建设工程施工合同纠纷案件若干疑难问题的解答》(2012 年 2 月 23 日　浙法民一〔2012〕3 号)

十二、能否调整总价包干合同的工程量、工程价款?

建设工程施工合同采用固定总价包干方式,当事人以实际工程量存在增减为由要求调整的,有约定的按约定处理。没有约定,总价包干范围明确的,可相应调整工程价款;总价包干范围约定不明的,主张调整的当事人应承担举证责任。

《陕西省高级人民法院关于审理建设工程施工合同纠纷案件若干问题的解答》(陕高法〔2020〕113 号)

2. 固定总价合同履行中工程变更的,工程价款如何确定。

合同约定固定价款的,因发包人原因导致工程变更的,承包人能够证明工程变更增加的工程量不属于合同约定包干价范围之内的,有约定的,按约定结算工程价款;没有约定的,可以参照合同约定标准对工程量增减部分予以单独结算;无法参照约定标准结算的,可以参照施工地建设行政主管部门发布的计价方法或者计价标准结算。主张调整的当事人对合同约定的施工具体范围、实际工程量增减的原因、数量等事实负有举证责任。

---

① 参见潘军锋:《建设工程施工合同案件审判疑难问题研究》,载《法律适用》2014 年第 7 期。
② 参见陈旻:《建设工程案件审判实务与案例精析》,中国法制出版社 2014 年版,第 108 页。

(三)特殊情形下固定价合同的结算

1. 未完工程的结算

固定价格合同未履行完毕而解除或者承包人未完成工程施工即撤场的,工程价款如何结算?对于未完工程,承包人请求发包人支付工程款的前提必须是工程质量合格。首先可以由双方协商确定已施工完成的工程价款;协商不成,对于建设工程施工合同约定按固定单价结算的,则应根据固定单价核算出已完工程的实际工程量,据实结算工程价款;如果建设工程施工合同约定按固定总价结算,则按照实际施工部分的工程量占全部的工程量的比例,再按照合同约定的固定价格计算出已完部分工程价款。当然,如果双方当事人均同意对工程造价进行鉴定的,则应允许进行造价鉴定;如果有一方当事人坚持按照合同约定计算工程价款,则应尽量按照合同约定处理,在固定总价款可以计算得出的情形下,可通过鉴定确定已完工程与全部工程的比例,再乘以固定总价款即可得出已完工程价款。[①]

【法官提示61】

当事人就已完工程部分的工程量存在争议的,应当根据双方在撤场交接时签订的会议纪要、交接记录以及监理材料、后续施工资料等文件予以确定;不能确定的,应根据工程撤场时未能办理交接及工程未能完工的原因等因素合理分配举证责任。

典型案例29

凤辉公司与赤峰建设公司建设工程施工合同纠纷案[②]

典型案例裁判文书

典型案例29
最高院(2015)民一终字第309号凤辉公司与赤峰建设公司建设工程施工合同纠纷民事判决书

2007年12月18日,凤辉公司和赤峰建设公司签订《建设工程施工合同》,该合同向有关建设主管部门进行了备案。《建设工程施工合同》约定承包范围为图纸中的土建、安装工程。采用可调价格合同。上述合同签订后,赤峰建设公司于2007年12

① 参见最高人民法院民事审判第一庭编著:《最高人民法院新建设工程施工合同司法解释(一)理解与适用》,人民法院出版社2021年版,第289页。

② 参见最高人民法院民事判决书,(2015)民一终字第309号。

月下旬进场施工。2010 年 7 月 10 日，凤辉公司与赤峰建设公司签订《补充协议书》，约定双方同意采用固定单价的方式进行结算，其中住宅为 1650 元每平方米、商业为 1950 元每平方米、车库双方协商甲方确定施工时再定。后经多次停工、复工，工程一直未能完工，2013 年 7 月 26 日，凤辉公司向赤峰建设公司发出解除建设工程施工合同通知，认为赤峰建设公司违约，通知解除双方的施工合同。2013 年 7 月 28 日赤峰建设公司复函关于凤辉公司解除建设工程施工合同通知的回复，不同意解除合同。随即赤峰建设公司向一审法院提起诉讼。

裁判规则：《补充协议书》约定的固定单价，指的是每平方米均价，针对的是已经完工的工程。根据已查明事实，赤峰建设公司退场时，案涉工程尚未完工。此种情形下工程款如何计算，现行法律、法规、司法解释没有作出规定。判决先以固定单价乘以双方约定的面积计算出约定的工程总价款，再通过造价鉴定计算出赤峰建设公司完成的部分占整个工程的比例，再用计算出的比例乘以约定的工程总价款确定赤峰建设公司应得的工程价款，此种计算方法，能够兼顾合同约定与工程实际完成情况，并无不当。

2. 工程变更情形下的结算

由于工程施工具有投资规模大、涉及面广、建设周期长、工程计价方法复杂等特征，因此，在合同履行过程中，工程变更往往不可避免。这种变更主要包括设计变更、工程量变更、质量标准变更。建设工程施工合同约定工程价款实行固定总价结算，在实际履行过程中，因工程发生设计变更等原因导致实际工程量增减，当事人要求对工程价款予以调整的，应当严格掌握，合同对工程价款调整有约定的，依照其约定；没有约定或约定不明的，应当由当事人协商解决；不能协商一致的，可以参照合同约定标准对工程量增减部分予以单独结算；无法参照约定标准结算的，可以参照施工地建设行政主管部门发布的计价方法或者计价标准结算。①

案例索引裁判文书

案例索引30
最高院（2013）民申字第1731号职业学院与中城公司建设工程施工合同纠纷民事裁定书

3. 建材价格涨价情形下的结算

建设工程施工合同约定工程价款实行固定价结算，在实际履行过程中，钢材、木材、水泥、混凝土等对工程造价影响较大的主要建筑材料价格发生重大变

① 案例索引 30：职业学院与中城公司建设工程施工合同纠纷案，最高人民法院（2013）民申字第 1731 号民事裁定书。

化,超出正常市场风险的范围时如何处理?要有条件地适用情势变更原则。在建筑主材价格暴涨暴跌时,一概适用固定价合同,对双方都是不公平的,需要适用情势变更原则平衡各方利益。合同对建材价格变动风险负担有约定的,依照其约定处理;没有约定或约定不明的,当事人要求调整工程价款,如不调整显失公平的,可在市场风险范围和幅度之外酌情予以支持,具体数额可以委托鉴定机构参照工程所在地建设行政主管部门关于处理建材差价问题的意见予以确定。

【法官提示62】

因一方当事人原因致使工期或建筑材料供应时间延误导致的建材价格变化风险由该方当事人承担,该方当事人要求调整工程价款的,不予支持。

4. 合同价款的约定无效或者被撤销时的结算

如果合同中对固定价的约定为无效的或者被撤销的,如何结算工程价款?有观点认为,应当根据无效合同的规定进行处理,即建设工程施工合同无效,但建设工程经竣工验收合格,承包人请求参照合同约定支付工程价款的,应予支持。笔者认为,该观点不能成立。如果按照该条规定处理,则实际上违反了《招标投标法》第33条关于投标人不得以低于成本的报价竞标,也不得以他人名义投标或者以其他方式弄虚作假,骗取中标的规定。对于该类情况,应当按照《建设工程司法解释(一)》第19条第2款的规定处理,即可以参照签订建设工程施工合同时当地建设行政主管部门发布的计价方法或者计价标准结算工程价款。

【规范指引】

《北京市高级人民法院关于审理建设工程施工合同纠纷案件若干疑难问题的解答》(2012年8月6日　京高法发〔2012〕245号)

11. 固定总价合同履行中,当事人以工程发生设计变更为由要求对工程价款予以调整的,如何处理?

建设工程施工合同约定工程价款实行固定总价结算,在实际履行过程中,因工程发生设计变更等原因导致实际工程量增减,当事人要求对工程价款予以调整的,应当严格掌握,合同对工程价款调整有约定的,依照其约定;没有约定或约定不明的,可以参照合同约定标准对工程量增减部分予以单独结算,无法参照约定标准结算的,可以参照施工地建设行政主管部门发布的计价方法或者计价标准结算。

主张工程价款调整的当事人应当对合同约定施工的具体范围、实际工程量增减的原因、数量等事实承担举证责任。

12. 固定价合同履行过程中，主要建筑材料价格发生重大变化，当事人要求对工程价款予以调整的，如何处理？

建设工程施工合同约定工程价款实行固定价结算，在实际履行过程中，钢材、木材、水泥、混凝土等对工程造价影响较大的主要建筑材料价格发生重大变化，超出了正常市场风险的范围，合同对建材价格变动风险负担有约定的，原则上依照其约定处理；没有约定或约定不明，该当事人要求调整工程价款的，可在市场风险范围和幅度之外酌情予以支持；具体数额可以委托鉴定机构参照施工地建设行政主管部门关于处理建材差价问题的意见予以确定。

因一方当事人原因导致工期延误或建筑材料供应时间延误的，在此期间的建材差价部分工程款，由过错方予以承担。

13. 固定总价合同履行中，承包人未完成工程施工的，工程价款如何确定？

建设工程施工合同约定工程价款实行固定总价结算，承包人未完成工程施工，其要求发包人支付工程款，经审查承包人已施工的工程质量合格的，可以采用"按比例折算"的方式，即由鉴定机构在相应同一取费标准下分别计算出已完工程部分的价款和整个合同约定工程的总价款，两者对比计算出相应系数，再用合同约定的固定价乘以该系数确定发包人应付的工程款。

当事人就已完工程的工程量存在争议的，应当根据双方在撤场交接时签订的会议纪要、交接记录以及监理材料、后续施工资料等文件予以确定；不能确定的，应根据工程撤场时未能办理交接及工程未能完工的原因等因素合理分配举证责任。

三、固定价情形下的工程造价鉴定问题

在工程招投标阶段，承包人为能够拿到工程项目，往往采用低于定额的标准进行投标，发包人往往会选择较低价格的投标者并与之签订合同，因此，当事人之间的合同价一般是低于国家定额标准。工程造价鉴定一般是按照国家定额，即国家强制标准计算工程价款，如果同意承包人、实际施工人的鉴定申请，则鉴定结论的价款肯定高于当事人之间约定的合同价款，这样对发包人明显不公，也会使承包人、实际施工人用较低价格签订合同拿工程，按照国家定额结算

工程款多拿钱。如此，承包人、实际施工人就会视合同为儿戏，扰乱建筑市场的正常秩序。① 因此，对于当事人在合同中约定了工程总价款，事后又申请造价鉴定的，不应予以支持。②

案例索引裁判文书

案例索引31

安徽高院（2021）皖民终24号周某某与四建公司、京商公司建设工程施工合同纠纷民事判决书

《建设工程司法解释（一）》第28条规定，当事人约定按照固定价结算工程价款，一方当事人请求对建设工程造价进行鉴定的，人民法院不予支持。

由于当事人对于鉴定方法存在争议，如应按“固定价+变更”鉴定造价还是“按定额”鉴定，本应由法官先行确定后再进行鉴定，但法官往往受内部定案机制的制约或担心二审发回重审，而采取两种方法同时鉴定，产生两个差距甚大的鉴定结论，不但影响鉴定效率，而且极易激化矛盾，使案件难以息诉。③

司法鉴定的前提是当事人未就工程价款达成协议，实践中，法院大多并不重视这一前提条件，使某些不必进行工程造价鉴定的案件也作了鉴定，导致司法鉴定的滥用，弊端是显而易见的：第一，滥用司法鉴定可能会违背当事人的意思自治；第二，司法鉴定造成时间的拖延和社会资源的浪费；第三，司法鉴定所认定的结果不一定是最准确的；第四，有些司法鉴定影响了案件的审理效率和效果。鉴定虽然是查清案件事实的一种重要手段，但是鉴于其自身的缺陷，在审判中应当慎用。实践中，常见当事人订立固定价合同后，又以原材料价格变化或者设计变更、工程量变化为由要求调整工程价款，进而申请进行工程造价鉴定，或者进行工程评估、审计、审价等其他名目的第三方造价估算，对此，裁判者应当基于诚信原则严格把关，不应动辄准予启动鉴定程序。

当然，上述论述并非意味着在固定价合同情形下，司法鉴定制度就绝对地排除适用。对于价格已经固定的工程部分应当无须鉴定，但是在实际履行过程中还会发生一些变更、签证以及索赔，就该部分而言，往往双方当事人就其造价也未达成一致意见，即存有争议，故即使是固定总价合同，该部分也需要通过鉴

① 参见罗有才：《关于建设工程施工合同案件审理中的一些法律问题》，载《中国招标》2012年第9期。

② 案例索引31：周某某与四建公司、京商公司建设工程施工合同纠纷案，安徽省高级人民法院（2021）皖民终24号民事判决书。

③ 参见江苏省高级人民法院民事审判第一庭课题组：《建设工程司法鉴定疑难问题研究》，载《法律适用》2016年第4期。

定来认定。此外,对于固定单价合同,因为工程量可以调整或者说按实际发生的工程量计算最终总价,那么如果双方对工程量存有争议,则须通过司法鉴定予以认定。也就是说,根据司法解释的规定,仅是对双方合同约定的风险范围以内的固定价格部分不予鉴定。

典型案例30

冯某某等四人与三建公司、和威公司建设工程施工合同纠纷案[①]

典型案例裁判文书

典型案例30

安徽高院(2014)皖民四终字第00137号冯某某等四人与三建公司、和威公司建设工程施工合同纠纷民事判决书

和威公司与三建公司签订《建设工程施工合同》,约定:三建公司承建和威公司主车间土建等工程,合同价款725万元整。同时约定,合同价款采用固定价格。2009年12月1日,冯某某代表车间工程项目部与三建公司签订《建设工程施工责任承包合同》,约定:工程承包范围同三建公司与和威公司签订的《建设工程施工合同》承包范围,合同价款是725万元,以三建公司与和威公司签订的建设工程施工合同的结算方式结算为准。2010年6月17日,三建公司制作和威公司八十万吨主车间墙体造价书,认为漏算的墙体工程造价为1,416,035.91元,和威公司不予认可。2010年11月4日,案涉工程完工。2011年4月18日,案涉工程竣工验收合格。因工程款支付问题,冯某某等四人诉至法院,主张存在漏算部分工程造价并申请鉴定。

裁判规则:冯某某等四人与三建公司约定的结算方式以三建公司与和威公司合同约定为准,而三建公司与和威公司签订的合同明确约定,固定包干价,漏算、错算部分属于承包方风险范围,均视为已包含在合同总造价中。冯某某等四人主张漏算、少算工程,并非合同外增加工程量,故冯某某等四人主张另行结算该部分工程款没有合同依据。依据对各方合同及相关事实的审查,对冯某某等四人就争议工程量提出的鉴定申请不予准许,符合司法解释的规定。

---

① 参见安徽省高级人民法院民事判决书,(2014)皖民四终字第00137号。

第三节　工程欠款利息

在涉及工程价款支付的建设工程施工合同纠纷中,总会遇到利息支付及计算问题,实践中多有困惑,细节上也多有争议。

一、发包人应当支付欠付工程款利息

(一)发包人支付工程欠款利息系法定义务

《建筑法》第 18 条规定,发包单位应当按照合同的约定,及时拨付工程款项。《民法典》第 788 条规定,建设工程合同是承包人进行工程建设,发包人支付价款的合同。《建设工程施工合同(示范文本)》(GF－2017－0201)第 16.1.1 条明确规定,因发包人原因未能按合同约定支付合同价款的属于发包人违约的情形。因此,支付工程价款属于发包人的合同基本义务,司法实践中,由于种种原因,部分发包人会出现延期支付工程款,出现欠付工程款的现象,承包人诉至法院要求发包人支付工程欠款的同时,往往同时要求支付相应期间的利息。

关于发包人支付工程款的义务,结合《建设工程施工合同(示范文本)》(GF－2017－0201)相关条款的规定,主要包括工程预付款的支付义务、工程进度款的支付义务以及工程竣工结算款的支付义务。

(1)关于预付款的支付。预付款的支付按照专用合同条款约定执行,但至迟应在开工通知载明的开工日期 7 天前支付。预付款应当用于材料、工程设备、施工设备的采购及修建临时工程、组织施工队伍进场等。除专用合同条款另有约定外,预付款在进度付款中同比例扣回。在颁发工程接收证书前,提前解除合同的,尚未扣完的预付款应与合同价款一并结算。发包人逾期支付预付款超过 7 天的,承包人有权向发包人发出要求预付的催告通知,发包人收到通知后 7 天内仍未支付的,承包人有权暂停施工,并按第 16.1.1 条〔发包人违约的情形〕执行。也就是前述的发包人应当承担违约责任。

(2)关于工程预付款的支付。监理人应在收到承包人进度付款申请单以及相关资料后 7 天内完成审查并报送发包人,发包人应在收到后 7 天内完成审批并签发进度款支付证书。发包人逾期未完成审批且未提出异议的,视为已签发进度款支付证书。除专用合同条款另有约定外,发包人应在进度款支付证书或临时进度款支付证书签发后 14 天内完成支付,发包人逾期支付进度款的,应按

照中国人民银行发布的同期同类贷款基准利率支付违约金。

(3)关于竣工结算款。发包人应在签发竣工付款证书后的14天内,完成对承包人的竣工付款。发包人逾期支付的,按照中国人民银行发布的同期同类贷款基准利率支付违约金;逾期支付超过56天的,按照中国人民银行发布的同期同类贷款基准利率的两倍支付违约金。

综合以上规定,发包人应当及时足额支付工程款(包括工程预付款、进度款、尾款),未履行法定义务构成违约,不仅应当承担支付义务,同时还应当支付相应利息,支付欠付工程款利息也是发包人的法定义务。

【法官提示63】

根据《建设工程司法解释(一)》第24条的规定,当事人就同一建设工程订立的数份建设工程施工合同均无效,但建设工程质量合格,一方当事人请求参照实际履行的合同关于工程价款的约定折价补偿承包人的,人民法院应予支持。该条赋予了合格工程中无效合同承包人的工程款请求权,既然对于工程款具有请求权,则工程欠款利息作为法定孳息,无效合同承包人亦有请求发包人支付的权利。

(二)工程欠款利息的计算标准

《建设工程司法解释(一)》第26条规定,当事人对欠付工程价款利息计付标准有约定的,按照约定处理。没有约定的,按照同期同类贷款利率或者同期贷款市场报价利率计息。

(1)当事人有约定,按照约定处理。当事人对欠付工程款利息的起算时间、利率等有关事项有约定的,从其约定,充分尊重当事人的意思自治。当然,该约定应当符合法律法规的规定,双方约定的计算标准如果过高,违反法律法规规定的,实践中也难以得到法院的支持。

【法官提示64】

该类约定,参考《最高人民法院关于审理民间借贷案件适用法律若干问题的规定》第25条规定,出借人请求借款人按照合同约定利率支付利息的,人民法院应予支持,但是双方约定的利率超过合同成立时一年期贷款市场报价利率四倍的除外。建设工程施工合同中,双方当事人约定的欠付工程款的利率未超过"一年期贷款市场报价利率"四倍的,人民法院应当尊重该约定,并支持承包人有关利息请求。

(2)当事人没有约定,按照法定处理。当事人没有约定利息结算标准的,按照同期同类贷款利率或者同期贷款市场报价利率计息,本质上也是按照法定利率计息。①

案例索引裁判文书

案例索引32
最高院(2015)民申字第1458号三兴公司与中建八局建设工程施工合同纠纷民事裁定书

对于该类情形,《最高人民法院关于审理买卖合同纠纷案件适用法律问题的解释》第18条第4款明确规定:买卖合同没有约定逾期付款违约金或者该违约金的计算方法,出卖人以买受人违约为由主张赔偿逾期付款损失,违约行为发生在2019年8月19日之前的,人民法院可以中国人民银行同期同类人民币贷款基准利率为基础,参照逾期罚息利率标准计算;违约行为发生在2019年8月20日之后的,人民法院可以违约行为发生时中国人民银行授权全国银行间同业拆借中心公布的一年期贷款市场报价利率(LPR)标准为基础,加计30%～50%计算逾期付款损失。

【法官提示65】

这里特别要注意的就是工程欠款与民间借贷在利息处理上不同。《最高人民法院关于审理民间借贷案件适用法律若干问题的规定》第24条规定,借贷双方没有约定利息,出借人主张支付利息的,人民法院不予支持。自然人之间借贷对利息约定不明,出借人主张支付利息的,人民法院不予支持。

【规范指引】

《山东高院民一庭关于审理建设工程施工合同纠纷案件若干问题的解答》

3.欠付工程款利息的计付标准如何确定?

当事人对欠付工程款利息计付标准有约定的,按照约定处理,但不得超过民间借贷的最高保护利率。没有约定的,对于2019年8月19日以前的利息,按照中国人民银行同期同类贷款基准利率计算;对于2019年8月20日以后的利息,按照全国银行间同业拆借中心公布的贷款市场报价利率(LPR)计算。

《陕西省高级人民法院关于审理建设工程施工合同纠纷案件若干问题的解答》(陕高法〔2020〕113号)

7.欠付工程款利息的计付标准如何确定。

当事人对欠付工程款利息计付标准有约定的,按照约定处理,但计算标准

---

① 案例索引32:三兴公司与中建八局建设工程施工合同纠纷案,最高人民法院(2015)民申字第1458号民事裁定书。

不得超过依法应保护的民间借贷的最高利率。当事人对欠付工程款利息计付标准没有约定的，对于 2019 年 8 月 19 日以前的利息，按照中国人民银行同期同类贷款基准利率计算；对于 2019 年 8 月 20 日以后的利息，按照全国银行间同业拆借中心公布的贷款市场报价利率（LPR）计算。

发包人是机关、事业单位和大型企业的，承包人是中小企业的，对逾期利息的约定利率低于《保障中小企业款项支付条例》规定的，按照《保障中小企业款项支付条例》规定的约定逾期利息的最低利率计算；对逾期利息没有约定的，按照《保障中小企业款项支付条例》规定的，每日利率万分之五计算。

（三）工程欠款利息的起算时间

建设工程是一种特殊的商品，建设工程的交付也是一种交易行为，一方交付商品，对方就应当付款，该款就产生利息。建设工程因结算不下来而未交付的，为了促使发包人积极履行给付工程价款的主要义务，把承包人提交结算报告的时间作为工程价款利息的起算时间具有一定的合理性，当事人因结算纠纷起诉到法院，承包人起诉之日就是以法律手段向发包人要求履行付款义务之时，人民法院对其合法权益应予以保护。①

建设工程往往按照形象进度付款，许多案件难以确定工程欠款发生之日，工程欠款的利息应当从何计算，依据《建设工程司法解释（一）》第 27 条的规定，工程欠款利息的起算节点，主要包括以下几个方面：

（1）当事人约定了应付款时间的按约定处理。如果双方当事人在合同中约定了工程款的支付时间，则应当遵从当事人约定，尊重当事人的真实意思表示，按照合同约定的应付工程价款之日开始计算利息。

（2）当事人对付款时间没有约定或者约定不明的计息时间。由于施工资料不完善、施工中存在工期顺延、设计变更等多种原因造成合同约定的付款时间点很难确定，绝大多数合同在履行中难以按照原合同约定确定实际付款时间。履行施工合同的变数很大，需要划分几种情况分别确定大体公平的时间点作为支付工程款利息的起算时间。因此，根据司法解释的规定，下列时间视为应付款时间：

①建设工程已实际交付的，为交付之日。此时，承包人已经实际交付建设

① 参见冯小光：《〈关于审理建设工程施工合同纠纷案件适用法律问题的解释〉的理解与适用》，载《建筑经济》2005 年第 1 期。

案例索引裁判文书

案例索引33
最高院(2013)民申字第1791号向阳公司与五建公司建设工程施工合同纠纷民事裁定书

工程,发包人也已实际控制了建设工程,如果此时发包人尚未支付工程款,显属权利义务的不对等,也容易导致利益失衡。①

②建设工程没有交付的,为提交竣工结算文件之日。《建设工程施工合同(示范文本)》(GF-2017-0201)第14.2条第1项规定,发包人在收到承包人提交竣工结算申请书后28天内未完成审批且未提出异议的,视为发包人认可承包人提交的竣工结算申请单,并自发包人收到承包人提交的竣工结算申请单后第29天起视为已签发竣工付款证书。实践中,部分发包人故意拖延审核承包人提交的竣工结算报告,以此达到拖延支付工程余款的目的,将承包人提交竣工结算文件之日作为应付款之日,并开始计付利息,有利于督促发包人履行审核义务,及时支付工程余款。另外,发包人在合同约定的审核结算期限届满后,又以承包人提交的竣工结算文件不完整为由拒绝结算,承包人要求从合同约定的审核结算期限届满之日起计算工程价款利息的,人民法院应予支持。

③建设工程未交付,工程价款也未结算的,为当事人起诉之日。之所以选择以起诉时间作为应付款时间,主要考虑起诉为权利人向司法机关正式主张权利的时间点,人民法院经过审理最终认定了发包人欠付承包人工程价款的事实,如诉讼期间不计息,实际上扩大了承包人的损失,降低了发包人的成本,这对承包人来讲是不公平的。由于合同约定的工程价款结算条件未成就,找不到起诉前的应付款时间点。平衡双方利益后最终确定以一审原告起诉时间作为应付款时间。

【法官提示66】

一般情况下,利息支付的时间应于实际付清之日止。即从工程款应付之次日至实际付清之日止,如施工单位仅主张"自工程款应付之次日产生的利息……"而无具体的止于时间,或仅主张"支付拖欠的工程款利息……"而无明确、具体的金额,且在举证期间内亦未变更关于利息计算期限的诉讼请求,为便于当事人诉讼和减少诉累,法官可就此行使释明权,促使和要求当事人在举证期限内明确利息支付时间或金额,告知其是否变更诉讼请求。如经释明后,

① 案例索引33:向阳公司与五建公司建设工程施工合同纠纷案,最高人民法院(2013)民申字第1791号民事裁定书。

当事人不予变更的,法院仅对施工单位的请求范围作出实体判决。不能擅自超越或变更当事人诉讼请求。①

【规范指引】

《北京市高级人民法院关于审理建设工程施工合同纠纷案件若干疑难问题的解答》(2012 年 8 月 6 日 京高法发〔2012〕245 号)

35. 发包人无正当理由拒绝结算工程款的,欠付工程款利息的起算点如何确定?

发包人在施工合同约定的审核结算期限内无正当理由拒绝结算或故意拖延结算,在审核期限届满后也未支付工程款,承包人要求发包人从合同约定的审核结算期限届满的次日起计算欠付工程款利息的,可予支持,但合同另有约定的除外。

《陕西省高级人民法院关于审理建设工程施工合同纠纷案件若干问题的解答》(陕高法〔2020〕113 号)

8. 当事人对工程价款付款时间有多次约定的,如何处理。

工程价款利息起算时间,应当自应付工程价款之日起开始计付。当事人在建设工程施工合同或者在合同履行过程中就建设工程施工所达成的一切协议如会议纪要、补充协议、结算协议等文件中,对付款时间的约定对当事人具有法律效力。上述协议与建设工程施工合同约定不一致的或上述协议就同一事项约定不一致的,应当以签署时间在后的协议约定为准。

9. 当事人约定工程价款结算后支付工程款的,工程价款利息起算时间如何确定。

建设工程施工合同约定待工程价款结算后支付工程款的,属于当事人对付款时间约定不明。但建设工程施工合同约定待工程价款结算后支付工程款且对工程价款结算时间有明确约定的,工程价款结算次日为工程价款利息起算时间。

合同条款对发包人竣工结算审核有时间约定的,若发包人逾期未审核的,审核期满次日为工程价款利息起算时间;在专用条款对审核时间未约定或约定不明时,可适用通用条款的约定。

发包人在合同约定的竣工结算审核期限内提出异议的,双方当事人在起

---

① 参见杜德娜:《建筑工程施工合同纠纷案件审理中应当注意的九大问题》,载《建筑时报》2010 年 11 月 1 日,第 4 版。

诉前完成工程价款结算的,工程价款结算次日为工程价款利息起算时间;双方当事人在起诉前未完成工程价款结算的,当事人起诉之日为工程价款利息起算时间。

二、利息与违约金的竞合处理

(一)违约金和利息的性质

1. 关于违约金的性质

违约金,是由当事人约定或法律规定,在一方当事人不履行或不完全履行合同时向另一方当事人支付的一笔金钱或其他给付。违约金的客体通常为金钱,包括惩罚性违约金和赔偿性违约金。违约包括履行不能、拒绝履行、履行迟延、不完全履行等情形。在建设工程施工合同纠纷中,就承包人而言,其逾期完工的,应当承担逾期竣工违约金;就发包人而言,其逾期支付工程价款的,除了应当支付工程款外,还应支付逾期付款违约金。

《民法通则》第 112 条第 2 款曾经规定,当事人可以在合同中约定,一方违反合同时,向另一方支付一定数额的违约金;也可以在合同中约定对于违反合同而产生的损失赔偿额的计算方法。《合同法》第 114 条第 1 款曾经规定,当事人可以约定一方违约时应当根据违约情况向对方支付一定数额的违约金,也可以约定因违约产生的损失赔偿额的计算方法。《民法典》吸收了上述法律规定,该法第 585 条规定,当事人可以约定一方违约时应当根据违约情况向对方支付一定数额的违约金,也可以约定因违约产生的损失赔偿额的计算方法。

关于违约金的性质,较有代表性的观点主要有补偿说、惩罚说、双重说以及目的解释说四种。

(1)补偿说认为,违约金是当事人双方事先预定的损害赔偿总额。《民法典》第 585 条第 2 款关于"约定的违约金低于造成的损失的,人民法院或者仲裁机构可以根据当事人的请求予以增加"的规定可以印证违约金为补偿性违约金。

(2)惩罚说认为,违约金实质上应以惩罚性违约金为原则。根据《民法典》第 585 条第 3 款的规定,当事人就迟延履行约定违约金的,违约方支付违约金后,还应当履行债务。由于支付违约金之后还应履行债务,而补偿性违约金支付后不应再履行债务,体现了违约金具有惩罚性功能,不再是补偿性质。

(3)双重说认为,违约金兼有补偿性和惩罚性的双重属性。不能将违约金完全留待当事人自由约定,补偿性体现了违约金的基本功能,惩罚性体现了违约金的特殊功能,《民法典》上的违约金应属于补偿性为主,惩罚性为辅。

(4)目的解释说认为,解释违约金的性质,应当以当事人订立违约金条款的主观目的予以判断,属于当事人意思自治范畴。如果当事人约定了违约金的性质,那么法官应根据当事人的约定来认定。在当事人没有约定或者约定不明时,应考察当事人能否就违约金的性质达成补充协议。如果可以达成补充协议,则应根据当事人的补充协议来认定违约金的性质;若不能达成补充协议,则应采用体系解释等解释方法来确定违约金性质,亦可根据交易习惯来确定违约金的性质。只有在上述方法均已用尽而仍然不能确定违约金性质时,才应解释为违约金具有补偿和惩罚的双重属性。①

笔者认为,以"补偿性为主,惩罚性为辅"的双重性质说更符合《民法典》第585条规定的违约金的性质。当约定的违约金低于造成的损失的情况下,违约金属于补偿性质;当违约金高于造成损失的情况下,违约金兼有补偿与惩罚的双重功能,违约金与损失相等部分,违约金应解释为补偿性质,超过损失的部分,违约金被作为惩罚性质,当然有适用该条的余地。

2. 关于利息的性质

对于利息的性质,到底是损失还是法定孳息,主要有两种观点:一种观点认为,《民法典》第577条规定,当事人一方不履行合同义务或者履行合同义务不符合约定的,应当承担继续履行、采取补救措施或者赔偿损失等违约责任。发包人不按合同约定的时间和要求提供资金的,应承担赔偿损失等责任。既然发包人未按约支付工程款属于违约行为,则其承担相应的利息亦属于承担违约责任的方式。另一种观点认为,发包人应当向承包人支付的欠付工程款利息的性质是法定孳息。所谓法定孳息,是指因法律关系所应得的收益。欠付的工程价款的利息与本金之间具有附随性。一旦双方当事人工程款结算完毕,发包人仍不支付工程价款的,该欠付的工程价款便具有类似借款的性质,因而发包人应当支付的相应利息在性质上属于承包人的工程价款在法律上应得的收益。《建设工程司法解释(一)》采纳的是第二种观点,即认为工程款利息在性质上属于法定孳息。

---

① 参见王会峰、张纯金:《酌减逾期付款违约金计付标准的裁判准则》,载《人民司法》2015年第6期。

典型案例31

溢利公司与中建六局建设工程施工合同纠纷案①

典型案例裁判文书

典型案例31
最高院(2013)民一终字第168号溢利公司与中建六局建设工程施工合同纠纷民事判决书

作为发包人的溢利公司与作为承包人的中建六局签订《建设工程施工合同》。双方在合同专用条款"35.违约"部分约定,发包人未按时支付工程进度款或竣工结算价款所应承担的违约责任是,发包人按中国人民银行公布的同期同类贷款利率向承包人支付利息。《建设工程施工合同》签订后,中建六局按该合同约定进场施工。2008年12月底,中建六局结束施工,2009年3月底,中建六局撤离工程现场,将其施工的涉案工程交付溢利公司。2010年12月21日,溢利公司与中建六局签订竣工结算确认书,后中建六局诉至法院请求判令溢利公司清偿拖欠的工程款、利息等。

裁判规则:2009年3月底,中建六局撤离工程现场,将其施工的涉案工程交付溢利公司。因此在2009年4月7日前,溢利公司欠付4000余万元,现溢利公司应给付此款并给付此款自2009年4月8日起至判决确定的给付之日止,按中国人民银行规定的同期同类贷款利率计算的利息,中建六局主张的利息为欠款的法定孳息,应予保护。

(二)竞合时的处理

实践中,很多当事人在合同中同时约定了发包人逾期付款的利息以及违约金,当发生发包人逾期付款的事实后,承包人能否依据合同约定同时主张利息和违约金,成为实践中的争议焦点。关于该问题,主要存在以下三种观点:

第一种观点认为,承包人不能按照合同约定,既请求发包人承担逾期支付工程款的违约金,又同时请求支付相应利息。其理由如下:建设工程施工合同纠纷中,逾期支付工程款的违约金是当事人预先约定的对发包人逾期付款导致承包人损失的赔偿额,逾期付款利息就是发包人欠付工程款导致工程款的法定孳息的损失,逾期付款违约金本身就是用来赔偿利息损失的。根据《民法典》第

① 参见最高人民法院民事判决书,(2013)民一终字第168号。

585 条第 2 款“约定的违约金低于造成的损失的，当事人可以请求人民法院或者仲裁机构予以增加；约定的违约金过分高于造成的损失的，当事人可以请求人民法院或者仲裁机构予以适当减少”的规定，违约金是与当事人的损失联系在一起的，其主要目的是弥补守约方因违约方违约而遭受的损失，因此如果支持承包人的请求，则存在重复计取的问题。

第二种观点认为，承包人可以按照合同约定，既请求发包人承担逾期支付工程款的违约金，又同时请求支付相应利息。如果当事人在施工合同中明确约定了在承担利息之外还应赔偿损失或者承担其他违约责任的，则承包人在请求承担违约责任同时还请求支付相应约定的利息的，应当从其约定；如果当事人仅仅约定承担违约责任的方式，而未约定支付欠付工程款利息的，则此时不应再按照《建设工程司法解释（一）》第 26 条的规定承担支付利息的责任，即承包人无权在请求发包人承担违约责任之外，再请求发包人支付欠付工程款利息；对承包人的该请求，人民法院也不应支付。①

第三种观点认为，发包人逾期支付工程款的，合同明确约定承包人可以同时主张逾期付款违约金和利息的，依照其约定。但发包人主张合同约定的违约金和利息之和过分高于实际损失请求予以适当减少的，可予支持。合同没有约定或约定不明的，对承包人的主张，一般不予同时支持，但承包人有证据证明不足以弥补其实际损失的除外。②

笔者认为，根据前述分析，逾期付款违约金具有赔偿和惩罚的双重性质，而工程欠款利息则属于法定孳息，其发生的基础为资金占用而不是违约行为，承担或者支付利息，作为一项附随义务，与当事人负有的付款责任同时产生，因此，两者在性质上存在明显不同，既然两者在性质和作用的发挥上存在不同，因此：

（1）如果建设工程施工合同明确约定发包人逾期支付工程款，承包人可以同时主张逾期付款违约金和利息的，依照其约定。

（2）发包人主张合同约定的违约金和利息之和过分高于实际损失请求予以适当减少的，可以根据法律规定予以调整。

（3）如果双方没有约定或约定不明的，对承包人的主张，一般不应同时支持，但承包人有证据证明合同约定的违约金或利息单独不足以弥补其实际损失

---

① 参见最高人民法院民事审判第一庭编：《民事审判指导与参考》（总第 49 辑），人民法院出版社 2012 年版，第 266 页。

② 参见潘军锋：《建设工程施工合同案件审判疑难问题研究》，载《法律适用》2014 年第 7 期。

的除外。

实际上可以将《最高人民法院关于审理民间借贷案件适用法律若干问题的规定》第29条作为佐证,该条规定,出借人与借款人既约定了逾期利率,又约定了违约金或者其他费用,出借人可以选择主张逾期利息、违约金或者其他费用,也可以一并主张,但是总计超过合同成立时一年期贷款市场报价利率四倍的部分,人民法院不予支持。

虽然逾期利息和违约金都是承担违约责任的方式,但逾期利息和违约金是两个并不相同的概念,适用条件不同。逾期利息着眼点在于"利息",衡量的是资金成本问题,违约金着眼点在于"担保",目的是担保合同的履行。法律对逾期利息和违约金共同适用并无禁止性规定。私法领域中,法无禁止即为允许。①

另外,如果当事人约定了迟延付款的利息责任,同时约定了发包方违约时的其他违约责任的,能否并列追究发包方的违约责任和利息支付之双重责任?笔者认为,这是完全可以的,而且是守约方的必然权利。但是,在当事人没有约定其他违约责任时,则只能请求发包方承担利息责任。

【法官提示67】

关于拖欠工程价款应当支付利息的法律根据有两类情形:一是有利息支付约定的,合同约定本身就是根据。二是虽然没有约定,但法定孳息制度当然可以作为发包方承担利息支付责任法定依据。因为利息属于法定孳息,应当自工程欠款发生时起算。②

【规范指引】

《浙江省高级人民法院民事审判第一庭关于审理建设工程施工合同纠纷案件若干疑难问题的解答》(2012年2月23日　浙法民一〔2012〕3号)

二十一、承包人能否一并请求逾期支付工程款的违约金和利息?

承包人不能按照建设工程施工合同的约定,既请求发包人承担逾期支付工程款的违约金,又同时请求支付相应利息。

《北京市高级人民法院关于审理建设工程施工合同纠纷案件若干疑难问题的解答》(2012年8月6日　京高法发〔2012〕245号)

36. 承包人同时主张逾期支付工程款的违约金和利息的,如何处理?

---

① 参见杜万华主编:《最高人民法院民间借贷司法解释理解与适用》,人民法院出版社2015年版,第525页。

② 参见师安宁:《工程款垫资与利息保护规则(二)》,载《人民法院报》2011年12月12日,第7版。

建设工程施工合同明确约定发包人逾期支付工程款，承包人可以同时主张逾期付款违约金和利息的，依照其约定，发包人主张合同约定的违约金和利息之和过分高于实际损失请求予以适当减少的，按照《最高人民法院关于适用〈中华人民共和国合同法〉若干问题的解释（二）》第二十九条的规定处理；没有约定或约定不明的，对承包人的主张，一般不应同时支持，但承包人有证据证明合同约定的违约金或利息单独不足以弥补其实际损失的除外。

三、垫资利息

为全面治理拖欠农民工工资问题，国务院办公厅《关于全面治理拖欠农民工工资问题的意见》（国办发〔2016〕1 号）提出要规范工程款支付和结算行为。全面推行施工过程结算，建设单位应按合同约定的计量周期或工程进度结算并支付工程款。工程竣工验收后，对建设单位未完成竣工结算或未按合同支付工程款且未明确剩余工程款支付计划的，探索建立建设项目抵押偿付制度，有效解决拖欠工程款问题。对长期拖欠工程款结算或拖欠工程款的建设单位，有关部门不得批准其新项目开工建设。从规定本身来看，实际上对垫资施工是持否定态度的，或者不提倡垫资施工，但从建筑领域的实际情况来看，鉴于建筑市场属于发包人市场的实际，解决垫资问题，任重道远。

（一）承包人具有垫资利息请求权

根据前述分析，垫资条款属于有效条款，司法解释将垫资行为合法化，既符合《民法典》的精神，也符合建筑市场的实际情况。实际上在国务院办公厅转发建设部等部门《关于进一步解决建设领域拖欠工程款问题意见的通知》（国办发〔2004〕78 号）中同样体现了垫资合法化的倾向。该通知提出要加强对带资施工行为的管理。建设单位发包时，确需施工总承包企业带资施工的，必须在招标文件及合同中明确列出需带资的数额、偿还方式、利息和期限等。超过合同约定期限，建设单位仍不偿还的，当事人可通过仲裁或司法等途径解决。垫资合同实际上是契约当事人根据意思自治这一民法基本原则，在建筑工程合同中，发包人与承包人就承包人进行工程建设，发包人支付价款的一种约定。它充分反映了当事人的真实意思，是双方当事人共同自愿实施的行为，应当予以充分尊重，赋予其应有的法律效力。

应当说，在没有垫资付息约定但存在发包方未按约拨付工程进度款的情形下，要求发包方承担垫资利息的法律依据是十分充分的。《建筑法》本身明确规定"发包单位应当按照合同的约定,及时拨付工程款项"。显然,不按照约定拨付工程进度款是发包方的严重违约行为。《民法典》规定发包方未按照约定的时间和要求提供原材料、设备、场地、资金、技术资料的,承包人可以顺延工程日期,并有权要求赔偿停工、窝工等损失。《建设工程司法解释(一)》关于工程欠款的利息起算日直接明确规定为"从应付工程价款之日计付"。那么,工程进度款的拨付日实际上就是利息的应当起算日。显然,根据上述法律规定足以得出结论,如果承包方的垫资行为系发包方的过错或违约行为所致,则应当保护承包方的垫资利息请求权。①

(二)垫资利息的处理

《建设工程司法解释(一)》第25条第1款规定,当事人对垫资和垫资利息有约定,承包人请求按照约定返还垫资及其利息的,人民法院应予支持,但是约定的利息计算标准高于垫资时的同类贷款利率或者同期贷款市场报价利率的部分除外。根据该规定,对垫资问题的处理包括垫资本金的返还以及垫资利息的支付两个方面。如果当事人对其有约定应按照合同约定处理,当然利息的计算标准不得高于中国人民银行发布的同类贷款利率或者同期贷款市场报价利率。

《建设工程司法解释(一)》第25条第2款规定,当事人对垫资没有约定的,按照工程欠款处理。双方在施工过程中,虽有垫资的事实,但在合同中没有关于垫资的约定,尤其是对于合同已经履行完毕,承包人承建的工程已经竣工并经验收合格,此时,发包人如果想获取工程,应当按照合同约定支付工程款。如果双方对于垫资没有特别约定的,则相应的垫资,一般作为工程欠款,由发包人支付。

《建设工程司法解释(一)》第25条第3款规定,当事人对垫资利息没有约定,承包人请求支付利息的,人民法院不予支持。根据该款规定,双方仅对垫资本金有约定,对利息没有约定,则对于承包人请求支付利息的主张不予支持。实际上该款借鉴了有关民间借贷关于利息的处理规定,《民法典》第680条规定,借款合同对支付利息没有约定的,视为没有利息。借款合同对支付利息约定不明确,当事人不能达成补充协议的,按照当地或者当事人的交易方式、交易习惯、市场利率等因素确定利息;自然人之间借款的,视为没有利息。《最高人

① 参见师安宁:《工程建设合同效力体系(二)》,载《人民法院报》2011年11月14日,第7版。

民法院关于审理民间借贷案件适用法律若干问题的规定》第24条规定，借贷双方没有约定利息，出借人主张支付利息的，人民法院不予支持。自然人之间借贷对利息约定不明，出借人主张支付利息的，人民法院不予支持。充分体现了当事人自愿和契约自由原则。

典型案例32

融港侨公司与天山实业公司建筑装饰工程施工合同纠纷案①

融港侨公司与天山实业公司签订《建设工程施工合同》及《补充合同》各一份。合同订立后，融港侨公司开始施工。施工中，天山实业公司与融港侨公司订立《协议书》，天山实业公司同意给融港侨公司补偿垫资利息330万元，后，天山实业公司与融港侨公司再次订立《协议书》约定：天山实业公司另外再补偿融港侨公司利息损失350万元。后，融港侨公司诉至法院，请求法院判令上述垫资款利息。

典型案例裁判文书

典型案例32

最高院（2013）民一终字第12号融港侨公司与天山实业公司建筑装饰工程施工合同纠纷民事判决书

裁判规则：根据司法解释的规定，天山实业公司应按约定支付垫资利息。但如果上述两份协议约定"补偿款"总额680万元高于中国人民银行发布的同期同类贷款利率，则高出的部分不予支持。据此，垫资款的利息应以中国人民银行发布的同期同类贷款利率为标准，而不应遵从当事人的约定。根据本案的实际情况，双方约定的"补偿款"总额680万元较同期同类贷款利率高出235万元，该高出部分，依法不予保护。

第四节　审计报告与工程造价

对于国家建设项目，建设单位同施工单位签订了施工合同，完工后建设单位与施工单位签署了结算协议，但是，往往在此之后，国家审计机关又按照《审计法》的规定对该工程造价进行了审计，关于工程造价，便会出现两个结论：一

① 参见最高人民法院民事判决书，(2013)民一终字第12号。

是审计机关对工程建设作出的审计报告中的工程造价，二是发包人与建筑施工企业之间按照合同约定得出的工程造价，而审计价格多数低于双方当事人认定的结算价。此时，就产生了以哪个结论为准进行工程价款结算的问题，也就是以合同约定的价款还是以审计结论为依据计算工程余款的问题。

审计机关作为监督国有资产的行政部门，有权对国家建设项目真实、合法情况进行审计监督，对利用合同危害国家利益、社会公共利益的违法行为进行处理。国家建设项目不仅涉及具有平等主体之间合同关系，即私法关系，而且涉及审计机关的监督，即公法关系，两种法律关系的交叉直接导致了民事合同与审计结论在实践中发生冲突的可能性。① 为了规避因审计带来的风险，建设单位往往要求施工单位按照审计结论进行结算，在此基础上，施工单位或者按照建设单位的要求认可审计结论，同意审计决定的结算价，或者向人民法院提起民事诉讼，请求按照与建设单位的合同约定支付工程价款。由于《审计法》及《审计法实施条例》对审计报告的效力未作出明确规定，在建设工程施工合同纠纷中，当审计报告与民事合同发生冲突时，当审计报告中的工程造价与合同约定造价不一致时，存在法律适用上的困惑，主要有两种意见：

一种意见认为，对国家财政投资建设工程决算金额的确定而言，片面地强调合同的自由及意思自治会带来不良的后果，会使立法规定的工程决算价款审计监督制度流于形式。持此类合同价款约定的国家干预，特别是审计监督是社会公共利益实现的需要，是对此类合同价款约定自由的当然限制，是具有重要现实意义的。② 因此，审计机关根据《审计法》及其实施条例对政府投资和以政府投资为主的建设项目的预算执行情况和决算，进行审计监督，系履行法定职责的行为，具有强制性，合同当事人应当以审计报告中结算价作为工程款认定依据。

另一种意见认为，审计关系是一种行政法律关系，审计结论只对被审计单位具有法律约束力，审计机关的审计不能改变当事人合同的效力及内容，更无权变更合同价款。如果对财政评审中心的审核结论赋予强制力，作为结算依据被直接采信，将导致这样一种结果，即财政部门有权决定工程结算金额，改变民

---

① 参见姜昀：《审计报告不影响船舶建造合同双方结算协议的效力》，载《人民司法》2015 年第 6 期。

② 参见卓洁辉：《论建设工程承包合同中的合同自由与审计监督——以国家财政投资建设工程承包合同为透析视角》，载《河北法学》2011 年第 2 期。

事合同约定内容，这显然与社会主义市场经济规律的本质要求相悖，与《民法典》精神相悖，违反平等、自愿、等价有偿、诚实信用的民法原则。

一、工程项目审计的法定性

审计是指审计机关依法独立检查被审计单位的会计凭证、会计账簿、财务会计报告以及其他与财政收支、财务收支有关的资料和资产，监督财政收支、财务收支真实、合法和效益的行为。审计机关有权对国家建设项目进行审计及处理。

（一）审计的目的和职责

1. 审计的目的

《审计法》第1条规定，为了加强国家的审计监督，维护国家财政经济秩序，提高财政资金使用效益，促进廉政建设，保障国民经济和社会健康发展，根据宪法，制定本法。由此可见，审计的目的是加强国家的审计监督，维护国家财政经济秩序，提高财政资金使用效益，促进廉政建设，保障国民经济和社会健康发展，加强对国有资金或以国有资金为主的建设项目有效的控制，减少投资者滥用职权截留资金、转移资金于小金库，造成建设资金流失的违法违规行为。

加强对政府投资项目的审计，能够有效监管政府投资项目的科学性、资源利用的有效性。首先，应当对政府投资项目的竣工结算加大审计力度，并加强对政府重大项目建设程序关键点的审计，对建设工程中的招投标、预决算等进行审计，促进工程的建设以及资金的有效利用。其次，对政府的重大项目进行跟踪审计，针对一些建设周期长、投资大、子工程较多的建设项目的各个环节进行实际的监督。[①]

2. 审计机关的职责

《审计法》第三章专门规定了审计机关职责。该法第22条规定，审计机关对国有企业、国有金融机构和国有资本占控股地位或者主导地位的企业、金融机构的资产、负债、损益以及其他财务收支情况，进行审计监督。第23条规定，审计机关对政府投资和以政府投资为主的建设项目的预算执行情况和决算，对其他关系国家利益和公共利益的重大公共工程项目的资金管理使用和建设运营情况，进行审计监督。《审计法实施条例》第2条规定，审计法所称审计，是指审计机关依法独立检查被审计单位的会计凭证、会计账簿、财务会计报告以及

---

① 参见林小友：《浅析审计在法治政府建设中的作用》，载《中国审计报》2015年2月25日，第7版。

其他与财政收支、财务收支有关的资料和资产,监督财政收支、财务收支真实、合法和效益的行为。

基于上述法律法规的规定,审计机关的职责是审计监督,审计监督的方式是对被审计单位与财政收支、财务收支有关的资料和资产进行检查。审计机关行使审计职权的方式是提出审计报告,做出审计决定,提出处理、处罚的意见。

因此,国家审计是法定审计,是审计机关行使国家权力管理行政事务的活动。审计机关是国家的行政机关,依据《审计法》的规定,职责主要体现在监督、检查,必要时对事关国计民生的项目进行审计。依据《审计法》第23条的规定,对政府投资和以政府投资为主的建设项目进行行政审计,目的在于监督建设单位的财政、财务收支是否真实、合法、有效,是对建设单位项目预算与决算的一种行政监督权。

(二)对政府投资和以政府投资为主的建设项目的界定

根据《审计法》第23条的规定,在建设工程施工合同纠纷中,发生合同效力与审计结论之争的工程建设项目主要是《审计法》规定的"政府投资和以政府投资为主的建设项目"。对于该类项目的内容和范围,《审计法》并未作出具体规定,《审计法实施条例》第20条对此作出了明确规定,"政府投资和以政府投资为主的建设项目"包括:

(1)全部使用预算内投资资金、专项建设基金、政府举借债务筹措的资金等财政资金的。

(2)未全部使用财政资金,财政资金占项目总投资的比例超过50%,或者占项目总投资的比例在50%以下,但政府拥有项目建设、运营实际控制权的。

审计机关对上述建设项目的总预算或者概算的执行情况、年度预算的执行情况和年度决算、单项工程结算、项目竣工决算,依法进行审计监督;对前款规定的建设项目进行审计时,可以对直接有关的设计、施工、供货等单位取得建设项目资金的真实性、合法性进行调查。经过审计,审计机关应当提出审计报告,并将审计报告和审计决定送达被审计单位和有关主管机关、单位。

二、审计报告不能直接作为认定工程价款的依据

法律思维是开展审计工作的基本思维方式,是确保审计权力依法行使的根本保证,审计法治化需要运用法律思维来保障依法审计,规范审计程序,依法追究审计责任。审计工作从审计对象的确定、审计程序的履行、审计证据的取得

到审计结论的形成，都离不开法律思维，都时刻需要以法律为准绳。[①] 根据《审计法》的规定，通过审计，发现建设单位的财政收支、财务收支违反国家规定，审计机关认为对直接负责的主管人员和其他直接责任人员依法应当给予处分的，应当提出给予处分的建议，建设单位的财政收支、财务收支违反法律、行政法规的规定，构成犯罪的，依法追究刑事责任。据此，财政审计报告只是审计机关作出行政处理决定的依据，而不应作为当事人确定工程造价当然的依据。

（一）合同法基本原则的要求

合同是平等主体的自然人、法人、其他组织之间设立、变更、终止民事权利义务关系的协议。合同当事人的法律地位平等，依法成立的合同，对当事人具有法律约束力，在不违反法律、行政法规强制性规定的情形下，法院应当尊重当事人在合同中的真实意思表示。如果认为应当以财政审计报告为准确定工程造价，则违背了《民法典》的精神，严重侵害了平等民事主体间的意思自治原则，也与自愿、平等、等价有偿的民法原则相违背。

工程建设以施工合同为基础确定了双方的权利和义务，是公平市场交易行为，是合同行为，体现了自愿、平等和意思自治。建设工程施工合同的当事人法律地位平等，在不违反法律、行政法规强制性规定的前提下，应当尊重当事人在合同中体现出的真实意思表示，即双方当事人都应共同遵守并履行合同条款所确定的权利义务，当事人不能擅自改变合同约定内容，变更执行。

审计部门的监督职能不能延伸到合同领域，改变平等主体之间的合同内容，其审计报告系行政决定，不是人民法院审理案件的法定依据。审计机关明确以审计结果作为工程竣工结算的依据缺乏《审计法》依据，有行政权力扩张之嫌。审计机关完全没有必要去做民商事契约自由的“运动员”，将自己置身于双方矛盾之中，代行使工程造价咨询机构的社会中介职能。审计机关“越位”缺乏了中立性，再加之行政权力运用得不到有效监督，势必会弱化审计权威和审计监督职能。其实质就是用行政行为去干涉民事行为，是在浪费有限的公权力资源，使监督者处于各方矛盾主体的漩涡。建设工程施工合同是特殊的承揽合同，应当受《民法典》调整。双方当事人要不要明确以审计结果作为工程竣工结算是民商事契约自由的表现，无须政府引导用行政行为去干涉民事行为。这种公权介入私法在我国的基本建设市场将会引起波动，其后果令人担忧。

---

① 参见李璐：《运用法律思维推进审计法治化》，载《中国审计报》2015 年 2 月 11 日，第 7 版。

行政法强调国家行政机关的依法行政,将行政机关的合法行政行为作为行政法律关系发生的唯一依据,而民法则充分尊重民事主体的自由意志,将当事人双方通过平等协商而形成的共同意志行为作为民事法律关系发生的重要根据。《审计法》属于行政法范畴,《民法典》属于民法部门,两部法律调整的社会关系的性质和范围、调整方法均有明显差异。政府机关在缔约时并非以行政主体身份出现,而是作为平等的民事主体参与合同的订立履行。因此,在施工合同中,政府机关或者其授权机关与建筑施工企业是平等的合同双方当事人。如果强行将审计结论作为认定工程价款的依据,则实际上混淆了法律的适用范围,也没有法律依据。

典型案例33

公路建设指挥部与金帝公司、阿城区政府建设工程施工合同纠纷案①

典型案例裁判文书

典型案例33

黑龙江高院(2015)黑民终字第37号公路建设指挥部与金帝公司、阿城区政府建设工程施工合同纠纷民事判决书

2010年7月17日,公路建设指挥部与金帝公司签订《公路合同协议书》及《补充条款》各一份,协议约定根据区政府资金到位情况按照工程形象进度比例拨付,在审计部门出具报告之前,预付工程款不超过合同价款的80%,在审计机关出具报告之后可拨付工程余款。合同签订后,金帝公司按照合同约定进行施工,该工程于2011年10月竣工并交付使用至今。工程交付使用后,金帝公司多次向公路建设指挥部催要余下工程款。2013年3月20日,奥隆公司完成审计,审计后的工程总造价审定额为41,097,615.00元。公路建设指挥部和阿城区政府累计向金帝公司支付工程款为30,667,689.40元,尚欠工程款10,429,925.60元,金帝公司诉至法院要求支付工程余款。公路建设指挥部抗辩认为,金帝公司虽然已完成了该工程施工并交付使用,但合同工程总造价始终未通过审计部门审计,因此公路建设指挥部与金帝公司之间无法进行剩余工程款的结算。公路建设指挥部虽委托奥隆公司对合同工程总

① 参见黑龙江省高级人民法院民事判决书,(2015)黑民终字第37号。

造价进行审核,但审核的结果只是中介机构的评估,而非法定审计机关出具的审计报告。

裁判规则:关于本案工程结算是否必须依审计机关出具的审计报告为依据问题。根据《审计法》的规定,国家审计机关对工程建设单位进行审计是一种行政监督行为,与本案当事人之间平等主体间的民事法律关系性质不同。无论案涉工程是否依法须经国家审计机关审计,均不能认为国家审计机关的结论必须作为民事纠纷双方当事人之间结算的当然依据。在结算过程中,公路建设指挥与金帝公司通过对奥隆公司审核报告的认可,以新的合意变更了合同中对于结算方式以审计报告作为结算依据的约定。因此,本案工程是否经法定审计机关进行审计,不影响双方当事人对于工程款结算的效力。

【规范指引】

《全国民事审判工作会议纪要》(2011 年 10 月 9 日　法办〔2011〕442 号)

25. 当事人以审计机关作出的审计报告、财政评审机构作出的评审结论,主张变更有效的建设工程施工合同约定的工程价款数额的,不予支持。

(二)施工单位原则上不属于被审计单位

依据合同相对性原则,意味着合同一般仅对当事人发生效力,而不能对与合同无关的第三人发生效力,同时,合同对当事人的约束力,除法律、行政法规另有规定外,也仅以合同所约定的事项为限,不能超越合同的规定。在建设工程施工合同关系中,合同相对人系建设单位和施工单位,审计部门对工程造价的审核,是监控财政拨款与使用的行政行为,只是对建设单位的单方监督,并不是对建设工程施工合同当事人签订的合同履行情况的监督,对合同当事人不具有法律约束力。案外人包括审计机关不应当介入合同以行政权力干涉当事人合同的履行。也就是说,工程造价审计是审计机关依据《审计法》等相关规定,对工程概算、预算、结算在执行中是否超支,是否合法合规等进行监督检查的一种手段,其本质上属于行政行为,适用于《审计法》及有关行政法律法规进行调整。

【法官提示 68】

审计机关对工程项目的造价审计,是对建设单位的行政监督行为,通常对承包人没有直接的法律约束力。正是因为审计只对建设单位发生法律效力,对承包人无效,所以审计结论只需要向建设单位送达,无须向施工单位送达。

虽然施工单位原则上不属于被审计单位,但并非意味着其在国家建设项目审计中就不承担任何义务,审计机关对建设单位或建设项目法人进行审计监督时,往往需要与建设项目有密切关系的有关单位配合,即勘察、设计、施工、监理、采购、供货等。《审计法》《审计法实施条例》也确定了施工单位接受调查,提供证明材料的义务,该义务主要体现于以下条文内容:

一是《审计法》的规定。第37条规定,审计机关进行审计时,有权就审计事项的有关问题向有关单位和个人进行调查,并取得有关证明材料。有关单位和个人应当支持、协助审计机关工作,如实向审计机关反映情况,提供有关证明材料。第43条规定,审计人员通过审查财务、会计资料,查阅与审计事项有关的文件、资料,检查现金、实物、有价证券和信息系统,向有关单位和个人调查等方式进行审计,并取得证明材料。

二是《审计法实施条例》的规定。第23条规定,审计机关可以依照审计法和本条例规定的审计程序、方法以及国家其他有关规定,对预算管理或者国有资产管理使用等与国家财政收支有关的特定事项,向有关地方、部门、单位进行专项审计调查。第44条规定,审计机关进行专项审计调查时,应当向被调查的地方、部门、单位出示专项审计调查的书面通知,并说明有关情况;有关地方、部门、单位应当接受调查,如实反映情况,提供有关资料。

(三)保护当事人诉权的需要

工程竣工结算内容包括工程合同价款、合同调整价款以及索赔款项。另外,还可能包括工期违约金或者赔偿金或奖金。审计结论显然也应包括上述内容。倘若发包人或者承包人对审计结论中载明的合同价款、合同调整价款以及索赔款项或者工期违约金、赔偿金、奖金提出异议,但由于合同约定审计结论作为工程竣工结算依据,则法院并没有权力对审计结论作出更改、调整。此外,作为出具审计结论的审计机关,也不可能作为民事诉讼主体的任何一方或者第三人甚至鉴定人出庭参与诉讼,并据此改变审计结论。也就是说,在当事人就审计结论涉及的诸如价款数额、工期违约金或者赔偿金或者奖金提出异议时,法院无法行使审判权进行实体审理并强制作出调整。因此,在审计机关出具了审计结论后,实际上就剥夺了承、发包双方部分实体意义上的诉权。[①] 将审计结论作为工程竣工结算的依据,也就意味着审计机关的行政权力代替了法院对工程

① 参见周吉高:《〈审计结果作为工程竣工结算依据〉对争议解决的影响》,载《建筑时报》2012年8月23日,第1版。

结算款纠纷、工期违约纠纷、工程质量纠纷案件的审判权。

民事诉讼中,当事人对自己提出的主张,有责任提供证据,提供证据既是当事人的权利,也是当事人向人民法院应尽的义务。《民事诉讼法》第 79 条规定,当事人可以就查明事实的专门性问题向人民法院申请鉴定。当事人申请鉴定的,由双方当事人协商确定具备资格的鉴定人;协商不成的,由人民法院指定。当事人未申请鉴定,人民法院对专门性问题认为需要鉴定的,应当委托具备资格的鉴定人进行鉴定。因此,当事人申请鉴定既是举证责任的需要,也是民事审判的客观要求。对查明案件事实的专门性问题需要进行鉴定的,当事人有权向人民法院提出申请。建设工程施工合同纠纷中,工程量、工程价款往往成为合同当事人之间的争议焦点,如果强制性规定仅能以审计结论作为结算依据,实际上也剥夺了当事人申请鉴定的权利。根据《审计法》第 53 条的规定,被审计单位对审计机关作出的有关财务收支的审计决定不服的,可以依法申请行政复议或者提起行政诉讼。被审计单位对审计机关作出的有关财政收支的审计决定不服的,可以提请审计机关的本级人民政府裁决,本级人民政府的裁决为最终决定。如果认为只能以审计结论为依据,则在人民法院审理建设工程施工合同的民事案件中,如果一方对审计结论不服,提起行政复议或者行政诉讼,势必导致民事诉讼程序的混乱和无序,也会拖延案件审理期限,从实体和程序上都不利于当事人合法权益的保护。

(四)招标投标程序的要求

政府投资和以政府投资为主的建设项目,一般属于依法应当招标的项目。招标的建设项目如果以审计结论作为结算依据,会产生诸多问题。

如果以审计结论作为结算依据,招投标程序中的价格竞争机制就毫无意义了。投标人只需按照最能够中标的条件报价,根本不必考虑自己的成本,更谈不上对预期利益的判断。最终结果是:价格竞争流于形式,审计结论一锤定音。这不但是对招标投标制度的破坏,更会实质性地冲击优胜劣汰机制。审计机关对基本建设项目的审计监督不仅是查明工程建设的有关情况、揭示其中的问题,还应对产生这些问题的原因进行深层次分析,提出建设性意见,促进政策的科学化和制度的完善,这是审计抵御功能在基本建设项目审计中的体现。基于审计这种“免疫系统”的本质和监督职能,基本建设项目审计不应过分纠结于工程价款数额这一表象上,更不应当采用“以审计结论作为工程结算依据”的形式

“自降身价”去充当建设单位的合同审算机构。①

在通过招标发包的情形下,招标文件和中标人的投标文件本身就是审计机关进行审计并出具审计结论的依据。项目竣工决算是否背离招标文件和中标人的投标文件,是审计机关进行审计监督的重点。因此,工程造价应以依照招标文件和中标人的投标文件所签合同的约定为准。审计结论是法定证据之一,如审计结论认为项目竣工决算背离招标文件和中标人的投标文件,法院应据此就具体问题组织双方当事人进行举证和质证,但不能仅根据审计结论就否定竣工决算的效力。同理,对于经合法批准免于招标投标而直接签订合同的政府投资项目,也应维持合同结算条款的效力,除非有充分的证据证明项目竣工决算背离合同约定或存在虚假之处。②

三、审计报告的采信

虽然审计报告并不能成为认定工程价款的当然依据,但并非意味着其就不能作为工程款的认定依据。司法实践中,对于审计报告的采信与否,主要有以下规定:

(1)《最高人民法院关于建设工程承包合同案件中双方当事人已确认的工程决算价款与审计部门审计的工程决算价款不一致时如何适用法律问题的电话答复意见》:审计是国家对建设单位的一种行政监督,不影响建设单位与承建单位的合同效力。建设工程承包合同案件应以当事人的约定作为法院判决的依据。只有在合同明确约定以审计结论作为结算依据或者合同约定不明确、合同约定无效的情况下,才能将审计结论作为判决的依据。

(2)《最高人民法院关于常州证券有限责任公司与常州星港幕墙装饰有限公司工程款纠纷案的复函》:本案中的招投标活动及双方所签订的合同合法有效,且合同已履行完毕,依法应予保护。证券公司主张依审计部门作出的审计结论否定合同约定不能支持。

(3)《全国民事审判工作会议纪要》第25条规定:当事人以审计机关作出的审计报告、财政评审机构作出的评审结论,主张变更有效的建设工程施工合同

---

① 参见何红锋:《招标建设项目不宜以审计结论作为结算依据》,载《中国经济导报》2015年1月15日,第A03版。

② 参见黄强光:《政府投资建设项目的工程造价应如何确定》,载《建筑时报》2012年8月23日,第1版。

约定的工程价款数额的，不予支持。

根据上述规定，审计机关对建设单位建设资金的监督管理，不影响建设单位与施工单位之间的合同效力及履行。因此，在司法实践中，对于审计报告的采信，应当坚持以下原则：

（1）在当事人没有特别约定的时候，建设单位或者施工单位主张以审计报告作为工程价款结算依据的，不予支持。不以审计结论作为竣工结算依据并不影响审计对国有资金的监督，反而在以审计结论作为竣工结算依据的基础上，若双方当事人对结算价款存在争议，作为经国家机关确定的价格，反而难以得到有效纠正和救济。①

（2）只有在合同明确约定以审计结论作为结算依据或者合同约定不明确、合同约定无效的情况下，才能将审计结论作为判决的依据。②

这也符合《建设工程司法解释（一）》第 19 条第 1 款"当事人对建设工程的计价标准或者计价方法有约定的，按照约定结算工程价款"的规定。

案例索引裁判文书

案例索引34

最高院（2014）民一终字第317号建筑公司与交通局建设工程施工合同纠纷民事裁定书

第一，对合同一方依据审计结果要求调整合同所约定工程价款的主张，不予支持；第二，当合同约定不明确，无法确定结算依据时，可以审计结果作为结算依据；第三，当出现合同双方恶意串通、损害国家利益导致合同无效等情形时，可以审计结果作为结算依据。

【法官提示 69】

虽然审计报告原则上不能作为认定工程价款的依据，但审计结论并不等于对施工单位没有影响，而是有很大的影响。审计机关在审计过程中发现的问题或对有关工程造价的审减，如果确实是违反建筑工程合同约定的，或审计机关能够举证证明工程结算价款的非真实性或违法性，那么按照《合同法》的规定，作为建筑工程合同另一方的业主（建设单位）在得知有关情况后是可以就发现的事实与承包商（施工单位）按照合同规定加以解决的，而且审计机关也可以向有关部门（纪律检查部门、监察部门或检察机关）反映情况。只是业

---

① 参见王凌俊：《行政审计结果是否能够作为工程竣工结算的依据》，载《建筑时报》2015 年 2 月 19 日，第 5 版。

② 案例索引 34：建筑公司与交通局建设工程施工合同纠纷案，最高人民法院（2014）民一终字第 317 号民事裁定书。

主（建设单位）不能单纯以审计决定为由单方面对承包商（施工单位）采取扣罚手段。

典型案例34

周村区政府与黄河工程公司建设工程施工合同纠纷案①

典型案例裁判文书

典型案例34

最高院（2014）民一终字第89号周村区政府与黄河工程公司建设工程施工合同纠纷民事判决书

周村区政府（甲方）与黄河工程公司（乙方）签订《协议书》，约定道路建设项目由黄河工程公司总承包。协议签订后，黄河工程公司垫资进行工程施工。后工程经施工、竣工验收合格，并交付使用。因工程款支付问题，黄河工程公司诉至法院。诉讼过程中，黄河工程公司申请对其所施工的工程造价进行评估。造价机构出具了工程造价鉴定报告。周村区政府认为，工程价款应当以审计局的审计结论为依据。

裁判规则：合同当事人并未就以周村区审计局出具的工程结算书作为结算依据形成合意。周村区政府认为黄河工程公司向周村区审计局提交工程结算书，该公司在有关书面文件上签字，表明双方对案涉工程以审计机关审计结论作为结算依据形成合意，缺乏事实依据。本案中，经当事人申请，法院依法委托造价鉴定机构就工程造价进行鉴定，并以鉴定意见作为工程款认定依据，符合法律规定。

【规范指引】

《安徽省高级人民法院关于审理建设工程施工合同纠纷案件适用法律问题的指导意见（二）》（2013 年 12 月 23 日　安徽省高级人民法院审判委员会第 32 次会议通过）

第十条　政府投资和以政府投资为主的建设项目，当事人在合同中约定以审计机关出具的审计报告、财政评审机构出具的评审结论作为工程价款结算依据，发包人请求依据审计报告、评审结论结算工程价款的，予以支持。

---

① 参见最高人民法院民事判决书，（2014）民一终字第 89 号。

第五节 情势变更原则的适用

在审理建设工程施工合同纠纷中，涉及工程款结算时，合同当事人均有可能以情势变更为由，主张对合同约定的工程价款结算条款予以调整，此时，如何审查当事人的主张，如何适用情势变更原则，是司法实践中的难点问题。

一、情势变更概述

（一）情势变更的定义

情势变更是指合同有效成立后，因发生当事人不可预见的事情，致使签订合同的基础丧失，继续履行原合同将使当事人之间产生显失公平时，当事人可以诉求法院变更合同或者解除合同。所谓情势，是指合同成立所依据的基础和环境等一切客观事实，包括政治、经济、法律及商业上的种种情况。

因情势变更而造成合同履行的障碍，一直以来困扰着司法实务部门。情势变更的核心价值在于矫正严守契约可能产生的有违诚实信用原则的状况，唯有继续履行合同会造成交易双方利益严重失衡的情形，才有情势变更原则的适用。情势变更具有以下功能：情势变更的价值目标是实现契约自由与契约正义的平衡；情势变更是合同严格责任的一种补充；情势变更是社会主义市场经济发展的客观要求，有利于稳定社会经济秩序；情势变更是民法伦理性的体现。

（1）情势变更原则体现了诚实信用原则。情势变更原则是诚实信用原则在合同法领域中的体现，诚实信用原则作为各国民法上的一项重要原则，无论是大陆法系还是英美法系都在立法上加以确认。当事人所履行的义务应该基于订立合同时所预见的情势，才为诚实信用；如果履行义务时的情势已经发生巨变，按照原合同履行义务将显失公平，还一味要求履行义务，显然违背诚实信用原则。

（2）情势变更原则体现了公平原则。公平原则是民法的基本原则之一，在相关司法解释规定情势变更原则之前，审判实务中主流观点认为，在目前我国民事法律没有明确规定的情况下，显然一般不宜适用情势变更原则来调整承包人与发包人双方当事人的利益和风险分配。如果出现了导致承包人与发包人之间利益的重大失衡情形，可以适用民法中的公平原则进行调整，使当事人的利益得到平衡。

(3)情势变更原则是对严格责任原则的补充。合同必须信守的正当性理由并不意味着苛求当事人对可能发生的任何情形及其发生以后相应的所有法律后果都作出明确的约定,因此,一个能够相对灵活地应对社会异常变化的法律制度永远都是必需的。情势变更的意义在于通过司法权力的介入,改变合同已经确定的条款或解除合同,在合同当事人原来的订约之外,重新分配交易双方在交易中的利益和风险,从而保证实质正义,实现社会公平。①

【法官提示70】

我国合同法领域基本上遵循严格责任原则,凡当事人不履行合同义务或履约不符合合同规定时应该承担违约责任,除非存在免责事由。采用严格责任原则的本意在于维护合同的严肃性和合同的效力,增强当事人的责任心,维护交易安全。但是,严格责任原则不能用来庇护不公平、不公正。当情势发生巨变,按照原合同履行义务将显失公平,仍机械僵硬地理解和恪守严格责任原则,维护合同的有效性,势必使合同成为当事人的一种桎梏,甚至使当事人受到不合理不公平负担的拖累。

(二)情势变更的法律渊源

原《合同法》中并没有规定情势变更,《民法典》在总结我国司法实践经验的基础上,明确规定了该原则。关于情势变更原则,主要有以下几个方面涉及。

(1)原《合同法解释(二)》第26条规定,合同成立以后客观情况发生了当事人在订立合同时无法预见的、非不可抗力造成的不属于商业风险的重大变化,继续履行合同对于一方当事人明显不公平或者不能实现合同目的,当事人请求人民法院变更或者解除合同的,人民法院应当根据公平原则,并结合案件的实际情况确定是否变更或者解除。

该条主要解决合同订立后显失公平的问题。合同订立的时候是公平的,在合同成立后由于社会环境发生重大变化,使一方当事人遭受重大的损害,造成双方当事人显失公平,按照实际情况履行不了的,在符合司法解释规定的情形下,审慎、严格地适用情势变更原则。目前,情势变更原则在大陆法系的绝大部分国家民法典中均有规定,因此,该制度是在认真、细致的调研基础上,结合实

---

① 参见蒋浩:《情势变更原则及其法律适用——以国际金融危机为背景》,载《法律适用》2009年第11期。

践的需要被吸收进此次司法解释。[①] 因此,该条被视为情势变更原则适用的明确法律依据,标志着我国规范性文件确立了情势变更原则,使法官在审判实践中有了直接的、具体的法律依据。但该条文并没有明确表述为"情势变更",而是采用"无法预见、非不可抗力造成的不属于商业风险的重大变化"的表述方式。

(2)《最高人民法院关于正确适用〈中华人民共和国合同法〉若干问题的解释(二)服务党和国家的工作大局的通知》要求,要严格适用原《合同法解释(二)》第26条之规定,对于上述解释条文,各级人民法院务必正确理解、慎重适用。如果根据案件的特殊情况,确需在个案中适用的,应当由高级人民法院审核。必要时应提请最高人民法院审核。最高人民法院发布此通知,要求层报高级人民法院审查批准,是为了最大限度地避免对交易安全和市场秩序造成大的冲击,防止个别企业以情势变更为由,逃避债务或者以正常的商业风险主张情势变更,损害对方当事人的合法权益。因此,在涉及情势变更案件中,应引导合同当事人进行协商,协商不成的,人民法院应当坚持调解优先的原则,积极拓展调解工作领域,不断创新调解方式,将调解工作贯穿到合同诉讼的全过程。

(3)《民商事合同纠纷案件指导意见》第一部分"慎重适用情势变更原则,合理调整双方利益关系"以四个条文内容对情势变更原则以及人民法院在案件审理中适用该原则作出规定,明确指出:

①当前市场主体之间的产品交易、资金流转因原料价格剧烈波动、市场需求关系的变化、流动资金不足等诸多因素的影响而产生大量纠纷,对于部分当事人在诉讼中提出适用情势变更原则变更或者解除合同的请求,人民法院应当依据公平原则和情势变更原则严格审查。

②人民法院在适用情势变更原则时,应当充分注意到全球性金融危机和国内宏观经济形势变化并不完全是一个令所有市场主体猝不及防的突变过程,而是一个逐步演变的过程。在演变过程中,市场主体应当对于市场风险存在一定程度的预见和判断。人民法院应当依法把握情势变更原则的适用条件,严格审查当事人提出的"无法预见"的主张,对于涉及石油、焦炭、有色金属等市场属性活泼、长期以来价格波动较大的大宗商品标的物以及股票、期货等风险投资型

---

① 参见曹守晔:《最高人民法院〈关于适用《中华人民共和国合同法》若干问题的解释(二)〉之情势变更问题的理解与适用》,载《法律适用》2009年第8期。

金融产品标的物的合同,更要慎重适用情势变更原则。

③人民法院要合理区分情势变更与商业风险。商业风险属于从事商业活动的固有风险,诸如尚未达到异常变动程度的供求关系变化、价格涨跌等。情势变更是当事人在缔约时无法预见的非市场系统固有的风险。人民法院在判断某种重大客观变化是否属于情势变更时,应当注意衡量风险类型是否属于社会一般观念上的事先无法预见、风险程度是否远远超出正常人的合理预期、风险是否可以防范和控制、交易性质是否属于通常的"高风险高收益"范围等因素,并结合市场的具体情况,在个案中识别情势变更和商业风险。

④在调整尺度的价值取向把握上,人民法院仍应遵循侧重于保护守约方的原则。适用情势变更原则并非简单地豁免债务人的义务而使债权人承受不利后果,而是要充分注意利益均衡,公平合理地调整双方利益关系。在诉讼过程中,人民法院要积极引导当事人重新协商,改订合同;重新协商不成的,争取调解解决。为防止情势变更原则被滥用而影响市场正常的交易秩序,人民法院决定适用情势变更原则作出判决的,应当按照《最高人民法院关于正确适用〈中华人民共和国合同法〉若干问题的解释(二)服务党和国家的工作大局的通知》的要求,严格履行适用情势变更的相关审核程序。

(4)《最高人民法院关于当前形势下加强民事审判切实保障民生若干问题的通知》规定:要严格适用情势变更原则,正确认定变更的情势与正常的市场风险、交易风险之间的界限,提高市场行为的可预见性和合同利益的确定性与可信赖性,促进房地产市场健康发展。要注意通过民事审判引导当事人树立正确的市场风险意识,维护诚信的市场交易秩序。要在平衡当事人利益、着力化解矛盾上下功夫,确保案件处理取得良好的法律效果和社会效果。

(5)《民法典》第533条规定,合同成立后,合同的基础条件发生了当事人在订立合同时无法预见的、不属于商业风险的重大变化,继续履行合同对于当事人一方明显不公平的,受不利影响的当事人可以与对方重新协商;在合理期限内协商不成的,当事人可以请求人民法院或者仲裁机构变更或者解除合同。人民法院或者仲裁机构应当结合案件的实际情况,根据公平原则变更或者解除合同。本条根据国际立法趋势,参考境外立法,在总结我国司法实践经验的基础上,明确规定了情势变更制度,对情势变更制度的适用条件及法律效果作了规定。①

(三)情势变更原则的适用条件和法律效果

(1)适用条件。根据上述《民法典》规定和司法审判经验,情势变更原则的适用,需要满足以下两个条件:

第一,合同成立后,合同的基础条件发生了重大变化。合同成立后,发生了足以动摇合同基础的客观情况,该重大变化系当事人在订立合同时无法预见的,且不属于商业风险。该重大变化应发生在合同成立后至履行完毕前的期间内。

第二,继续履行合同对于当事人一方明显不公平。意思自治是合同法的基石,当事人之间的合同是双方当事人意思自治的产物,应当得到双方当事人严格遵守。只有在继续履行合同对于一方当事人明显不公平时,才可能适用情势变更制度,对当事人之间的权利义务关系进行干预和调整。②

(2)法律效果。在经过法定程序适用情势变更原则之后,对于当事人而言,将产生以下两种后果:

第一,变更合同。通过对合同条款的变更,使因"情势"出现而显失公平的情形得以缓解,合同当事人的权利义务得以平衡,合同的继续履行将达成公平正义。

第二,解除合同。如果变更合同尚不能消除当事人之间权利义务失衡的状况,不能消除双方显失公平的结果,则当事人一方可以选择解除合同。

【法官提示71】

根据合同严守原则,为维护合同的稳定性和交易行为的正常有序,当出现情势变更原则的适用情形,如果通过变更合同足以纠正当事人之间的权利义务关系失衡状态的,则应当优先考虑对合同进行变更。如果通过变更合同不能达到消除显失公平状况的,则应当考虑解除合同。如果当事人一方要求解除合同,则根据意思自治原则,出现"继续履行合同对于一方当事人明显不公平或者不能实现合同目的"时,则法院可以直接解除合同。

---

① 黄薇主编:《中华人民共和国民法典释义》,法律出版社2020年版,第1019页。

② 黄薇主编:《中华人民共和国民法典释义》,法律出版社2020年版,第1020页。

二、建设工程施工合同纠纷中情势变更原则的适用

(一)情势变更原则的适用条件

适用情势变更原则的关键所在,即因情势变更使缔约双方所赖以判断自己权利义务的基础发生动摇或者根本损失,使当事人的权利义务严重失衡,故有恢复平衡的必要。关于情势变更原则的适用条件,根据《民法典》第533条的规定,在建设工程施工合同中适用情势变更原则的条件主要包括以下几个方面:

(1)双方签订的《建设工程施工合同》合法有效。情势变更原则在建设工程施工合同中的适用必须以施工合同有效为基础,如果施工合同为无效或者属于可撤销,则不适用情势变更原则。因为无效合同在签订时就没有法律效力,可撤销合同在签订时就已经存在导致可撤销的情况,只是在缔约时由于一方的故意或过失而签订了合同,所以不存在签订合同后客观情况发生变化的问题。

(2)应有导致情势变更的事实发生,即作为合同基础的客观情况发生了重大变化。客观上,必须是发生了当事人在订立合同时无法预见的、非不可抗力造成的不属于商业风险的重大变化,也就是要有情势变更的事实,如国家政策调整、物价上涨、货币贬值等,这些客观事实的变化对施工合同能否继续履行、如何履行产生重大影响。

(3)当事人不能预见。当事人在订立施工合同时,对合同履行期间所发生的情势变更不仅无法预料,而且在正常情况下,作为一个尽到了必要注意义务的当事人,是不可能预料到的。在订立合同时,当事人能够预料到导致情势变更的客观事实的发生,如因天气必然导致工期延误的,不受情势变更原则的调整。

(4)情势变更的发生须不可归责于当事人。导致情势发生变更不可归责于当事人双方,并非当事人双方过错所致。比如,国家对建筑行业的政策调整并非当事人所能左右。

(5)情势变更须发生在合同成立后、履行完毕前。如果"情势"发生在合同订立之前,则当事人已经注意到客观事实发生变化,只需要根据新的客观事实订立合同即可,无须适用该原则。如果合同已经履行完毕,则当事人的权利义务关系已经终结,无论客观事实是否发生重大变化,都不会导致当事人利益失衡,也无须适用该原则。

(6)情势变更导致继续履行合同显失公平。从后果来看,情势变更原则只有在"继续履行合同对于一方当事人明显不公平或者不能实现合同目的"时才适用。比如,在固定总价合同下,建筑材料价格出现了剧烈的涨价,超过了正常的商业风险,则继续履行合同,建筑施工企业将面临巨大亏损时,应当允许适用情势变更原则,否则将显失公平。

典型案例35

江南公司与长三角公司因合资、合作开发房地产合同纠纷案[①]

江南公司与长三角公司签订《合作开发协议》和《补充协议一》各一份,对合作开发房地产事项作了约定。江南公司认为,长三角公司在相关协议履行过程中存在违约行为,遂诉至法院,请求判令长三角公司支付相关费用。长三角公司认为开发建设地块的容积率由原来的不大于1.8变更为不大于1.92,长三角公司为此又另行支付304.8040万元,该情形属不可归责于双方当事人的原因发生情势变更,江南公司应承担相关费用。

典型案例裁判文书

典型案例35

江苏高院(2014)苏民终字第0053号江南公司与长三角公司因合资、合作开发房地产合同纠纷民事判决书

裁判规则:情势变更原则需针对经济形势、经济政策巨大变化,如物价飞涨,汇率大幅变化,国家经济贸易政策改变等,与国家对经济生活干预有直接关系。适用情势变更的关键要件之一是在合同成立以后,出现了当事人缔约时无法预见的客观重大变化。人民法院对于无法预见的审查,应重点审查三个因素:一是预见时间应当以合同缔结之时;二是预见标准应为主观标准;三是风险承担。如果根据合同性质可以确定在缔约时能够预见的,则不能适用情势变更。结合本案,长三角公司与江南公司签订的《合作开发协议》约定,长三角公司负责协调与地方政府各部门的关系,确保江南公司正常经营和施工,从国有土地使用权出让合同可以看出,涉案土地的性质是工业用地,长三角公司应该预见土地性质对双方《合作开发协议》的履行产生的后果,故这是当事人缔约时能够预见的,不符合情势变更的情形。

① 参见江苏省高级人民法院民事判决书,(2014)苏民终字第0053号。

(二)适用情势变更原则须经过法定程序

情势变更原则的适用,在于排除已成立的合同因情势变更所导致的不公平结果,其适用后的效力分为两个层次,标准是维持原合同关系能否消除不公平的结果。第一层次的效力是维持原合同关系,只变更合同的某些内容;第二层次的效力是在依据第一层次的效力仍不能排除不公平的结果时,应当采取消灭原合同关系的方法以恢复公平。①

根据法律规定,就适用情势变更原则,在坚持公平原则和严格原则的基础上,应当经过以下程序:

(1)双方当事人协商。情势发生变更,一方当事人首先应与对方就合同的内容重新进行协商。

(2)如果双方当事人无法协商一致,则必须通过法定程序请求法院或者仲裁机构变更或者解除合同。如果未经法院或者仲裁机构判决、裁定,当事人擅自以情势变更为由变更或者解除合同的,可能会承担违约责任。

(3)如果根据案件的特殊情况,确需在个案中适用的,应当由高级人民法院审核。必要时应提请最高人民法院审核。

三、情势变更、商业风险与不可抗力

并非所有情势变更引起合同履行艰难、履行不便或存有损失都能适用情势变更原则。市场交易本身是伴随着风险存在的,正常的交易风险应当自负,只有在异常的市场风险情形下,情势变更原则才应当得以适用。商业风险属于从事商业活动固有的风险,是指当事人在经济交往中可能遇到的并应当由自身承担的正常损失。《民法典》明确规定在不属于商业风险的情况下才能适用情势变更制度,《民商事合同纠纷案件指导意见》明确要求,人民法院要合理区分情势变更与商业风险。

(一)情势变更与商业风险的区别

合同继续履行是否显失公平是构成情势变更原则的实质要件。当缔约后的重大情势变化,使双方权利发生了根本性的变化,方有法律适用的基础。对于根本性的变化,须按理性人的看法加以判断,包括债务人履行特别困难,债权人受领严重不足,履行对债权人无利益。这也是区分情势变更与商业风险的核

---

① 参见孙力:《不可抗力制度与情势变更原则及司法适用》,载《中共山西省委党校学报》2010 年第 6 期。

心所在。商业风险往往是当事人在合同缔结之时就已将风险合理地计算在内并形成相应的合同价格,由一方当事人自行承担并不会发生显失公平的结果。[①]司法实践中,合同当事人往往以正常的商业风险为由,要求变更或者解除合同,由此导致情势变更原则的滥用和纠纷处理的复杂化,因此,正确区分情势变更和商业风险,对于审判实务有重大意义。

根据民法理论和司法实践经验,可从以下几个方面对情势变更和商业风险进行区分:

(1)性质不同。商业风险属于从事商业活动的正常风险,是由于当事人的过失而导致应当预见而没有预见,如一般的市场供求变化、价格涨落等。情势变更是当事人在缔约时无法预见的非市场系统固有的风险,该风险属于社会一般观念上事先无法预见范围。

(2)可预见程度不同。情势变更的发生,当事人签约时无法预见,而且根据实际能力和当时的具体条件,根本不可能预见,即情势的变更超出了正常的范围,使合同当事人在当时情况下难以推测其可能发生。在订立合同时,如果当事人虽未预见,但情势变更的发生在客观上是可以预见的,那么应由该当事人自行承担不利后果,而不得主张适用情势变更原则。商业风险是行为人能够预见或应当遇见客观情况的变化可能发生,并尽量加以避免的一种可能性。当事人的预见能力如何判断,应坚持客观标准,即合同当事人在订立合同时所处的客观环境下,作为一个普通的从事经营活动的人员应当具有的认识能力和所发生事件的性质。

(3)归责原则不同。从前述分析来看,由商业风险造成的当事人损失,可以归责于当事人,而情势变更不可归责于当事人。

(4)责任承担不同。商业风险是能够由当事人自行承担的,通常当事人在缔结合同时也已将此种商业风险合理地计算在内并形成相应的合同价格,由一方当事人自行承担并不会发生不公平的后果;情势变更所要处理的问题,则是由于当事人缔约时不可预见的,仍然坚持严守契约,在结果上对一方当事人显失公平,另一方当事人可能不恰当地获取超长利益,有悖于诚信原则。

---

① 参见洪波:《房地产宏观调控下房屋买卖纠纷审判实务研究——以情势变更原则的适用为视角》,载《人民司法》2010年第21期。

典型案例36

新东公司与正通公司建设工程承包、技术委托开发合同纠纷案[①]

典型案例裁判文书

典型案例36

最高院（2015）民提字第39号新东公司与正通公司建设工程承包、技术委托开发合同纠纷民事判决书

2011年9月底，正通公司与新东公司签订合同一份，约定由正通公司负责建设新东公司锅炉烟气脱硫工程项目并提供技术服务、售后服务等事项。2011年12月新东公司以国家计划调整为由单方面取消合同，并承诺对停止施工后的相关事宜通过友好协商方式来解决。正通公司认为新东公司的违约给其造成各种损失共计180余万元，遂诉至法院请求判令新东公司赔偿正通公司经济损失。新东公司抗辩认为，双方合同成立以后，当地市政府办公室转发市环保局《2012年底主要大气污染减排工作方案》，要求新东公司在6月底拆除燃气锅炉。这些客观情况的发生在双方签订合同时是无法预见的，且不属于商业风险，如继续履行合同对新东公司存在明显不公平或者不能实现合同目的，新东公司根据情势变更原则，提出解除合同是合法有据的。

裁判规则：本案涉案合同在履行过程中，市政府根据《省政府关于进一步加强污染物减排工作的意见》的要求，调整了节能减排的政策，明确要求新东公司自备电厂在2012年6月底前拆除燃煤锅炉，客观情况发生了重大变化，导致新东公司原定的对燃煤锅炉进行脱硫工程改造项目继续进行已经没有意义，无法实现合同目的，该变化是当事人无法预见的，这种合同风险显然也不属于普通的商业风险。虽然法律及有关司法解释并未明确规定政府政策调整属于情势变更情形，但是如果确实因政府政策的调整，导致不能继续履行合同或者不能实现合同目的，当然属于合同当事人意志之外的客观情况发生重大变化的情形。因此，应该认定本案的情形属于法律规定的情势变更情形。

① 参见最高人民法院民事判决书，(2015)民提字第39号。

(二)情势变更与材料涨价

具体分析是属于情势变更还是商业风险,要综合考虑要素价格上涨幅度、可预见性、造成后果等因素。一个理性的市场主体,其在合同报价之前应充分分析工程要素价格在过去一定期限内的平均波动区间,并考虑到报价中,价格上涨幅度超出这一历史平均波动区间的就不属于其可合理预见的范围,如果这种上涨造成继续履行合同将显失公平,就可以适用情势变更原则。①

判定材料价格是否发生“情势”变更,通常有以下三种认定方式:(1)以施工企业不亏损或实现微利为衡量标准,因价格异常波动导致收入低于成本显然是不合适的。(2)借鉴工程所在地的建设行政主管部门出台的调差文件,对原合同价格进行调整。该方法最为直观和简便。(3)取决于形成和订立合同时对风险和评估的考虑,如果价格涨幅把投标报价中包含的利润和风险都耗尽了,就应当界定为异常变动。如合同中事先规定了调价条款的,按合同约定执行,如未规定调价条款,只要符合以上条件,施工企业均可提出调价要求。

【法官提示72】

当事人在合同中对建筑材料价格变动的风险有约定的,按约定处理;没有约定的,约定工期内的建筑材料价格变动的风险由承包人承担;逾期竣工的,延误工期期间的建筑材料价格变动的风险,由对工期延误有过错的一方承担;双方均有过错的,按过错大小分担损失。建筑材料价格大幅变动,当事人以情势变更为由请求调整工程价款的,应从严把握,不宜简单地以市场价格的涨落判断属于商业风险还是情势变更。

(三)情势变更与不可抗力

《民法典》第180条规定,不可抗力是指不能预见、不能避免且不能克服的客观情况。第590条规定,当事人一方因不可抗力不能履行合同的,根据不可抗力的影响,部分或者全部免除责任,但是法律另有规定的除外。因不可抗力不能履行合同的,应当及时通知对方,以减轻可能给对方造成的损失,并应当在合理期限内提供证明。一般认为,不可抗力包括自然灾害、社会异常事件及国家(政府)行为等。建设工程施工合同中的不可抗力,根据《建设工程施工合同(示范文本)》(GF-2017-0201)第17.1条的规定,是指合同当事人在签订合

① 参见崔玉清:《建设工程合同履行中情势变更原则的适用》,载《政法论坛》2014年第1期。

同时不可预见,在合同履行过程中不可避免且不能克服的自然灾害和社会性突发事件,如地震、海啸、瘟疫、骚乱、戒严、暴动、战争和专用合同条款中约定的其他情形。

不可抗力造成的结果是致使合同无法履行,情势变更造成的结果是对一方当事人明显不公平或者不能实现合同目的;不可抗力是法定的免责事由,不履行合同无须承担责任,而情势变更情况下履行合同导致显失公平,因此,合同双方应共担相应的风险;不可抗力是法定免责条款,而情势变更则需要由法院加以判断。适用效果上,情势变更规则与不可抗力规则的主要区别在于,情势变更规则适用于"合同的履行艰难或不必要",而非履行不能。其结果是在继续履行合同对一方当事人明显不公平时,通过情势变更规则允许当事人请求变更或解除合同,以使当事人双方共担相应的风险。当然,不可抗力规则与情势变更规则的适用效果是存在差异的。不可抗力规则的适用效果是免除不利方当事人的继续履行义务和违约责任。而情势变更规则的适用效果则是对合同进行调适,如果无法对合同进行调适,或即使对合同作调整,也不能消除不公平之结果,则终止契约。

就建设工程施工合同纠纷而言,在不可抗力后果的承担上,应当坚持以下原则。

(1)不可抗力引起的后果及造成的损失由合同当事人按照法律规定及合同约定各自承担。不可抗力发生前已完成的工程应当按照合同约定进行计量支付。

(2)不可抗力导致的人员伤亡、财产损失、费用增加和(或)工期延误等后果,由合同当事人按以下原则承担:

①永久工程、已运至施工现场的材料和工程设备的损坏,以及因工程损坏造成的第三人人员伤亡和财产损失由发包人承担;

②承包人施工设备的损坏由承包人承担;

③发包人和承包人承担各自人员伤亡和财产的损失;

④因不可抗力影响承包人履行合同约定的义务,已经引起或将引起工期延误的,应当顺延工期,由此导致承包人停工的费用损失由发包人和承包人合理分担,停工期间必须支付的工人工资由发包人承担;

⑤因不可抗力引起或将引起工期延误,发包人要求赶工的,由此增加的赶工费用由发包人承担;

⑥承包人在停工期间按照发包人要求照管、清理和修复工程的费用由发包人承担。

【法官提示73】

不可抗力发生后,合同当事人均应采取措施尽量避免和减少损失的扩大,任何一方当事人没有采取有效措施导致损失扩大的,应对扩大的损失承担责任。因合同一方迟延履行合同义务,在迟延履行期间遭遇不可抗力的,不免除其违约责任。

四、固定价格合同与情势变更原则

建设工程施工合同约定工程价款实行固定价格结算,在合同履行中,发生建筑材料价格或者人工费用过快上涨,当事人能否请求适用情势变更原则变更合同价款或者解除合同。有观点认为,固定总价合同的特点决定了它不应适用情势变更制度。固定总价合同的核心在于"固定",在于固定风险,排除未来的工程风险对合同价格的影响,这其实是采用固定总价作为合同计价方式的根本原因和目的。除法定因素和合同约定风险以外,这种合同将所有的工程风险以打包的形式固定下来,以整体的形式在合同签订前后分别由合同双方当事人承担:合同签订前,发包人必须承担所有投标者可能考虑到未测因素而将合同价格哄抬的风险;合同签订后,则所有的风险转移至承包人。①

笔者认为,理论上固定价合同当然可以适用情势变更原则,只要符合适用的条件即可。如果建筑材料价格或者人工费用的上涨没有超出固定价格合同约定的风险范围,当事人请求适用情势变更原则调整合同价款的,不予支持;如果建筑材料价格或者人工费用的上涨超出了固定价格合同约定的风险范围,发生异常变动的情形,如继续履行固定价格合同将导致当事人双方权利义务严重失衡或者显失公平的,则属于发生了当事人双方签约时无法预见的客观情况,当事人请求适用情势变更原则调整合同价款或者解除合同的,可以依照相关规定,予以支持。

建设工程施工合同约定工程价款实行固定价结算,在实际履行过程中,钢材、木材、水泥、混凝土等对工程造价影响较大的主要建筑材料价格发生重大变

---

① 参见田宪刚、李相华:《论建设工程施工合同不适用情势变更制度》,载《山东省青年管理干部学院学报》2009年第3期。

化，超出了正常市场风险的范围，合同对建材价格变动风险负担有约定的，原则上依照其约定处理；没有约定或约定不明，该当事人要求调整工程价款的，可在市场风险范围和幅度之外酌情予以支持；具体数额可以委托鉴定机构参照施工地建设行政主管部门关于处理建材差价问题的意见予以确定。因一方当事人原因导致工期延误或建筑材料供应时间延误的，在此期间的建材差价部分工程款，由过错方予以承担。

如果仍按照原合同履行，将严重危害社会安定，损害农民工等弱势群体的利益。建筑施工行业是传统的微利行业，与房地产开发、金融投资等行业本身具有的高风险、高收益特点有着本质区别。把材料价格异动的风险和损失全部由施工企业承担显然有违公平、诚信的原则，因此应当对固定价格进行合理调整。①

典型案例37

白马桥公司与裕兴公司建设工程施工合同纠纷案②

典型案例裁判文书

典型案例37

湖南高院（2015）湘高法民一终字第68号白马桥公司与裕兴公司建设工程施工合同纠纷民事判决书

白马桥公司（乙方）与裕兴公司（甲方）签订《建筑安装工程施工承包合同》，约定由白马桥公司承建裕兴公司的兴旺花园8#栋。工程总造价229.3834万元，总造价包干。工程竣工后，双方因工程款问题发生纠纷，诉至法院。诉讼过程中，围绕固定价合同是否适用情势变更原则产生争议。白马桥公司请求法院适用情势变更原则对双方约定的工程价款结算条款予以适当调整。其理由如下：一是本案引起情势变更的事由发生在合同成立以后，全面履行之前。双方签订各栋号的合同在2005年年底和2006年年初，各栋号的竣工日期均为6个月，但是本案工期延期长达5年半。双方签订合同是基于对当时建筑材料价格、人工工资水平和施工进度的判断，工期延长5年多，在此期间建筑市场的原材料价格、人工工资水平均有较大幅度的上涨。

---

① 参见孙贤程：《关注“情势变更”五大适用问题》，载《建筑时报》2009年6月8日，第1版。

② 参见湖南省高级人民法院民事判决书，（2015）湘高法民一终字第68号。

二是引起情势变更原因不能归责于白马桥公司。本案工期不合理延长的主要原因是当地村民持续阻工及2006年夏天郴州市区持续降雨引起的施工场地挡土墙未能及时修复,上述原因不能归责于白马桥公司。三是合同赖以成立的环境发生重大变化,按照原合同履行对白马桥公司显失公平。合同工期由约定的6个月延长5年多,原材料价格、人工费和机械费与签约时相比有较大幅度的上涨,基于此,双方签订的施工承包合同赖以成立的环境发生了当事人预料不到的重大变化,若继续按照原合同约定的固定价款结算对施工方白马桥公司明显不利。

裁判规则:根据法律规定,在合同依法有效成立后,全面履行前,因不可归责于当事人的原因,合同赖以成立的基础或环境发生当事人预料不到的重大变化,若继续维持合同的原有效力显失公平,受不利影响的一方当事人有权请求法院或仲裁机构变更或解除合同。根据本案实际情况,白马桥公司理由正当,法院应予支持。

第四章　工程期限

工程期限(以下简称工期)是建设工程施工合同的实质性条款,是指在合同协议书约定的承包人完成工程所需的期限,即按总日历天数(包括法定节假日)计算的承包天数,包括按照合同约定所作的期限变更。在建设工程施工中,工程的成本、质量和工期是施工管理的三大主线,而其中工期合理与否直接影响着工程质量和成本,由此确定了其在施工管理中的重要地位。

第一节　工 期 认 定

建设工程施工合同中有以下两种形式的工期约定:一是约定工期总天数;二是约定开工日期和竣工日期,开工日期和竣工日期之间的天数就是工期。在审判实务中,单独就工期产生的纠纷不多。但作为建设工程合同的主要条款和必备条款,工期的法律意义牵涉承包方是否构成迟延履行以及工期违约金、风险转移、支付工程价款本金及利息的起算时间、保修期的确定等诸多问题,因此,建设工程纠纷中涉及工期争议不少。①

在实践中,双方对工期的规定都是双方协商的结果,在制定工期时双方都会尽可能地考虑到施工过程中可能出现的影响施工进度的各种困难。而且工期是双方协商一致的结果,一旦确立之后,除非发生了法律规定的欺诈、胁迫和违反法律规定等无效和可撤销的情况之外,工期一般是不会发生变化的,特别是施工方要如期履约,否则便要承担违约的责任。因为涉及违约责任的承担,双方容易产生的争议首先就是开工日期和竣工日期的认定问题。

一、开工日期

开工是指承包人进场开始施工。关于开工标准,当事人有约定的,从其约

① 参见林一主编:《建设工程施工合同纠纷案件审判实务》,法律出版社 2015 年版,第 132 页。

定;当事人没有约定或约定不明的,则一般以承包人的机器、设备、人员进场施工为标准。开工日期包括计划开工日期和实际开工日期。计划开工日期是指合同协议书约定的开工日期;实际开工日期是指监理人按照合同约定发出的符合法律规定的开工通知中载明的开工日期。开工日期是计算工期的始点,也是控制工期风险的第一个重要节点,对于计算工期具有重要意义。实践中,当事人就开工时间经常发生争议,其原因是约定的计划开工日期与实际开工日期不一致。

(一)开工日期的认定

实践中,开工日期一般有以下情形:一是当事人在建设工程施工合同中约定的开工日期;二是施工许可证上的开工日期;三是开工通知或开工报告上的开工日期;四是承包人实际开工时间。针对上述开工日期,因涉及对双方当事人是否存在违约的判断,因此,纠纷当事人往往各执一词,也是各抒己见。《建设工程司法解释(一)》第8条对此问题作了较为具体规定,审判实务中,当事人对建设工程开工日期有争议的,如果双方当事人能够协商一致,应以双方确认的日期为实际开工日期,如果尚存争议,应根据上述规定从以下原则进行把握:

(1)开工通知载明的开工时间。《建设工程施工合同(示范文本)》(GF-2017-0201)通用条款第7.3.2条规定,发包人应按照法律规定获得工程施工所需的许可。经发包人同意后,监理人发出的开工通知应符合法律规定。监理人应在计划开工日期7天前向承包人发出开工通知,工期自开工通知中载明的开工日期起算。《建设工程司法解释(一)》第8条第1项规定,因承包人原因导致开工时间推迟的,以开工通知载明的时间为开工日期。根据示范文本及司法解释的规定,笔者认为,开工时间的认定原则上以开工通知为依据,特别是开工通知和建设工程施工合同上的开工日期不同时,可以认为双方当事人通过开工通知对合同中约定的开工日期进行了变更。所以,在开工通知上明确的开工日期和合同约定的开工日期不一致的情况下,应当以开工通知上明确的开工日期为准。

【法官提示74】

实践中还存在一种情况,就是实际开工日期早于开工通知确定的开工日期,此时如何认定开工日期?对此,《建设工程司法解释(一)》第8条第2项规定,承包人经发包人同意已经实际进场施工的,以实际进场施工时间为开工日期。因此,在该情形下,应当以承包人实际进场施工时间为开工时间,但适用该条款的前提必须是承包人进场施工得到了发包人的同意。

(2)开工通知发出后,仍不具备开工条件的,应以开工条件成就时间确定。对于“开工条件”,根据《建设工程施工合同(示范文本)》(GF－2017－0201)通用条款第2.4.2条中发包人“提供施工条件”的规定,主要包括以下几个方面:①将施工用水、电力、通信线路等施工所必需的条件接至施工现场内;②保证向承包人提供正常施工所需要的进入施工现场的交通条件;③协调处理施工现场周围地下管线和邻近建筑物、构筑物、古树名木的保护工作,并承担相关费用;④按照专用合同条款约定应提供的其他设施和条件。因此,《建设工程司法解释(一)》第8条第1项规定,开工通知发出后,尚不具备开工条件的,以开工条件具备的时间为开工日期。开工条件成就是承包人进场开始正常施工的前提条件,若开工条件未成就,即使发包人按施工合同约定的时间发出开工通知,承包人不能进场施工,或者只能进行一些前期辅助工作,不可能展开大规模施工行为。但若是因为承包人导致不具备开工条件的,仍以开工通知上记载的开工日期为准。①

(3)没有开工通知或开工报告的,应以实际开工时间确定。开工通知或开工报告的时间往往依据工程实际开工条件发出,往往与合同约定或者施工许可证上的时间不一致,因此,如果监理或发包人没有向承包人发开工通知或者开工报告的,那么就应当以事实为依据,即以实际开工时间来认定开工日期。那么,如何界定实际开工日期呢?开工是指建筑工程开始施工作业,其中,新建工程的开工是指开始进行基础桩施工或者土方开挖;改建、扩建工程和旧有房屋装饰装修工程的开工是指开始进行拆改作业。因此,基于上述限缩性解释的开工概念,实践中如施工班组进场、工地围墙修建等行为均不能视作开工。笔者进一步认为,若在实践中双方当事人有着对开工行为一致的理解(如通过开工会议纪要、开工文件、竣工文件等形式确定),当不必苛求上述开工的定义。②

(4)没有开工通知或开工报告,又不能举证证明实际开工日期的,以建设工程施工合同中约定的时间认定开工日期。对于发包人或者监理人未发出开工通知,亦无相关证据证明实际开工日期的情形,《建设工程司法解释(一)》第8条第3项规定,应当综合考虑开工报告、合同、施工许可证、竣工验收报告或者

① 参见最高人民法院民事审判第一庭编著:《最高人民法院新建设工程施工合同司法解释(一)理解与适用》,人民法院出版社2021年版,第92页。

② 参见吴涛:《建设工程施工合同工期若干法律问题辨析》,载《建筑时报》2015年11月5日,第4版。

竣工验收备案表等载明的时间，并结合是否具备开工条件的事实，认定开工日期。笔者认为，工程的开工令、开工报告、会议纪要、工程施工方实际进场时间、工程第一道工序的实施时间等应该优先于工程合同约定的时间、施工许可证记载的时间来确定工程的实际开工时间，当然，如果无其他证据来证明工程的开工时间，则只能以协议或施工许可证中的时间为主要的参考依据。[①] 因此，监理人或发包人没有向承包人发开工通知或者开工报告，而当事人，特别是承包人又无法举证证明实际开工时间的，则可以以双方意思自治的结果，即合同约定来认定开工日期。

（5）施工许可证与工期认定。实践中，比较有争议的就是施工许可证的取得与开工条件和开工日期的认定问题。比如，发包人未取得开工施工证，但承包人已经进场施工的，如何确定开工日期的问题。

一种观点认为，应当以开工条件成就时间作为开工日期。只要是根据住房和城乡建设部《建筑工程施工许可管理办法》规定，应当领取施工许可证的各类房屋建筑及其附属设施的建造，在施工前都必须申请领取施工许可证，未取得施工许可证的，一律不得开工。因此，未取得施工许可证，即使承包人已经进场施工，亦不能视为开工条件成就，司法实践中，应当以开工条件成就时间作为开工时间。另一种观点认为，应当以承包人进场施工的时间作为开工日期。工程不具备开工条件，承包人可以行使抗辩权中止履行合同拒绝进场施工，并要求顺延工期而不构成违约，但如果承包人仍同意进场施工，则应当尊重当事人的真实意思表示，视为承包人放弃前述权利，之后其不得任意反悔，因此应以承包人实际进场时间作为开工时间。[②] 笔者认为，上述两种观点都失之偏颇，实际上，《建筑法》第 64 条规定，违反本法规定，未取得施工许可证或者开工报告未经批准擅自施工的，责令改正，对不符合开工条件的责令停止施工，可以处以罚款。从条文内容来看，是否取得施工许可证与是否实际开工之间并无直接联系。如果建设单位未取得施工许可证被职能部门责令停止施工的，施工单位可以向建设单位主张顺延工期；如果建设单位未取得施工许可证并未被职能部门责令停止施工的，则

案例索引裁判文书

案例索引35

最高院（2015）民申字第201号永泰公司与大孙庄村委会建设工程施工合同纠纷民事裁定书

---

① 参见蓝仑山：《建设工程施工合同法律实务》，法律出版社 2010 年版，第 103 页。

② 参见陈旻：《建设工程案件审判实务与案例精析》，中国法制出版社 2014 年版，第 191 页。

应当以实际进场施工时间认定开工日期。①

总体而言,经发包人同意已经实际进场施工的,以实际进场施工时间为开工日期。因非承包人原因,开工通知载明的开工日期不具备开工条件的,以开工条件具备的时间为开工日期;因承包人导致开工时间推迟的,以开工通知载明的时间为开工日期;无相关证据证明实际开工日期的,应当综合考虑开工报告、合同、施工许可证、竣工验收报告或者竣工验收备案表等载明的时间,并结合是否具备开工条件的事实,认定开工日期。

【规范指引】

《浙江省高级人民法院民一庭关于审理建设工程施工合同纠纷案件若干疑难问题的解答》(2012 年 2 月 23 日　浙法民一〔2012〕3 号)

五、如何认定开工时间?

建设工程施工合同的开工时间以开工通知或开工报告为依据。开工通知或开工报告发出后,仍不具备开工条件的,应以开工条件成就时间确定。没有开工通知或开工报告的,应以实际开工时间确定。

《安徽省高级人民法院关于审理建设工程施工合同纠纷案件适用法律问题的指导意见(二)》(2013 年 12 月 23 日　安徽省高级人民法院审判委员会第 32 次会议通过)

第三条　建设工程的开工日期应依据开工令、开工报告记载的时间予以认定。当事人认为实际开工时间与开工令、开工报告记载的时间不符的,应当承担举证责任。

因发包人原因导致延误开工的,以实际开工时间作为开工日期;因承包人原因导致延误开工的,以开工令、开工报告记载的时间作为开工日期。

既无开工令、开工报告,又无法查明实际开工时间的,依据合同约定的开工日期予以认定。

(二)合理工期的认定

合理工期是指在相同施工条件下,具有相同或近似施工技术、施工经验和管理水平的施工单位在完成相同工作量时正常情况下所需要花费的时间。合理的施工进度安排,能最大限度地缩短工期,减少工程费用,使建设工程的经济

① 案例索引 35:永泰公司与大孙庄村委会建设工程施工合同纠纷案,最高人民法院(2015)民申字第 201 号民事裁定书。

效益最大化。在建设工程招标投标中,有的投标人为了能够获得工程项目,往往任意压缩工期以提升其竞争力,但是合同中约定的工期明显不符合合理工期要求时,又经常导致产生工期延误、工期顺延和工期索赔等争议。建筑市场运作中,通过不规范的招投标已形成施工工期被无序压缩和抢工期的操作习惯,基本的工程建设规范和标准成为被遗忘的角落,很多施工企业在工期紧张的前提下无视施工安全,任意压缩施工合理工期,违规抢工期造成的安全隐患非常严重,由此导致出现"豆腐渣"工程。

在有关工期的争议纠纷中,如果一方当事人,特别是施工单位主张合同约定工期低于合理工期,要求调整或者主张无效的,司法实践中,又存在两种观点:一种观点认为,当事人依法享有自愿订立合同的权利,任何单位和个人不得非法干预,当事人应当遵循公平原则确定各方的权利和义务。合同中关于工期的约定,系双方自愿协商的结果,体现了双方的意思自治,应当认定为有效,施工单位超过合同工期完工的,则应认定为工期延误,就应当承担违约责任。另一种观点认为,如果对于任意压缩合理工期的行为不予以否定性评价,则势必导致建筑市场秩序更为混乱,严重损害各方当事人的合法权益,导致违约责任的承担上利益失衡,不符合建设统一开放、竞争有序、诚信守法、监管有力的现代市场体系的要求。

笔者同意上述第二种观点,对于任意压缩合理工期,合同约定工期严重低于合理工期的行为,人民法院应当予以调整或者准确认定当事人的违约责任。理由如下:

(1)《建设工程质量管理条例》第 10 条规定,建设工程发包单位不得迫使承包方以低于成本的价格竞标,不得任意压缩合理工期。第 56 条第 2 项规定,对于任意压缩合理工期的,责令改正,处 20 万元以上 50 万元以下的罚款。虽然建设工程合同作为《民法典》规定的有名合同之一,体现了意思自治的结果,但其同样受到国家严格管控,受到法律法规的严格规范。既然行政法规上予以了否定性评价,则在民事审判中,不宜做扩大或者反面理解,从而认可该类否定合理工期的情形。

(2)合同履行中,实际施工人难以在合同约定工期内完成施工任务,故许多施工人通过各种理由要求调整工期,甚至采取停工的方式胁迫发包人同意延长工期,如果无法达到延长工期的目的,许多施工人就此停工撤场,造成许多"烂尾楼"工程。这些情况的出现既不能符合发包人、承包人的利益,也不利于建筑市场秩序的良性发展。

(3)《民法典》就无效以及可撤销合同作了具体规定:行为人与相对人以虚假的意思表示实施的民事法律行为无效;基于重大误解实施的民事法律行为,行为人有权请求人民法院或者仲裁机构予以撤销;一方以欺诈手段,使对方在违背真实意思的情况下实施的民事法律行为,受欺诈方有权请求人民法院或者仲裁机构予以撤销;违反法律、行政法规的强制性规定的民事法律行为无效;违背公序良俗的民事法律行为无效;行为人与相对人恶意串通,损害他人合法权益的民事法律行为无效,等等。因此,如果当事人一方有证据证明合同约定工期存在上述情形的,则人民法院应当根据法律规定和当事人举证进行审查,予以认定。

【法官提示75】

在实务中审查承包方是否存在工期违约时,应注意审查是否存在任意压缩合理工期的现象。合理加快施工进度、缩减施工工期,能够提升经济效益和社会效益,对发、承包双方均有益处。但前提必须是尊重施工规律,科学施工,否则乱抢工期、仓促施工,将会导致工程质量标准降低、埋下质量风险和隐患。判断合同工期是否合理,应考虑项目的建设规模、质量要求、施工工艺、施工流程等要求。在司法实务中,由于工期问题涉及专业性较强的业务领域,当事人对合理工期的天数有争议的,人民法院宜委托具有司法鉴定资质的工程咨询鉴定机构出具司法鉴定结论。①

典型案例38

欧瑞公司与瑞安公司等建设工程施工合同纠纷案②

2009年10月,经公开招投标,瑞安公司取得了欧瑞公司发包的山水名都一期(会所、A1 - A15号楼)工程中标人资格,双方签署了建设工程施工合同并依法履行了备案手续。合同约定:合同工期总日历天数为180日历天,工程竣工日期为2010年4月17日,合同第35.2条约定瑞安公司不按合同约定的工期完

① 参见黄强光:《建设工程合同纠纷司法前沿问题析解》,法律出版社2010年版,第89页。
② 参见江苏省淮安市中级人民法院民事判决书,(2012)淮中民初字第0162号。

成工程，承担违约责任，应向欧瑞公司支付应售房款每天万分之三的违约金，同时要承担由于工期延误造成的延期交房而导致的客户索赔等一切费用。现瑞安公司未能按照在合同约定工期内完成工程建设，欧瑞公司向法院起诉要求承担相应违约责任。诉讼中，对工期约定是否违反相关法律、法规，瑞安公司申请司法鉴定，法院委托鉴定机构进行了鉴定。

典型案例裁判文书

典型案例38
江苏淮安中院（2012）淮中民初字第0162号欧瑞公司与瑞安公司等建设工程施工合同纠纷民事判决书

裁判规则：双方合同约定的工期明显低于国家相关文件规定的最低工期，且合同亦被确认无效，故对瑞安公司应按鉴定确定的合理工期作为其施工工期，超出该合理工期则作为其逾期交付期间，给欧瑞公司造成损失的，瑞安公司应予赔偿。经鉴定合理工期有上限和下限，而瑞安公司是以欧瑞公司工期要求苛刻抗辩并申请司法鉴定，其同时主张因欧瑞公司增加、变更工程量，分包他人施工需要延长工期等，但其未提供相关证据证明存在上述原因延误工期，并因其没有提供欧瑞公司同意其顺延工期的相关证据或签证致鉴定没有采信其意见。因此，应以鉴定确定的最低工期作为瑞安公司施工的合理期限。根据鉴定合理工期的最低限度，瑞安公司仍逾期交付工程。在此期间，欧瑞公司向业主承担的逾期交付房屋违约金，应作为实际损失，该损失应由瑞安公司承担赔偿责任。

【规范指引】

《全国民事审判工作会议纪要》（2011 年 10 月 9 日　法办〔2011〕442 号）

24. 对建设工程施工合同中有关违反工程建设强制性标准，任意压缩合理工期、降低工程质量标准的约定内容，应认定为无效。该约定被认定为无效后，依据《关于审理建设工程施工合同纠纷案件适用法律问题的解释》相关规定处理。

二、竣工日期

一般来说，工程竣工后，发包人均进行验收，确认合格后予以接收。然而，在实践中，承包人工程完工之日和竣工验收时间经常有时间差，所以确定竣工日期很重要，因为涉及工程款的支付时间和利息的起算时间、逾期竣工违约和违约金的数额、工程风险转移等重要问题。竣工日期包括计划竣工日期和实际竣工日期，计划竣工日期是指合同协议书约定的竣工日期，由当事人在合同中约定，而实际竣工日期往往容易发生争议，承包人可能提前完工，也可能逾期完工。《建设工程施工合同（示范文本）》（GF－2017－0201）通用条款第13.2.3条规定，工程经竣工验收合格的，以承包人提交竣工验收申请报告之日为实际竣工日期，并在工程接收证书中载明；因发包人原因，未在监理人收到承包人提交的竣工验收申请报告42天内完成竣工验收，或完成竣工验收不予签发工程接收证书的，以提交竣工验收申请报告的日期为实际竣工日期；工程未经竣工验收，发包人擅自使用的，以转移占有工程之日为实际竣工日期。结合《建设工程司法解释（一）》第9条的规定，对于合同当事人签字确认一致认可的竣工日期，应当尊重双方的意愿，以双方的签字确认为准。确认的形式一般是书面的，可以是竣工验收登记表、协议、会议纪要、往来函件、监理记录等。

当双方对实际竣工日期有争议的，应当从以下几个方面进行把握：

（1）建设工程经竣工验收合格的，以竣工验收合格之日为竣工日期。《民法典》第799条规定：建设工程竣工后，发包人应当根据施工图纸及说明书、国家颁发的施工验收规范和质量检验标准及时进行验收。验收合格的，发包人应当按照约定支付价款，并接收该建设工程。建设工程竣工经验收合格后，方可交付使用；未经验收或者验收不合格的，不得交付使用。《建设工程质量管理条例》第16条规定，建设单位收到建设工程竣工报告后，应当组织设计、施工、工程监理等有关单位进行竣工验收。建设工程经验收合格的，方可交付使用。根据以上规定，工程竣工验收合格是发包人支付工程价款、工程交付的前提。①

案例索引裁判文书

案例索引36

最高院（2013）民申字第2299号济南二建与山东锦沧建设工程施工合同纠纷民事裁定书

建设工程竣工验收应当具备下列条件：①完成建设工程设计和合同约定的各项内容；②有完整的技术档案和施工管理资料；③有工程使用的主要建筑材料、建筑构配件和设备的进场试验报告；④有勘察、设计、施工、工程监理等单位分别签署的质量合格文件；⑤有施工单位签署的工程保修书。根据验收程序，承包人向监理人报送竣工验收申请报告，监理人应在收到竣工验收申请报告后14天内完成审查并报送发包人。监理人审查后认为尚不具备验收条件的，应通

---

① 案例索引36：济南二建与山东锦沧建设工程施工合同纠纷案，最高人民法院（2013）民申字第2299号民事裁定书。

知承包人在竣工验收前承包人还需完成的工作内容，承包人应在完成监理人通知的全部工作内容后，再次提交竣工验收申请报告。监理人审查后认为已具备竣工验收条件的，应将竣工验收申请报告提交发包人，发包人应在收到经监理人审核的竣工验收申请报告后28天内审批完毕并组织监理人、承包人、设计人等相关单位完成竣工验收。

《房屋建筑和市政基础设施工程竣工验收规定》第6条第4项规定，建设单位组织工程竣工验收。①建设、勘察、设计、施工、监理单位分别汇报工程合同履约情况和在工程建设各个环节执行法律、法规和工程建设强制性标准的情况；②审阅建设、勘察、设计、施工、监理单位的工程档案资料；③实地查验工程质量；④对工程勘察、设计、施工、设备安装质量和各管理环节等方面作出全面评价，形成经验收组人员签署的工程竣工验收意见。参与工程竣工验收的建设、勘察、设计、施工、监理等各方不能形成一致意见时，应当协商提出解决的方法，待意见一致后，重新组织工程竣工验收。因此，一般情况下，以建设单位、施工单位、勘察单位、设计单位、监理单位前述的竣工验收报告上的时间作为竣工验收日期。

如果建设工程经过竣工验收属于优良或合格的，以竣工验收合格之日作为竣工日期；若经验收属于不合格工程，则需要承包方按合同约定标准或有关工程质量技术规范进行整改，并达到合同约定标准或符合有关工程质量技术规范，重新验收合格之日作为实际竣工日期。本条不是要说明验收本身，而是对验收这一个程序给予定性，说明验收和竣工时间的关系。本条把验收合格之日视为竣工日期，这样就给予竣工日期一个具体的标准。因为竣工验收合格和竣工验收是两个概念，只有竣工验收合格才能说明承包人已经完成合同约定的履行期限。

（2）承包人已经提交竣工验收报告，发包人拖延验收的，以承包人提交验收报告之日为竣工日期。《民法典》第799条规定，建设工程竣工后，发包人应当根据施工图纸及说明书、国家颁发的施工验收规范和质量检验标准及时进行验收。验收合格的，发包人应当按照约定支付价款，并接收该建设工程。建设工程竣工经验收合格后，方可交付使用；未经验收或者验收不合格的，不得交付使用。根据该条规定，承包人获得工程余款的前提是工程经竣工验收合格。如果承包人已经提交竣工验收报告，而发包人为了达到拖欠工程款等其他目的，故意拖延验收，那么本来应以验收合格之日为实际竣工日期，为了保护承包人的合法权益,制裁发包人恶意阻止条件成就的行为,本条司法解释规定,以承包人提交验收报告之日为竣工日期。

【法官提示76】

具体案件中发包方是否存在拖延验收的行为,可以参考相关合同范本以及部门规章关于发包方收到报告后组织验收或作出答复的期限规定,结合工程具体类型、工程规模、验收报告提交时间、工程竣工验收时间以及双方函件往来等情况综合认定。[①] 例如,前述的《建设工程施工合同(示范文本)》(GF-2017-0201)通用条款第13.2.3条规定。又如,《建筑工程施工发包与承包计价管理办法》第18条:工程完工后,应当按照下列规定进行竣工结算:(1)承包方应当在工程完工后的约定期限内提交竣工结算文件。(2)国有资金投资建筑工程的发包方,应当委托具有相应资质的工程造价咨询企业对竣工结算文件进行审核,并在收到竣工结算文件后的约定期限内向承包方提出由工程造价咨询企业出具的竣工结算文件审核意见;逾期未答复的,按照合同约定处理,合同没有约定的,竣工结算文件视为已被认可。发承包双方在合同中对本条第1项、第2项的期限没有明确约定的,应当按照国家有关规定执行;国家没有规定的,可认为其约定期限均为28日。

【规范指引】

《北京市高级人民法院关于审理建设工程施工合同纠纷案件若干疑难问题的解答》(2012年8月6日　京高法发〔2012〕245号)

25. 工程开竣工日期如何确定?

建设工程施工合同实际开工日期的确定,一般以开工通知载明的开工时间为依据;因发包人原因导致开工通知发出时开工条件尚不具备的,以开工条件具备的时间确定开工日期;因承包方原因导致实际开工时间推迟的,以开工通知载明的时间为开工日期;承包人在开工通知发出前已经实际进场施工的,以实际开工时间为开工日期;既无开工通知也无其他相关证据能证明实际开工日期的,以施工合同约定的开工时间为开工日期。

发包人、承包人、设计和监理单位四方在工程竣工验收单上签字确认的时间,可以视为《解释》第十四条第(一)项规定的竣工日期,但当事人有相反证据足以推翻的除外。

---

① 参见林一主编:《建设工程施工合同纠纷案件审判实务》,法律出版社2015年版,第136页。

《安徽省高级人民法院关于审理建设工程施工合同纠纷案件适用法律问题的指导意见(二)》(2013 年 12 月 23 日　安徽省高级人民法院审判委员会第 32 次会议通过)

第五条　承包人已经按照合同约定或者《建筑法》第六十一条规定,向发包人提交竣工验收报告、其承包部分完整的工程技术经济资料和经签署的工程保修书,发包人拖延验收的,以上述资料提交齐全之日为竣工日期。但工程质量不合格的除外。

(3)建设工程未经竣工验收,发包人擅自使用的,以转移占有建设工程之日为竣工日期。竣工验收是判断是否竣工的方式之一,除此之外,还有其他方式可判断工程是否竣工,在建设单位和施工单位的合同关系内,建设单位的使用就是判断工程是否竣工的另一种方式。建设单位未经验收就使用工程的,表明建设单位已默认工程质量合格已达到可交付使用的状态。因此,在此情况下,以工程转移占有之日为竣工之日,对于合同双方而言是公平合理的,也是建设单位违法使用在民事上应承担的责任之一。[①]

建筑领域中,很多建设单位在尚未进行竣工验收的情形下,为提前产生经济效益,提前使用建筑物。对此情形,《建筑法》第 61 条规定,交付竣工验收的建筑工程,必须符合规定的建筑工程质量标准,有完整的工程技术经济资料和经签署的工程保修书,并具备国家规定的其他竣工条件。建筑工程竣工经验收合格后,方可交付使用;未经验收或者验收不合格的,不得交付使用。《建设工程质量管理条例》第 58 条进一步规定,违反本条例规定,建设单位有下列行为之一的,责令改正,处工程合同价款 2% 以上 4% 以下的罚款;造成损失的,依法承担赔偿责任:①未组织竣工验收,擅自交付使用的;②验收不合格,擅自交付使用的;③对不合格的建设工程按照合格工程验收的。据此,建设单位擅自使用未经验收的建设工程的行为,实际上是应该受到行政处罚的违法行为,在此情形下,如果施工单位主张工程款,而建设单位又抗辩认为建设工程未经验收,对施工单位是不公平的,因此,以转移占有建设工程之日为竣工日期,也是比较公平合理。当然,上述只是从权利义务对等角度作出的分析结论,关于工

案例索引裁判文书

案例索引37

最高院(2014)民申字第501号海源公司与新创公司建设工程施工合同纠纷民事裁定书

① 参见顾国富、姚林胜:《关于竣工的认定》,载《建筑时报》2008 年 12 月 18 日,第 11 版。

程质量问题,还需要结合具体案情作出认定,不能因为发包人未经验收擅自使用,就全部由发包人承担责任。①

何为"转移占有"?《民法典》专章规定了占有制度,所谓占有是指占有人对于不动产或动产的实际控制。对于占有、占有权与所有权的关系,笔者认为,首先,《民法典》中规定的占有是一种单纯的事实状态;而就所有权而言,占有是所有权的权能之一,一般不称为占有权。因为权能只是权利的组成部分,在权能分离之前,它不能被称为一项独立的权利。权能只有在与权利分离之后,才可能称为一种权利。其次,占有分为所有权人占有和非所有权人占有两种情形,所有权中的占有权能指的就是所有权人占有。非所有权人对物的占有如果是基于法律或合同的规定,则为有权占有,此时,占有人就享有占有权。② 建设工程的转移占有,指的是建设工程由承包方的实际控制转变为发包方的实际控制,强调的是事实上的占有状态的改变,而非权属的改变。建设工程的所有权自建设完成之日即归建设单位享有,并不存在通过登记使得权属从承包方转移到发包方的可能。

典型案例39

北京装饰公司与周口欣欣公司装饰装修合同纠纷案③

典型案例裁判文书

典型案例39
最高院(2013)民提字第128号北京装饰公司与周口欣欣公司装饰装修合同纠纷民事判决书

2005年3月26日,北京装饰公司与周口欣欣公司签订《建设工程施工合同》一份,约定:由北京装饰公司承包周口欣欣公司购物广场精装修工程,工程内容为水电(不含消防、空调、弱电)及室内外装饰。开工日期为2005年3月28日,竣工日期为1~3层商场于2005年8月26日完工,宾馆大堂、4层餐饮娱乐部分及5~6层客房于9月19日完工。合同签订后,北京装饰公司

① 案例索引37:海源公司与新创公司建设工程施工合同纠纷案,最高人民法院(2014)民申字第501号民事裁定书。

② 参见朱瑞:《占有权与所有权分离情形下出卖人交房义务的认定》,载《人民司法》2011年第13期。

③ 参见最高人民法院民事判决书,(2013)民提字第128号。

于2005年3月28日开始对德银购物广场进行装修施工。后因工程价款结算，双方发生纠纷，诉讼中双方对工程是否经过竣工验收及竣工日期产生争议。

裁判规则：本案所涉工程竣工后，未经验收，周口欣欣公司即提前使用（德银购物广场1层、2层、3层、7层于2005年12月29日竣工，周口欣欣公司于同年12月30日未经验收即投入使用；4层、5层、6层分别于2006年10月10日、10月29日、12月29日竣工，周口欣欣公司亦未经验收即已使用）。根据双方所签合同专用条款第47.5.3条的规定，"未办理验收手续，发包商提前使用或擅自动用的部分视为已经验收的合格工程，若造成损失时应由发包商负责并承担损失"。建设工程未经竣工验收，发包人擅自使用的，以转移占有建设工程之日为竣工日期。因此，应认定本案所涉工程属于竣工合格工程，且竣工日期应为周口欣欣公司开始使用之日。该建筑装修后，最后一层投入使用的时间是2006年12月29日，应为整个工程的竣工日期。

第二节　工期延误及索赔

建设施工中，工程不能按期完工将给合同当事人双方带来不利法律后果。对于发包人而言，工期延误将导致工程逾期发挥作用，特别是商品房开发，也就意味着发包人作为开发商向购房户逾期交付商品房，将承担大范围的巨大的违约金损失。对于承包人而言，不仅面临发包人要求支付工程逾期完工违约金，而且使承包人的大量资金被占用，并由此支付大量管理费。因此，不管是发包人还是承包人，都不希望工期延误。但是，在施工过程中，存在诸多的因素，往往导致延误工期，由此工期索赔也就成为合同当事人分担风险，弥补损失的重要方式和途径。

根据《建设工程施工合同（示范文本）》（GF－1999－0201）第1.21条的定义，索赔是指在合同履行过程中，对于并非自己的过错，而是应由对方承担责任的情况造成的实际损失，向对方提出经济补偿和（或）工期顺延的要求。鉴于实践中索赔事件较为复杂，《建设工程施工合同（示范文本）》（GF－2013－0201）及后续修订的2017年版本中未再对索赔作出定义，而是规定了承包人认为其根据合同约定，有权得到追加付款或延长工期，或发包人认为其根据合同约定，有权得到赔付金额或延长缺陷责任期，即有权向对方索赔。建设工程施工的索赔既有当事人违约行为产生，亦有不可归责于当事人的原因产生如不可抗力等。按照索赔主体的不同,可以分为发包人的索赔和承包人的索赔。按照索赔的内容区分,包括工期索赔、费用索赔、利润索赔等。本节内容主要围绕工期延误,探讨工期索赔问题。

一、工期延误

(一)因发包人原因导致工期延误

在合同履行过程中,因下列情况导致工期延误和(或)费用增加的,由发包人承担由此延误的工期和(或)增加的费用,且发包人应支付承包人合理的利润:

(1)发包人未能按合同约定提供图纸或所提供图纸不符合合同约定的;

(2)发包人未能按合同约定提供施工现场、施工条件、基础资料、许可、批准等开工条件的;

(3)发包人提供的测量基准点、基准线和水准点及其书面资料存在错误或疏漏的;

(4)发包人未能在计划开工日期之日起7天内同意下达开工通知的;

(5)发包人未能按合同约定日期支付工程预付款、进度款或竣工结算款的;

(6)监理人未按合同约定发出指示、批准等文件的;

(7)专用合同条款中约定的其他情形。

【法官提示77】

因发包人原因未按计划开工日期开工的,发包人应按实际开工日期顺延竣工日期,确保实际工期不低于合同约定的工期总日历天数。因发包人原因导致工期延误需要修订施工进度计划的,按照合同中有关施工进度计划的修订条款执行。

(二)因承包人原因导致工期延误

关于承包人工期延误的情形,主要包括以下方面:

(1)发包人和承包人应当及时签收另一方送达至送达地点和指定接收人的来往信函。拒不签收的,由此增加的费用和(或)延误的工期由拒绝接收一方承担。

(2)承包人应在订立合同前查勘施工现场,并根据工程规模及技术参数合理预见工程施工所需的进出施工现场的方式、手段、路径等。因承包人未合理预见所增加的费用和(或)延误的工期由承包人承担。

(3)承包人应向发包人提交项目经理与承包人之间的劳动合同,以及承包人为项目经理缴纳社会保险的有效证明。承包人不提交上述文件的,项目经理无权履行职责,发包人有权要求更换项目经理,由此增加的费用和(或)延误的工期由承包人承担。

(4)承包人应对施工现场和施工条件进行查勘,并充分了解工程所在地的气象条件、交通条件、风俗习惯以及与完成合同工作有关的其他资料。因承包人未能充分查勘、了解前述情况或未能充分估计前述情况所可能产生后果的,承包人承担由此增加的费用和(或)延误的工期。

(5)在承包人负责照管期间,因承包人原因造成工程、材料、工程设备损坏的,由承包人负责修复或更换,并承担由此增加的费用和(或)延误的工期。

(6)对合同内分期完成的成品和半成品,在工程接收证书颁发前,由承包人承担保护责任。因承包人原因造成成品或半成品损坏的,由承包人负责修复或更换,并承担由此增加的费用和(或)延误的工期。

(7)因承包人原因造成工程质量未达到合同约定标准的,发包人有权要求承包人返工直至工程质量达到合同约定的标准为止,并由承包人承担由此增加的费用和(或)延误的工期。

(8)承包人覆盖工程隐蔽部位后,发包人或监理人对质量有疑问的,可要求承包人对已覆盖的部位进行钻孔探测或揭开重新检查,承包人应遵照执行,并在检查后重新覆盖恢复原状。经检查证明工程质量符合合同要求的,由发包人承担由此增加的费用和(或)延误的工期,并支付承包人合理的利润;经检查证明工程质量不符合合同要求的,由此增加的费用和(或)延误的工期由承包人承担。

(9)承包人未通知监理人到场检查,私自将工程隐蔽部位覆盖的,监理人有权指示承包人钻孔探测或揭开检查,无论工程隐蔽部位质量是否合格,由此增加的费用和(或)延误的工期均由承包人承担。

(10)因承包人原因造成工程不合格的,发包人有权随时要求承包人采取补救措施,直至达到合同要求的质量标准,由此增加的费用和(或)延误的工期由承包人承担。

(11)承包人对安全文明施工费应专款专用,承包人应在财务账目中单独列项备查,不得挪作他用,否则发包人有权责令其限期改正;逾期未改正的,可以责令其暂停施工,由此增加的费用和(或)延误的工期由承包人承担。

(12)在工程实施期间或缺陷责任期内发生危及工程安全的事件,监理人通知承包人进行抢救,承包人声明无能力或不愿立即执行的,发包人有权雇用其他人员进行抢救。此类抢救按合同约定属于承包人义务的,由此增加的费用和(或)延误的工期由承包人承担。

(13)承包人应在施工组织设计中列明环境保护的具体措施。在合同履行期间,承包人应采取合理措施保护施工现场环境。对施工作业过程中可能引起的大气、水、噪声以及固体废物污染采取具体可行的防范措施。承包人应当承担因其原因引起的环境污染侵权损害赔偿责任,因上述环境污染引起纠纷而导致暂停施工的,由此增加的费用和(或)延误的工期由承包人承担。

(14)因承包人原因引起的暂停施工,承包人应承担由此增加的费用和(或)延误的工期。

(15)暂停施工后,承包人无故拖延和拒绝复工的,承包人承担由此增加的费用和(或)延误的工期。

(16)承包人采购的材料和工程设备不符合设计或有关标准要求时,承包人应在监理人要求的合理期限内将不符合设计或有关标准要求的材料、工程设备运出施工现场,并重新采购符合要求的材料、工程设备,由此增加的费用和(或)延误的工期,由承包人承担。

(17)发包人或监理人发现承包人使用不符合设计或有关标准要求的材料和工程设备时,有权要求承包人进行修复、拆除或重新采购,由此增加的费用和(或)延误的工期,由承包人承担。

(18)监理人有权拒绝承包人提供的不合格材料或工程设备,并要求承包人立即进行更换。监理人应在更换后再次进行检查和检验,由此增加的费用和(或)延误的工期由承包人承担。

(19)承包人使用的施工设备不能满足合同进度计划和(或)质量要求时,监理人有权要求承包人增加或更换施工设备,承包人应及时增加或更换,由此增加的费用和(或)延误的工期由承包人承担。

(20)监理人对承包人的试验和检验结果有异议的,或为查清承包人试验和检验成果的可靠性要求承包人重新试验和检验的,可由监理人与承包人共同进行。重新试验和检验的结果证明该项材料、工程设备或工程的质量不符合合同要求的,由此增加的费用和(或)延误的工期由承包人承担;重新试验和检验结果证明该项材料、工程设备和工程符合合同要求的，由此增加的费用和（或）延误的工期由发包人承担。

（21）因发包人原因导致暂估价合同订立和履行迟延的，由此增加的费用和（或）延误的工期由发包人承担，并支付承包人合理的利润。因承包人原因导致暂估价合同订立和履行迟延的，由此增加的费用和（或）延误的工期由承包人承担。

（22）因承包人原因造成工期延误，在工期延误期间出现法律变化的，由此增加的费用和（或）延误的工期由承包人承担。

（23）竣工验收不合格的，监理人应按照验收意见发出指示，要求承包人对不合格工程返工、修复或采取其他补救措施，由此增加的费用和（或）延误的工期由承包人承担。

【法官提示78】

因承包人原因造成工期延误的，可以在专用合同条款中约定逾期竣工违约金的计算方法和逾期竣工违约金的上限。承包人支付逾期竣工违约金后，不免除承包人继续完成工程及修补缺陷的义务。

（三）不可归责于双方当事人的工期延误

（1）不利物质条件。不利物质条件是指有经验的承包人在施工现场遇到的不可预见的自然物质条件、非自然的物质障碍和污染物，包括地表以下物质条件和水文条件以及专用合同条款约定的其他情形，但不包括气候条件。

【法官提示79】

承包人遇到不利物质条件时，应采取克服不利物质条件的合理措施继续施工，并及时通知发包人和监理人。通知应载明不利物质条件的内容以及承包人认为不可预见的理由。监理人经发包人同意后应当及时发出指示，指示构成变更的，按合同中有关变更条款执行。承包人因采取合理措施而增加的费用和（或）延误的工期由发包人承担。

（2）异常恶劣的气候条件。异常恶劣的气候条件是指在施工过程中遇到的，有经验的承包人在签订合同时不可预见的，对合同履行造成实质性影响的，但尚未构成不可抗力事件的恶劣气候条件。合同当事人可以在专用合同条款中约定异常恶劣的气候条件的具体情形。

【法官提示80】

承包人应采取克服异常恶劣的气候条件的合理措施继续施工,并及时通知发包人和监理人。监理人经发包人同意后应当及时发出指示,指示构成变更的,按合同中有关变更条款执行。承包人因采取合理措施而增加的费用和(或)延误的工期由发包人承担。因承包人原因造成工期延误之后遭遇异常恶劣的气候条件的,承包人无权要求发包人赔偿相应损失。

(3)不可抗力。不可抗力是指合同当事人在签订合同时不可预见,在合同履行过程中不可避免且不能克服的自然灾害和社会性突发事件,如地震、海啸、瘟疫、骚乱、戒严、暴动、战争和专用合同条款中约定的其他情形。

因不可抗力影响承包人履行合同约定的义务,已经引起或将引起工期延误的,应当顺延工期,由此导致承包人停工的费用损失由发包人和承包人合理分担,停工期间必须支付的工人工资由发包人承担。因不可抗力引起或将引起工期延误,发包人要求赶工的,由此增加的赶工费用由发包人承担。不可抗力发生后,合同当事人均应采取措施尽量避免和减少损失的扩大,任何一方当事人没有采取有效措施导致损失扩大的,应对扩大的损失承担责任。因合同一方迟延履行合同义务,在迟延履行期间遭遇不可抗力的,不免除其违约责任。

【法官提示81】

这里要注意区分不可抗力与不利物质条件的区别,两者虽均为不可预见,但不可抗力是不可避免且不能克服的,而不利物质条件在增加费用和延误工期的前提下是可以克服的。

二、工期索赔程序

对发包人而言,工期索赔是为了督促承包人能够按时完成工程施工,依据合同约定获得逾期竣工违约金赔偿,并能够获得缺陷责任期的延长。发包人通过工期索赔,可以确定实际竣工日期在计划竣工日期之后,则相应的缺陷责任期应予以延长。对承包人而言,工期索赔是为了顺延工期避免产生逾期竣工违约金,获取因发包人原因顺延工期额外增加的费用。

(一)工期索赔应坚持的原则

(1)强化证据意识。建设工程施工中的索赔是发、承包双方行使正当权利的行为，承包人可向发包人索赔，发包人也可向承包人索赔。任何索赔事件的确立，其前提条件都是必须有正当的索赔理由。对正当索赔理由的说明必须具有证据，因为进行索赔主要是靠证据说话。没有证据或证据不足，索赔是难以成功的。也就是说，当合同一方向另一方索赔时，要有正当的索赔理由，且有索赔事件发生时的有效证据，证据是决定索赔是否成功的关键因素。[①]

【法官提示82】

一个成功的索赔必须要能证明两个方面：首先，引起费用增加和工期延长的原因不是自己的过错而是应当由对方承担责任；其次，由前述原因导致费用增加和工期延长的具体数额。前者是定性，后者是定量。要证明这两点必须有相关的证据予以证明。

(2)完全赔偿原则。工期延误，导致合同当事人提起工期索赔，实际上就是违约方对违约行为应当承担违约责任。《民法典》第584条规定，当事人一方不履行合同义务或者履行合同义务不符合约定，造成对方损失的，损失赔偿额应当相当于因违约所造成的损失，包括合同履行后可以获得的利益；但是，不得超过违约一方订立合同时预见到或者应当预见到的因违约可能造成的损失。也就是说，损失赔偿的范围在法律没有特别规定和当事人没有特别约定的情况下，应按完全赔偿原则，赔偿全部损失，包括直接损失和间接损失。所谓完全赔偿原则，即指与违约行为具有因果关系的一切损害都应赔偿，这是保护非违约方利益的当然要求。

在建筑领域工期索赔中，《民法典》第803条实际上体现了完全赔偿原则，该条规定，发包人未按照约定的时间和要求提供原材料、设备、场地、资金、技术资料的，承包人可以顺延工程日期，并有权请求赔偿停工、窝工等损失。根据法律规定，承包人施工必须以国家规定的质量标准、技术规程和设计图纸、施工图等技术资料进行施工，如果发包人未能按照约定提供技术资料，承包人就不能正常进行工作，在这种情况下，承包人可以要求发包人在合理期限内提供建设工作所必需的技术资料并有权暂停工作，顺延工期，并有权要求发包人承担停工、窝工等损失，实际上就是体现了完全赔偿原则。

① 参见蓝仑山：《建设工程施工合同法律实务》，法律出版社2010年版，第146页。

典型案例40

河北建材公司与昌江华盛公司建设工程施工合同纠纷案[①]

典型案例裁判文书

典型案例40

最高院（2013）民提字第182号河北建材公司与昌江华盛公司建设工程施工合同纠纷民事判决书

2008 年 5 月 1 日,昌江华盛公司(甲方)与河北建材公司(乙方)签订《建设工程施工合同》。约定合同工期总日历天数,各单体 75 天交付安装,整体工程 135 天竣工。合同签订后,河北建材公司于 2008 年 5 月 11 日开始施工。5 月25 日涉案工程的水泥磨房正式开工,6 月 9 日,水泥磨房交付安装。2009 年 1 月 5 日,涉案工程竣工,河北建材公司并将工程交付昌江华盛公司使用。次日,河北建材公司向昌江华盛公司提交施工单位工程竣工报告及相关竣工资料,昌江华盛公司代表郭宏在该报告上签字确认。双方因工程款结算产生纠纷,昌江华盛公司认为河北建材公司存在工期延误情形,应支付工程延期竣工违约金。

裁判规则:根据双方签订的合同约定,对于是否造成工程延期,应当由河北建材公司提出书面报告,由昌江华盛公司的工程师进行确认,才能作为顺延工期的依据。河北建材公司主张工期应予顺延的证据均为昌江华盛公司的单方工程记录、施工日志及停电通知,并未提交经双方签字确认的工期顺延的工程签证,也未提交因发生停电等原因造成工期延误而申请昌江华盛公司确认的相关证据。建设工程施工过程中,经双方签字确认的工程签证是证明施工中发生工程量变更、工期应顺延等情况的重要依据。因河北建材公司未能提供按合同约定提交申请确认工期延误的报告及工程签证等证据,其主张工期顺延不能成立。

(二)合同无效情形下的工期索赔问题

司法实践中,还必须对合同无效情形下是否存在工期延误以及责任主体是否应当承担责任作出准确认定。

第一种观点认为,基于合同无效,认为延误工期的违约责任条款不能适用。

---

① 参见最高人民法院民事判决书,(2013)民提字第 182 号。

司法实践中,有的法院以发包人无法举证证明延误工期造成的损失为由,不支持发包人的请求。

第二种观点认为,根据司法解释关于工程支付中“无效按有效处理”的精神,应当参照合同约定的延误工期的违约责任条款确定因承包人逾期竣工给发包人造成的损失。

第三种观点认为,将因承包人原因所造成的损失纳入合同无效过错责任赔偿范围,即以法律规定的过错赔偿责任解决无效合同工期延误的责任承担。该观点认为,发包方出于对承包方能按期完工的信赖,与第三方签订《房屋买卖合同》并确定违约责任。在合同无效情况下,发包方难以向承包方主张合同违约责任,在合同被确认无效且承包方在履行合同过程中的确存在过错情况之下,不将该损失纳入合同无效过错赔偿范围,无疑与“有损失有救济”原则相悖。该损失的发生与承包方订约过错及履约过错均有关系,其应对过错承担相应责任。①

第四种观点认为,对合同中约定的工期、工期延误的事由及程序等进行评判,既要考虑双方在合同中的约定,又要兼顾公平原则,综合确定工期是否延误及责任的承担。②

对于第一种观点,笔者认为,根据法律规定,合同无效、被撤销或者终止的,不影响合同中独立存在的有关解决争议方法的条款的效力。因此,合同无效情形下,工期条款、违约责任条款等均无效,但并不意味着承包人就不再承担工期延误责任或者任何赔偿责任,否则将导致发包人和承包人之间的利益失衡。

对于第二种观点,正如司法解释的起草者认为的“在合同无效的情况下,参照合同约定支付工程款,与法理和现行法律有关无效合同的处理原则明显相悖;但这种处理方式有利于保障工程质量,且这种方式利于案件的审理,平衡当事人之间的利益关系,得到良好的社会效果”。那么,一个被认定为无效,也就是被否定了的合同,为什么又按照有效处理呢?其合理性的根源到底在哪里呢?其实,是因为通过合同履行,第三人和社会公众的价值得到了弥补,所以就承认了当事人之间的价值和利益,这种承认不是直接认定合同有效,而是羞羞

---

① 参见最高人民法院民事审判第一庭编著:《民事审判指导与参考》(总第53辑),人民法院出版社2013年版,第149~151页。

② 参见李雪森编著:《建设工程工期延误法律实务与判例评析》,中国建筑工业出版社2013年版,第33页。

答答地按“有效处理”。[①] 因此，合同无效情形下认为应当参照合同约定的延误工期的违约责任条款确定，因承包人逾期竣工给发包人造成的损失，是缺乏理论基础和法理依据的。

对于第三种观点，根据法律规定，在合同无效或被撤销场合，如果因一方当事人的过错造成对方当事人遭受损害的，则过错方还应当承担损害赔偿的责任，这种责任在性质上属于缔约过失责任。如果双方都有过错的，应当各自承担责任。缔约过失之赔偿责任的成立，一般需要如下四项：缔约人一方违反先合同义务、相对人受有损失、违反先合同义务与损失之间有因果关系、违反先合同义务人有过错。此处的对先合同义务的违反，并非指对于工期条款的违反，因果关系并非指承包人违反工期条款导致发包人损失甚至是合同无效的后果，而且工期延误行为发生于合同履行过程中而非缔约阶段，所以，以缔约过失责任来认定合同无效情形下的工期延误责任，依据不足。

案例索引裁判文书

案例索引38

江苏高院（2011）苏民初字第0004号中建公司与超华公司建设工程施工合同纠纷民事判决书

对于第四种观点，笔者认为可以作为判断方法。[②] 在实践中，已经履行的无效建设工程合同参照合同约定折价补偿的前提，除建设工程质量合格外，尚应当满足在合理工期内完工这一条件。由此可以根据民法的公平原则和诚实信用原则，按照当事人对工期延误的过错程度和发包人实际发生的损失，确定承包人应当承担的赔偿责任。发包人对无效合同的形成具有过错，但若其对工期延误无过错的，不宜让其分担因承包人原因导致工期延误所造成的损失。[③]

（三）承包人的索赔

1. 承包人索赔程序

根据合同约定，承包人认为有权延长工期的，应按以下程序向发包人提出索赔：

（1）承包人应在知道或应当知道索赔事件发生后 28 天内，向监理人递交索赔意向通知书，并说明发生索赔事件的事由；承包人未在前述 28 天内发出索赔

① 参见林文学：《建设工程合同纠纷司法实务研究》，法律出版社 2014 年版，第 112 页。

② 案例索引 38：中建公司与超华公司建设工程施工合同纠纷案，江苏省高级人民法院（2011）苏民初字第 0004 号民事判决书。

③ 参见高印立：《论无效建设工程合同工期延误的责任承担》，载《建筑经济》2014 年第 5 期。

意向通知书的,丧失要求延长工期的权利;

(2)承包人应在发出索赔意向通知书后28天内,向监理人正式递交索赔报告;索赔报告应详细说明索赔理由以及要求延长的工期,并附必要的记录和证明材料;

(3)索赔事件具有持续影响的,承包人应按合理时间间隔继续递交延续索赔通知,说明持续影响的实际情况和记录,列出累计的工期延长天数;

(4)在索赔事件影响结束后28天内,承包人应向监理人递交最终索赔报告,说明最终要求索赔延长的工期,并附必要的记录和证明材料。

这里需要特别注意的是,《建设工程施工合同(示范文本)》(GF-2017-0201)通用条款第19.1条规定了合同当事人的逾期索赔丧失权。承包人未在知道或应当知道索赔事件发生后28天内,向监理人递交索赔意向通知书,并说明发生索赔事件的事由的,丧失要求延长工期的权利。索赔期限制度从法律上讲属于除斥期间,即当事人在一定期间内不行使权利,则丧失该权利,如果承包人在该条约定的期间内不行使索赔的权利,经过28天后,就丧失要求索赔的权利,这样约定是为了当事人对索赔事件及时进行固定并对损失进行确认,避免因索赔事件的发生造成旷日持久的争议或纠纷,严重影响工程施工的进行。[①]

【法官提示83】

很多建筑企业都有一个误区,认为发包人想追究承包人工期延误的责任非常困难,因为承包人有非常多的工期延误理由,比如工程量的增加、设计的变更、付款的迟延、甲供材料的不及时等。《民法典》也规定:发包人未按照约定时间和要求提供原材料、设备、场地、资金、技术资料的,承包人可以顺延工程日期,并有权要求赔偿停工、窝工等损失。但逾期竣工,若双方无法协商一致进入诉讼程序后,往往就没有想象中那么简单,而且承包人往往处于被动地位。就工期延误问题,承包人仅仅轻描淡写的抗辩,根本无法逃脱责任。也就是说,即使发包人存在未按照约定时间和要求提供原材料、设备、场地、资金等情况,也不能当然得出承包人可以顺延工期要求赔偿的结论。[②] 承包人在实际施工中,应当对发包人工期延误的违约行为要进行证据固定,注意相关证据材料的搜集。

---

① 参见《建设工程施工合同(示范文本)(GF-2013-0201)使用指南》编委会:《建设工程施工合同(示范文本)(GF-2013-0201)使用指南》,中国建筑工业出版社2013年版,第255页。

② 参见杨志东:《工期延误法律风险的防范》,载《建筑时报》2015年11月26日,第4版。

2. 对承包人索赔的处理

(1)监理人应在收到索赔报告后 14 天内完成审查并报送发包人。监理人对索赔报告存在异议的,有权要求承包人提交全部原始记录副本。

(2)发包人应在监理人收到索赔报告或有关索赔的进一步证明材料后的 28 天内,由监理人向承包人出具经发包人签认的索赔处理结果。发包人逾期答复的,则视为认可承包人的索赔要求。

(3)承包人接受索赔处理结果的,索赔款项在当期进度款中进行支付;承包人不接受索赔处理结果的,按照合同约定处理。

(四)发包人的索赔

1. 发包人索赔程序

根据合同约定,发包人认为有权延长缺陷责任期的,监理人应向承包人发出通知并附有详细的证明。发包人应在知道或应当知道索赔事件发生后 28 天内通过监理人向承包人提出索赔意向通知书,发包人未在前述 28 天内发出索赔意向通知书的,丧失要求延长缺陷责任期的权利。发包人应在发出索赔意向通知书后 28 天内,通过监理人向承包人正式递交索赔报告。

建筑领域中,发包人索赔的原因比较集中,一般可归责于承包人,如承包人延误工期等。为了督促发包人及时行使权利,保障工程施工顺利进行,《建设工程施工合同(示范文本)》(GF－2017－0201)通用条款第 19.3 条规定了发包人 28 天索赔期限制度,发包人未在 28 天内发出索赔意向通知书的,视为发包人放弃索赔的权利,丧失要求延长缺陷责任期的权利。

2. 对发包人索赔的处理

(1)承包人收到发包人提交的索赔报告后,应及时审查索赔报告的内容、查验发包人证明材料。

(2)承包人应在收到索赔报告或有关索赔的进一步证明材料后 28 天内,将索赔处理结果答复发包人。如果承包人未在上述期限内作出答复的,则视为对发包人索赔要求的认可。

(3)承包人接受索赔处理结果的,发包人可从应支付给承包人的合同价款中扣除赔付的金额或延长缺陷责任期;发包人不接受索赔处理结果的,按合同约定处理。

(五)提出索赔的期限

(1)承包人按合同中有关竣工结算审核的条款约定接收竣工付款证书后,

应被视为已无权再提出在工程接收证书颁发前所发生的任何索赔。

（2）承包人按合同中有关最终结清条款提交的最终结清申请单中，只限于提出工程接收证书颁发后发生的索赔。提出索赔的期限自接受最终结清证书时终止。

三、工期索赔诉讼时效

工期索赔事关合同双方当事人的切身利益和重大利益，如果没有索赔时限的限制，承包人甚至可能会在工程完工后才提出“一揽子”索赔。时过境迁、人员变动，使索赔事件的真实状况很难复原，因而导致发包人和承包人均依据各自的记录阐述各自理由，而双方必然都认为自己才真实地记录了索赔事件，使索赔很难通过协商解决，由此引发的合同争端只能通过调解、仲裁或诉讼等方式解决，增加了双方的费用和成本。确定合理地索赔期间，有利于证据保存，使索赔事件的真相较容易查明，有利于索赔的快速解决，避免无谓的持久争端。因此，索赔时限的约定对发包人和承包人而言，都是有效率的，也是公正的。①

因此，在诉讼中工期索赔方面往往涉及诉讼时效问题，由于法律、司法解释对工期索赔的诉讼时效并无特别规定，实践中多有争议。

第一种观点认为，根据《民法典》第 188 条的规定，向人民法院请求保护民事权利的诉讼时效期间为三年。诉讼时效期间自权利人知道或者应当知道权利受到损害以及义务人之日起计算。因此，工期索赔的诉讼时效应当从索赔事件结束开始计算，此时，承包人已经可以计算出应当顺延的工期，且工期索赔应当在索赔事件结束三年内提出。

第二种观点认为，结合建筑领域的施工、结算实际情况和惯例，施工过程中的工期索赔，如果当事人本着协商解决的姿态，应当也能够在施工过程中处理，如果不能协商一致，则一般于工程竣工结算时一并处理，要求合同当事人在索赔事件结束时但尚处于施工过程中，解决工期索赔问题，不符合现实情况。

案例索引裁判文书

案例索引39
江苏高院（2014）苏审三民申字第0622号
星耀公司与邗建集团建设工程施工合同纠纷民事裁定书

笔者同意第二种观点，施工合同的工期以及与工期有关索赔事件的合同要

① 参见上海市建纬律师事务所主编：《建设工程法律操作实务》，法律出版社 2013 年版，第 382 页。

素活动,一般在竣工验收之后的结算阶段,双方才进入汇总和量化分析,并为合同当事人"知道或者应当知道其相应的工期权利被侵害",而单一的阶段性的工期迟延对于合同当事人的权利并未产生最终的影响。①

四、停工损失的确定

《民法典》第804条规定,因发包人的原因致使工程中途停建、缓建的,发包人应当采取措施弥补或者减少损失,赔偿承包人因此造成的停工、窝工、倒运、机械设备调迁、材料和构件积压等损失和实际费用。这里的"因为发包人的原因"在实践中一般指下列情况:(1)发包人变更工程量;(2)发包人提供的设计文件等技术资料有错误或者发包人变更设计文件;(3)发包人未能按照约定及时提供建设材料、设备或者工程进度款;(4)发包人未能及时进行中间工程和隐蔽工程条件的验收并办理有关交工手续;(5)发包人不能按照合同的约定保障建设工程所需的工作条件致使工作无法正常进行的,等等。

发生上述原因,致使工程建设无法正常进行,承包人可以停建、缓建、顺延工期,并及时通知发包人。承包人在停建、缓建期间应当采取合理措施减少和避免损失,妥善保护好已完成工程和做好已购材料、设备的保护和移交工作,发包人应当为承包人的撤出提供必要的条件。因发包人原因造成工程停建、缓建的,发包人应当承担违约责任。一方面,发包人应当采取必要措施,弥补或者减少损失;另一方面,发包人应当赔偿承包人在停建、缓建期间的损失,包括停工、窝工、倒运、机械设备调迁、材料和构件积压所造成的损失和实际发生的费用。

下列情形可以认定承包人擅自停工:(1)承包人在发包人按时支付进度款的情况下停工;(2)发包人虽未按时支付进度款,但是承包人在合同约定的延展施工期内停工的。延展施工期,是双方在建设工程施工合同中约定的,在发包人未及时支付进度款时承包人再施工一段时间,届时仍不付款方可停工的期限。

因发包人过错导致停工,当事人在合同中未对停工损失进行约定,双方又达不成协议的,停工损失应如何计算?笔者认为,对于该问题的处理,应当坚持以下思路:

第一,减损规则的适用。根据《建设工程施工合同(示范文本)》(GF－1999－

① 案例索引39:星耀公司与邗建集团建设工程施工合同纠纷案,江苏省高级人民法院(2014)苏审三民申字第0622号民事裁定书。

0201）的规定：发包人不按合同约定支付工程款，停止施工超过56天，发包人仍不支付工程款（进度款），承包人有权解除合同。合同解除后，承包人应妥善做好已完工程和已购材料、设备的保护和移交工作，按发包人要求将自有机械设备和人员撤出施工场地。有过错的一方应当赔偿因合同解除给对方造成的损失。《民法典》第591条规定，当事人一方违约后，对方应当采取适当措施防止损失的扩大；没有采取适当措施致使损失扩大的，不得就扩大的损失请求赔偿。当事人因防止损失扩大而支出的合理费用，由违约方负担。

第二，严格按照合同约定处理。根据《民法典》的一般原理，合同当事人应当严格按照合同约定的权利义务全面、实际地履行合同，在因履行合同发生纠纷时也应严格按照合同约定加以处理，并本着诚实信用的原则协商处理纠纷。因此，对于因故导致建设工程长期停工的，停工时间及停工后的处理等事项应当按照承包合同的约定执行。合同中未约定停工时间等事项的，当事人应当本着诚实信用的原则进行协商，当事人之间达不成协议的，发包方对于何时停工、是否撤场应当有明确的意见，并应当给予承包方合理的赔偿；承包方、分包方也不应盲目等待而放任停工损失的扩大，根据法律之规定，其应当及时将有关停工事宜通知发包方，并采取适当措施如自行做好人员、机械的撤离等工作，以减少自身的损失。

第三，符合日常生活经验。关于停工损失，许多承包人主张自停工之日时起至起诉时止，其在建筑工地上一直有留守人员看护机械设备，产生了数额较大的机械闲置费、租赁费、人工窝工费等，对此，发包人应当予以赔偿。笔者认为，在调查有关事实的基础上，应当根据有关证据规定进行认定。《民事诉讼证据规定》第85条规定，人民法院应当以证据能够证明的案件事实为根据依法作出裁判。审判人员应当依照法定程序，全面、客观地审核证据，依据法律的规定，遵循法官职业道德，运用逻辑推理和日常生活经验，对证据有无证明力和证明力大小独立进行判断，并公开判断的理由和结果。第88条规定，审判人员对案件的全部证据，应当从各证据与案件事实的关联程度、各证据之间的联系等方面进行综合审查判断。在承包人提供有关停工损失的基础上，审判人员应当结合施工现场实际情况，进行全面审核。

【法官提示84】

停工时间的确定，不能简单地以停工状态的自然持续时间为准，而是应根据案件事实综合确定合理期间作为停工时间。司法实践中，在认定停工损失

(包括停工时间)的问题上,应遵循两项基本原则:一是所发生的费用应是承包人履行合同所必需的和已经实际发生的;二是承包人不应由于停工的发生而额外受益或额外受损,即对实际损失进行赔偿。

典型案例41

港基公司与嘉汇公司建设工程施工合同纠纷案[①]

典型案例裁判文书

典型案例41

山东高院(2014)鲁民一终字第427号港基公司与嘉汇公司建设工程施工合同纠纷民事判决书

2009年9月30日,港基公司对嘉汇公司开发的凯旋花园5#、6#、9#、10#楼及便民市场进行施工,截至2010年11月,已完成5#、6#、9#、10#楼主体工程及便民市场的挖土工程,但双方当事人并未签订书面施工合同。2010年12月13日,港基公司将涉案工程主体阶段工程造价结算书交与嘉汇公司,嘉汇公司签收后28日内未对该结算书提出异议。2011年12月22日,港基公司与嘉汇公司签订《撤场协议》。双方因工程款支付问题诉至法院,港基公司一并主张停工损失。

裁判规则:虽然双方当事人未签订书面的建设工程施工合同,亦未约定因违约造成损失的赔偿标准,港基公司关于涉案工程停工损失的主张缺乏合同依据,但涉案工程停工必然会给港基公司造成机械费和人工费损失。结合港基公司于2010年11月停工、2012年1月28日双方当事人签订《撤场证明》、停工时间约为一年零两个月的事实,以及双方当事人对因未签订书面建设工程施工合同造成工程停工均有责任,法院酌情支持港基公司停工损失70万元。

第三节　工期顺延

工期顺延是指在建设工程施工合同履行过程中,发生了按照合同约定不应该由承包人承担责任的工期延误,经承包人提出申请,发包人同意或者经仲裁机构、人民法院认定,使合同约定工期相应顺延的情形。发包人同意工期顺延

① 参见山东省高级人民法院民事判决书,(2014)鲁民一终字第427号。

的，承包人无须承担工期违约责任，与此相反，因该事件引起的承包人停工、窝工等损失，发包人可能需要承担赔偿责任。工期顺延与工期延误是不同的概念。判断是工期顺延还是工期延误，关键是看合同的约定，合同约定承包人可以申请顺延工期的情形，则属于工期顺延，合同约定承包人不可以顺延的工期的情形则属于工期延误。也就是说，对于不是承包人原因造成的工期延误，工期应当予以顺延。

一、工期顺延的情形

工期认定是建设工程施工合同中的难点问题，承包方主张工程设计变更、新增工程量及相应的工程款，进而认为新增工程应当顺延工期；发包方则以合同约定承包方要求顺延工期应当依照双方约定的形式提出申请并经发包方同意为由，认为承包方延期竣工并应承担相应的逾期竣工的违约责任。在实践中，主要有以下几种工期顺延的情形：

（一）《建设工程施工合同（示范文本）》（GF－1999－0201）中规定的情形

虽然《建设工程施工合同（示范文本）》（GF－1999－0201）被《建设工程施工合同（示范文本）》（GF－2013－0201）及后续的2017年版本代替，但其中部分条款依然可以作为参考。根据通用条款第13.1条的规定以及建筑领域实际情况，因以下原因造成工期延误，经工程师确认，工期相应顺延：

（1）发包人未能按专用条款的约定提供图纸及开工条件。若发包人未按合同约定的期限提供设计图纸等施工必需的资料，导致承包人无法施工的，则从发包人提供这些施工必需资料之日起算工期。其他如因发包人缺乏建设规划许可证、施工许可证或其他原因导致有关政府部门要求停工的，则停工期间应当从工期中予以扣除。

（2）发包人未能按约定日期支付工程预付款、进度款，致使施工不能正常进行。一般来说，当事人在施工合同中均约定发包人按工程进度支付工程进度款。若发包人未按期支付工程进度款，承包人有权停工，因此引起的工期延误责任由发包人承担。

（3）工程师未按合同约定提供所需指令、批准等，致使施工不能正常进行。

（4）设计变更。若在施工过程中，发包人变更设计，则因发包人变更设计而导致承包人无法施工的期间应当从工期中扣除，即顺延相应的工期。

（5）工程量增加。施工过程中，发包人要求承包人增加工程量的，必然导致工期的增加。这种情形下,工期自然顺延。

(6)一周内非承包人原因停水、停电、停气造成停工累计超过8小时。

(7)不可抗力。

(8)专用条款中约定或工程师同意工期顺延的其他情况。

(二)《民法典》之规定

(1)《民法典》第798条规定,隐蔽工程在隐蔽以前,承包人应当通知发包人检查。发包人没有及时检查的,承包人可以顺延工程日期,并有权请求赔偿停工、窝工等损失。《建设工程施工合同(示范文本)》(GF-2017-0201)第5.3.2条具体规定了隐蔽工程的检查程序:除专用合同条款另有约定外,工程隐蔽部位经承包人自检确认具备覆盖条件的,承包人应在共同检查前48小时书面通知监理人检查,通知中应载明隐蔽检查的内容、时间和地点,并应附有自检记录和必要的检查资料。监理人应按时到场并对隐蔽工程及其施工工艺、材料和工程设备进行检查。经监理人检查确认质量符合隐蔽要求,并在验收记录上签字后,承包人才能进行覆盖。经监理人检查质量不合格的,承包人应在监理人指示的时间内完成修复,并由监理人重新检查,由此增加的费用和(或)延误的工期由承包人承担。除专用合同条款另有约定外,监理人不能按时进行检查的,应在检查前24小时向承包人提交书面延期要求,但延期不能超过48小时,由此导致工期延误的,工期应予以顺延。监理人未按时进行检查,也未提出延期要求的,视为隐蔽工程检查合格,承包人可自行完成覆盖工作,并作相应记录报送监理人,监理人应签字确认。

(2)《民法典》第803条规定,发包人未按照约定的时间和要求提供原材料、设备、场地、资金、技术资料的,承包人可以顺延工程日期,并有权请求赔偿停工、窝工等损失。如果工程承包合同中约定由发包人提供原材料、设备、场地、资金、技术资料的,发包人应当按照约定的种类、规格、数量和单价等向承包人提供相应的产品合同证明。由发包人提供场地的,发包人应当按照合同约定向承包人提供场地以及工程建设涉及的周围场地。由发包人提供工程建设所需资金的,发包人应当按照约定的时间和数额向承包人提供。由发包人提供有关工程建设技术资料的,发包人应当按照合同约定的时间和份数向承包人提供符合约定要求的技术资料。发包人未尽上述义务,应当承担违约责任,即承包人可以顺延工程日期,并有权要求赔偿停工、窝工等损失。

(三)司法解释之规定

《建设工程司法解释(一)》第11条规定,建设工程竣工前,当事人对工程质量发生争议，工程质量经鉴定合格的，鉴定期间为顺延工期期间。工程质量问题较为复杂，涉及施工单位、建设单位、设计单位、监理单位等。一旦出现质量问题，容易出现各方当事人各执一词、互相推诿的情况，此时，鉴于工程质量本身的专业性和技术性，需要委托进行工程质量鉴定。本条司法解释所要解决的问题就是，对工程质量的鉴定期间能否作为顺延工期期间。在审判实践中，发包人起诉要求承包人承担逾期交工违约责任的案件比较多见，而承包人一般要举证证明施工过程中存在可以顺延工期的情况，如发包人对设计进行变更、自然灾害的影响等。对工程质量的鉴定可否作为顺延工期的理由，主要以工程质量是否合格作为判断标准。如果工程质量是合格的，对于承包人来说，把工程质量的鉴定期间作为顺延工期期间是比较合理和公平的。如果工程质量经鉴定为不合格的，工期不应顺延，承包人应承担逾期交工的违约责任。①

【法官提示85】

建设工程竣工前，当事人对工程质量发生争议，实践中有可能暂停施工进行工程质量鉴定，而有关鉴定时间一般较长，经过鉴定工程质量合格的，则鉴定时间应作为顺延工期期间。

二、工期顺延的认定

（一）关于认定工期顺延的一般规定

承包人主张工期顺延的，人民法院应当围绕其主张顺延的理由逐一审查。审查时一般需要考虑工程量的增加、发包人临时变更设计、发包人未按约提供原材料、设备、场地、资金、技术资料等因素，也就是结合上述示范合同、合同法、司法解释规定的情形进行综合认定，必要时可委托司法鉴定机构予以工期鉴定。对于正常天气变化所造成的施工影响，承包人在协商工期时应当有所预见，一般不应当作为工期顺延的理由。

【法官提示86】

发包人逾期支付工程进度款，数额不大且承包人并未就此提出异议而继续施工，承包人主张顺延工期的，一般不予支持。

---

① 参见最高人民法院民事审判第一庭编著：《最高人民法院建设工程施工合同司法解释的理解与适用》，人民法院出版社2004年版，第144页。

因发包人迟延支付工程预付款、进度款、迟延提供施工图纸、场地及原材料、变更设计、工程量增加、停水、停电等行为导致工程延误,承包人主张顺延工期的,按照施工过程中形成的签证等书面文件确认,没有顺延工期的签证文件,人民法院可以根据当事人提供的会议纪要、往来函件等其他证据认定应否顺延工期。合同明确约定顺延工期应当经发包人签证确认,经审查承包人虽未取得工期顺延的签证确认,但其举证证明在合同约定的办理期限内向发包人主张过工期顺延,或者发包人的上述行为确实严重影响施工进度的,对承包人顺延相应工期的主张,可予支持。

《建设工程施工合同(示范文本)》(GF-1999-0201)通用条款第13.2条规定,承包人在13.1款情况发生后14天内,就延误的工期以书面形式向工程师提出报告。工程师在收到报告后14天内予以确认,逾期不予确认也不提出修改意见,视为同意顺延工期。实践中,由于法律意识、合同意识以及程序意识上的欠缺,部分施工单位在施工过程中,并未及时就延误的工期以书面形式向工程师提出报告,此时工期是否可以顺延?笔者认为,不能仅以承包人未在约定时间内提出顺延工期申请就得出工期不得顺延的结论,理由如下:

(1)该条款只是《建设工程施工合同(示范文本)》(GF-1999-0201)中通用条款的规定,如果合同当事人未在专用条款中作出专门约定,则不宜简单适用通用条款的约定,同时,该示范合同并没有规定,承包人未规定申请顺延工期的法律后果。

(2)该类条款仅仅是有关工期延误的签证的程序性约定,即使承包人未在约定期限内提出工期延误的申请,也不能得出承包人在实体上放弃工期延误的权利,而且工期延长是客观事实,不能仅以承包人未在期限内提出申请而无视该事实。

(3)《民法典》第6条规定,民事主体从事民事活动,应当遵循公平原则,合理确定各方的权利和义务。将公平原则作为合同当事人的行为准则,可以防止当事人滥用权利,有利于保护当事人的合法权益,维护和平衡当事人之间的利益。在认定承包人工期延误的权利时,亦应遵循该原则,不能仅以其未在期限内提出,就认为其放弃该实体权利,否则将导致双方权利义务的失衡。

(4)《建设工程司法解释(一)》第10条第1款规定,当事人约定顺延工期应当经发包人或者监理人签证等方式确认,承包人虽未取得工期顺延的确认,但能够证明在合同约定的期限内向发包人或者监理人申请过工期顺延且顺延事由符合合同约定，承包人以此为由主张工期顺延的，人民法院应予支持。该条实际上重申了一般情形下承包人顺延工期应当经过签证等方式确认，但不可倒推如无签证即构成工期延误，对此承包人应承担举证责任。

【法官提示 87】

工期顺延天数的计算并不是工期延误天数的简单相加，只有发生在关键线路上的设计变更等造成工期延误的，工期才能顺延，非关键线路上的工期延误，不影响整个合同工期，不产生工期顺延的法律后果。

（二）工期顺延的特殊规定

结合以上所述，发包人仅以承包人未在规定时间内提出工期顺延申请而主张工期不能顺延的，该主张不能成立。但合同明确约定不在规定时间内提出工期顺延申请视为工期不顺延的，应当如何处理？笔者认为，此种情形可以参考《最高人民法院民事审判庭关于发包人收到承包人竣工结算文件后，在约定期限内不予答复，是否视为认可竣工结算文件的复函》（〔2005〕民一他字第 23 号）的规定："适用《关于审理建设工程施工合同纠纷案件适用法律问题的解释》第 20 条的前提条件是当事人之间约定了发包人收到竣工结算文件后，在约定期限内不予答复，则视为认可竣工结算文件。承包人提交的竣工结算文件可以作为工程款结算的依据。建设部制定的建设工程施工合同格式文本中的通用条款第 33 条第 3 款的规定，不能简单地推论出，双方当事人具有发包人收到竣工结算文件一定期限内不予答复，则视为认可承包人提交的竣工结算文件的一致意思表示，承包人提交的竣工结算文件不能作为工程款结算的依据。"也就是应遵从合同的约定。对此，《建设工程司法解释（一）》第 10 条第 2 款规定，当事人约定承包人未在约定期限内提出工期顺延申请视为工期不顺延的，按照约定处理，但发包人在约定期限后同意工期顺延或者承包人提出合理抗辩的除外。

适用该情形时，应当注意审查以下内容：

（1）建设工程施工合同是否有效。无效合同自始没有法律约束力，该合同对当事人不再具有任何约束力，自然也包括双方有关工期的约定。因此，即使双方对合同的性质和效力未产生争议，法院应当主动审查，在认定合同效力的基础上对双方有关工期约定的条款进行判断。

（2）合同中是否约定了工期，如果未约定，则不适用该规定。一般认为，所谓工程期限是指建设工程施工合同中约定的工程完工并交付验收的时间。工程期限属于建设工程施工合同实质性内容,实践中很少有当事人不在合同中约定工程期限的,但如果双方当事人由于种种原因确实未约定工期的,则不适用该条规定。

(3)合同中约定的工期是否合理。合理工期是指在相同条件下,具有相同或近似施工技术、施工经验和管理水平的施工单位在完成相同工作量时正常情况下所需要花费的时间。《建设工程质量管理条例》第10条明确规定,建设工程发包单位不得迫使承包方以低于成本的价格竞标,不得任意压缩合理工期。第56条规定,违反本条例规定,建设单位有下列行为之一的,责令改正,处20万元以上50万元以下的罚款:……②任意压缩合理工期的……关于工期合理性的判断,一般认为,定额工期可以作为确定合理工期的参考,但定额工期不等同合理工期。另外,因工程特殊无法计算施工标准工期的,可参考已完成类似工程的实际施工工期,无类似工程参考的应根据工程规模、结构、施工难易程度等合理确定。

(三)承包人的举证责任

对于因发包人拖欠预付款、进度款、迟延提供施工图纸、场地、原材料、变更设计等行为导致工期延误的,可以根据施工过程中形成的签证确认。承包人未取得工程顺延的签证确认,但提供的工程联系单、工期延长报审表等证据证明其在合同约定的办理期限内向发包人主张过工期延期,或者发包人的上述行为确实影响施工进度的,法院可以合理支持工期顺延的请求。如果承包方能够举证证明其在办理签证的期限内向发包方提出了顺延工期的要求,或者其能举证证明发包方迟延支付工程款情节较为严重而影响了施工进度,那么对其工期顺延权主张应予以支持;如果承包方不能举证证明其提出过工期顺延的要求,且发包人迟延支付工程款情节较轻,并不必然导致工程进度延误,则不认定承包方享有工期顺延权。

建设工程施工合同纠纷中,在认定工期延误上,发包人处于相对优势地位,只要证明承包人的实际竣工时间晚于合同约定竣工时间即可。承包人必须针对发包人逾期竣工的主张,举证证明逾期完工并非承包人原因造成。当然,如果双方就处理工期延误达成了签证或者有会议纪要的,则承包人只需举出相应证据证明即可。如果双方未能就工期顺延事项达成一致意见的,则承包人如果主张工期顺延权利的,尚需证明存在工期顺延的情形,理由如下:

(1)《民事诉讼法》第67条规定,当事人对自己提出的主张,有责任提供证据。《民事诉讼法解释》第90条规定,当事人对自己提出的诉讼请求所依据的事实或者反驳对方诉讼请求所依据的事实,应当提供证据加以证明,但法律另有规定的除外。在作出判决前,当事人未能提供证据或者证据不足以证明其事实主张的,由负有举证证明责任的当事人承担不利的后果。第91条进一步规定,人民法院应当依照下列原则确定举证证明责任的承担,但法律另有规定的除外:①主张法律关系存在的当事人,应当对产生该法律关系的基本事实承担举证证明责任;②主张法律关系变更、消灭或者权利受到妨害的当事人,应当对该法律关系变更、消灭或者权利受到妨害的基本事实承担举证证明责任。因此,根据民事诉讼"谁主张,谁举证"的原则,承包人应当对自己有关工期顺延的主张提供证据予以证明。

(2)《建设工程施工合同(示范文本)》(GF-2017-0201)通用条款第16.2.1条规定了八种承包人违约的情形,其中规定了承包人未能按施工进度计划及时完成合同约定的工作,造成工期延误的应当承担违约责任,并且第16.2.2条还规定,承包人应承担因其违约行为而增加的费用和(或)延误的工期。因此,根据程序法的规定,承包人如果认为自己未逾期竣工的,则亦应当举证证明。

承包人的举证包括:双方约定的可以顺延工期的合同条款,实际发生的可以顺延工期的事实证据,工期顺延的计算依据,导致工期延误的事项与工期实际延误天数具有因果关系等。虽然双方,尤其是承包人提供了相应证据证明工期存在应当顺延的情形,但工期顺延问题属于建筑领域中的专业问题,需要借助专门的技术和知识进行判断。《民事诉讼法解释》第122条第1款规定,当事人可以依照《民事诉讼法》第82条的规定,在举证期限届满前申请1~2名具有专门知识的人出庭,代表当事人对鉴定意见进行质证,或者对案件事实所涉及的专业问题提出意见。因此,法院在审理该类案件中,可以建议当事人申请专业人士出庭提供相应意见,充实自己的证据。

另外,《民法典》第510条就合同约定不明的补救规定,合同生效后,当事人就质量、价款或者报酬、履行地点等内容没有约定或者约定不明确的,可以协议补充;不能达成补充协议的,按照合同相关条款或者交易习惯确定。第511条就合同约定不明时的履行规定,当事人就有关合同内容约定不明确,依据前条规定仍不能确定的,适用下列规定:①质量要求不明确的,按照强制性国家标准履行;没有强制性国家标准的,按照推荐性国家标准履行;没有推荐性国家标准的,按照行业标准履行;没有国家标准、行业标准的,按照通常标准或者符合合同目的的特定标准履行。②价款或者报酬不明确的,按照订立合同时履行地的市场价格履行;依法应当执行政府定价或者政府指导价的,依照规定履行。③履行地点不明确,给付货币的,在接受货币一方所在地履行;交付不动产的,在不动产所在地履行;其他标的,在履行义务一方所在地履行。④履行期限不明确的,债务人可以随时履行,债权人也可以随时请求履行,但是应当给对方必要的准备时间。⑤履行方式不明确的,按照有利于实现合同目的的方式履行。⑥履行费用的负担不明确的,由履行义务一方负担;因债权人原因增加的履行费用,由债权人负担。如果合同当事人在合同中未约定工期,或者约定工期不明确时,应当根据上述法律规定进行处理。鉴于工期的专业技术性,可由当事人申请进行司法鉴定。

典型案例42

章诚隆公司与特房集团建设工程施工合同纠纷案[①]

典型案例裁判文书

典型案例42

最高院(2014)民抗字第80号章诚隆公司与特房集团建设工程施工合同纠纷民事判决书

经过公开招、投标,章诚隆公司成为特房集团开发的房地产项目土建及安装工程的施工单位。双方签订《建设工程施工合同》,关于开工日期和工期顺延,合同通用条款第13.1条规定了工期可顺延的七种情况;第13.2条规定,承包人应在第13.1条情况发生后14天内,就延误的工期以书面形式向工程师提出报告。工程师在收到报告后14天内予以确认,逾期不予确认也不提出修改意见,视为同意顺延工期。合同专用条款第13.1条约定,通用条款第13.1条规定的顺延理由必须实际造成停工、窝工,承包人方可提出顺延申请。承包人申请顺延工期的,应严格按照合同约定进行签证。未签证的,在工程结算时,不给予工期顺延,发包人无正当理由拒绝签证的除外。完成施工后,双方就工程款纠纷诉至法院,诉讼中又对工期顺延问题产生争议。

裁判规则:本案《建设工程施工合同》对于工期顺延的程序作出了明确约

① 参见最高人民法院民事判决书,(2014)民抗字第80号。

定。虽因讼争工程屋面防水层设计问题而导致章诚隆公司对屋面进行整改施工的事实的确存在，但其并未提交因此而实际延误总工期的证据，且章诚隆公司也未就该项整改施工办理相关的工期顺延签证，故对其就此要求延长工期的请求不予支持。

【规范指引】

《浙江省高级人民法院民一庭关于审理建设工程施工合同纠纷案件若干疑难问题的解答》（2012 年 2 月 23 日　浙法民一〔2012〕3 号）

六、如何认定工期顺延？

发包人仅以承包人未在规定时间内提出工期顺延申请而主张工期不能顺延的，该主张不能成立。但合同明确约定不在规定时间内提出工期顺延申请视为工期不顺延的，应遵从合同的约定。

《北京市高级人民法院关于审理建设工程施工合同纠纷案件若干疑难问题的解答》（2012 年 8 月 6 日　京高法发〔2012〕245 号）

26. 工期顺延如何认定？

因发包人拖欠工程预付款、进度款、迟延提供施工图纸、场地及原材料、变更设计等行为导致工程延误，合同明确约定顺延工期应当经发包人签证确认，经审查承包人虽未取得工期顺延的签证确认，但其举证证明在合同约定的办理期限内向发包人主张过工期顺延，或者发包人的上述行为确实严重影响施工进度的，对承包人顺延相应工期的主张，可予支持。

《安徽省高级人民法院关于审理建设工程施工合同纠纷案件适用法律问题的指导意见（二）》（2013 年 12 月 23 日　安徽省高级人民法院审判委员会第 32 次会议通过）

第四条　承包人未能提供顺延工期的签证等书面文件，但能够证明工程存在延期开工、不具备施工条件、设计变更、工程量增加、发包人指定的分包工程迟延完工、不可抗力等不可归责于承包人的原因，影响施工进度的，可以允许承包人相应顺延工期。

三、暂停施工

工程建设过程中，由于项目建设周期长、专业技术性强、参与建设主体多等众多因素，在实际施工过程中，经常出现暂停施工的情形，从而导致影响合同履行、工期认定、当事人违约责任的认定等一系列问题，实践中务必对此有准确认识和把握。暂停施工又称中止施工,《建设工程施工合同(示范文本)》(GF-1999-0201)仅仅规定了监理人认为需要指示暂停的情形,《建设工程施工合同(示范文本)》(GF-2013-0201)对此作了进一步的调整和充实,2017年版本亦沿袭了2013年版本规定,使得该制度更趋于完备。

【法官提示88】

需要注意的是,暂停施工并不必然导致工期顺延,因为根据暂停施工发生原因的不同,暂停施工可以区分为发包人原因引起的暂停施工、承包人原因引起的暂停施工、监理人指示暂停施工以及紧急情况下的暂停施工四个方面,并在此基础上进一步区分是否构成工期顺延条件。

(一)发包人原因引起的暂停施工

因发包人原因引起的暂停施工,包括发包人违法、发包人违约、发包人提出变更等情形。承包人此时可以行使相应的抗辩权,这也是《民法典》赋予承包人的权利,是同时履行抗辩权、先履行抗辩权在施工合同领域的体现。

例如,《建设工程施工合同(示范文本)》(GF-2017-0201)通用条款第16.1.1条对发包人违约的情形作了具体规定,在合同履行过程中发生的下列情形,属于发包人违约:

(1)因发包人原因未能在计划开工日期前7天内下达开工通知的;(2)因发包人原因未能按合同约定支付合同价款的;(3)发包人违反第10.1款〔变更的范围〕第(2)项约定,自行实施被取消的工作或转由他人实施的;(4)发包人提供的材料、工程设备的规格、数量或质量不符合合同约定,或因发包人原因导致交货日期延误或交货地点变更等情况的;(5)因发包人违反合同约定造成暂停施工的;(6)发包人无正当理由没有在约定期限内发出复工指示,导致承包人无法复工的;(7)发包人明确表示或者以其行为表明不履行合同主要义务的;(8)发包人未能按照合同约定履行其他义务的。发包人发生除本项第(7)目以外的违约情况时,承包人可向发包人发出通知,要求发包人采取有效措施纠正违约行为。发包人收到承包人通知后28天内仍不纠正违约行为的,承包人有权暂停相应部位工程施工,并通知监理人。上述条款对发包人违约情形下,承包人的停工权作了具体规定,承包人可以发出通知、发包人28天纠正违约行为、暂停施工等来维护自己的权益。

(二)承包人原因引起的暂停施工

因承包人原因引起的暂停施工,主要是指承包人违约或者违法的情形。

《建设工程施工合同(示范文本)》(GF－2017－0201)通用条款第7.8.2条〔承包人原因引起的暂停施工〕规定,因承包人原因引起的暂停施工,承包人应承担由此增加的费用和(或)延误的工期,且承包人在收到监理人复工指示后84天内仍未复工的,视为第16.2.1项〔承包人违约的情形〕第(7)目约定的承包人无法继续履行合同的情形。此时,既然承包人无法继续履行合同,则根据《民法典》关于合同法定解除条件中当事人一方迟延履行主要债务,经催告后在合理期限内仍未履行的有关规定,可以认定承包人构成根本性违约,发包人可以主张解除合同。

(三)监理人指示暂停施工

监理人指示暂停施工的原因可以分为发包人原因、承包人原因以及不可归责于双方当事人的原因等。因发包人原因导致暂停施工的,发包人除了承担相应费用以外,还应顺延工期。《建设工程施工合同(示范文本)》(GF－2017－0201)通用条款第7.8.3条〔指示暂停施工〕规定,监理人认为有必要时,并经发包人批准后,可向承包人作出暂停施工的指示,承包人应按监理人指示暂停施工。

【法官提示89】

通常情况下,监理人发出暂停施工前,应获得发包人的批准,但在特殊或紧急情况下,基于监理人对工程质量、安全负有监督管理职责,如不立即暂停施工将影响工程质量、安全时,监理人应先行发出暂停施工指示,但应在合理的时间内通知发包人,并获得发包人同意。发包人不同意暂停施工的,监理人应指示复工,但发包人复工的要求将影响工程质量和安全时,监理人应予以拒绝。①

(四)紧急情况下的暂停施工

《建设工程施工合同(示范文本)》(GF－2013－0201)中新增了紧急情况下的暂停施工内容,通用条款第7.8.4条〔紧急情况下的暂停施工〕规定,因紧急情况需暂停施工,且监理人未及时下达暂停施工指示的,承包人可先暂停施工,并及时通知监理人。监理人应在接到通知后24小时内发出指示,逾期未发出指示,视为同意承包人暂停施工。监理人不同意承包人暂停施工的,应说明理

---

① 参见《建设工程施工合同(示范文本)(GF－2013－0201)使用指南》编委会:《建设工程施工合同(示范文本)(GF－2013－0201)使用指南》,中国建筑工业出版社2013年版,第139页。

由,承包人对监理人的答复有异议,按照第20条〔争议解决〕约定处理。

考虑到建筑施工过程中,当出现不利物质条件、异常恶劣的气候条件等紧急情况,而又不能及时通知监理人的情况下,示范合同赋予了承包人暂停施工的权利,然后再通知监理人的制度。

(五)暂停施工的后续问题

鉴于停工对工程建设将产生重大影响,行使停工权需十分谨慎。发包人和承包人均应当按照合同约定的程序和书面文件往来要求,慎重地对待停工的启动。行使停工权必须有合同依据或法律依据,无合同依据或法律依据的停工将构成违约。

(1)暂停施工的复工问题。暂停施工后,发包人和承包人应采取有效措施积极消除暂停施工的影响。在工程复工前,监理人会同发包人和承包人确定因暂停施工造成的损失,并确定工程复工条件。当工程具备复工条件时,监理人应经发包人批准后向承包人发出复工通知,承包人应按照复工通知要求复工。

承包人无故拖延和拒绝复工的,承包人承担由此增加的费用或延误的工期;因发包人原因无法按时复工的,按照合同中因发包人原因导致工期延误的约定办理。

(2)暂停施工持续56天以上。监理人发出暂停施工指示后56天内未向承包人发出复工通知,除该项停工属于承包人原因引起的暂停施工及不可抗力约定的情形外,承包人可向发包人提交书面通知,要求发包人在收到书面通知后28天内准许已暂停施工的部分或全部工程继续施工。发包人逾期不予批准的,则承包人可以通知发包人,取消工程受影响的部分作业。

(3)暂停施工持续84天以上。监理人发出暂停施工指示后84天内未向承包人发出复工通知,且不属于承包人原因引起的暂停施工及不可抗力约定的情形,并影响到整个工程以及合同目的实现的,承包人有权提出价格调整要求,或者解除合同。

第五章 工程质量

工程质量关系人民群众切身利益、国民经济、投资效益、建筑业可持续发展，国家对建设工程质量历来要求十分严格。《住房和城乡建设部关于推进建筑业发展和改革的若干意见》（建市〔2014〕92 号）提出了“推进建筑业发展和改革，保障工程质量安全，提升工程建设水平”的目标要求。为了落实上述要求，住房和城乡建设部陆续发布了《建筑施工项目经理质量安全责任十项规定（试行）》（建质〔2014〕123 号）、《建筑工程五方责任主体项目负责人质量终身责任追究暂行办法》（建质〔2014〕124 号）等文件，并发布了《工程质量治理两年行动方案》（建市〔2014〕130 号），要通过两年治理行动，规范建筑市场秩序，落实工程建设五方主体项目负责人质量终身责任，遏制建筑施工违法发包、转包、分包及挂靠等违法行为的多发势头，进一步发挥工程监理作用，促进建筑产业现代化快速发展，提高建筑从业人员素质，建立健全建筑市场诚信体系，使全国工程质量总体水平得到明显提升。同时，每年做好相应工程质量检查及通报工作。

从上述规定的密集出台可知，工程质量之于人民群众生命财产安全的重要性。质量安全管理一直是政府管理建筑工程市场的重点，《建筑法》第五章、第六章分别规定了建筑安全生产管理和建筑工程质量管理，国务院先后制定了《建设工程质量管理条例》和《建设工程安全生产管理条例》，此外，住房和城乡建设部等各部委对分管行业也分别制定了大量部门规章，提出工程质量和安全生产的具体要求。

第一节 工程质量责任

《民法典》第 799 条规定，建设工程竣工后，发包人应当根据施工图纸及说明书、国家颁发的施工验收规范和质量检验标准及时进行验收。验收合格的，发包人应当按照约定支付价款，并接收该建设工程。建设工程竣工经验收合格后,方可交付使用;未经验收或者验收不合格的,不得交付使用。《建筑法》第61条规定,交付竣工验收的建筑工程,必须符合规定的建筑工程质量标准,有完整的工程技术经济资料和经签署的工程保修书,并具备国家规定的其他竣工条件。建筑工程竣工经验收合格后,方可交付使用;未经验收或者验收不合格的,不得交付使用。因此,建设工程必须经过竣工验收,才能投入使用,未经竣工验收不得擅自使用,并且工程质量标准必须符合现行国家有关工程施工质量验收规范和标准的要求。

一、工程质量的认定

(一)工程质量标准

为确保建筑工程质量和安全,促进建筑工程技术进步,提高建筑工程经济效益和社会效益,政府在建设领域推行建筑工程质量标准化。建筑工程勘察、设计、施工的质量必须符合国家有关建筑工程安全标准的要求。按照现行法律的规定,凡在全国范围内须统一的工程建设技术要求,应当制定国家标准。在国家标准外,建筑工程行业协会依据国家标准和行业发展状况可制定工程建设的行业标准。①

工程质量必须符合国家或者行业质量验收规范和标准是国家强制性规定。《建筑工程施工质量验收统一标准》《建筑装饰装修工程质量验收规范》等统一了建筑工程质量的验收方法、质量标准和程序,规定了建筑工程各专业工程施工验收规范编制的统一准则和单位工程验收质量标准内容和程序,增加了建筑工程施工现场质量管理和质量控制要求,提出了质量检验的抽样方案要求,规定了建筑工程施工质量验收中子单位和子分部工程的划分,涉及建筑工程安全和主要使用功能的见证取样和抽样检测建筑工程各专业工程施工质量验收规范。上述验收规范既是承包人施工的依据,也是验收评价承包人施工质量是否合格的标准。

《建设工程施工合同(示范文本)》(GF-2017-0201)通用条款第5.1.1条规定,工程质量标准必须符合现行国家有关工程施工质量验收规范和标准的要求。有关工程质量的特殊标准或要求由合同当事人在专用合同条款中约定。根据该条规定,合同当事人可以在专用合同条款中约定工程质量的特殊标准,

---

① 参见林一主编:《建设工程施工合同纠纷案件审判实务》,法律出版社2015年版,第197页。

解决了没有国家标准或者行业标准时的验收评定问题，也满足了当事人对工程质量的特殊要求。但是，由此也产生了一个争议，即当事人在合同中约定了质量标准，但该合同约定的工程质量标准与国家强制性标准不一致时，如何处理，如何认定该合同约定的效力？笔者认为，建设工程施工合同中约定的建设工程质量标准不能低于国家标准中的强制性标准，低于国家规定的工程质量强制性安全标准的约定无效；合同约定的质量标准高于国家规定的强制性标准的，应当认定该约定有效。对此，《全国民事审判工作会议纪要》（法办〔2011〕442 号）规定，对建设工程施工合同中有关违反工程建设强制性标准，任意压缩合理工期、降低工程质量标准的约定内容，应认定为无效。

【法官提示 90】

对此，应当把握以下两个方面：第一，合同当事人未在专用合同条款中约定有关工程质量的特殊标准或要求，则应当按照国家标准和规范进行验收。第二，合同当事人在专用合同条款中约定的工程质量特殊标准或要求低于国家标准的，则按照国家标准和规范进行验收；合同当事人在专用合同条款中约定的工程质量特殊标准或要求高于国家标准的，则按照当事人合同约定验收。

【规范指引】

《北京市高级人民法院关于审理建设工程施工合同纠纷案件若干疑难问题的解答》（2012 年 8 月 6 日　京高法发〔2012〕245 号）

27. 施工合同约定的工程质量标准与国家强制性标准不一致的是否有效？

建设工程施工合同中约定的建设工程质量标准低于国家规定的工程质量强制性安全标准的，该约定无效；合同约定的质量标准高于国家规定的强制性标准的，应当认定该约定有效。

（二）合同无效情形下工程质量的认定

合同无效情形下当事人有关工程质量的约定是否有效，法律或者司法解释并未明确规定。《民法典》第 507 条规定，合同不生效、无效、被撤销或者终止的，不影响合同中有关解决争议方法的条款的效力。但是，有关解决争议方法的条款一般是指仲裁条款，选择受诉法院的条款，选择检验、鉴定机构的条款以及法律适用条款等，显然不包括当事人有关工程质量的约定条款。因此，有观点认为，合同无效，当事人有关工程质量的约定当然无效。

案例索引裁判文书

案例索引40
最高院(2012)民申字第1332-1号于某与南通三建公司等建设工程分包合同纠纷民事裁定书

笔者认为,上述观点不能成立。[①] 其理由如下:

第一,工程质量是工程建设的核心,是建筑工程的生命线,事关社会公共安全和人民群众生命财产安全。加强对建筑活动的监督管理,维护建筑市场秩序,保证建筑工程的质量和安全,促进建筑业健康发展,正是《建筑法》《建设工程质量管理条例》等法律法规的立法目的和立法初衷。

第二,承包人对工程质量负责,不仅是合同当事人的约定义务受到合同的约束,更是法律规定的法定义务受到法律法规的调整。即使根据法律的规定,建设工程施工合同无效,承包人还是需要对其施工质量负责,并且履行相应保修义务。

第三,从法律规定的角度,《民法典》第155条规定,无效的或者被撤销的民事法律行为自始没有法律约束力。合同部分无效,不影响其他部分效力的,其他部分仍然有效。当事人有关工程质量的约定,具有相对独立性,建设工程施工因为违反招标投标的规定、承包人资质欠缺以及承包人挂靠等情形归于无效,并不必然影响工程质量条款的效力。

【法官提示91】

在审判环节,也要坚持建设工程质量第一的原则,人民法院要为建设工程质量的全面提高做出努力。建设工程合同被认定无效不影响承包方工程质量责任。建设工程合同无效,不影响发包方按合同约定、承包方出具的质量保修书或法律法规的规定,请求承包方、分包方以及实际施工人承担工程质量责任。[②]

【规范指引】

《浙江省高级人民法院民一庭关于审理建设工程施工合同纠纷案件若干疑难问题的解答》(2012年2月23日 浙法民一〔2012〕3号)

二十、合同无效是否影响关于工程质量的约定、承诺的效力?

建设工程施工合同无效,不影响发包人按合同约定、承包人出具的质量保修书或法律法规的规定,请求承包人承担工程质量责任。

---

① 案例索引40:于某与南通三建公司等建设工程分包合同纠纷案,最高人民法院(2012)民申字第1332-1号民事裁定书。

② 参见林文学:《建设工程合同纠纷司法实务研究》,法律出版社2014年版,第15页。

二、发包方工程质量责任的认定

关于工程质量的认定,如果双方当事人一致确认工程质量问题,则法院应予以认定。若当事人不予认可,则法院应当通过举证责任分配规则综合认定。具体来说,发包人主张工程质量问题的,应当提供关于工程质量问题的初步证据,如竣工验收记录、照片、现场勘察记录等;承包人予以否认的,应当提供反驳证据证明不存在这些质量问题或者这些质量问题并非承包人的原因所造成。若双方当事人不能达成一致,一般由发包人申请法院委托工程质量鉴定机构进行鉴定。①

(一)发包方的质量责任

发包方应当按照法律规定及合同约定完成与工程质量有关的各项工作。发包方的质量责任,主要体现于以下几个方面:

(1)按照合同约定,建筑材料、建筑构配件和设备由工程承包单位采购的,发包方不得指定承包单位购入用于工程的建筑材料、建筑构配件和设备或者指定生产厂、供应商。

(2)发包方不得以任何理由,要求建筑设计单位或者建筑施工企业在工程设计或者施工作业中,违反法律、行政法规和建筑工程质量、安全标准,降低工程质量。建筑设计单位和建筑施工企业对发包方违反规定提出的降低工程质量的要求,应当予以拒绝。

(3)发包方不得迫使承包方以低于成本的价格竞标,不得任意压缩合理工期。发包方不得明示或者暗示设计单位或者施工单位违反工程建设强制性标准,降低建设工程质量。

(4)发包方应当将施工图设计文件报县级以上人民政府建设行政主管部门或者其他有关部门审查。施工图设计文件审查的具体办法,由国务院建设行政主管部门会同国务院其他有关部门制定。施工图设计文件未经审查批准的,不得使用。

(5)发包方在领取施工许可证或者开工报告前,应当按照国家有关规定办理工程质量监督手续。

(6)按照合同约定,发包方采购建筑材料、建筑构配件和设备的,发包方应

---

① 参见潘福仁主编:《建设工程合同纠纷》,法律出版社2010年版,第81页。

当保证建筑材料、建筑构配件和设备符合设计文件与合同要求。发包方不得明示或者暗示施工单位使用不合格的建筑材料、建筑构配件和设备。

(7)涉及建筑主体和承重结构变动的装修工程,发包方应当在施工前委托原设计单位或者具有相应资质等级的设计单位提出设计方案;没有设计方案的,不得施工。房屋建筑使用者在装修过程中,不得擅自变动房屋建筑主体和承重结构。

(8)实行监理的建设工程,建设单位应当委托具有相应资质等级的工程监理单位进行监理,也可以委托具有工程监理相应资质等级并与被监理工程的施工承包单位没有隶属关系或者其他利害关系的该工程的设计单位进行监理。下列建设工程必须实行监理:国家重点建设工程;大中型公用事业工程;成片开发建设的住宅小区工程;利用外国政府或者国际组织贷款、援助资金的工程;国家规定必须实行监理的其他工程。

(二)发包方过错的认定

《民法典》第775条规定,定作人提供材料的,应当按照约定提供材料。承揽人对定作人提供的材料应当及时检验,发现不符合约定时,应当及时通知定作人更换、补齐或者采取其他补救措施。承揽人不得擅自更换定作人提供的材料,不得更换不需要修理的零部件。第803条规定,发包人未按照约定的时间和要求提供原材料、设备、场地、资金、技术资料的,承包人可以顺延工程日期,并有权请求赔偿停工、窝工等损失。因此,虽然原则上建筑施工企业对工程的施工质量负责,但是如果因为发包方原因导致工程质量出现问题的,则发包方亦应承担质量责任。

《建设工程司法解释(一)》第13条规定,发包人具有下列情形之一,造成建设工程质量缺陷,应当承担过错责任。

(1)提供的设计有缺陷。发包方应当按照合同约定的时间和要求,向承包方提供相应的建筑工程技术资料,工程设计是工程质量的基础,该技术资料不仅应当符合建设工程设计的技术规范,更应符合有关法律、法规的规定和合同约定。施工图纸设计文件是设计文件的重要内容,它是指根据批准的初步设计和技术设计,绘制出正确、完整和尽可能详尽的建筑、安装施工图纸。同时是编制施工图预算,安排材料、设备订货和非标准设备制作,进行施工、安装和工程验收等工作的依据,施工图设计文件一经完成,建设工程最终所要达到的质量,尤其是地基基础和结构的安全性就有了约束,因此施工图设计文件的质量直接影响建设工程的质量。[①] 如果因为设计原因造成工程质量出现问题，则首先应由发包方承当责任，如果设计人对设计存在责任的，则发包人可另行向设计人主张权利。

(2)提供或者指定购买的建筑材料、建筑构配件、设备不符合强制性标准。根据法律规定或者合同约定，由发包人采购建筑材料、建筑构配件和设备的，发包人应当保证建筑材料、建筑构配件和设备符合设计文件和合同要求。发包人不得明示或者暗示施工单位使用不合格的建筑材料、建筑构配件和设备。发包人提供的材料和工程设备的规格、数量或质量不符合合同约定的，或因发包人原因导致交货日期延误或交货地点变更等情况的，按照违约条款办理。

(3)直接指定分包人分包专业工程。肢解承包形式的出现，使整个工程建设在管理和技术上缺乏应有的统筹和协调，往往造成施工现场秩序的混乱，责任不清，严重影响工程建设的质量，出了问题也很难找到责任者。因此，《民法典》第 791 条规定，发包人不得将应当由一个承包人完成的建设工程肢解成若干部分发包给数个承包人。禁止承包人将工程分包给不具备相应资质条件的单位。禁止分包单位将其承包的工程再分包。建设工程主体结构的施工必须由承包人自行完成。发包人违反规定将工程肢解承包导致工程质量出现问题，发包人应当承担相应责任。

【法官提示 92】

因发包人原因造成工程质量未达到合同约定标准的，由发包人承担由此增加的费用和(或)延误的工期，并支付承包人合理的利润。也就是说，发包人如果未能履行有关建设工程质量义务，即应当将工程发包给具有资质的建筑施工企业施工、保证设计没有缺陷、开工前办理工程质量监督手续、供应确保材料、设备的质量等，则必须对此承担违约责任。

(三)发包方合法权益的保护

(1)修复费用的负担问题。《建筑法》第 60 条规定，建筑物在合理使用寿命内，必须确保地基基础工程和主体结构的质量。建筑工程竣工时，屋顶、墙面不得留有渗漏、开裂等质量缺陷；对已发现的质量缺陷，建筑施工企业应当修复。对于工程质量存在的缺陷，承包方负有修复的义务，因承包人原因致使工程质

---

① 参见林镥海：《〈建设工程施工合同司法解释〉操作指南：建筑商之孙子兵法》，法律出版社 2005 年版，第 257 页。

量不符合合同约定,承包人拒绝修复、在合理期限内不能修复或者发包人有正当理由拒绝承包人修复,发包人另行委托他人修复后要求承包人承担合理修复费用的,应予支持。发包人未通知承包人或无正当理由拒绝由承包人修复,并另行委托他人修复的,承包人承担的修复费用以由其自行修复所需的合理费用为限。

(2)《建设工程司法解释(一)》第12条规定,因承包人的原因造成建设工程质量不符合约定,承包人拒绝修理、返工或者改建,发包人请求减少支付工程价款的,人民法院应予支持。

根据《民法典》第801条、《建筑法》第60条以及《建设工程质量管理条例》等法律法规的规定,承包人对已经发现的质量缺陷应当无偿修理、返工或者改建,以达到约定或者法定的质量标准。如果承包人拒绝的,则发包人有权要求减少工程款。需要注意的是,该条司法解释针对的是尚未交付使用的建设工程如果出现质量缺陷的处理办法,对于已经竣工验收交付使用的建设工程,如果出现质量问题,则属于保修范围,双方应当按照保修的约定和法律规定进行处理。

(3)施工方案存在缺陷时的处理。因施工方案缺陷而导致工程质量存在瑕疵,责任如何承担,双方在纠纷发生时往往各执一词。笔者的观点是:如果发包人参与了施工方案的制订,但仅是同意并在施工方案上签字,原则上由施工方承担质量责任;如果发包人参与了施工方案的制订,或者与承包商一起共同制订方案,则双方均应承担相应的责任。①

三、承包方工程质量责任的认定

(一)承包方的质量责任

建筑工程质量出现问题有多方面的原因造成,包括承包人施工原因、发包人原因,或者是勘察、设计、监理等方面的原因。建设工程施工合同关系中,承包方的主要义务就是按照约定完成工程建设施工,因此,承包方对工程质量承担责任既是法定义务,也是合同约定义务。

承包方的质量责任,主要体现在以下几个方面:

(1)建筑工程实行总承包的,工程质量由工程总承包单位负责,总承包单位

---

① 参见林一主编:《建设工程施工合同纠纷案件审判实务》,法律出版社2015年版,第201页。

将建筑工程分包给其他单位的,应当对分包工程的质量与分包单位承担连带责任。分包单位应当接受总承包单位的质量管理。

(2)建筑施工企业必须按照工程设计要求、施工技术标准和合同的约定,对建筑材料、建筑构配件和设备进行检验,不合格的不得使用。

(3)施工单位对建设工程的施工质量负责。施工单位应当建立质量责任制,确定工程项目的项目经理、技术负责人和施工管理负责人。建设工程实行总承包的,总承包单位应当对全部建设工程质量负责;建设工程勘察、设计、施工、设备采购的一项或者多项实行总承包的,总承包单位应当对其承包的建设工程或者采购的设备的质量负责。

(4)施工单位必须按照工程设计要求、施工技术标准和合同约定,对建筑材料、建筑构配件、设备和商品混凝土进行检验,检验应当有书面记录和专人签字;未经检验或者检验不合格的,不得使用。

(5)施工单位必须建立、健全施工质量的检验制度,严格工序管理,做好隐蔽工程的质量检查和记录。隐蔽工程在隐蔽前,施工单位应当通知建设单位和建设工程质量监督机构。

(6)施工人员对涉及结构安全的试块、试件以及有关材料,应当在建设单位或者工程监理单位监督下现场取样,并送具有相应资质等级的质量检测单位进行检测。

(7)施工单位应当建立、健全教育培训制度,加强对职工的教育培训;未经教育培训或者考核不合格的人员,不得上岗作业。

另外,承包方应当按照合同约定,向发包人和监理人提交工程质量保证体系及措施文件,建立完善的质量检查制度,并提交相应的工程质量文件。对于发包人和监理人违反法律规定和合同约定的错误指示,承包人有权拒绝实施。承包人应对施工人员进行质量教育和技术培训,定期考核施工人员的劳动技能,严格执行施工规范和操作规程。承包人应按照法律规定和发包人的要求,对材料、工程设备以及工程的所有部位及其施工工艺进行全过程的质量检查和检验,并做详细记录,编制工程质量报表,报送监理人审查。此外,承包人还应按照法律规定和发包人的要求,进行施工现场取样试验、工程复核测量和设备性能检测,提供试验样品、提交试验报告和测量成果以及其他工作。通过上述工程质量管理责任的履行,可以最大限度地控制可能导致工程质量不合格的因素,目的在于保证工程施工质量。

(二)承包人过错的认定

承包人具有下列情形之一的,应当认定其对建设工程质量缺陷存在过错:

(1)承包人明知发包人提供的设计图纸、指令存在问题或者在施工过程中发现问题,而没有及时提出意见和建议并继续施工的。《建筑法》第 58 条规定:建筑施工企业对工程的施工质量负责。建筑施工企业必须按照工程设计图纸和施工技术标准施工,不得偷工减料。工程设计的修改由原设计单位负责,建筑施工企业不得擅自修改工程设计。承包人按照工程设计图纸和施工技术标准进行施工,是保证工程质量的重要保障,如果承包人偷工减料、违法施工,则不仅违反法律规定,而且容易造成质量安全隐患。同时,对发包人提出的违反法律法规和建筑工程质量、安全标准,降低工程质量的要求,承包人不予拒绝而进行施工的,因工程质量存在缺陷造成第三人损失的,由发包人与承包人承担连带责任。

(2)承包人对发包人提供或指定购买的建筑材料、建筑构配件、设备等没有进行必要的检验或经检验不合格仍然使用的;根据国家规定或合同约定,建筑材料由发包人提供或者指定的,发包人应当保证符合质量强制性标准和设计要求,不得明示或暗示承包人使用不合格的建筑材料设备等,否则应承担相应的过错责任。承包人对发包人供应的材料设备则负有检验的义务,《建筑法》第 59 条规定:建筑施工企业必须按照工程设计要求、施工技术标准和合同的约定,对建筑材料、建筑构配件和设备进行检验,不合格的不得使用。承包人对不符质量标准的建筑材料、建筑构配件和设备,应拒绝使用并及时通知发包人,如未经验收擅自使用或明知是不合格产品继续使用,由此造成工程质量缺陷,承包人也应承担一定的过错责任。对于承包人使用不合格的建筑材料、建筑构配件和设备的,造成建设工程质量不符合规定的质量标准的,根据《建筑法》第 74 条的规定,应负责返工、修理,并赔偿因此造成的损失。至于工程监理单位,如将不合格的建筑工程、建筑材料、建筑构配件和设备按照合格签字,造成损失的,监理单位应承担连带赔偿责任。

(3)隐蔽工程隐蔽之前,承包方未通知监理方导致工程存在质量问题时应当承担责任。依据《建设工程施工合同(示范文本)》(GF－2017－0201)第 5.3.1 条的规定,承包人应当对工程隐蔽部位进行自检,并经自检确认是否具备覆盖条件。第 5.3.2 条规定,除专用合同条款另有约定外,工程隐蔽部位经承包人自检确认具备覆盖条件的,承包人应在共同检查前 48 小时书面通知监理人检查,通知中应载明隐蔽检查的内容、时间和地点,并应附有自检记录和必要的检查资料。监理人应按时到场并对隐蔽工程及其施工工艺、材料和工程设备进行检查。经监理人检查确认质量符合隐蔽要求,并在验收记录上签字后,承包人才能进行覆盖。经监理人检查质量不合格的,承包人应在监理人指示的时间内完成修复,并由监理人重新检查,由此增加的费用和(或)延误的工期由承包人承担。第 5.3.4 条规定,承包人未通知监理人到场检查,私自将工程隐蔽部位覆盖的,监理人有权指示承包人钻孔探测或揭开检查,无论工程隐蔽部位质量是否合格,由此增加的费用和(或)延误的工期均由承包人承担。当然,由此导致工程质量问题的,承包方应当承担责任。

【规范指引】

《北京市高级人民法院关于审理建设工程施工合同纠纷案件若干疑难问题的解答》(2012 年 8 月 6 日　京高法发〔2012〕245 号)

29. 如何认定承包人对建设工程质量缺陷存在过错?

承包人具有下列情形之一的,应当认定其对建设工程质量缺陷存在过错:

(1)承包人明知发包人提供的设计图纸、指令存在问题或者在施工过程中发现问题,而没有及时提出意见和建议并继续施工的;

(2)承包人对发包人提供或指定购买的建筑材料、建筑构配件、设备等没有进行必要的检验或经检验不合格仍然使用的;

(3)对发包人提出的违反法律法规和建筑工程质量、安全标准,降低工程质量的要求,承包人不予拒绝而进行施工的。

前述情形下,因工程质量存在缺陷造成第三人损失的,由发包人与承包人承担连带责任。

《福建省高级人民法院关于审理建设工程施工合同纠纷案件疑难问题的解答》(2007 年 11 月 22 日)

12. 问:最高人民法院《关于审理建设工程施工合同纠纷案件适用法律问题的解释》第十二条第二款规定,造成建设工程质量缺陷,"承包人有过错的,也应当承担相应的过错责任",应如何理解?

答:承包人具有下列情形的,应当认定其有过错:(1)承包人明知发包人提供的工程设计有问题或者在施工中发现设计文件和图纸有差错,而没有及时提出意见和建议,并继续进行施工的;(2)对发包人提供的建筑材料、建筑构配件、设备等未按规定进行检验或者检验不合格仍予以使用的;(3)对发包人提出的违反法律、行政法规和建筑工程质量、安全标准,降低工程质量要求,未拒绝而进行施工的。

(三)发包人的质量抗辩和反诉

承包人起诉要求发包人支付工程款,发包人以建设工程存在质量问题拒绝支付工程款或要求扣减工程款,发包人提出的该类异议是作为抗辩处理,还是必须提起反诉,实务中存在争议。

反诉是在已经开始的诉讼中本诉被告向本诉原告提出与本案有直接联系的独立的一种反请求,反诉的基本属性是诉,有明确的主张,具有独立性,其目的在于抵消或者吞并本诉的诉讼请求。抗辩是指在诉讼过程中当事人一方用来对抗或否定对方请求权的行为,其并非独立的权利主张。通说认为,抗辩与反诉的根本区别在于两者性质不同。反诉本质属于独立的诉,可以单独另案审判,当法院于本诉中受理后则不论本诉能否成立均不影响法院对反诉作出且必须作出的裁判。抗辩不属请求权,不能单独进行,本诉消灭抗辩权随之消灭,且法院无须对其作出专门的裁判。此外,两者在法律地位、提出时间及缴纳诉讼费上也有不同之处。

建设工程施工合同纠纷案件中,发包人以工程质量为由提出的对抗性主张,究竟是抗辩还是反诉?《建设工程司法解释(一)》第16条规定,发包人在承包人提起的建设工程施工合同纠纷案件中,以建设工程质量不符合合同约定或者法律规定为由,就承包人支付违约金或者赔偿修理、返工、改建的合理费用等损失提出反诉的,人民法院可以合并审理。该条文并未作出本诉抑或反诉的认定,只是明确了发包人提出反诉的,人民法院可以合并审理。综合以上规定,笔者认为,应当结合工程实际情况和发包人主张内容进行认定:

(1)建设工程已经竣工验收合格,或虽未经竣工验收,但发包人已实际使用,此时工程存在的一般质量问题应属于工程质量保修的范围,发包人以此为由要求拒付或减付工程款的并未要求承包人承担违约金或者赔偿金的,应视为发包人行使抗辩权,对其质量抗辩应予审查,抗辩成立的予以支持,不成立的则不予支持,但确因承包人原因导致工程的地基基础工程或主体结构质量不合格的除外。此处可以参考《建设工程价款结算暂行办法》第19条之规定:发包人对工程质量有异议,已竣工验收或已竣工未验收但实际投入使用的工程,其质量争议按该工程保修合同执行;已竣工未验收且未实际投入使用的工程以及停工、停建工程的质量争议,应当就有争议部分的竣工结算暂缓办理,双方可就有争议的工程委托有资质的检测鉴定机构进行检测,根据检测结果确定解决方案,或按工程质量监督机构的处理决定执行,其余部分的竣工结算依照约定办理。

(2)工程尚未进行竣工验收且未交付使用,发包人以工程质量不符合合同约定或国家强制性的质量规范标准为由,要求拒付或减付工程款的,可以按抗辩处理;发包人要求承包人支付违约金或者赔偿修理、返工或改建的合理费用等损失的,诉求明确具体,具备民事诉讼"诉"的全部要件的,应提起反诉或另行起诉。

(3)发包人要求承包人赔偿因工程质量不符合合同约定而造成的其他财产或者人身损害的,应告知其提起反诉或另行起诉。《民法典》第802条规定,因承包人的原因致使建设工程在合理使用期限内造成人身和财产损害的,承包人应当承担损害赔偿责任。该类案件,实际上是基于侵权行为产生,而并非基于建设工程施工合同法律关系,并不能通过抗辩方式否定对方的请求和主张。

(4)发包人与承包人在合同中明确约定如果工程质量存在缺陷,相应的工程质量违约金或者赔偿金可以从应付工程款中扣减的,此时发包人依据客观事实提出的扣减主张,应当视为发包人根据合同约定行使抗辩权的体现,无须提起反诉。

【法官提示93】

判断发包人的主张属于抗辩还是反诉,还可以参考《最高人民法院关于审理买卖合同纠纷案件适用法律问题的解释》第31条之规定,该条规定。出卖人履行交付义务后诉请买受人支付价款,买受人以出卖人违约在先为由提出异议的,人民法院应当按照下列情况分别处理:(1)买受人拒绝支付违约金、拒绝赔偿损失或者主张出卖人应当采取减少价款等补救措施的,属于提出抗辩;(2)买受人主张出卖人应支付违约金、赔偿损失或者要求解除合同的,应当提起反诉。

典型案例43

博宏公司与云南设计院建设工程合同纠纷案①

博宏公司作为发包人与云南设计院作为承包人签订《建设工程总承包合

① 参见最高人民法院民事判决书,(2014)民一终字第256号。

同》，工程名称：水钢“日产2000吨熟料新型干法水泥生产线技改”项目总承包，质量标准：按《水泥工业设计规范》（GB 50295－1999）、《建设工程质量验收统一标准》（GB 50300－2001）及《水泥机械设备安装工程施工及验收规范》（LCJ 03－90），验收合格。后项目实施完成，因工程余款支付问题，云南设计院向法院起诉，博宏公司抗辩认为工程存在的质量问题，拒绝支付剩余工程款。

典型案例裁判文书

典型案例43

最高院（2014）民一终字第256号博宏公司与云南设计院建设工程合同纠纷民事判决书

裁判规则：关于博宏公司称工程存在的质量问题，涉案工程验收合格交付博宏公司使用，说明涉案工程质量合格。博宏公司所述工程存在的问题，未提交相关证据予以证明，即使此类问题确实存在，也属于双方合同中约定的保修责任范围。博宏公司以此拒付工程余款的抗辩理由不能成立。

【规范指引】

《浙江省高级人民法院民一庭关于审理建设工程施工合同纠纷案件若干疑难问题的解答》（2012年2月23日　浙法民一〔2012〕3号）

九、发包人以工程质量为由提出的对抗性主张，究竟是抗辩还是反诉？

承包人诉请给付工程价款，发包人以工程质量不符合合同约定或国家强制性的质量规范标准为由，要求减少工程价款的，按抗辩处理；发包人请求承包人赔偿损失的，按反诉处理。

《安徽省高级人民法院关于审理建设工程施工合同纠纷案件适用法律问题的指导意见（二）》（2013年12月23日　安徽省高级人民法院审判委员会第32次会议通过）

第六条　尚未竣工验收或使用的建设工程，承包人主张工程价款，发包人以工程质量不符合合同约定或者国家质量标准为由，主张减少工程价款或者扣除修复费用的，属于抗辩。

工程已经竣工验收合格，发包人又以工程质量不合格为由，主张承包人承担违约责任的，应当提起反诉。

四、勘察设计、监理单位质量责任的认定

（一）勘察设计单位质量责任的认定

建设工程的勘察，担负着为工程建设提供地质资料的任务，建设工程的勘

察人应当按照现行的标准、规范、规程和技术条例，进行工程测量、勘测工程地质和水文地质等勘察工作，并按照合同规定的进度提交符合质量要求的勘察成果。建设工程的设计直接为工程施工提供据以遵循的技术依据。施工建筑工程勘察设计的质量是决定工程质量的基础，如果工程勘察设计的质量有缺陷，则整个工程的质量便得不到保证。《建筑法》第56条规定，建筑工程的勘察、设计单位必须对其勘察、设计的质量负责。勘察、设计文件应当符合有关法律、行政法规的规定和建筑工程质量、安全标准、建筑工程勘察、设计技术规范以及合同的约定。设计文件选用的建筑材料、建筑构配件和设备，应当注明其规格、型号、性能等技术指标，其质量要求必须符合国家规定的标准。第57条规定，建筑设计单位对设计文件选用的建筑材料、建筑构配件和设备，不得指定生产厂、供应商。《民法典》第800条规定，勘察、设计的质量不符合要求或者未按照期限提交勘察、设计文件拖延工期，造成发包人损失的，勘察人、设计人应当继续完善勘察、设计，减收或者免收勘察、设计费并赔偿损失。《建设工程质量管理条例》第19条规定，勘察、设计单位必须按照工程建设强制性标准进行勘察、设计，并对其勘察、设计的质量负责。注册建筑师、注册结构工程师等注册执业人员应当在设计文件上签字，对设计文件负责。根据上述法律法规的规定，勘察、设计单位是勘察、设计质量的责任主体。

实务中，勘察、设计方案一般由发包方提供，而建设工程又由施工承包方完成，此时，建设工程的质量责任分为两种情况：一是施工承包方在施工过程中严格按照勘察、设计方案施工，没有过错的，施工承包方不承担质量责任，勘察、设计单位应当承担质量责任。二是施工承包方有过错的，施工承包方承担与其过错相适应的责任。[①] 建设工程的功能以及应当达到的质量标准，在设计阶段就已经被确定，加之勘察、设计是一项技术性、专业性极强的工作，工程质量事故发生后，勘察、设计单位是最具备能力和条件在较短时间内发现或判断质量问题的成因并提出相应处理方案的单位，由其提出技术处理方案，责无旁贷。

正因为勘察、设计单位之于工程质量的重要性，根据《建设工程质量管理条例》第18条的规定，从事建设工程勘察、设计的单位应当依法取得相应等级的资质证书，并在其资质等级许可的范围内承揽工程。禁止勘察、设计单位超越其资质等级许可的范围或者以其他勘察、设计单位的名义承揽工程。禁止勘

---

① 参见林文学：《建设工程合同纠纷司法实务研究》，法律出版社2014年版，第137页。

察、设计单位允许其他单位或者个人以本单位的名义承揽工程。勘察、设计单位不得转包或者违法分包所承揽的工程。第22条规定,设计单位在设计文件中选用的建筑材料、建筑构配件和设备,应当注明规格、型号、性能等技术指标,其质量要求必须符合国家规定的标准。除有特殊要求的建筑材料、专用设备、工艺生产线等外,设计单位不得指定生产厂、供应商。

(二)监理单位质量责任的认定

国家推行建筑工程监理制度,但并非一切建设工程均必须委托监理。根据《建设工程监理范围和规模标准规定》第2条的规定,下列建设工程必须实行监理:国家重点建设工程;大中型公用事业工程;成片开发建设的住宅小区工程;利用外国政府或者国际组织贷款、援助资金的工程;国家规定必须实行监理的其他工程。

建筑工程监理应当依照法律、行政法规及有关的技术标准、设计文件和建筑工程承包合同,对承包单位在施工质量、建设工期和建设资金使用等方面,代表建设单位实施监督。工程监理人员认为工程施工不符合工程设计要求、施工技术标准和合同约定的,有权要求建筑施工企业改正。工程监理人员发现工程设计不符合建筑工程质量标准或者合同约定的质量要求的,应当报告建设单位要求设计单位改正。根据《建筑法》第35条的规定,工程监理单位不按照委托监理合同的约定履行监理义务,对应当监督检查的项目不检查或者不按照规定检查,给建设单位造成损失的,应当承担相应的赔偿责任。工程监理单位与承包单位串通,为承包单位谋取非法利益,给建设单位造成损失的,应当与承包单位承担连带赔偿责任。

在施工过程中,监理单位及其派出的监理机构处在质量管理的核心位置,权责重大。因此,为了正确履行监理职责,监理工程师在对施工实施监理的过程中,必须严格按照工程监理规范的要求,适时采取旁站、巡视和平行检验等形式,认真开展监理工作。工程监理单位应当依照法律、法规以及有关技术标准、设计文件和建设工程承包合同,代表建设单位对施工质量实施监理,并对施工质量承担监理责任。监理单位的工作内容决定了监理单位对工程建设承担的责任有两个方面:一是对工程质量缺陷承担的间接责任,如果监理单位不按上述规定执行监理义务,造成工程质量缺陷的,监理单位应与其他责任人共同承担责任。二是必须对因工程质量事故引发的包括安全事故在内的其他事故承担直接责任。由于监理单位或监理人员的不作为、失职或者渎职行为造成工程质量事故或其他责任事故的,应依法承担相应的责任。《建设工程质量管理条例》第 67 条规定:"工程监理单位有下列行为之一的,责令改正,处 50 万元以上 100 万元以下的罚款,降低资质等级或者吊销资质证书;有违法所得的,予以没收;造成损失的,承担连带赔偿责任:(一)与建设单位或者施工单位串通,弄虚作假、降低工程质量的;(二)将不合格的建设工程、建筑材料、建筑构配件和设备按照合格签字的。"

根据《建设工程质量管理条例》第 34 条的规定,工程监理单位应当依法取得相应等级的资质证书,并在其资质等级许可的范围内承担工程监理业务。禁止工程监理单位超越本单位资质等级许可的范围或者以其他工程监理单位的名义承担工程监理业务。禁止工程监理单位允许其他单位或者个人以本单位的名义承担工程监理业务。工程监理单位不得转让工程监理业务。第 35 条规定,工程监理单位与被监理工程的施工承包单位以及建筑材料、建筑构配件和设备供应单位有隶属关系或者其他利害关系的,不得承担该项建设工程的监理业务。

第二节　工程竣工验收

建设工程的竣工验收,是指建设工程已经按照设计要求完成全部工作任务,准备交付给发包人投入使用时,由发包人或者有关主管部门依照国家关于建设工程竣工验收制度的规定,对该项工程是否合乎设计要求和工程质量标准所进行的检查、考核工作。《民法典》第 799 条规定,建设工程竣工后,发包人应当根据施工图纸及说明书、国家颁发的施工验收规范和质量检验标准及时进行验收。验收合格的,发包人应当按照约定支付价款,并接收该建设工程。建设工程竣工经验收合格后,方可交付使用;未经验收或者验收不合格的,不得交付使用。《建筑法》第 61 条也规定,交付竣工验收的建筑工程,必须符合规定的建筑工程质量标准,有完整的工程技术经济资料和经签署的工程保修书,并具备国家规定的其他竣工条件。建筑工程竣工经验收合格后,方可交付使用;未经验收或者验收不合格的,不得交付使用。因此,建设工程的竣工验收是工程建设全过程的最后一道程序,是对工程质量实行控制的最后一个环节,也是发包人支付工程余款的前提条件。

工程竣工后,承包人应当按照国家规定向发包人提供完整的竣工资料和竣工验收报告,并按照合同约定的日期和份数向发包人提交竣工图。竣工日期为承包人送交竣工验收报告的日期,需要修改后才能达到竣工要求的,应为承包人修理、改建后提请发包人验收的日期。发包人接到竣工验收报告后,应当根据施工图纸及说明书、国家颁发的施工验收规范和质量检验标准及时组织设计、施工、监理等有关单位对工程进行验收。

一、工程验收条件

工程竣工验收合格,并不意味着施工方不承担质量责任。竣工验收也不等同于质量没有问题,尤其是基础工程和主体工程对工程的质量影响巨大,是整个工程的核心。因此,按照《建筑法》第60条的规定,建筑物在合理使用寿命内,必须确保地基基础工程和主体结构的质量。

根据《房屋建筑和市政基础设施工程竣工验收规定》第5条的规定,工程符合下列要求方可进行竣工验收:(1)完成工程设计和合同约定的各项内容。(2)施工单位在工程完工后对工程质量进行了检查,确认工程质量符合有关法律、法规和工程建设强制性标准,符合设计文件及合同要求,并提出工程竣工报告。工程竣工报告应经项目经理和施工单位有关负责人审核签字。(3)对于委托监理的工程项目,监理单位对工程进行了质量评估,具有完整的监理资料,并提出工程质量评估报告。工程质量评估报告应经总监理工程师和监理单位有关负责人审核签字。(4)勘察、设计单位对勘察、设计文件及施工过程中由设计单位签署的设计变更通知书进行了检查,并提出质量检查报告。质量检查报告应经该项目勘察、设计负责人和勘察、设计单位有关负责人审核签字。(5)有完整的技术档案和施工管理资料。(6)有工程使用的主要建筑材料、建筑构配件和设备的进场试验报告,以及工程质量检测和功能性试验资料。(7)建设单位已按合同约定支付工程款。(8)有施工单位签署的工程质量保修书。(9)对于住宅工程,进行分户验收并验收合格,建设单位按户出具《住宅工程质量分户验收表》。(10)建设主管部门及工程质量监督机构责令整改的问题全部整改完毕。(11)法律、法规规定的其他条件。例如,按照国务院建设行政主管部门的规定,城市住宅小区竣工综合验收,还应做到住宅及公共配套设施、市政公用基础设施等单项工程全部验收合格,验收资料齐全;各类建筑物的平面位置、立面造型、装饰色调等符合批准的规划设计要求;施工工具、暂设工程、建筑残土、剩余构件全部拆除运走,达到场清地平;有绿化要求的是否已按绿化设计全部完成,达到树活草青等。①

另外,《建设工程施工合同(示范文本)》(GF－2017－0201)通用条款第13.2.1条关于竣工验收条件规定,工程具备以下条件的,承包人可以申请竣工验收:(1)除发包人同意的甩项工作和缺陷修补工作外,合同范围内的全部工程以及有关工作,包括合同要求的试验、试运行以及检验均已完成,并符合合同要求;(2)已按合同约定编制了甩项工作和缺陷修补工作清单以及相应的施工计划;(3)已按合同约定的内容和份数备齐竣工资料。

根据上述条款规定,承包人在提请竣工验收前必须完成以下工作:一是承包人按照合同的约定完成了合同范围内的全部工作,包括完成合同要求的试验、试运行以及检验,但除发包人同意的甩项工程和缺陷修补工作外;二是承包人完成竣工资料的整理,即承包人已按建设工程文件归档整理的要求及合同约定备齐了竣工资料;三是甩项工作与缺陷修补工作已安排妥当,即承包人已经按合同要求,编制了甩项工作和缺陷修补工作的清单及施工计划,并已经发包人同意。

【法官提示94】

实践中,承包人向发包人提交竣工验收报告,发包人无正当理由拒绝验收,或因发包人无正当理由,拒绝提供验收资料文件而导致无法验收的,如何处理认识不一。笔者认为,发包人接到承包人竣工报告后,无正当理由不组织验收的,经过一定合理时间后应视为工程已竣工验收,发包人以工程未验收或存在质量问题为由,要求不支付或缓支付工程款的,不予支持。也就是说,在上述情形下,发包人的行为可视为放弃工程验收的权利,可推定该工程已验收合格,承包人有权要求发包人办理工程价款结算手续,支付工程款。

典型案例44

菏泽公司与万昌公司建设工程施工合同纠纷案②

菏泽公司与万昌公司签订《工程施工合同》一份,约定菏泽公司将其投资开

① 参见胡康生主编:《中华人民共和国合同法释义》,法律出版社2013年版,第465页。

② 参见浙江省高级人民法院民事判决书,(2013)浙民终字第35号。

典型案例裁判文书

典型案例44

浙江高院(2013)浙民终字第35号菏泽公司与万昌公司建设工程施工合同纠纷民事判决书

发建设的菏泽国大农贸市场建设工程发包给万昌公司建设施工。双方又签订《补充协议书》一份,约定万昌公司必须在2010年11月18日前完成总共27幢楼工程具备单位竣工验收条件。2010年12月29日,万昌公司向菏泽公司提交工程竣工报告,认为工程已具备竣工验收条件,请菏泽公司办理相关手续,于2011年1月5日进行竣工验收。万昌公司2010年12月29日接收该报告。2011年3月29日本案工程通过竣工验收,工程质量为合格。后双方就工程是否存在工期延误,工程质量是否验收合格发生争议。

裁判规则:工程竣工后是否存在质量问题应当通过验收来检验。若存在重大质量问题,工程自然无法通过验收,构成施工方未按期竣工,若存在质量瑕疵问题,可按质保条款由施工方维修。因此菏泽公司在收到竣工报告后应当及时组织竣工验收。菏泽公司在收到2010年12月29日竣工报告后,既未提出异议,也未组织验收,符合司法解释规定之情形,因此把2010年12月29日作为竣工日于法有据。

二、工程验收程序

工程竣工验收应当按以下程序进行:(1)工程完工后,施工单位向建设单位提交工程竣工报告,申请工程竣工验收。实行监理的工程,工程竣工报告须经总监理工程师签署意见。(2)建设单位收到工程竣工报告后,对符合竣工验收要求的工程,组织勘察、设计、施工、监理等单位组成验收组,制订验收方案。对于重大工程和技术复杂工程,根据需要可邀请有关专家参加验收组。(3)建设单位应当在工程竣工验收7个工作日前将验收的时间、地点及验收组名单书面通知负责监督该工程的工程质量监督机构。(4)建设单位组织工程竣工验收。①建设、勘察、设计、施工、监理单位分别汇报工程合同履约情况和在工程建设各个环节执行法律、法规和工程建设强制性标准的情况;②审阅建设、勘察、设计、施工、监理单位的工程档案资料;③实地查验工程质量;④对工程勘察、设计、施工、设备安装质量和各管理环节等方面作出全面评价,形成经验收组人员签署的工程竣工验收意见。

《建设工程施工合同(示范文本)》(GF-2017-0201)通用条款第13.2.2条对竣工验收程序中的有关期限作了较为具体的规定:(1)承包人向监理人报

送竣工验收申请报告,监理人应在收到竣工验收申请报告后14天内完成审查并报送发包人。监理人审查后认为尚不具备验收条件的,应通知承包人在竣工验收前承包人还需完成的工作内容,承包人应在完成监理人通知的全部工作内容后,再次提交竣工验收申请报告。(2)监理人审查后认为已具备竣工验收条件的,应将竣工验收申请报告提交发包人,发包人应在收到经监理人审核的竣工验收申请报告后28天内审批完毕并组织监理人、承包人、设计人等相关单位完成竣工验收。(3)竣工验收合格的,发包人应在验收合格后14天内向承包人签发工程接收证书。发包人无正当理由逾期不颁发工程接收证书的,自验收合格后第15天起视为已颁发工程接收证书。(4)竣工验收不合格的,监理人应按照验收意见发出指示,要求承包人对不合格工程返工、修复或采取其他补救措施,由此增加的费用和(或)延误的工期由承包人承担。承包人在完成不合格工程的返工、修复或采取其他补救措施后,应重新提交竣工验收申请报告,并按本项约定的程序重新进行验收。(5)工程未经验收或验收不合格,发包人擅自使用的,应在转移占有工程后7天内向承包人颁发工程接收证书;发包人无正当理由逾期不颁发工程接收证书的,自转移占有后第15天起视为已颁发工程接收证书。除专用合同条款另有约定外,发包人不按照本项约定组织竣工验收、颁发工程接收证书的,每逾期一天,应以签约合同价为基数,按照中国人民银行发布的同期同类贷款基准利率支付违约金。

参与工程竣工验收的建设、勘察、设计、施工、监理等各方单位不能形成一致意见时,应当协商提出解决的方法,待意见一致后,重新组织工程竣工验收。工程竣工验收合格后,建设单位应当及时提出工程竣工验收报告。工程竣工验收报告主要包括工程概况,建设单位执行基本建设程序情况,对工程勘察、设计、施工、监理等方面的评价,工程竣工验收时间、程序、内容和组织形式,工程竣工验收意见等内容。负责监督该工程的工程质量监督机构应当对工程竣工验收的组织形式、验收程序、执行验收标准等情况进行现场监督,发现有违反建设工程质量管理规定行为的,责令改正,并将对工程竣工验收的监督情况作为工程质量监督报告的重要内容。

【法官提示95】

建设单位应当自工程竣工验收合格之日起15日内,依照《房屋建筑和市政基础设施工程竣工验收备案管理办法》的规定,向工程所在地的县级以上地方人民政府建设主管部门备案。

三、竣工退场

(一)竣工退场的程序

竣工退场是指承包人在完成工程施工并且发包人颁发接收证书后,承包人按照合同要求清理现场留存的临时建筑物、剩余的建筑材料、施工设备、垃圾等,并将现场移交给发包人或发包人指定的第三人的行为。合同中竣工退场条款的约定,有利于消除在双方产生纠纷,承包人长期占有施工现场不退场,导致双方损失扩大、矛盾激化的现象。

颁发工程接收证书后,承包人应按以下要求对施工现场进行清理:(1)施工现场内残留的垃圾已全部清除出场;(2)临时工程已拆除,场地已进行清理、平整或复原;(3)按合同约定应撤离的人员、承包人施工设备和剩余的材料,包括废弃的施工设备和材料,已按计划撤离施工现场;(4)施工现场周边及其附近道路、河道的施工堆积物,已全部清理;(5)施工现场其他场地清理工作已全部完成。

施工现场的竣工退场费用由承包人承担。承包人应在专用合同条款约定的期限内完成竣工退场,逾期未完成的,发包人有权出售或另行处理承包人遗留的物品,由此支出的费用由承包人承担,发包人出售承包人遗留物品所得款项在扣除必要费用后应返还承包人。

承包人应按发包人要求恢复临时占地及清理场地,承包人未按发包人的要求恢复临时占地,或者场地清理未达到合同约定要求的,发包人有权委托其他人恢复或清理,所发生的费用由承包人承担。需要注意的是,竣工退场的期限,应当由当事人在合同专用条款中约定,在实际清场中,发包人应当通知承包人自行处理有关物品。

(二)工程移交的例外

工程的移交和接收意味着工程风险的转移,但工程移交并不意味着承包人义务的全部完成。工程竣工验收合同和移交,标志着承包人的主要合同义务已经完成,对承发包双方约定甩项验收的扫尾工程、缺陷修补工程,应按约定的进度计划继续履行约定义务,同时按照法律与合同约定对工程进行保修义务等。

承包人交付合格的建设工程既是承包人的主要合同义务,也是发包人支付合同价款的基本前提。如果工程或部分工程竣工验收不合格,承包人在整改后重新进行竣工验收仍不合格，并且无法采取措施补救的，则发包人可以拒绝接受全部或者部分不合格工程，并有权拒绝支付合同价款。合同当事人可以约定承包人整改的次数，避免无休止地整改，导致合同当事人权利义务长期悬而未决，影响合同目的的实现。承包人未能在发包人和监理人指定的期限内完成整改，或经整改后，工程仍未能通过竣工验收的，则发包人有权委托第三方代为修缮，由此增加的费用或延误的工期应由承包人承担。如果工程无法达到合同约定的标准的，合同当事人可以协商降低质量标准，并相应扣减合同价款，但降低之后的质量标准不能低于强制性标准和要求。[①]

除了双方在合同条款中另有约定外，合同当事人应当在颁发工程接收证书后7天内完成工程的移交。发包人无正当理由不接收工程的，发包人自应当接收工程之日起，承担工程照管、成品保护、保管等与工程有关的各项费用，合同当事人可以在专用合同条款中另行约定发包人逾期接收工程的违约责任。承包人无正当理由不移交工程的，承包人应承担工程照管、成品保护、保管等与工程有关的各项费用，合同当事人可以在专用合同条款中另行约定承包人无正当理由不移交工程的违约责任。

【法官提示96】

对于竣工验收不合格的工程，承包人完成整改后，应当重新进行竣工验收，经重新组织验收仍不合格的且无法采取措施补救的，则发包人可以拒绝接收不合格工程，因不合格工程导致其他工程不能正常使用的，承包人应采取措施确保相关工程的正常使用，由此增加的费用和(或)延误的工期由承包人承担。

四、关于发包人责任的两种特殊情形

(一)发包人未经验收擅自使用的法律后果

根据法律规定，承包方对建筑工程质量承担责任。但是，实践中存在部分发包人在建设工程未经竣工验收或者验收未通过的情况下，擅自或强行使用的情形，此时，如何判定工程质量，发包人使用后又以工程存在质量问题主张权利的，则如何处理。原《经济合同法》(已失效)第34条第2款第4项规定，工程未经验收，提前使用，发现质量问题，自己承担责任。《建筑安装工程承包合同条

---

① 参见《建设工程施工合同(示范文本)(GF－2013－0201)使用指南》编委会：《建设工程施工合同(示范文本)(GF－2013－0201)使用指南》，中国建筑工业出版社2013年版，第211页。

例》(已失效)第 13 条第 2 款第 3 项也规定,工程未经验收,发包方提前使用或擅自动用,由此而发生的质量或其他问题,由发包方承担责任。《建设工程司法解释(一)》第 14 条延续了上述法律法规的内容,规定的更为明确:建设工程未经竣工验收,发包人擅自使用后,又以使用部分质量不符合约定为由主张权利的,人民法院不予支持;但是承包人应当在建设工程的合理使用寿命内对地基基础工程和主体结构质量承担民事责任。

实践中,往往会出现发包人为提前获得投资收益,工程未经验收即提前投产使用的,或者是为了拖欠工程款等原因提前占有使用的,故司法解释规定为未验收擅自使用的质量责任由发包人来承担。按照司法解释的立法原意,对于建设工程这样涉及公共安全的项目希望双方严格按照法律及合同的规定来履行。[①] 根据该条规定,发包人擅自或强行使用建设工程的,可视为发包人对建筑工程质量的认可,或者虽然工程质量不合格其自愿承担质量责任。因为发包人使用未经验收的工程,应当预见工程质量可能会存在质量问题,而且使用验收不合格的建筑工程就更说明发包人对不合格工程的认可。随着发包人的提前使用,其工程质量责任风险也由施工单位随之转移给发包人,而且工程交付的时间,也可认定为发包人提前使用的时间。[②]

案例索引裁判文书

案例索引41
最高院(2015)民申字第3367号城建开发公司与徐某某建设工程施工合同纠纷民事裁定书

对该条司法解释的理解,应当注意把握以下几个方面:

(1)对于发包人擅自使用建设工程的质量责任的认定,应当仅限于发包人擅自使用的部分建设工程,对于发包人未使用的建设工程,根据法律规定,仍然应当由承包方承担质量责任。对此,有观点认为,只要发包人擅自使用了建设工程,而不论其使用的是部分还是全部工程,发包人即应承担全部工程的质量责任。对此,笔者认为,该观点不能成立,因为承包方作为施工单位对工程承担质量责任是法定义务,对发包人擅自使用的法律后果不应无限扩大,同时,建设工程的项目范围或者规模有大有小,笼统地扩大发包人的质量责任范围有违公

---

① 参见林镥海:《〈建设工程施工合同司法解释〉操作指南:建筑商之孙子兵法》,法律出版社 2005 年版,第 263 页。

② 案例索引 41:城建开发公司与徐某某建设工程施工合同纠纷案,最高人民法院(2015)民申字第 3367 号民事裁定书。

平原则。因此,根据司法解释的规定,应当认为发包人仅对其擅自使用部分承担工程质量风险责任。

(2)根据《建筑法》第60条的规定,建筑物在合理使用寿命内,必须确保地基基础工程和主体结构的质量。建筑工程竣工时,屋顶、墙面不得留有渗漏、开裂等质量缺陷;对已发现的质量缺陷,建筑施工企业应当修复。因此,承包人在建设工程的合理使用寿命内对地基基础工程和主体结构质量承担民事责任。也就是说,无论建筑工程是否经过验收,发包人是否擅自使用,如果建筑工程在合理使用寿命内地基基础工程和主体结构质量出现问题,承包人仍然要承担责任,这是承包人依照法律规定必须履行的工程质量保证义务。

(3)关于"合理使用寿命"的理解。由于建筑物本身的结构类型多样,质量要求不一,立法层面并没有统一规定各项建筑物的合理使用寿命,具体各项建筑工程的合理使用年限,要综合建筑物的使用功能、所处环境等各种因素由专业机构进行判断。一般认为民用建筑以主体结构确定建筑耐久年限分为四级:一级耐久年限100年以上,适用于重要的建筑和高层建筑;二级耐久年限50~100年,适用于一般性建筑;三级耐久年限25~50年,适用于次要的建筑;四级耐久年限15年以下,适用于临时性建筑。双方,尤其是发包人对建筑物使用年限有特殊要求的,应在合同中作出特别约定。

(4)司法解释规定发包人对擅自使用的工程不得提出质量抗辩,并不意味着免除承包人负有的保修责任,实践中不宜对司法解释的规定做扩大解释。并且,发包人对工程竣工验收负有组织义务,其未组织验收即擅自使用工程,在一定意义上可以视为工程验收合格,发包人擅自使用工程之日即为工程验收合格之日,开始计算保修期,承包人在保修期内承担质量保修责任。[①]

典型案例45

天富公司与长沙建工集团建设工程施工合同纠纷案[②]

天富公司(甲方)与长沙建工集团(乙方)签订《建设工程施工合同》,约定

① 参见陈旻:《建设工程案件审判实务与案例精析》,中国法制出版社2014年版,第226页。

② 参见湖南省高级人民法院民事判决书,(2014)湘高法民一终字第138号。

天富公司将“金山阁”项目承包给长沙建工集团施工建设。工程基本完工后,长沙建工集团未向天富公司提交建设工程竣工报告,天富公司亦未组织设计、施工、监理等单位共同进行竣工验收。天富公司将“金山阁”商住楼交付给相关购买人。因工程款支付问题,天富公司向法院起诉,请求判令:长沙建工集团提供整套竣工验收资料给天富公司,以确保房屋竣工验收,并支付相关违约金等。

典型案例裁判文书

典型案例45

湖南高院(2014)湘高法民一终字第138号天富公司与长沙建工集团建设工程施工合同纠纷民事判决书

裁判规则:在涉案工程未经竣工验收的情况下,天富公司将房屋陆续交付购买人使用,依据司法解释之规定,结合双方合同约定,长沙建工集团认为本案工程应视为验收合格的理由成立。至于未交付相关竣工资料是否能够成为天富公司拒绝付款的问题,本案工程视为验收合格,即视同长沙建工集团在法律上已向天富公司提供了符合合同约定的建筑物,基于这种特殊情况,天富公司不能再以长沙建工集团是否交付竣工资料作为其付款的前置条件。

(二)发包人签字确认后的质量问题

根据法律法规的规定,因承包人原因造成工程质量缺陷,承包人应当承担修理、返工、改建或者赔偿损失等违约责任。《建设工程司法解释(一)》第12条规定,因承包人的过错造成建设工程质量不符合约定,承包人拒绝修理、返工或者改建,发包人请求减少支付工程价款的,人民法院应予支持。但法律法规以及司法解释未对发包人已组织验收并在相关文件上签字确认验收合格后,又以工程质量存在瑕疵为由,拒绝支付或要求延期支付工程价款的情形作出规定。司法实践中,即使发包人已经在相关文件上签字确认工程质量合格,但在后续的工程余款支付过程中,双方往往容易发生争议,此时,发包方经常会提出工程质量存在问题的主张。

笔者认为,发包方已经签字确认工程质量合格,对此,发包方应当对自己的行为负责,此时,发包方又以工程质量存在瑕疵为由进行抗辩的,不予支持。但是,鉴于法律对地基基础工程、工程主体结构质量的特殊规定和该两项工程质量的重要性,确因承包人施工导致地基基础工程、工程主体结构质量不合格的,发包人仍可以拒绝支付或要求延期支付工程价款。

五、竣工验收备案

建设工程竣工验收备案是指建设单位在建设工程竣工验收后，将建设工程竣工验收报告和规划、公安消防、环保等部门出具的认可文件或者准许使用文件报建设行政主管部门审核的行为。建设工程的竣工验收备案是国家实行建设工程质量监督管理制度的一个重要组成部分。

《建设工程质量管理条例》第 49 条规定，建设单位应当自建设工程竣工验收合格之日起 15 日内，将建设工程竣工验收报告和规划、公安消防、环保等部门出具的认可文件或者准许使用文件报建设行政主管部门或者其他有关部门备案。建设行政主管部门或者其他有关部门发现建设单位在竣工验收过程中有违反国家有关建设工程质量管理规定行为的，责令停止使用，重新组织竣工验收。《房屋建筑和市政基础设施工程竣工验收规定》第 9 条规定，建设单位应当自工程竣工验收合格之日起 15 日内，依照《房屋建筑和市政基础设施工程竣工验收备案管理办法》的规定，向工程所在地的县级以上地方人民政府建设主管部门备案。

根据《房屋建筑和市政基础设施工程竣工验收备案管理办法》第 5 条的规定，建设单位办理工程竣工验收备案应当提交下列文件：(1)工程竣工验收备案表；(2)工程竣工验收报告。其应当包括工程报建日期，施工许可证号，施工图设计文件审查意见，勘察、设计、施工、工程监理等单位分别签署的质量合格文件及验收人员签署的竣工验收原始文件，市政基础设施的有关质量检测和功能性试验资料以及备案机关认为需要提供的有关资料；(3)法律、行政法规规定应当由规划、环保等部门出具的认可文件或者准许使用文件；(4)法律规定应当由公安消防部门出具的对大型的人员密集场所和其他特殊建设工程验收合格的证明文件；(5)施工单位签署的工程质量保修书；(6)法规、规章规定必须提供的其他文件。住宅工程还应当提交《住宅质量保证书》和《住宅使用说明书》。

竣工验收备案的要求如下：(1)备案机关收到建设单位报送的竣工验收备案文件，验证文件齐全后，应当在工程竣工验收备案表上签署文件收讫。工程竣工验收备案表一式两份，一份由建设单位保存，另一份留备案机关存档。(2)备案机关发现建设单位在竣工验收过程中有违反国家有关建设工程质量管理规定行为的，应当在收讫竣工验收备案文件 15 日内，责令停止使用，重新组织竣工验收。(3)建设单位在工程竣工验收合格之日起 15 日内未办理工程竣工验收备案的,备案机关责令限期改正,处20万元以上50万元以下罚款。(4)建设单位将备案机关决定重新组织竣工验收的工程,在重新组织竣工验收前,擅自使用的,备案机关责令停止使用,处工程合同价款2%以上4%以下罚款。(5)建设单位采用虚假证明文件办理工程竣工验收备案的,工程竣工验收无效,备案机关责令停止使用,重新组织竣工验收,处20万元以上50万元以下罚款;构成犯罪的,依法追究刑事责任。(6)备案机关决定重新组织竣工验收并责令停止使用的工程,建设单位在备案之前已投入使用或者建设单位擅自继续使用造成使用人损失的,由建设单位依法承担赔偿责任。

第三节　工程质量保修

保修责任,是指承包人对通过了工程完工验收并移交给发包人的工程在运行中出现的质量缺陷或损坏承担修复的责任。《房屋建筑工程质量保修办法》对"房屋建筑工程质量保修"作了明确规定,是指对房屋建筑工程竣工验收后在保修期限内出现的质量缺陷,予以修复。质量缺陷,是指房屋建筑工程的质量不符合工程建设强制性标准以及合同的约定。由于建筑工程产品在使用功能、安全可靠性和耐久性等方面具有特殊性,保修工作具有很强的专业性和工程延续性,为使建筑工程产品在缺陷多发期得到及时的维护和保修,从而使其在合理寿命期限内安全、可靠、正常发挥功能,建立了建筑工程质量保修金和保修期制度。建筑工程在保修范围内和保修期内出现质量缺陷,承包人应当履行保修义务。

一、工程质量保修责任的认定

确定保修期要解决的问题是,标的物在使用的过程中因质量出现问题而无法正常使用时,标的物的出卖人或承揽人在一定期间内负有维修以恢复标的物正常使用功能的义务,并承担维修过程中产生的全部或部分费用。也就是说,在保修期内,出卖人或承揽人的合同义务已经履行完毕,不存在没有依约履行的违约责任问题。只是在合同履行完毕后的一定期间内,出卖人或承揽人依然负有维修并承担费用的后合同义务。①

① 参见蔡恒、骆电:《检验期、保修期、质保期的关系及其适用——兼评合同法第一百五十八条的规定》,载《人民司法》2013年第11期。

（一）承包人的保修责任

关于建设工程承包人的质量保修责任，《建筑法》第 62 条规定，建筑工程实行质量保修制度。建筑工程的保修范围应当包括地基基础工程、主体结构工程、屋面防水工程和其他土建工程，以及电气管线、上下水管线的安装工程，供热、供冷系统工程等项目；保修的期限应当按照保证建筑物合理寿命年限内正常使用，维护使用者合法权益的原则确定。具体的保修范围和最低保修期限由国务院规定。《民法典》第 795 条对建设工程施工合同的主要内容作出了较为详细的规定，明确要求施工合同内容应当包括质量保修范围和质量保证期。《建设工程质量管理条例》第 39 条规定，建设工程实行质量保修制度。建设工程承包单位在向建设单位提交工程竣工验收报告时，应当向建设单位出具质量保修书。质量保修书中应当明确建设工程的保修范围、保修期限和保修责任等。因此，国家法律法规实际上对承包人的保修责任作了明确规定，承包人及时履行保修义务属于法定义务。承包人在质量保修期内，按照有关法律规定和合同约定，承担工程质量保修责任。

关于保修期内，修复费用的承担问题，应当按照以下原则处理：（1）保修期内，因承包人原因造成工程的缺陷、损坏，承包人应负责修复，并承担修复的费用以及因工程的缺陷、损坏造成的人身伤害和财产损失。（2）保修期内，因发包人使用不当造成工程的缺陷、损坏，可以委托承包人修复，但发包人应承担修复的费用，并支付承包人合理利润。（3）因其他原因造成工程的缺陷、损坏，可以委托承包人修复，发包人应承担修复的费用，并支付承包人合理的利润，因工程的缺陷、损坏造成的人身伤害和财产损失由责任方承担。

【法官提示 97】

实践中，建设单位擅自使用未经竣工验收的工程，对于该部分工程，是否存在保修期？笔者认为，司法解释是针对未经验收擅自使用出现质量瑕疵时的责任承担作出的规定，该责任承担应当仅仅是指对不合格工程的返修、返工等责任，而并不包括保修责任。正如司法解释的起草者主张的，建设工程未经验收，发包人擅自使用的，承包方应在法定或者设计文件规定的期限内对工程地基基础、主体结构承担责任。对于该工程的其他部位的质量问题，自发包人提起使用之日未超过法定保修期限的，承包人仍应承担责任。

（二）保修范围

《建设工程质量管理条例》第 41 条规定，建设工程在保修范围和保修期限内发生质量问题的,施工单位应当履行保修义务,并对造成的损失承担赔偿责任。关于承包人的保修范围,结合前述《建筑法》第62条的规定,包括地基基础工程、主体结构工程、屋面防水工程、有防水要求的卫生间、房间和外墙面的防渗漏,供热与供冷系统,电气管线、给排水管道、设备安装和装修工程,以及双方约定的其他项目。

对于具体的保修范围,双方当事人可以在建设工程施工合同中自行约定,《建设工程施工合同(示范文本)》(GF-2017-0201)在附件3中专门提供了《工程质量保修书》的示范文本,供建筑领域中适用。该《工程质量保修书》中对工程质量保修范围和内容、质量保修期、缺陷责任期、质量保修责任、保修费用等作出明确规定,实践中,对保修范围的确定,应当根据《工程质量保修书》的内容或者当事人的特别约定进行认定。当然,根据《房屋建筑工程质量保修办法》第17条的规定,下列情况不属于本办法规定的保修范围:

(1)因使用不当或者第三方造成的质量缺陷。施工单位承担建设工程保修义务,应当以建设工程在正常使用为前提,如果因所有权人或者使用人使用不当或者第三方等原因造成质量缺陷的,则施工单位无须承担保修责任。

(2)不可抗力造成的质量缺陷。工程保修期内,因战争、自然灾害等不可抗力原因造成建设工程存在质量缺陷的,此时建设工程的风险应由所有权人或者使用人自行承担,施工单位不承担保修责任。

(三)最低保修期限

根据《房屋建筑工程质量保修办法》第7条以及《建设工程质量管理条例》第40条的规定,在正常使用条件下,建设工程的最低保修期限为:(1)基础设施工程、房屋建筑的地基基础工程和主体结构工程,为设计文件规定的该工程的合理使用年限;(2)屋面防水工程、有防水要求的卫生间、房间和外墙面的防渗漏,为5年;(3)供热与供冷系统,为2个采暖期、供冷期;(4)电气管线、给排水管道、设备安装和装修工程,为2年。建设工程的质量按照不同部位设定了不同年限的保修义务,另外,根据《住宅室内装饰装修管理办法》第32条的规定,在正常使用条件下,住宅室内装饰装修工程的最低保修期限为2年。有防水要求的厨房、卫生间和外墙面的防渗漏为5年。建筑工程的保修期从工程竣工验收合格之日起计算,发包人未经竣工验收擅自使用工程的,保修期自转移占有之日起算。

【法官提示98】

实践中,如何认定当事人约定的保修期低于法律规定的最低保修期限的条款的效力？笔者认为，为了保证建筑工程的质量，保障群众生命财产安全，当事人约定的保修期限不得低于《建设工程质量管理条例》第40条规定的最低保修期限，建设工程施工合同中约定的正常使用条件下工程的保修期限低于国家和省规定的最低期限的，该约定应认定无效。同时，国家关于最低保修期的规定属于效力性强制性规定。如果合同中对于最低保修期限的约定低于上述规定，则合同约定无效，相应的最低保修期限按照法律规定认定。当然，对于当事人在合同中约定保修期高于法定最低保修期的，应当认为并不违反法律规定，承包人应当按照合同约定履行保修义务。

【规范指引】

《浙江省高级人民法院民一庭关于审理建设工程施工合同纠纷案件若干疑难问题的解答》(2012年2月23日　浙法民一〔2012〕3号)

四、如何认定当事人约定的保修期低于法律规定的最低保修期限的条款的效力？

建设工程施工合同中约定的正常使用条件下工程的保修期限低于国家和省规定的最低期限的，该约定应认定无效。

（四）保修期内的责任承担问题

建设工程在保修范围和保修期限内发生质量缺陷的，施工单位应当履行保修义务，否则应承担相应的法律责任。但施工单位承担保修责任与建设工程质量缺陷责任不是同一概念，施工单位负有保修责任并不意味着承担建设工程的质量缺陷责任。保修期间出现质量问题，承包人负责保修，但根据《建设工程质量管理条例》的规定，保修费用由质量缺陷的责任方承担。

实务中，对于保修期间的质量责任划分和损失承担原则根据以下情形确定：(1)未按国家有关工程建设规范、标准和设计要求施工，造成质量缺陷的，施工单位应当履行保修义务，并对造成的损失承担赔偿责任。(2)属于勘察、设计方面的原因造成的质量缺陷，由施工单位负责返修，费用由建设单位支付，建设单位可向勘察、设计单位追偿。(3)因建筑材料、建筑构配件和设备质量不合格引起的质量缺陷，属于施工单位负责采购的，由施工单位承担民事责任；属于建设单位负责采购的，但施工单位提出异议而建设单位坚持使用的，由建设单位承担民事责任，如果施工单位没有验收或者验收不合格仍然使用的，由建设单位与施工单位共同承担责任。(4)因建设单位或者建筑物所有人使用不当造成的质量缺陷,由建设单位或者建筑物所有人自行负责。(5)因自然事故、社会事件等不可抗力造成的质量事故,由建筑物的所有人或者使用人承担责任。(6)对发包人提出的违反法律法规和建筑工程质量、安全标准,降低工程质量的要求,承包人不予拒绝而进行施工的,由建设单位与施工单位共同承担责任。

(五)建设单位的通知义务

根据《房屋建筑工程质量保修办法》第9条的规定,房屋建筑工程在保修期限内出现质量缺陷,建设单位或房屋建筑所有人应当向施工单位发出保修通知。结合《建设工程施工合同(示范文本)》(GF-2017-0201)第15.4.3条的规定,在保修期内,发包人在使用过程中,发现已接收的工程存在缺陷或损坏的,应书面通知承包人予以修复,但情况紧急必须立即修复缺陷或损坏的,发包人可以口头通知承包人并在口头通知后48小时内书面确认,承包人应在专用合同条款约定的合理期限内到达工程现场并修复缺陷或损坏。

第15.4.4条规定,因承包人原因造成工程的缺陷或损坏,承包人拒绝维修或未能在合理期限内修复缺陷或损坏,且经发包人书面催告后仍未修复的,发包人有权自行修复或委托第三方修复,所需费用由承包人承担。但修复范围超出缺陷或损坏范围的,超出范围部分的修复费用由发包人承担。第15.4.5条规定,在保修期内,为了修复缺陷或损坏,承包人有权出入工程现场,除情况紧急必须立即修复缺陷或损坏外,承包人应提前24小时通知发包人进场修复的时间。承包人进入工程现场前应获得发包人同意,且不应影响发包人正常的生产经营,并应遵守发包人有关保安和保密等规定。

因此,在工程质量存在问题,除属于地基基础和主体结构工程外,发包人应当先履行通知程序,根据保修条款的约定要求承包人承担瑕疵担保责任,发包人不能直接根据鉴定得出修复造价而主张。只有在承包人拒绝修复或修复不能的情况下,发包人才能主张损害赔偿。但在工程实践中,如果承发包双方矛盾已经非常激化,发包人多次通知承包人进行整改,承包人一直没有整改到位,承包人继续履行修复责任已不可能,此时应允许发包人要求承包人赔偿修复责任,而非必须继续由承包人整改。发包人无正当理由拒绝承包人修复,且未履行通知义务,则认定发包人另行委托他人修复不当,但鉴于工程已实际修复,不可逆转,再判决承包人修复已无必要。对于修复费用可以参照由承包人自行修复所需费用进行认定,对所需的材料费、机械费等合理支出予以支持。[①]

【规范指引】

《北京市高级人民法院关于审理建设工程施工合同纠纷案件若干疑难问题的解答》(2012 年 8 月 6 日　京高法发〔2012〕245 号)

30. 发包人以工程质量不符合合同约定为由,要求承包人承担修复费用的,如何处理?

因承包人原因致使工程质量不符合合同约定,承包人拒绝修复、在合理期限内不能修复或者发包人有正当理由拒绝承包人修复,发包人另行委托他人修复后要求承包人承担合理修复费用的,应予支持。

发包人未通知承包人或无正当理由拒绝由承包人修复,并另行委托他人修复的,承包人承担的修复费用以由其自行修复所需的合理费用为限。

《福建省高级人民法院关于审理建设工程施工合同纠纷案件疑难问题的解答》(2007 年 11 月 22 日)

11. 问:建设工程质量不合格,发包人拒绝由承包人修复而另行委托他人修复的,承包人应否承担修复费用?

答:因承包人的原因造成建设工程质量不合格的,承包人应当承担合理的修复费用。发包人无正当理由拒绝由承包人修复而另请他人修复的,因另请他人而增加的费用不应由承包人承担。

(六)施工单位未履行保修义务时赔偿责任的认定

《建筑法》第 80 条规定,在建筑物的合理使用寿命内,因建筑工程质量不合格受到损害的,有权向责任者要求赔偿。《民法典》第 802 条规定,因承包人的原因致使建设工程在合理使用期限内造成人身和财产损害的,承包人应当承担赔偿责任。《房屋建筑工程质量保修办法》第 14 条规定,在保修期内,因房屋建筑工程质量缺陷造成房屋所有人、使用人或者第三方人身、财产损害的,房屋所有人、使用人或者第三方可以向建设单位提出赔偿要求。建设单位向造成房屋建筑工程质量缺陷的责任方追偿。第 15 条规定,因保修不及时造成新的人身、财产损害,由造成拖延的责任方承担赔偿责任。

为解决保修人未及时履行保修义务导致建筑物毁损或者人身、财产损害时

---

① 参见潘军锋:《建设工程施工合同案件审判疑难问题研究》,载《法律适用》2014 年第 7 期。

的赔偿问题,根据上述规定,《建设工程司法解释(一)》第 18 条规定,因保修人未及时履行保修义务,导致建筑物毁损或者造成人身损害、财产损失的,保修人应当承担赔偿责任。保修人与建筑物所有人或者发包人对建筑物毁损均有过错的,各自承担相应的责任。该条解释规定了两个方面的内容:一是保修人未及时履行保修义务造成损害的赔偿责任;二是混合责任情形下保修人与建筑物所有人或者发包人各自应承担的相应责任。

当建设工程出现质量问题时,负有直接保修义务的人应当在第一时间履行其保修义务,绝不能故意拖延、怠于履行其应尽的职责。至于什么情况下可以认定保修人未及时履行保修义务,要结合相关规定和实际情况进行分析。笔者认为,可以参考《房屋建筑工程质量保修办法》第 9 条的规定,即房屋建筑工程在保修期限内出现质量缺陷,建设单位或者房屋建筑所有人应当向施工单位发出保修通知。施工单位接到保修通知后,应当到现场核查情况,在保修书约定的时间内予以保修。发生涉及结构安全或者严重影响使用功能的紧急抢修事故,施工单位接到保修通知后,应当立即到达现场抢修。

二、缺陷责任期

缺陷责任期,是指承包人按照合同约定承担缺陷修补义务,且发包人扣留质量保证金的期限。缺陷责任期内,由承包人原因造成的缺陷,承包人应负责维修,并承担鉴定及维修费用。如承包人未履行缺陷维修义务,则发包人可以按照合同约定扣除质量保证金,并由承包人承担相应的违约责任。非承包人原因造成的缺陷,发包人负责维修并承担费用,经承包人同意的,也可以由承包人负责维修,但应支付相应费用。

(一)缺陷责任期的认定

实践中经常出现发包人将质量保证金返还时间约定为“保修期满后返还”,如严格遵循法定最低保修年限的规定,则可以得出主体结构的质量保证金需要等到 50 年后返还的结论。显然该种推定的结论不符合基本的公平原则和市场存在,最终成为拖欠工程款的理由。有鉴于此,《建设工程施工合同(示范文本)》(GF－2013－0201)在原来示范文本的基础上,参考九部委《标准施工招标文件》通用条款等有关规定,引入了“质量缺陷责任制度”,增加了“缺陷责任期”规定。

建设工程的质量要达到一定标准才能被验收为合格工程,同时可能出现不达标的情况而被误判为合格工程,即工程可能带有缺陷。缺陷由于使用而显露出来,不论是分项工程、分部工程,还是单位工程,不使用就不能发现缺陷,工程被使用是确定缺陷责任期或者确定缺陷责任期的起始时间的前提或者必要条件。这里的使用不完全等同于交付以后建设单位或者用户的使用,还包括建筑材料形成建筑构件以及组成建筑部件形成分部、分项工程或者单位工程后应发挥的功能。①

(二)缺陷责任期的有关内容

根据《建设工程质量保证金管理办法》(建质〔2017〕138 号)第 8 条的规定,缺陷责任期自实际竣工日期起计算。单位工程先于全部工程进行验收,经验收合格并交付使用的,该单位工程缺陷责任期自单位工程验收合格之日起算。因发包人原因导致工程无法按合同约定期限进行竣工验收的,缺陷责任期自承包人提交竣工验收申请报告之日起开始计算;发包人未经竣工验收擅自使用工程的,缺陷责任期自工程转移占有之日起开始计算。由于承包人原因导致工程无法按规定期限进行竣工验收的,缺陷责任期从实际通过竣工验收之日起计。由于发包人原因导致工程无法按规定期限进行竣工验收的,在承包人提交竣工验收报告 90 天后,工程自动进入缺陷责任期。

《建设工程质量保证金管理办法》(建质〔2017〕138 号)第 2 条规定,缺陷责任期一般为 1 年,最长不超过 2 年,由发、承包双方在合同中约定。《建设工程施工合同(示范文本)》(GF－2017－0201)第 15.2.1 条进一步规定,合同当事人应在专用合同条款约定缺陷责任期的具体期限,但该期限最长不超过 24 个月。工程竣工验收合格后,因承包人原因导致的缺陷或损坏致使工程、单位工程或某项主要设备不能按原定目的使用的,则发包人有权要求承包人延长缺陷责任期,并应在原缺陷责任期届满前发出延长通知,但缺陷责任期最长不能超过 24 个月。第 15.2.3 条规定,任何一项缺陷或损坏修复后,经检查证明其影响了工程或工程设备的使用性能,承包人应重新进行合同约定的试验和试运行,试验和试运行的全部费用应由责任方承担。

第 15.2.4 条规定,除双方另有约定外,承包人应于缺陷责任期届满后 7 天内向发包人发出缺陷责任期届满通知,发包人应在收到缺陷责任期满通知后 14 天内核实承包人是否履行缺陷修复义务,承包人未能履行缺陷修复义务的,发

---

① 参见吴宏:《建筑工程质量保修金与保修期及其关系探讨》,载《建筑经济》2010 年第 3 期。

包人有权扣除相应金额的维修费用。发包人应在收到缺陷责任期届满通知后14天内,向承包人颁发缺陷责任期终止证书。

(三)缺陷责任期和质量保修期的区别

《建设工程施工合同(示范文本)》(GF－2017－0201)通用条款第15.1条规定,在工程移交发包人后,因承包人原因产生的质量缺陷,承包人应承担质量缺陷责任和保修义务。缺陷责任期届满,承包人仍应按合同约定的工程各部位保修年限承担保修义务。因此,实践中应当准确区分缺陷责任期和质量保修期。工程保修阶段包括缺陷责任期和质量保修期,在缺陷责任期内,承包人亦应承担保修义务,但缺陷责任期届满,发包人应当返还质量保证金,承包人则仍应在法定的最低保修期限或者合同约定的更长的保修期限履行保修义务。

关于缺陷责任期和质量保修期的区别,主要体现于以下三个方面:

(1)两者期限不同。质量保修期根据合同当事人的约定确定,但不得低于法定最低保修期限。缺陷责任期一般为1年,最长不能超过2年。

(2)期限届满的意义不同。承包人在质量保修期内对建设工程的质量负有保修义务,保修期满后承包人无须承担保修责任,承包人的保修责任在保修期满后即免除。缺陷责任期届满,发包人应向承包人颁发缺陷责任期终止证书,并返还相应的质量保证金。

(3)两者处理缺陷的程序不同。由于质量保修期内缺陷处理的程序必然要求双方先确认责任,然后才对缺陷进行处理。缺陷责任期内,承包方承担强制性修复义务,因此承包方在该期限内出现的缺陷先进行处理,然后再确认责任,明确费用。[①]

典型案例46

昌邑创发公司与青岛嘉和公司建设工程施工合同纠纷案[②]

昌邑创发公司、青岛嘉和公司签订《建设工程施工合同》一份。2013年12月26日涉案工程通过竣工验收,同年12月31日,昌邑创发公司完成工程竣工

① 参见张可:《工程质量缺陷责任期和质量保修期的辨析》,载《中国市场》2015年第39期。

② 参见山东省高级人民法院民事判决书,(2016)鲁民再5号。

验收备案。2014 年 3 月 12 日,昌邑创发公司已将涉案工程中部分房屋出租给他人用于经营饭店。在庭审过程中,双方确认工程总价款为6,495,000元,至今昌邑创发公司尚欠青岛嘉和公司工程款1,128,909.20元未付,昌邑创发公司主张上述工程款数额中应减去质保金亦查无实据。

典型案例裁判文书

典型案例46

山东高院(2016)鲁民再5号昌邑创发公司与青岛嘉和公司建设工程施工合同纠纷民事判决书

裁判规则:关于质量保修金对应的是质量保修期,质量保修期是指建设工程在正常使用条件下的法定最低保修期限,在此期限内承包人对建设工程出现的质量问题负有保修义务。因此,当事人对质量保修金返还期限有约定的,从其约定;没有约定或约定不明的,缺陷责任期(缺陷责任期是指质量保证金的预留期限,最长为 2 年,缺陷责任期满,发包人应当将保证金返还给承包人。质量保修期长于缺陷责任期,二者期限不同)满后,发包人应当将质量保修金返还给承包人,即发包人应当自接收建设工程之日起 2 年内将质量保修金返还给承包人。

三、工程质量保证金

质量保证金是指发包人与承包人在建设工程承包合同中约定,从应付的工程款中预留,用以保证承包人在缺陷责任期内对建设工程出现的缺陷进行维修的资金。实践中,存在"质量保修金"和"质量保证金"不同的表述和称谓,1999年《建设工程施工合同(示范文本)》(GF－1999－0201)以及 2017 年《建设工程施工合同(示范文本)》(GF－2017－0201)中使用的是"质量保修金",2004 年《建设工程价款结算暂行办法》和 2005 年《建设工程质量保证金管理暂行办法》使用的是质量保证(保修)金,2013 年发布的《建设工程施工合同(示范文本)》(GF－2013－0201)使用的是"质量保证金"。从名称的发展演变和名称所指向的对象看,"质量保修金"与"质量保证金"的名称是在同一概念上被使用的,而且现在有关职能部门越来越倾向于直接使用"质量保证金",而弃用"质量保修金"称谓,以避免在实务中发生识别上的混乱。[①]

保修责任是承包人应尽的法定责任,发包人在一定期限内扣留一定比例的质保金作为对保修费用的预留,应当根据合同的约定处理。合同有约定的,不

① 参见林一主编:《建设工程施工合同纠纷案件审判实务》,法律出版社 2015 年版,第 218 页。

违反法律、行政法规的强制性规定,应为允许。关于质量保证金的性质,除合同有特别约定外,应认定为保修责任的预留款,而非定金或违约金。合同对质保金预留未有约定的,发包人不得扣留,只能向施工方另行主张修复责任。发包人应当在招标文件中明确保证金预留、返还等内容,并与承包人在合同条款中对涉及保证金的下列事项进行约定:保证金预留、返还方式;保证金预留比例、期限;保证金是否计付利息,如计付利息,利息的计算方式;缺陷责任期的期限及计算方式;保证金预留、返还及工程维修质量、费用等争议的处理程序;缺陷责任期内出现缺陷的索赔方式。司法实践中,特别是合同中有关质量保证金的返还条款未约定或者约定不明时,当事人极易发生争议。

(一)关于质量保证金的提供和扣留

(1)承包人提供质量保证金的方式。质量保证金实际上属于一种担保形式,既可以是保函方式,也可以通过资金形式扣留,还可以其他担保形式替代。承包人提供质量保证金有以下三种方式:①质量保证金保函;②相应比例的工程款;③双方约定的其他方式。除双方合同条款另有约定外,质量保证金原则上采用上述第①种方式。

(2)质量保证金的扣留。《建设工程质量保证金管理办法》第7条规定,发包人应按照合同约定方式预留保证金,保证金总预留比例不得高于工程价款结算总额的3%。合同约定由承包人以银行保函替代预留保证金的,保函金额不得高于工程价款结算总额的3%。根据《建设工程施工合同(示范文本)》(GF-2017-0201)第15.3.2条的规定,质量保证金的扣留方式应当把握以下几个方面:①在支付工程进度款时逐次扣留,在此情形下,质量保证金的计算基数不包括预付款的支付、扣回以及价格调整的金额;②工程竣工结算时一次性扣留质量保证金;③双方约定的其他扣留方式。除双方合同条款另有约定外,质量保证金的扣留原则上采用上述第①种方式。发包人累计扣留的质量保证金不得超过工程价款结算总额的3%,如承包人在发包人签发竣工付款证书后28天内提交质量保证金保函,发包人应同时退还扣留的作为质量保证金的工程价款。

(3)质量保证金的使用。根据《建设工程质量保证金管理办法》第9条的规定,缺陷责任期内,由承包人原因造成的缺陷,承包人应负责维修,并承担鉴定及维修费用。如承包人不维修也不承担费用,发包人可按合同约定从保证金或银行保函中扣除,费用超出保证金额的,发包人可按合同约定向承包人进行索赔。承包人维修并承担相应费用后，不免除对工程的损失赔偿责任。由他人原因造成的缺陷，发包人负责组织维修，承包人不承担费用，且发包人不得从保证金中扣除费用。①

案例索引裁判文书

案例索引42
最高院（2011）民申字第866号富业公司与港南公司建设工程施工合同纠纷民事裁定书

（二）质量保证金的返还

根据《建设工程质量保证金管理办法》第 10 条的规定，缺陷责任期内，承包人认真履行合同约定的责任，到期后，承包人向发包人申请返还保证金。第 11 条规定，发包人在接到承包人返还保证金申请后，应于 14 日内会同承包人按照合同约定的内容进行核实。如无异议，发包人应当按照约定将保证金返还给承包人，逾期未返还的，从逾期之日起，按照同期银行贷款利率计付利息，并承担违约责任。发包人在接到承包人返还保证金申请后 14 日内不予答复，经催告后 14 日内仍不予答复，视同认可承包人的返还保证金申请。

对于工程质量保证金的返还，根据《建设工程司法解释（一）》第 17 条的规定，主要存在以下几种情形：（1）当事人约定的工程质量保证金返还期限届满。（2）当事人未约定工程质量保证金返还期限的，自建设工程通过竣工验收之日起满 2 年。（3）因发包人原因建设工程未按约定期限进行竣工验收的，自承包人提交工程竣工验收报告 90 日后起当事人约定的工程质量保证金返还期限届满；当事人未约定工程质量保证金返还期限的，自承包人提交工程竣工验收报告 90 日后起满 2 年。发包人返还工程质量保证金后，不影响承包人根据合同约定或者法律规定履行工程保修义务。

实践中，经常会发现建设单位与施工单位在《建设工程施工合同》中将质量保证金返还的时间约定为“保修期满后返还”，导致司法实务中对于保证金的返还发生争议。笔者认为，质量保修期与缺陷责任期是两个不同的概念，两者在性质、功能上存在重大区别，质量保修金对应的是质量保修期，而质量保证金对应的是缺陷责任期，也就是说，质量保证金的返还实际上与缺陷责任期紧密相连，该期限是发包人扣留质量保证金的期限，缺陷责任期满后发包人应当退还质量保证金。因此，当事人对质量保证金返还期限有约定的，从其约定；没有约定或约定不明的，缺陷责任期满后，发包人应当将质量保证金返还给承包人，

① 案例索引 42：富业公司与港南公司建设工程施工合同纠纷案，最高人民法院（2011）民申字第 866 号民事裁定书。

案例索引裁判文书

案例索引43
最高院（2014）民申字第259号阿尔山市政府与中铁九局一公司建设工程施工合同纠纷民事裁定书

《建设工程施工合同（示范文本）》（GF－2013－0201）通用条款第15.2条新增了缺陷责任期的条款，用以区分工程保修期，实践中应当注意新旧合同之别。①

同时，根据前述《房屋建筑工程质量保修办法》第7条的规定，不同的工程存在不同的保修期限，有5年的，有2年的，而地基基础工程和主体结构工程，甚至为设计文件规定的该工程的合理使用年限，如果认为质量保证金的返还需待工程保修期届满是缺乏逻辑依据的，也损害了承包人的合法权益。缺陷责任期届满后，发包人颁发缺陷责任期终止证书，并按照合同约定退还质量保证金。当然，即使发包人在保修期内将质量保修金全部返还给了承包人，承包人仍然需履行保修义务。

典型案例47

经典房地产公司与宏图公司合同纠纷案②

典型案例裁判文书

典型案例47
山西高院（2014）晋民终字第204号经典房地产公司与宏图公司合同纠纷民事判决书

宏图公司、经典房地产公司签订《建设工程施工合同》一份，约定由宏图公司承建经典房地产公司开发的项目。在合同履行过程中，双方因经典房地产公司未能按期支付工程款等原因发生纠纷，双方签订了《纠纷解决协议》，该《纠纷解决协议》明确约定：欠款2900万元，先支付2690万元，剩余210万元为质保金。双方签订《协议书》约定由经典房地产公司以车辆抵顶工程保修金人民币50万元。宏图公司将经典房地产公司诉至法院，要求经典房地产公司支付工程款，并返还相应质量保证金。

裁判规则：质保金是施工工程在缺陷责任期内的维修责任的保障，施工单

① 案例索引43：阿尔山市政府与中铁九局一公司建设工程施工合同纠纷案，最高人民法院（2014）民申字第259号民事裁定书。

② 参见山西省高级人民法院民事判决书，（2014）晋民终字第204号。

位应在工程竣工验收合格后的缺陷责任期内认真履行合同责任，缺陷责任期满后，建设单位应及时向施工单位返还该保证金额。本案中，双方达成《纠纷解决协议》可视为宏图公司交付经典房地产公司房屋及工程竣工的时间，且经典房地产公司已出售所建房屋，其虽对返还质保金的期限有异议，但诉称缺陷责任期为五年的依据不足，在履行《纠纷解决协议》时也已用车辆抵顶质保金50万元，故经典房地产公司应按协议约定返还剩余的160万元质保金。

（三）关于建筑领域保证金的清理和规范

清理规范工程建设领域保证金，是推进简政放权、放管结合、优化服务改革的必要措施，有利于减轻企业负担、激发市场活力，有利于发展信用经济、建设统一市场、促进公平竞争、加快建筑业转型升级。为做好清理规范工程建设领域保证金工作，国务院办公厅于2016年6月23日印发《关于清理规范工程建设领域保证金的通知》（国办发〔2016〕49号），从以下七个方面提出了清理规范工程建设领域保证金的具体政策措施：

（1）全面清理各类保证金。对建筑业企业在工程建设中需缴纳的保证金，除依法依规设立的投标保证金、履约保证金、工程质量保证金、农民工工资保证金外，其他保证金一律取消。对取消的保证金，自本通知印发之日起，一律停止收取。

（2）转变保证金缴纳方式。对保留的投标保证金、履约保证金、工程质量保证金、农民工工资保证金，推行银行保函制度，建筑业企业可以银行保函方式缴纳。

（3）按时返还保证金。对取消的保证金，各地要抓紧制定具体可行的办法，于2016年年底前退还相关企业；对保留的保证金，要严格执行相关规定，确保按时返还。未按规定或合同约定返还保证金的，保证金收取方应向建筑业企业支付逾期返还违约金。

（4）严格工程质量保证金管理。工程质量保证金的预留比例上限不得高于工程价款结算总额的5%。在工程项目竣工前，已经缴纳履约保证金的，建设单位不得同时预留工程质量保证金。

（5）实行农民工工资保证金差异化缴存办法。对一定时期内未发生工资拖欠的企业，实行减免措施；对发生工资拖欠的企业，适当提高缴存比例。

（6）规范保证金管理制度。对保留的保证金，要抓紧修订相关法律法规，完善保证金管理制度和具体办法。对取消的保证金,要抓紧修订或废止与清理规范工作要求不一致的制度规定。在清理规范保证金的同时,要通过纳入信用体系等方式,逐步建立监督约束建筑业企业的新机制。

(7)严禁新设保证金项目。未经国务院批准,各地区、各部门一律不得以任何形式在工程建设领域新设保证金项目。要全面推进工程建设领域保证金信息公开,建立举报查处机制,定期公布查处结果,曝光违规收取保证金的典型案例。

同时,根据《建设工程质量保证金管理办法》第 3 条的规定,发包人应当在招标文件中明确保证金预留、返还等内容,并与承包人在合同条款中对涉及保证金的下列事项进行约定:保证金预留、返还方式;保证金预留比例、期限;保证金是否计付利息,如计付利息,利息的计算方式;缺陷责任期的期限及计算方式;保证金预留、返还及工程维修质量、费用等争议的处理程序;缺陷责任期内出现缺陷的索赔方式;逾期返还保证金的违约金支付办法及违约责任。第 6 条规定,在工程项目竣工前,已经缴纳履约保证金的,发包人不得同时预留工程质量保证金。采用工程质量保证担保、工程质量保险等其他保证方式的,发包人不得再预留保证金。

【法官提示 99】

随着地方各级政府对该通知的贯彻落实,相信建筑领域中保证金泛滥的现象将得到有效遏制,在此基础上,特别是在审理有关建设工程施工合同纠纷案件中,一定要准确认定涉案保证金的性质、内涵和外延,特别是要准确认定工程质量保证金及其预留的比例,合理、合法地保护当事人权益。

第六章　司法鉴定

随着社会经济的发展，民事纠纷涉及的面越来越宽，涉及的专业性问题也越来越多，民事诉讼中需要借助专门知识委托司法鉴定的情况也日趋频繁。如建设工程类案件，专业性强、涉及的边缘学科较多，而且行业规范标准较为复杂，有关工程造价的鉴定、工程质量的确认等专门性问题，司法实践中法院一般都会委托鉴定机构进行司法鉴定。比较特殊的专门性问题，仅凭审判人员的生活常识和审判经验并不能得以准确判断，司法鉴定可以延伸审判人员的认知能力，有助于当事人、审判人员等查明案件事实，作出正确判决。

第一节　司法鉴定与举证责任

民事诉讼中，证据是查明案件事实，解决双方争议的基础，是当事人维护自身合法权益的武器，也是法官作出公正裁判的依据。因此，可以认为证据是整个诉讼活动的基础和核心，也是诉讼实务中最实际的问题。证据制度中最为关键的可以称为证据制度脊梁的则为举证责任制度，其中难点在于司法鉴定制度。

一、民事诉讼中司法鉴定概述

根据《全国人民代表大会常务委员会关于司法鉴定管理问题的决定》的规定，司法鉴定是指在诉讼活动中鉴定人运用科学技术或者专门知识对诉讼涉及的专门性问题进行鉴别和判断并提供鉴定意见的活动。在司法实践中，主要存在以下类型的司法鉴定活动：人身损害鉴定、医疗损害鉴定、产品质量鉴定、工程造价鉴定、工程质量鉴定、笔迹鉴定等。鉴定人通过鉴定程序作出的书面意见即为鉴定意见。

鉴定意见实际上作为法定证据之一，尚需经过当事人举证质证、审判人员认证等法定程序，并结合案件其他证据加以综合审查判断，决定是否采信，并非

案例索引裁判文书

案例索引44
最高院（2016）最高法民申162号同馨花卉公司与矣六街道办事处、国芳源公司环境侵权损害赔偿纠纷民事裁定书

不可推翻。①

全国人大常委会第二十八次会议于2012年8月31日通过《关于修改〈中华人民共和国民事诉讼法〉的决定》，进一步完善了有关司法鉴定制度，主要体现在以下几个方面：

（1）将证据类型中的“鉴定结论”改为“鉴定意见”。2017年《民事诉讼法》“鉴定结论”的表述，容易让人产生误解，甚至在司法实践中，许多审判人员也认为相应的司法鉴定机构出具的鉴定意见为不可推翻的最终结论。经过修改，可以认为准确把握了鉴定意见的实质特性，该表述更为科学、准确。2012年3月第十一届全国人大第五次会议通过的《全国人民代表大会关于修改〈中华人民共和国刑事诉讼法〉的决定》中也已经将“鉴定结论”修改为“鉴定意见”。

（2）赋予了当事人申请鉴定的权利。2017年《民事诉讼法》只是规定了人民法院对专门性问题需要鉴定的，可以依法委托鉴定，没有明确规定当事人具有启动鉴定程序的权利，司法实践中容易使人产生误解，认为鉴定只能是而且应该是法院的职责。但是应当认为根据民事诉讼中“谁主张，谁举证”的原则，鉴定意见作为证据形式之一，实际上应当由当事人申请鉴定并向法院提供鉴定意见来证明自己的主张。实际上，《民事诉讼证据规定》第31条规定了当事人申请鉴定的权利。此次《民事诉讼法》的修订，对上述司法解释的规定进行吸收并进一步完善，从法律层面赋予了当事人申请鉴定的权利。

（3）强化了鉴定人出庭作证的义务。诉讼结果直接影响当事人的人身、财产权利，所以程序的公开、公正就显得尤为重要。鉴定人不出庭或者出庭而拒绝作证，法院、当事人就无法通过对其质证而消除内心存疑，就无法真正形成内心确信，极易对案件争议的关键事实作出错误认定，从而形成错误的判决，影响司法公正的实现。② 因此，此次修订，明确规定了当事人对鉴定意见有异议或者人民法院认为鉴定人有必要出庭的，鉴定人应当出庭作证。应当说此次修改将鉴定意见回归到了其应有的本质属性，即作为当事人举证的证据之一，鉴定人

---

① 案例索引44：同馨花卉公司与矣六街道办事处、国芳源公司环境侵权损害赔偿纠纷案，最高人民法院（2016）最高法民申162号民事裁定书。

② 参见吴高庆、齐培君：《论民事司法鉴定制度的修改与完善——以新〈民事诉讼法〉为视角》，载《中国司法鉴定》2012年第5期。

应当出庭接受当事人或者审判人员的发问，这也是对当事人诉讼权利的程序性保障。

我国民事诉讼模式确有必要走当事人主义与职权主义有机结合的道路，充分发挥它们各自的长处，抑制各自的短处，在不断强化当事人主体地位，使之充分参与程序的同时，合理配置法院在诉讼程序中的权利，形成化解纠纷的合力。[①] 2021年《民事诉讼法》对司法鉴定制度的修订完善，不仅厘清了鉴定意见的证据属性，强化了当事人主体地位，赋予当事人启动鉴定程序的权利，从程序上保证了当事人诉讼权利行使的正当性，而且有利于强化鉴定人出庭作证参与诉讼程序的意识，进一步提高司法鉴定的质量和效率，还有利于审判人员对专门性问题的科学性、真实性问题作出准确认定，作出正确裁判，提高司法公信力。

二、民事诉讼中举证责任的认定

（一）举证责任的含义

举证责任，是指应当由当事人对其主张的事实提供证据并予以证明，若诉讼终结时根据全案证据仍不能判明当事人主张的事实真伪，则由该当事人承担不利的诉讼后果。一般而言，裁判的作出是以法律规范为大前提，以具体的事实为小前提，进而得出结论的三段论的过程。抽象的法律规范在适用中必然以具体的事实为对象，而事实的认定须是以证据为基础，在事实不能认定时，就会产生由谁承担不利后果的问题，也由此引起举证责任问题。

通常理论认为，举证责任分为行为意义的举证责任和结果意义的举证责任。行为意义的举证责任是指当事人对其主张的事实负有提供证据予以证明的责任。结果意义的举证责任是指负有提供证据证明相应事实的当事人，因未能提供证据证明应承担的不利后果。行为意义的举证责任强调的是当事人举证的行为，结果意义的举证责任强调的是在作为裁判基础的事实处于真伪不明时，法院如何裁判的问题。行为意义的举证责任与结果意义的举证责任都是举证责任含义的有机组成部分。

在诉讼中，法官的首要任务是通过听取当事人双方的证据查明案件事实。如果通过诉讼程序，作为诉讼基础的案件事实已无争议或者已被完全澄清，法

---

① 参见最高人民法院民事诉讼法修改研究小组编著：《〈中华人民共和国民事诉讼法〉修改条文理解与适用》，人民法院出版社2012年版，第157页。

官已经完全形成内心确信,则无须适用证明责任的规则。只有在通过事实调查后对案件的要件事实仍有争议且处于真伪不明状态时,法官才考虑适用证明责任的规则,决定由哪方当事人承担证明责任。另外,法官不得将其适用法律规范或法律概念的疑问作为对事实问题的怀疑来对待,让当事人对法律规范或法律概念适用条件承担证明责任。法官不能将纯法律问题按事实问题处理,用证明责任裁决来回避对纯法律问题的裁决。①

(二)举证责任的分配

1. 举证责任的法律渊源

在民事诉讼中,提供证据既是当事人的权利,也是当事人向人民法院应尽的义务。明确规定当事人应当向人民法院提供证据,反映了民事诉讼的特点,有助于充分发挥当事人的积极性和主动性,保证人民法院及时取得证据,查明案情,同时,也可以防止当事人无理取闹,提出一些无根据的诉讼要求。《民事诉讼法》第 67 条规定,当事人对自己提出的主张,有责任提供证据。该条确立了民事诉讼"谁主张,谁举证"的原则,原告对自己诉讼请求所依据的事实,被告对自己的答辩或反诉所根据的事实,第三人对自己提出的请求等都应当提供相应证据予以证明。但从该条规定的内容来看,只是规定了行为意义上的举证责任,而并未体现结果意义的举证责任。

《民事诉讼证据规定》第 1 条规定,原告向人民法院起诉或者被告提出反诉,应当提供符合起诉条件的相应的证据。该条内容包括两个方面的内容:一是对民事诉讼中举证责任含义的全面概括。二是明确了举证责任分配的一般规则。从行为和结果双重含义上来界定举证责任的内容,对于提高民事审判效率、推进民事审判方式改革具有十分重要的意义。在民事诉讼的证据规则中引入客观证明标准,即结果意义上的证明责任,为彻底摆脱围绕民事审判中的真伪不明提供了一条行之有效的解决方案。②

在上述规定的基础上,《民事诉讼法解释》第 90 条第 1 款规定,当事人对自己提出的诉讼请求所依据的事实或者反驳对方诉讼请求所依据的事实,应当提供证据加以证明,但法律另有规定的除外。该条款不仅贯彻了民事诉讼"谁主张,谁举证"的原则,而且体现了行为意义上的举证责任。第 2 款规定,在作出

---

① 参见沈志先主编:《民事证据规则应用》,法律出版社 2010 年版,第 45 页。

② 参见最高人民法院民事审判第一庭:《民事诉讼证据司法解释的理解与适用》,中国法制出版社 2002 年版,第 22 页。

判决前,当事人未能提供证据或者证据不足以证明其事实主张的,由负有举证证明责任的当事人承担不利的后果。该款规定了结果意义上的举证责任,即败诉的风险由负有举证证明责任的当事人承担不利后果。

2. 举证责任的承担原则

对于举证责任承担的一般原则,学界存在不同学说,主要有待证事实分类说和法律要件分类说。待证事实分类说是根据待证事实证明的难易来决定举证责任的分配,并不顾及某项待证事实在法律构成要件上处于何种地位,而仅注重待证事实的性质或内容,并将其作为举证责任分配的依据。法律要件分类说以德国学者罗森贝克提出的规范说最具代表性。罗森贝克主张从法律规范要件分类出发,在对实体法律规范结构分析的基础上,根据法律规范的语义和构造分析法律规范的原则。①

《民事诉讼法解释》进一步完善了举证责任的承担原则,该解释第 91 条规定,"人民法院应当依照下列原则确定举证证明责任的承担,但法律另有规定的除外:(一)主张法律关系存在的当事人,应当对产生该法律关系的基本事实承担举证证明责任;(二)主张法律关系变更、消灭或者权利受到妨害的当事人,应当对该法律关系变更、消灭或者权利受到妨害的基本事实承担举证证明责任"。本条司法解释的理论依据是法律要件分类说中规范说的理论。首先,需要明确的是关于举证责任分配一般规则的规定,其适用的条件即为无特殊规则适用的情况下,即"法律、司法解释对举证责任分配有明确规定的外",依照本条规定确定举证责任的分配。其次,举证责任分配的基础,是对要件事实的分类。本条第 1 项和第 2 项举证责任所指向的均为"法律关系的基本事实"。这里的基本事实与要件事实同义,即法律关系的构成要件所依赖的事实。

三、证据审查

民事诉讼活动实际上是围绕着证据而展开的。当前正在探索的审判制度改革的核心内容也就是证据制度的改革,法官在诉讼过程中以"居中裁判者"的身份,对诉讼各方的诉辩及提供的证据进行审查判断,以确定哪些证据具有证明力,哪些证据证明力更强,进而认定案件事实,而不应超越当事人的诉请范围

---

① 参见杜万华主编:《最高人民法院民事诉讼法司法解释适用解答》,人民法院出版社 2015 年版,第 126 页。

进行审判。因此,证据审查对法官而言,尤为重要。①

(一)证据审查原则

1. 依法独立审查判断证据

《民事诉讼法》第105条规定,人民法院应当按照法定程序,全面、客观地审核证据。根据该条规定,对于当事人提交的证据,人民法院应当全面、客观地进行审查核实,不能片面、主观、经验地确认证据的证明效力。法官不仅要对具体证据具体分析,还要结合其他证据综合整个案件进行综合认定。《民事诉讼证据规定》第85条进一步细化规定,审判人员应当依照法定程序,全面、客观地审核证据,依据法律的规定,遵循法官职业道德,运用逻辑推理和日常生活经验,对证据有无证明力和证明力大小独立进行判断,并公开判断的理由和结果。本条规定强调审判人员审查判断证据应当遵循法定程序,依据法律规定(法律精神),也强调审判人员应当遵循法官职业道德(良知),运用逻辑推理和日常生活经验(理性)对证据进行独立(自由)地判断,并公开判断的理由和结果。这一原则吸收了现代自由心证的合理因素,也比较符合我国国情,体现了主客观的统一,符合证据审查判断的一般规律,符合现代民事诉讼的发展方向。上述法律和司法解释的规定,确立了法院依法独立审查判断证据的原则,该条既强调法官的自由判断,也强调遵循法律的规定以及将判断的理由和结果公开,即法官在遵循法律规定的前提下,依据良知和理性对证据行使自由裁量,从而形成法官的内心确信。②

2. 审查证据的真实性、合法性与关联性

根据《民事诉讼证据规定》第87条的规定,司法实践中,审判人员对单一证据可以从下列方面进行审核认定:证据是否原件、原物,复印件、复制品与原件、原物是否相符;证据与本案事实是否相关;证据的形式、来源是否符合法律规定;证据的内容是否真实;证人或者提供证据的人与当事人有无利害关系。

(1)审查证据的真实性。证据的真实性是指证据材料反映的案件事实是否与客观事实相一致。对证据真实性的审查,关系案件事实的正确认定,关系法院作出公正判决。

(2)审查证据的合法性。证据的合法性是指证据的形式和证据的收集、运用必须符合法律的规定。只有符合法律规定形式或者以合法方式和手段收集

① 参见林一主编:《民事审判实务技能》,人民法院出版社2013年版,第360页。

② 参见林一主编:《民事审判实务技能》,人民法院出版社2013年版,第361页。

的证据才具有证据能力,才能作为认定案件事实的依据。

(3)审查证据的关联性。证据的关联性是指证据与待证案件事实之间具有逻辑联系,能够证明案件事实存在或者不存在。证据材料只有与案件事实相关联才能认定为证据,才能证明当事人主张的案件事实。

(二)对鉴定意见的审查

涉及具体案件纠纷,特别是涉及对鉴定意见的审查判断上,从司法实践来看存在过度依赖"鉴定结论"的现象,涉及专门性、特殊性较强的专业领域,往往只能"茫然"信任,而失去了进行具体判断的标准和认知能力。当前后鉴定意见存在冲突时,审判人员往往采信后一份鉴定意见,或者法院诉讼过程中依法委托的鉴定意见。实践中,必须在思想上实现"鉴定结论"到"鉴定意见"的转变。鉴定意见不是最后的结论,必须对其证明力加以审查和判断。

《民事诉讼证据规定》第 36 条规定,人民法院对鉴定人出具的鉴定书,应当审查是否具有下列内容:委托法院的名称;委托鉴定的内容、要求;鉴定材料;鉴定所依据的原理、方法;对鉴定过程的说明;鉴定意见;承诺书。鉴定书应当由鉴定人签名或者盖章,并附鉴定人的相应资格证明。委托机构鉴定的,鉴定书应当由鉴定机构盖章,并由从事鉴定的人员签名。《最高人民法院关于人民法院民事诉讼中委托鉴定审查工作若干问题的规定》第 6 条规定,人民法院选择鉴定机构,应当根据法律、司法解释等规定,审查鉴定机构的资质、执业范围等事项。第 9 条规定,人民法院委托鉴定机构指定鉴定人的,应当严格依照法律、司法解释等规定,对鉴定人的专业能力、从业经验、业内评价、执业范围、鉴定资格、资质证书有效期以及是否有依法回避的情形等进行审查。特殊情形人民法院直接指定鉴定人的,依照前款规定进行审查。

具体审查中,应当从以下几个方面把握:

(1)审查判断鉴定人与案件当事人有无利害关系。鉴定人应当与案件当事人没有亲属及其他利害关系,这是其作出客观、公正结论的必要保证,否则,按照法律规定,该鉴定人应当回避。鉴定人应回避而未回避的,其所作出的鉴定结论不具有证据资格,不能作为定案的根据。

(2)审查判断鉴定人是否具有鉴定资格。作为鉴定人,必须具有司法行政机关颁发的《鉴定人执业证》,而且须接受当事人或者法院的委托,否则便不具有鉴定人资格,不能进行鉴定活动。《民事诉讼证据规定》第 40 条就将鉴定机构或者鉴定人员不具备相关的鉴定资格作为重新鉴定的一项情形。

(3)审查判断鉴定所依据的材料是否充分可靠。没有充分可靠的材料,很难得出科学的结论,因此,必须查明鉴定活动所依据的材料是否充分可靠。根据《最高人民法院关于人民法院民事诉讼中委托鉴定审查工作若干问题的规定》的规定,要严格审查鉴定材料是否符合鉴定要求,人民法院应当告知当事人不提供符合要求鉴定材料的法律后果。未经法庭质证的材料(包括补充材料),不得作为鉴定材料。当事人无法联系、公告送达或当事人放弃质证的,鉴定材料应当经合议庭确认。对当事人有争议的材料,应当由人民法院予以认定,不得直接交由鉴定机构、鉴定人选用。

(4)审查判断鉴定的方法是否科学,使用的设备和其他条件是否完善。科学的鉴定方法、精良的仪器设备、优良的工作条件是做好鉴定工作的重要保证。

(5)审查判断鉴定人员鉴定时是否受到外界的影响,工作是否认真负责。

(6)审查判断鉴定意见是否符合逻辑和法律规定。鉴定人凭借专门知识、运用科学方法作出的鉴定意见,必须符合逻辑规则的要求,结论确切唯一,证据与结论之间没有矛盾,同时须符合法律规定,如鉴定人须在鉴定意见上签名盖章。①

【法官提示100】

司法鉴定虽然有助于延伸审判人员的认知能力,但并不能认为只要是法院依法委托鉴定机构出具的鉴定意见,就必须采信作为定案依据。审判人员还是应当根据法律规定进行审查判断,不仅从程序上,而且需要从实体上对鉴定意见的结论进行综合认定。

第二节　司法鉴定的启动

依据《民事诉讼证据规定》实施以来民事审判实践的基本思路,人民法院的职权行为适用人民法院调查收集证据的规则,当事人的申请比照当事人的举证的行为处理,适用举证时限规则和举证责任规则,具体到鉴定领域也是如此。由于人民法院委托鉴定在性质上为法院调查收集证据,因此当事人申请鉴定应当遵守当事人申请人民法院调查收集证据的要求。

随着社会的发展,民事纠纷越来越复杂,涉及专门知识的案件也越来越多,

① 参见林一主编:《民事审判实务技能》,人民法院出版社2013年版,第384页。

对专门性问题进行司法鉴定也逐渐成为普遍现象。随着最高人民法院对级别管辖的调整,越来越多大标的额案件,尤其是建设工程施工合同纠纷案件的一审基本在基层法院审理。该类纠纷专业性强、涉及的边缘学科较多,而且行业规范标准较为复杂,特别是涉及工程造价和工程质量问题,仅凭法官的生活常识和审判经验并不能得以准确判断。此时,必须借助司法鉴定才能保证案件裁判的公正性、客观性。因此,在当前该类案件基本"下沉"基层法院的背景下,应当对工程类司法鉴定做进一步的梳理,以期统一裁判标准减少争议。

一、鉴定的启动方式

根据举证责任的规定,当事人对自己提出的主张,有责任提供证据。鉴定意见属于法定证据之一,申请鉴定是当事人履行自己举证责任的义务。当事人对于专门性问题需要鉴定意见来证明自己的主张,就应当申请鉴定,未申请鉴定,则应当承担举证不能的法律后果。当然,在某些特殊情况下,当事人虽然没有申请鉴定,但人民法院认为审理案件需要,也应当主动委托进行司法鉴定。根据《建设工程司法解释(一)》第 32 条的规定,当事人对工程造价、质量、修复费用等专门性问题有争议,人民法院认为需要鉴定的,应当向负有举证责任的当事人释明。当事人经释明未申请鉴定,虽申请鉴定但未支付鉴定费用或者拒不提供相关材料的,应当承担举证不能的法律后果。一审诉讼中负有举证责任的当事人未申请鉴定,虽申请鉴定但未支付鉴定费用或者拒不提供相关材料,二审诉讼中申请鉴定,人民法院认为确有必要的,应当依照《民事诉讼法》第 170 条第 1 款第 3 项的规定处理。

《民事诉讼法》第 79 条规定了鉴定程序的启动和鉴定人的确定规则,该条规定,当事人可以就查明事实的专门性问题向人民法院申请鉴定。当事人申请鉴定的,由双方当事人协商确定具备资格的鉴定人;协商不成的,由人民法院指定。当事人未申请鉴定,人民法院对专门性问题认为需要鉴定的,应当委托具备资格的鉴定人进行鉴定。该条规定明确了鉴定程序启动问题上采取以当事人主义为主,以法院职权主义为辅的模式,即充分尊重双方当事人程序上的意思自治,先由双方当事人协商确定鉴定人,只有在双方协商不成时才由人民法院指定。

根据该条款规定,鉴定程序的启动,必须满足以下要求:第一,鉴定的前提是为了查明事实。案件事实是适用法律的前提,是裁判的基础。至于法律适用问题不可能成为鉴定的标的。比如,建设工程施工合同纠纷案件中双方对工程造价有争议,对工程量各抒己见,审判人员无法准确认定时需借助鉴定意见进行判断。第二,鉴定的内容应当是案件中涉及的专门性问题。依据《全国人民代表大会常务委员会关于司法鉴定管理问题的决定》第1条的规定,司法鉴定是指在诉讼活动中鉴定人运用科学技术或者专门知识对诉讼涉及的专门性问题进行鉴别和判断并提供鉴定意见的活动。比如,工程量、工程价款、工程质量等。案件中涉及的其他问题,应当由审判人员根据法律规定、证据予以认定。比如,建设工程施工合同的效力问题,不可能通过鉴定程序予以认定,只能由审判人员根据法律规定、合同内容等进行综合认定。人民法院审理建设工程施工合同纠纷案件中,不得将涉及结算方式、证据效力、事实认定、约定效力、违约金等司法裁判问题交由司法鉴定机构进行鉴定。第三,鉴定的启动必须符合必要性原则。根据日常生活经验等可以作出认定的事实,或者小部分工程量双方可以协商一致或者可以根据以往工程实际情况认定的,则应当避免进行鉴定。第四,建设工程造价争议也属于合同争议,解决合同争议必须以合同为依据,法院审理的目的是要探寻当事人的真实意思表示,因此,建设工程造价鉴定必须以合同作为主要依据。根据《建设工程司法解释(一)》第29条的规定,当事人在诉讼前已经对建设工程价款结算达成协议,诉讼中一方当事人申请对工程造价进行鉴定的,人民法院不予准许。当事人对工程价款结算达成协议,意味着双方已对结算金额或者结算方式等事项予以确认。如果当事人诉讼中再就此申请鉴定,则意味着当事人对之前结算反悔,此时,可以借鉴禁反言原则,不准许当事人事后就工程造价鉴定的申请。

根据法律规定,工程量、工程价款等鉴定程序的启动方式分为两类:一是当事人申请鉴定;二是法院主动委托鉴定。对于属于当事人举证责任范畴的申请鉴定事项,应当尽量由当事人提出鉴定申请,这样既尊重了当事人的处分权,也避免了法院给一方当事人以帮助另一方当事人的不公正印象。对于"确有必要"由法院启动鉴定程序的情形,也要严格按照法院依职权调查取证的范围进行确定。①

(一)当事人申请鉴定

当事人申请鉴定应当受到当事人申请人民法院调查收集证据规定的调整

① 参见最高人民法院民事诉讼法修改研究小组编著:《〈中华人民共和国民事诉讼法〉修改条文理解与适用》,人民法院出版社2012年版,第166页。

和约束。根据《民事诉讼法解释》第 95 条的规定，当事人申请调查收集的证据，与待证事实无关联、对证明待证事实无意义或者其他无调查收集必要的，人民法院不予准许。《最高人民法院关于人民法院民事诉讼中委托鉴定审查工作若干问题的规定》第 1 条规定，严格审查拟鉴定事项是否属于查明案件事实的专门性问题，有下列情形之一的，人民法院不予委托鉴定：通过生活常识、经验法则可以推定的事实；与待证事实无关联的问题；对证明待证事实无意义的问题；应当由当事人举证的非专门性问题；通过法庭调查、勘验等方法可以查明的事实；对当事人责任划分的认定；法律适用问题；测谎；其他不适宜委托鉴定的情形。

1. 申请鉴定的注意事项

根据民事诉讼“谁主张，谁举证”的举证原则，需要通过工程量、工程造价鉴定，并依据鉴定意见主张自己权利的当事人，应当主动依法向人民法院申请司法鉴定。当事人对工程价款存在争议，不能协议一致，也无法采取其他方式确定的，可以根据当事人的申请，对工程造价进行鉴定。在司法实践中，提出鉴定申请的通常是负有举证责任的一方当事人。当然，为了降低或防止自身的败诉风险，非承担举证责任的一方当事人也可能会提出鉴定申请，如可能承担赔偿责任的一方当事人申请鉴定以确定对方的实际损失。在有人主动申请鉴定的情形下，举证责任分配规则通常处于备而不用的状态。但在当事人都不提出鉴定申请且双方当事人诉争的事实不经过鉴定又无法认定时，有关举证责任分配的规则就显得尤为重要，这可以直接督促负有举证责任的一方的当事人申请鉴定。

实践中，当事人申请对工程造价进行鉴定的，需要注意以下三个方面的问题：

(1) 申请鉴定的期限问题。《民事诉讼证据规定》第 31 条规定：当事人申请鉴定，应当在人民法院指定期间内提出，并预交鉴定费用。逾期不提出申请或者不预交鉴定费用的，视为放弃申请。申请鉴定是当事人举证责任的内容，因此，当事人申请鉴定也应当规定期限，否则，在实践中有的当事人滥用诉讼权利，在庭审前不准备证据，在庭审中搞突然袭击，借口鉴定问题拖延诉讼，妨害诉讼效率的提高。《民事诉讼法解释》第 121 条再次强调，当事人申请鉴定，可以在举证期限届满前提出。对需要鉴定的事项负有举证责任的当事人，在人民法院指定的期限内无正当理由不提出鉴定申请或者不预交鉴定费用或者拒不提供相关材料,致使对案件争议的事实无法通过鉴定结论予以认定的,应当对该事实承担举证不能的法律后果。

(2)法院应对当事人的申请进行审查。对是否必须进行鉴定进行审查时,不但要考虑有关鉴定的必要性问题,还要考虑有关案件的金额和重要性、系争事项的复杂性、快捷审理的要求、各方当事人的财力等。[①] 对于申请鉴定的事项与待证事实无关联,或者对证明待证事实无意义的,人民法院不予准许。

(3)根据《建设工程司法解释(一)》第28条的规定,当事人约定按照固定价结算工程价款,一方当事人请求对建设工程造价进行鉴定的,人民法院不予支持。因此,对于固定价合同,如果当事人在履行合同过程中,没有发生合同修改或者变更等情况导致工程量发生变化时,就应当按照合同约定的包干总价格核算工程款。

【法官提示101】

工程质量鉴定的启动与工程造价鉴定的启动并无特别之处,但当建设工程未经竣工验收,发包人亦未擅自使用情形下,发包人对工程质量提出异议,提供了初步证据,并申请进行司法鉴定的,应当如何把握?实践中应当注意的是,无论工程是否经过了竣工验收,只要双方当事人对工程质量产生争议并申请进行质量鉴定的,就应当准许鉴定。此种情形下,笔者认为可以启动鉴定程序。

2. 双方当事人均拒绝鉴定的处理

在确需鉴定才能认定工程量或工程造价的案件中,当事人双方均拒不申请鉴定的,除依照《民事诉讼证据规定》属于应当由人民法院调查收集的证据外,对工程量或工程造价进行鉴定应当依照当事人的申请进行。工程量或工程造价须经鉴定才能确定的,当事人双方均不申请鉴定的,人民法院应当予以释明,经释明后对工程造价负有举证责任的当事人在人民法院指定的期限内无正当理由仍不申请鉴定,致使工程造价无法认定的,应当对工程造价承担举证不能的不利后果。在鉴定过程中,因一方当事人拒不配合,导致鉴定无法进行的,在释明不利后果的情况下,可以判决不履行举证义务一方承担举证不能的不利后果。

① 参见最高人民法院民事诉讼法修改研究小组编著:《〈中华人民共和国民事诉讼法〉修改条文理解与适用》,人民法院出版社2012年版,第167页。

典型案例48

宋某某与聪舜公司建设工程施工合同纠纷案①

典型案例裁判文书

典型案例48
广州中院（2016）粤01民终7639号宋某某与聪舜公司建设工程施工合同纠纷民事判决书

2012年6月15日，宋某某（承包单位/乙方）与聪舜公司（发包单位/甲方）签订《工程施工合同》（以下简称《合同》）。2014年6月20日，宋某某以聪舜公司单方违约为由，向原审法院起诉，请求判决聪舜公司支付宋某某工程款及违约金。聪舜公司主张宋某某的实际施工量并非《合同》约定的工程量，同时以案涉工程存在质量问题为由拒付剩余工程款（含包保修金）。在法院释明是否需要对案涉工程的实际施工量和质量进行鉴定后，宋某某、聪舜公司均不申请鉴定。

裁判规则：宋某某作为案涉工程的施工人应对其实际施工的工程量承担举证责任，但宋某某在法院释明是否需要对案涉工程的实际工程量进行鉴定后坚持不申请鉴定；因此在宋某某、聪舜公司未对案涉工程进行结算且宋某某又不申请鉴定的情况下，原审法院对宋某某关于案涉工程的工程量的主张不予采纳。

【规范指引】

《安徽省高级人民法院关于审理建设工程施工合同纠纷案件适用法律问题的指导意见（二）》（2013年12月23日　安徽省高级人民法院审判委员会第32次会议通过）

第十九条　工程价款、质量等需要通过司法鉴定确定，经一审人民法院释明，负有举证责任的当事人无正当理由拒不申请鉴定，或者在人民法院决定委托鉴定后拒不预交鉴定费用的，应当承担举证不能的法律后果。

上述当事人在二审期间又申请鉴定的，应当责令其说明理由，拒不说明理由或者理由不成立的，不予支持。

（二）法院依职权启动鉴定

人民法院依职权委托鉴定的，性质上属于人民法院依职权调查收集证据的

① 参见广东省广州市中级人民法院民事判决书，（2016）粤01民终7639号。

行为，应当遵守依职权调查收集证据的条件，根据《民事诉讼法解释》第 96 条的规定，涉及可能损害国家利益、社会公共利益的；涉及身份关系的；涉及《民事诉讼法》第 58 条规定诉讼的；当事人有恶意串通损害他人合法权益可能的；涉及依职权追加当事人、中止诉讼、终结诉讼、回避等程序性事项的，人民法院才能依职权调查收集证据，也只有符合上述情形的，人民法院才能依职权启动鉴定。

当事人申请鉴定属于举证责任内容之一，因当事人未申请鉴定导致工程量、工程价款无法查清，负有举证责任的当事人应当自行承担不利后果。因此，一般情况下，如果法院已经释明，对当事人是否申请鉴定法院无须过多干涉。但是如果涉及可能有损国家利益、社会公共利益或者他人合法权益的专门性问题，属于《民事诉讼法》第 67 条第 2 款规定的“人民法院认为审理案件需要的证据”，在此情况下，即使当事人未申请鉴定，法院亦应主动委托进行鉴定。

根据《招标投标法》第 3 条的规定，大型基础设施、公用事业等关系社会公共利益、公众安全的项目属于必须进行招标的工程建设项目。上述工程的建设施工因为关系国计民生，受到国家的严格管控，对于该类工程施工过程如果出现工程量、工程价款、工程质量等方面的问题，如果当事人不申请鉴定的，法院应当依职权主动委托鉴定。①

【规范指引】

《浙江省高级人民法院民一庭关于审理建设工程施工合同纠纷案件若干疑难问题的解答》（2012 年 2 月 23 日　浙法民一〔2012〕3 号）

八、如何把握工程质量鉴定程序的启动？

要严格把握工程质量鉴定程序的启动。建设工程未经竣工验收，发包人亦未擅自提前使用，发包人对工程质量提出异议并提供了初步证据的，可以启动鉴定程序。

《福建省高级人民法院关于审理建设工程施工合同纠纷案件疑难问题的解答》（2007 年 11 月 22 日）

16. 问：人民法院在审理建设工程施工合同案件时，是否可以主动对工程造价进行鉴定？当事人不申请鉴定导致工程价款无法确定的，如何处理？

答：除依照最高人民法院《关于民事诉讼证据的若干规定》属于应当由人民法院调查收集的证据外，人民法院对工程造价进行鉴定应当依照当事人的

---

① 参见林一主编：《建设工程施工合同纠纷案件审判实务》，法律出版社 2015 年版，第 329 页。

申请进行。工程造价需经鉴定才能确定的，人民法院应当告知负有举证责任的当事人在一定期限内提出鉴定申请，负有举证责任的当事人拒不申请的，应承担由此产生的不利后果。

二、司法鉴定的范围

（一）鉴定范围的确定

建设工程施工合同纠纷案件中，如果法院决定对工程造价委托鉴定的，则必须让当事人明确鉴定范围或者由法院依据案件确定鉴定范围。如果承包人的诉讼请求中既包括工程余款，也包括违约金及损失赔偿金额，则必须对鉴定范围予以明确，是否包括索赔款比如停工损失，还是仅仅就工程款进行鉴定。建设工程鉴定涉及的资料多、问题多，尤其是大型工程涉及资料极为繁杂，如全部鉴定往往收集资料就会消耗大量时间，但通过组织双方当事人经过核对会发现有争议的项目可能仅仅局限于工程的某一部分，如再对整个工程进行鉴定无疑增加了不必要的时间和费用。因此法院在委托鉴定之前，应排除无争议和通过已有证据可以判断的项目，尽可能地缩小鉴定范围，缩短鉴定周期，这也有助于降低鉴定费用。

根据《建设工程司法解释（一）》第31条的规定，当事人对部分案件事实有争议的，仅对有争议的事实进行鉴定，但争议事实范围不能确定，或者双方当事人请求对全部事实鉴定的除外。本条旨在规定人民法院审理建设工程施工合同纠纷案件时，能不通过鉴定即可结算工程价款的，则不作鉴定；必须通过鉴定时才能结算工程价款，尽可能减少鉴定次数；必须通过鉴定才能确定工程价款数额，尽可能缩小鉴定范围。因此，在有关工程价款鉴定案件中，涉及土建安装工程的，如果当事人只对土建工程价款有争议，则对安装工程价款就无须委托司法鉴定。当事人如果只是对签证部分有争议的，则应当仅对签证部分进行司法鉴定，无须对全部工程价款进行鉴定。如此操作，一方面可以缩短鉴定时间、减少鉴定费用、降低当事人的诉讼成本，另一方面有利于案件及时、公正、高效处理，切实保护当事人合法权益。司法实践中，有的建设工程案件审理期限过长，往往是因为司法鉴定的时间过长所导致。

【法官提示102】

“只对争议事实进行鉴定”，其目的在于降低诉讼成本，缩短诉讼时间，充分保护当事人权益，避免给当事人造成讼累；但如果当事人愿意对全部案件事实鉴定,愿意承担诉讼成本及诉讼风险,人民法院应当充分尊重当事人的意见,按照双方当事人的真实意思对全部案件事实鉴定。①

(二)当事人对合同条款存有争议的处理

《民法典》第510条规定,合同生效后,当事人就质量、价款或者报酬、履行地点等内容没有约定或者约定不明确的,可以协议补充;不能达成补充协议的,按照合同相关条款或者交易习惯确定。第511条规定:当事人就有关合同内容约定不明确,依据前条规定仍不能确定的,适用下列规定:(1)质量要求不明确的,按照强制性国家标准履行;没有强制性国家标准的,按照推荐性国家标准履行;没有推荐性国家标准的,按照行业标准履行;没有国家标准、行业标准的,按照通常标准或者符合合同目的的特定标准履行。(2)价款或者报酬不明确的,按照订立合同时履行地的市场价格履行;依法应当执行政府定价或者政府指导价的,依照规定履行。(3)履行地点不明确,给付货币的,在接受货币一方所在地履行;交付不动产的,在不动产所在地履行;其他标的,在履行义务一方所在地履行。(4)履行期限不明确的,债务人可以随时履行,债权人也可以随时请求履行,但是应当给对方必要的准备时间。(5)履行方式不明确的,按照有利于实现合同目的的方式履行。(6)履行费用的负担不明确的,由履行义务一方负担;因债权人原因增加的履行费用,由债权人负担。

建设工程合同作为《民法典》规定的有名合同之一,在合同签订、履行过程中也会经常遇到上述法律规定的情形,在有关建设工程施工合同纠纷案件中,经常涉及对合同效力的认定以及对相关合同条款的不同理解问题,而上述争议问题正确理解和处理对鉴定机构的鉴定意见将产生较大影响,并最终影响案件实体结果。

笔者认为,对合同条款的争议处理,如是否属于黑白合同、合同是否有效、图纸与工程量清单之间的矛盾问题、违约责任的承担等,应当由法院根据法律规定进行认定和处理,上述问题并不属于司法鉴定机构的业务范围。② 即使法院在鉴定时暂时无法确定争议条款的效力,也可以要求鉴定机构就不同理解出

---

① 参见最高人民法院民事审判第一庭编著:《最高人民法院建设工程施工合同司法解释的理解与适用》,人民法院出版社2004年版,第210页。

② 案例索引45:轮业制造公司与中天汽车公司承揽合同纠纷案,辽宁省沈阳市中级人民法院(2014)沈中民三终字第339号民事判决书。

具不同的鉴定意见，并在最终调解或者判决中予以认定，而不应由鉴定机构予以认定。在鉴定时如遇需要定性方可判断或现有证据有矛盾难以作出确定判断时，鉴定人应结合案情按不同的标准或者计算方法，根据证据成立与否出具不同的结论供审判人来选择，这也是工程造价鉴定的一条基本原则，即取舍原则。[①]

案例索引裁判文书

案例索引45

沈阳中院（2014）沈中民三终字第339号轮业制造公司与中天汽车公司承揽合同纠纷民事判决书

【规范指引】

《北京市高级人民法院关于审理建设工程施工合同纠纷案件若干疑难问题的解答》(2012 年 8 月 6 日　京高法发〔2012〕245 号)

34. 工程造价鉴定中法院依职权判定的事项包括哪些?

当事人对施工合同效力、结算依据、签证文件的真实性及效力等问题存在争议的，应由法院进行审查并做出认定。法院在委托鉴定时可要求鉴定机构根据当事人所主张的不同结算依据分别作出鉴定结论，或者对存疑部分的工程量及价款鉴定后单独列项，供审判时审核认定使用，也可就争议问题先做出明确结论后再启动鉴定程序。

三、鉴定材料的审查

根据《司法鉴定程序通则》第 12 条的规定，鉴定材料包括生物检材和非生物检材、比对样本材料以及其他与鉴定事项有关的鉴定资料。建设工程司法鉴定中的所谓的鉴定材料，是指工程量、工程价款及司法鉴定所依据的各种书面材料，是计算建设工程的工程量、确定建设工程人工、材料和机械单价或综合单价的基础，关乎建设工程质量或者造价的最终意见。

(一) 鉴定材料的范围

委托人委托鉴定的，应当向司法鉴定机构提供真实、完整、充分的鉴定材料，并对鉴定材料的真实性、合法性负责。司法鉴定机构应当核对并记录鉴定材料的名称、种类、数量、性状、保存状况、收到时间等。诉讼当事人对鉴定材料有异议的，应当向委托人提出。建设工程施工合同纠纷案件中的鉴定资料，主要包括以下部分：建设工程招标投标和施工合同履行过程中形成的鉴定资料，

① 参见姚捷:《工程合同造价法律实务》(最新增补版)，法律出版社 2011 年版，第 291 页。

如招标、投标文件,工程量清单,中标通知书等,也包括施工合同、补充协议、会议纪要等,还包括施工图纸、竣工图纸以及竣工验收资料等。

鉴定材料不真实、不完整、不充分或者取得方式不合法的,司法鉴定机构不得受理鉴定委托。司法鉴定机构应当对委托鉴定事项、鉴定材料等进行审查。对属于本机构司法鉴定业务范围,鉴定用途合法,提供的鉴定材料能够满足鉴定需要的,应当受理。对于鉴定材料不完整、不充分,不能满足鉴定需要的,司法鉴定机构可以要求委托人补充;经补充后能够满足鉴定需要的,应当受理。

对于鉴定材料的审查,还应当根据来源情况,作出区别对待:

1. 法院向司法鉴定机构提供

该种鉴定材料的来源方式较为常见,也符合诉讼程序的一般规律和要求。有关鉴定材料的提供与收集,应当遵循以下原则:(1)需要当事人提供鉴定材料的,法院应当书面通知当事人,当事人应当在规定的期限内提供。未能提供的或认为不应当由其提供的,应当在规定的期限内向法院书面说明理由,该证据的举证责任由法院决定。当事人既不提供又不说明理由的,由法院决定。(2)需要由法院依职权才能收集的鉴定材料,法院应当收集并经当事人质证后提交给造价鉴定机构。(3)鉴定材料提交给造价鉴定机构之前,必须组织双方进行证据交换。

2. 当事人向司法鉴定机构提交

一般情况下,应当由法院向司法鉴定机构提交,但是实践中,一些鉴定机构出于工作便利,在鉴定过程中往往直接通知当事人提交相关材料。该种提交材料的方式,虽然有助于提高鉴定效率,但另一方当事人容易质疑该鉴定材料的真实性、合法性,并最终质疑鉴定意见,不予认可鉴定意见的合法性。对此,笔者认为,鉴定过程中,如果确需当事人补充相关证据,应当由司法鉴定机构告知法院,由法院通知当事人提交,并由法院组织双方进行举证、质证,再予以提交鉴定机构作为鉴定的依据。

(二)证据交换

鉴定材料是计算工程量、确定人工、材料、机械单价或综合单价的基础,对工程造价产生最终影响。因此,鉴定材料关乎案件当事人最切身利益,也影响法院对案件的裁判结果。可以认为鉴定材料是鉴定意见甚至是整个案件的基础和依据。但是,工程造价鉴定机构不是审判机关,无法对当事人提交的施工过程中形成的鉴定材料的真实性、合法性、关联性进行认定,因此,在委托工程造价鉴定机构进行鉴定之前，法院应当要求当事人尽可能提供有关案件涉及的鉴定材料，并在委托鉴定之前组织双方进行证据交换，由双方当事人对鉴定材料进行举证、质证。

《民事诉讼证据规定》第 56 条规定，人民法院依照《民事诉讼法》第 133 条第 4 项的规定，通过组织证据交换进行审理前准备的，证据交换之日举证期限届满。证据交换的时间可以由当事人协商一致并经人民法院认可，也可以由人民法院指定。当事人申请延期举证经人民法院准许的，证据交换日相应顺延。第 57 条规定，证据交换应当在审判人员的主持下进行。在证据交换的过程中，审判人员对当事人无异议的事实、证据应当记录在卷；对有异议的证据，按照需要证明的事实分类记录在卷，并记载异议的理由。通过证据交换，确定双方当事人争议的主要问题。第 58 条规定，当事人收到对方的证据后有反驳证据需要提交的，人民法院应当再次组织证据交换。证据交换的功能主要包括：整理、明确争点，法庭审理准备，证据保全，防止突袭、创建诉讼主体之间的公平论战，促进、达成和解，便于诉讼的提起和进行等。证据交换的首要功能在于对客观真实的追求，让事实本身而不是证据突袭或者诉讼技巧来决定案件的最终命运。进行证据交换不仅是在实体上发现真实，而且能够促进和推动司法公正，提高诉讼效率。《建设工程司法解释(一)》第 33 条规定，人民法院准许当事人的鉴定申请后，应当根据当事人申请及查明案件事实的需要，确定委托鉴定的事项、范围、鉴定期限等，并组织当事人对争议的鉴定材料进行质证。

鉴于证据交换具有上述功能，并且建设工程施工合同纠纷中证据材料较多，需要移交给鉴定机构的鉴定材料较多，先行就有关材料进行证据交换，不仅有利于减轻庭审的负担，方便整理当事人争议焦点、固定争议焦点和固定证据等，而且有利于鉴定机构根据证据交换的结果，达到尽可能的客观真实。交换证据的时间可以由当事人协商一致并经人民法院认可，也可以由人民法院指定。

人民法院组织当事人交换证据的，交换证据之日举证期限届满。当事人申请延期举证经人民法院准许的，证据交换日相应顺延。对于需要鉴定的建设工程施工合同纠纷案件，还应当注意，证据交换必须在法院委托鉴定机构实施鉴定之前进行，这样才能达到证据交换的目的。在证据交换的过程中，审判人员对当事人无异议的事实、证据应当记录在卷；对有异议的证据，按照需要证明的事实分类记录在卷，并记载异议的理由。通

案例索引裁判文书

案例索引46

最高院（2014）民申字第1911号汇鑫公司与东奥公司装饰、装修工程施工合同纠纷民事裁定书

过证据交换,确定双方当事人争议的主要问题。①

【法官提示 103】

法院应对委托鉴定材料进行综合审查和判断,对本案是否需要鉴定、合同计价条款的采纳、重要证据材料的取舍等重要法律问题作出评判。对当事人各执一词、争议较大的或真伪尚不能明确的证据,可以根据案件审理需要,要求鉴定机构依据不同的条件分别作出鉴定意见,最终取舍在合议庭庭审后结合其他证据予以认定。

四、重新鉴定的问题

证据立法,特别是司法鉴定制度立法的不完善,导致我国司法鉴定体制多元化,司法实践中存在对同一鉴定事项进行多次鉴定、重复鉴定等情形,客观上导致一个案件出现多份鉴定意见,不仅增加了事实认定和案件处理的难度,特别是多份鉴定意见相互冲突时,更是对法官的认知能力和裁判结果产生重大影响,同时延长了案件审理时间,容易造成案件久拖不决,影响司法公正,损害司法权威,甚至可能造成当事人缠诉闹访的现象,影响司法公信力。在审理建设工程施工合同纠纷案件中,应避免随意、盲目委托鉴定和不必要的多次、重复鉴定。根据双方当事人的合同约定或者现有证据,足以认定工程造价的,不应再委托鉴定。当然,对于符合法定重新鉴定申请的,则人民法院应当予以准许。

(一)重新鉴定的情形

(1)关于当事人对人民法院委托的鉴定部门作出的鉴定结论有异议申请重新鉴定的条件。依据《民事诉讼证据规定》第 40 条的规定,当事人申请重新鉴定,存在下列情形之一的,人民法院应当准许:

①鉴定人不具备相应资格的;

②鉴定程序严重违法的;

③鉴定意见明显依据不足的;

④鉴定意见不能作为证据使用的其他情形。

存在前款第 1 项至第 3 项情形的,鉴定人已经收取的鉴定费用应当退还。拒不退还的,依照本规定第 81 条第 2 款的规定处理。

① 案例索引 46:汇鑫公司与东奥公司装饰、装修工程施工合同纠纷案,最高人民法院(2014)民申字第 1911 号民事裁定书。

对鉴定意见的瑕疵，可以通过补正、补充鉴定或者补充质证、重新质证等方法解决的，人民法院不予准许重新鉴定的申请。

重新鉴定的，原鉴定意见不得作为认定案件事实的根据。

（2）关于当事人自行委托鉴定的问题。建设工程合同纠纷司法实践中，对自行鉴定意见的审查，除了鉴定机构的资质、鉴定程序等基本问题外，还应着重从以下几方面入手：委托鉴定的材料是否全面、真实；适用鉴定的标准是否正确；同时期同类型工程的技术经济指标及其各类要素价格等与鉴定项目是否存在较大差异；鉴定意见是否明确。建设工程纠纷中，大多数鉴定意见是肯定性意见，如价格、质量缺陷等，但也有一些是倾向性意见，如质量问题的形成原因，与施工行为的因果关系等，可结合案件中其他已被确定证明效力的证据综合分析认定。①

依据《民事诉讼证据规定》第 41 条的规定，对于一方当事人就专门性问题自行委托有关机构或者人员出具的意见，另一方当事人有证据或者理由足以反驳并申请鉴定的，人民法院应予准许。当事人自行鉴定结论如果与法院鉴定结论相冲突，则应以认定法院委托鉴定结论为原则，采信自行鉴定结论为例外，即相对于当事人自行委托的鉴定以及其他机关委托的鉴定而言，法院委托的司法鉴定具有较高的证据效力。不论是从司法鉴定程序的严谨性而言，还是出于对司法中立性的考量，法院委托的司法鉴定无疑是最具权威性的证据效力。因此，确立法院委托鉴定效力优先原则，无疑是鉴定效力审查的一项基础规则。一方当事人对另一方当事人自行鉴定的反驳，必须提供证据。反驳的证据应当围绕鉴定资格、鉴定程序、鉴定依据的真实性、合法性、科学性、公正性来进行证明，只要能证明自行鉴定的结论在上述某一方面存在疑点，具有不可采性，并申请重新鉴定的，人民法院应当予以重新鉴定。

【法官提示 104】

应当明确的是，根据现行法律规定，并不排斥当事人自行委托进行鉴定，另一方当事人如果没有足以反驳的证据，则该自行委托出具的鉴定意见，可以作为定案依据。

（二）重新鉴定的特殊情形

（1）关于诉讼前已经共同委托鉴定的效力。诉讼前已经由当事人共同选定

① 参见张静：《建设工程施工合同中自行鉴定的证据效力》，载《人民法院报》2015 年 12 月 3 日，第 6 版。

具有相应资质的鉴定机构对工程价款进行了鉴定，诉讼中一方当事人要求重新鉴定的，不予准许，但确有证据证明鉴定意见具有《民事诉讼证据规定》第 40 条第 1 款规定的情形，且无法通过补充鉴定、重新质证或者补充质证等方法解决的，应予准许。

(2)一审诉讼期间对工程价款进行了鉴定，当事人在二审诉讼期间申请重新鉴定或补充鉴定的，不予准许，理由在于降低诉讼成本、减少诉累，维护法院裁判的权威性，但确有证据证明鉴定意见具有《民事诉讼证据规定》第 40 条第 1 款规定情形的除外。

(3)对相应事实负有举证责任的当事人在一审诉讼中未就该事实申请鉴定，导致该事实不清，二审诉讼中申请鉴定的，人民法院根据案件审理情况认为需要鉴定的，可予准许。根据《建设工程司法解释(一)》第 32 条第 2 款之规定，一审诉讼中负有举证责任的当事人未申请鉴定，虽申请鉴定但未支付鉴定费用或者拒不提供相关材料，二审诉讼中申请鉴定，人民法院认为确有必要的，应当依照《民事诉讼法》第 176 条第 1 款第 3 项的规定处理，也即裁定撤销原判，发回重审，由原审法院委托进行司法鉴定。

(4)一审诉讼中未对工程价款进行鉴定，二审诉讼中双方当事人均同意鉴定的，二审法院可以委托鉴定部门对当事人争议的工程价款予以鉴定，但可能损害社会公共利益或第三人利益的除外。

【法官提示 105】

人民法院应避免随意、盲目委托鉴定和不必要的多次、重复鉴定。根据双方当事人的合同约定或者现有证据，足以认定工程量和工程价款的，不应再就工程价款委托鉴定。

典型案例49

开明公司与恒元公司、家俊公司建设工程施工合同纠纷案①

恒元公司与开明公司签订施工合同一份，约定由恒元公司承建开明公司投资培训综合大楼建筑安装工程。后双方因纠纷诉至法院。鉴于涉案工程实际

① 参见最高人民法院民事判决书，(2014)民提字第 126 号。

已于2007年12月30日停工，因此在诉讼过程中，经开明公司和恒元公司申请，法院委托中诚公司对涉案工程造价及停工损失进行鉴定。对该鉴定，开明公司认为报告未充分听取其意见，数据不准确，提出了数项异议并申请重新鉴定。恒元公司亦提出了部分异议。

典型案例裁判文书

典型案例49

最高院（2014）民提字第126号开明公司与恒元公司、家俊公司建设工程施工合同纠纷民事判决书

裁判规则：《民事诉讼证据规定》第27条对于应当重新鉴定的情形有明确规定。开明公司质证时并未对鉴定报告提出实质性异议，其提出的要求重新鉴定的理由简单而笼统，且无事实依据。案涉工程造价鉴定不存在法律规定的应当重新鉴定的情况，其结论可以作为认定事实的依据。

第三节　鉴定的实施

鉴定人应当科学、客观、独立、公正地从事司法鉴定活动，遵守法律、法规的规定，遵守职业道德和职业纪律，遵守司法鉴定管理规范。不管是当事人申请鉴定还是法院主动依职权委托鉴定，民事诉讼中法院具有鉴定的决定权，对外委托进行鉴定的只能是法院。《民事诉讼法》及其司法解释、《最高人民法院关于人民法院民事诉讼中委托鉴定审查工作若干问题的规定》、《最高人民法院对外委托鉴定、评估、拍卖等工作管理规定》、《人民法院对外委托司法鉴定管理规定》、《人民法院司法鉴定人名册制度实施办法》等规定是目前法院对外委托进行司法鉴定应当遵循的基本规范。

一、鉴定人的确定

（一）鉴定人的确定方式

《民事诉讼法》第79条规定，当事人可以就查明事实的专门性问题向人民法院申请鉴定。当事人申请鉴定的，由双方当事人协商确定具备资格的鉴定人；协商不成的，由人民法院指定。当事人未申请鉴定，人民法院对专门性问题认为需要鉴定的，应当委托具备资格的鉴定人进行鉴定。关于鉴定主体的选择和指定，《民事诉讼证据规定》第32条规定，人民法院准许鉴定申请的，应当组织双方当事人协商确定具备相应资格的鉴定人。当事人协商不成的，由人民法

院指定。《民事诉讼法解释》第 121 条规定,当事人申请鉴定,可以在举证期限届满前提出。申请鉴定的事项与待证事实无关联,或者对证明待证事实无意义的,人民法院不予准许。人民法院准许当事人鉴定申请的,应当组织双方当事人协商确定具备相应资格的鉴定人。当事人协商不成的,由人民法院指定。符合依职权调查收集证据条件的,人民法院应当依职权委托鉴定,在询问当事人的意见后,指定具备相应资格的鉴定人。根据上述法律及司法解释的规定,选定鉴定人应当由当事人协商选择和法院指定相结合,并遵循公开、公平、公正的原则。也就是说,现行法院充分尊重当事人程序上的意思自治,先由当事人协商确定鉴定人,只有在双方协商不成或者存在特殊情况时,才由法院指定。

案例索引裁判文书

案例索引47

最高院(2014)民申字第846号刘某某与富利公司、保利溪湖公司建设工程施工合同纠纷民事裁定书

为什么要允许当事人选择鉴定人?这是总结实践经验,贯彻诉讼公开原则,提高审判工作的透明度和裁判的公信度,应对目前鉴定机构和鉴定秩序混乱的一个有效方法。为在程序上公正地保障当事人的诉讼权利,应当由双方当事人协商确定鉴定人。这体现了对当事人意愿和诉讼权利的尊重,可以避免当事人对法院和鉴定人中立性的质疑,鉴定意见更有可能使当事人心服口服,有利于法院妥当、迅速、信服地解决纠纷。① 当然,根据《最高人民法院关于人民法院民事诉讼中委托鉴定审查工作若干问题的规定》第 7 条之规定,当事人协商一致选择鉴定机构的,人民法院应当审查协商选择的鉴定机构是否具备鉴定资质及符合法律、司法解释等规定。发现双方当事人的选择有可能损害国家利益、集体利益或第三方利益的,应当终止协商选择程序,采用随机方式选择。

【法官提示 106】

法院指定鉴定,只能发生在双方当事人无法达成一致意见、协商不成的情况下。在人民法院主动依职权启动鉴定的情况下,由于双方当事人都没有意愿进行鉴定,所以可以由法院直接指定鉴定人。另外,需要注意的是,虽然当事人可以协商选择鉴定人,但是决定和委托鉴定仍然是人民法院的工作,因此,双方当事人协商意见一致的,经人民法院审查同意后向双方当事人宣布并向鉴定人出具委托鉴定函。

---

① 案例索引 47:刘某某与富利公司、保利溪湖公司建设工程施工合同纠纷案,最高人民法院(2014)民申字第 846 号民事裁定书。

(二)确定鉴定人的方法

1. 关于鉴定人名册

人民法院鉴定人名册制度，是指人民法院经事前审查、批准、公示程序，将自愿接受人民法院委托鉴定的社会鉴定人(含自然人、法人)列入本级法院的鉴定人名册。人民法院审理案件需要鉴定时，统一移送专门机构，负责对外委托或组织鉴定，以尊重当事人主张和在名册中随机选定相结合的办法确定鉴定人，并负责协调、监督鉴定工作。《人民法院对外委托司法鉴定管理规定》第3条规定，人民法院司法鉴定机构建立社会鉴定机构和鉴定人名册，根据鉴定对象对专业技术的要求，随机选择和委托鉴定人进行司法鉴定。第10条规定，人民法院司法鉴定机构依据尊重当事人选择和人民法院指定相结合的原则，组织诉讼双方当事人进行司法鉴定的对外委托。诉讼双方当事人协商不一致的，由人民法院司法鉴定机构在列入名册的、符合鉴定要求的鉴定人中，选择受委托人鉴定。该规定还对入册的程序、要求、条件等各方面进行了细化的规定。

人民法院鉴定人名册制度的建立和实施，遵循属地管理、自愿申请、择优选录、资源共享、公开、公平的原则。为充分利用社会鉴定资源，保障司法鉴定工作有序开展，规范法院鉴定人名册制度，最高人民法院颁布《人民法院司法鉴定人名册制度实施办法》，就鉴定人名册的建立、鉴定人名册的应用以及相关责任等作了具体规定。另外，司法鉴定所涉及的专业未纳入鉴定人名册时，人民法院司法鉴定机构可以从社会相关专业中，择优选定受委托单位或专业人员进行鉴定。如果被选定的鉴定人需要进入鉴定人名册的，按本办法规定程序办理。对外委托鉴定须选用外地法院或者上级法院的名册时，应当与建立该名册的人民法院司法鉴定机构联系，移送鉴定案件，或者及时告知协调、监督鉴定过程中的相关情况，由其提供必要的协助。[①]

案例索引裁判文书

案例索引48

最高院（2014）民申字第695号捷顺公司与奇瑞销售公司代销合同纠纷民事裁定书

2. 协商选择程序

(1)专门人员告知当事人在选择程序中的权利、义务。

(2)专门人员向当事人介绍名册中相关专业的所有专业机构或专家的情况。当事人听取介绍后协商选择双方认可的专业机构或专家，并告知专门人员

① 案例索引48：捷顺公司与奇瑞销售公司代销合同纠纷案，最高人民法院(2014)民申字第695号民事裁定书。

和监督、协调员。

(3)当事人协商一致选择名册以外的专业机构或专家的,司法辅助工作部门应对选择的专业机构进行资质、诚信、能力的程序性审查,并告知双方应承担的委托风险。

(4)审查中发现专业机构或专家没有资质或有违法违规行为的,应当要求双方当事人重新选择。

(5)发现双方当事人选择有可能损害国家利益、集体利益或第三方利益的,应当终止协商选择程序,采用随机选择方式。

(6)有下列情形之一的,采用随机选择方式:当事人都要求随机选择的;当事人双方协商不一致的;一方当事人表示放弃协商选择权利,或一方当事人无故缺席的。

随机选择程序主要有两种:

一是计算机随机法。计算机随机法应当统一使用最高人民法院确定的随机软件;选择前,专门人员应当向当事人介绍随机软件原理、操作过程等基本情况,并进行操作演示:专门人员从计算机预先录入的名册中选择所有符合条件的专业机构或专家列入候选名单;启动随机软件,最终选定的候选者当选。

二是抽签法。专门人员向当事人说明抽签的方法及相关事项:专门人员根据移送案件的需要,从名册中选出全部符合要求的候选名单,并分别赋予序号。当事人全部到场的,首先确定做签者和抽签者,由专门人员采用抛硬币的方法确定一方的当事人为做签者,另外一方当事人为抽签者,做签者按候选者的序号做签,抽签者抽签后当场交给专门人员验签,专门人员验签后应当将余签向当事人公示。当事人一方不能到场的,由专门人员做签,到场的当事人抽签。当事人抽签后,专门人员当场验签确定,并将余签向当事人公示。

根据上述规范要求,建设工程施工合同纠纷案件中,关于鉴定人的选定,应当遵循以下几项原则:

(1)当事人协商选择优先原则,应由当事人协商选择鉴定人,该鉴定人原则上从本院鉴定人名册中产生。

(2)当事人协商一致选定的鉴定人未纳入鉴定人名册时,鉴定督办人应当对该鉴定人进行审查,发现重大问题的,应当主持当事人重新选定鉴定人。

(3)当事人协商不一致或放弃协商的,由管理部门从本院鉴定机构名册内采用摇号、抽签、轮候等随机方式选定,无合适的,再从上级人民法院鉴定机构名册内选定,必要时也可从省内其他鉴定机构名册内选定。本省鉴定机构名册内均无相关鉴定机构的,可从社会相关鉴定机构中选定。

(4)当事人协商选定的鉴定机构为非本院鉴定机构名册内的,应当由建立该鉴定机构名册的人民法院出具《选定鉴定机构推荐书》;当事人协商不一致或放弃协商,需在非本院鉴定机构名册内选定的,应当由建立该鉴定机构名册的人民法院按规定程序选定,并出具《选定鉴定机构推荐书》。

(三)鉴定人的权利和义务

1. 鉴定人的权利

司法鉴定人享有下列权利:(1)了解、查阅与鉴定事项有关的情况和资料,询问与鉴定事项有关的当事人、证人等。当然,有关鉴定人了解案情的权利要受到一定限制,一般而言,应以鉴定人能够顺利实施鉴定为界限,对于非鉴定所必需的内容,鉴定人无权知晓,而且有时了解过多案情也可能影响鉴定意见的中立性;(2)要求鉴定委托人无偿提供鉴定所需要的鉴材、样本;(3)进行鉴定所必需的检验、检查和模拟实验;(4)拒绝接受不合法、不具备鉴定条件或者超出登记的执业类别的鉴定委托;(5)拒绝解决、回答与鉴定无关的问题;(6)鉴定意见不一致时,保留不同意见;(7)接受岗前培训和继续教育;(8)获得合法报酬;(9)法律、法规规定的其他权利。

2. 鉴定人的义务

司法鉴定人应当履行下列义务:(1)受所在司法鉴定机构指派按照规定时限独立完成鉴定工作,并出具鉴定意见;(2)对鉴定意见负责;(3)依法回避;(4)妥善保管送鉴的鉴材、样本和资料;(5)保守在执业活动中知悉的国家秘密、商业秘密和个人隐私;(6)依法出庭作证,回答与鉴定有关的询问;(7)自觉接受司法行政机关的管理和监督、检查;(8)参加司法鉴定岗前培训和继续教育;(9)法律、法规规定的其他义务。

二、鉴定的流程

司法部于2007年制定了《司法鉴定程序通则》,对司法鉴定的委托和受理、司法鉴定的实施、司法鉴定文书的出具等提出了具体的要求。根据《司法鉴定程序通则》的规定,该通则适用于鉴定人从事各类司法鉴定业务的活动。因此,有关工程量、工程价款的司法鉴定工作,亦应受到《司法鉴定程序通则》有关司法鉴定应当遵循的方式、方法、步骤以及相关的规则和标准的规范。《司法鉴定程序通则》于2015年12月24日经司法部部务会议修订,自2016年5月1日起施行。根据《司法鉴定程序通则》的规定以及工程量、工程价款鉴定工作的特点,该类司法鉴定的流程一般包括审查受理、实施鉴定、出具司法鉴定文书等,其是司法鉴定必须经历的三个阶段。司法鉴定必须经历三个阶段,为司法鉴定活动指出了正确的途径,防止鉴定人员把自己的估计、推测、想象、怀疑等主观意志运用于司法鉴定活动中。

(一)司法鉴定的审查受理

鉴定机构确定后,管理部门应当在规定的期限内将《司法鉴定委托书》及相关材料交鉴定机构,并对重要的证据材料采用照相、扫描、复印等方式进行固定。鉴定机构收到相关材料后,应当对委托鉴定事项、鉴定材料等进行审查。对属于本机构司法鉴定业务范围,鉴定用途合法,提供的鉴定材料能够满足鉴定需要的,应当受理。因此,鉴定机构在决定是否受理时,应当就下列事项进行审查:一是有关工程量、工程造价的委托事项,是否属于本鉴定机构业务范围。鉴定人和鉴定机构应当在鉴定人和鉴定机构名册注明的业务范围内从事司法鉴定业务。二是鉴定用途是否合法。人民法院委托的就工程造价或者工程质量进行的鉴定,本身是为了解决双方之间的建设工程施工合同纠纷,其目的正当、合法,无须鉴定机构审查。三是鉴定资料是否完整。对于鉴定材料不完整、不充分,不能满足鉴定需要的,司法鉴定机构可以要求法院通知当事人补充;经补充后能够满足鉴定需要的,应当受理,相关证据材料应当经过当事人举证质证方可作为鉴定依据。

司法鉴定机构应当自收到委托之日起7个工作日内作出是否受理的决定。对于复杂、疑难或者特殊鉴定事项的委托,司法鉴定机构可以与委托人协商决定受理的时间。

具有下列情形之一的鉴定委托,司法鉴定机构不得受理:

(1)委托鉴定事项超出本机构司法鉴定业务范围的;(2)发现鉴定材料不真实、不完整、不充分或者取得方式不合法的;(3)鉴定用途不合法或者违背社会公德的;(4)鉴定要求不符合司法鉴定执业规则或者相关鉴定技术规范的;(5)鉴定要求超出本机构技术条件或者鉴定能力的;(6)委托人就同一鉴定事项同时委托其他司法鉴定机构进行鉴定的;(7)其他不符合法律、法规、规章规定的情形。

另外,有下列情形之一的,司法鉴定机构和司法鉴定人也可以拒绝受理鉴定工作:(1)委托人提供虚假情况或者不合理的鉴定要求。(2)委托人提供的鉴定资料未达到鉴定工作的最低要求,请求补充鉴定资料未能实现。(3)本鉴定机构不具备解决特定问题的条件。(4)司法鉴定机构和司法鉴定人属于法律规定的回避范围。(5)鉴定活动受到非法的干扰,足以影响鉴定工作的正常进行及鉴定意见的科学性,经过请求仍未能予以排除。

【法官提示 107】

司法鉴定机构和司法鉴定人基于上述事由拒绝鉴定工作,并非不履行职责,推卸责任,而是为了避免由于某些特定的原因导致鉴定活动丧失了科学性与公正性,以免作出错误的鉴定意见而导致冤假错案的产生,同时也是为了维持司法鉴定作为一项法律活动的尊严,避免司法鉴定工作的随意性。同时,为了避免滥用此项权利,司法鉴定机构和司法鉴定人一旦拒绝受理鉴定工作,应向委托人说明拒绝受理的理由,必要时还需要递交书面说明。

司法鉴定机构决定受理鉴定委托的,应当与人民法院签订司法鉴定委托书。司法鉴定委托书应当载明委托人名称、司法鉴定机构名称、委托鉴定事项、是否属于重新鉴定、鉴定用途、与鉴定有关的基本案情、鉴定材料的提供和退还、鉴定风险,以及双方商定的鉴定时限、鉴定费用及收取方式、双方权利义务等其他需要载明的事项。司法鉴定机构决定不予受理鉴定委托的,应当向委托人说明理由,退还鉴定材料。

(二)鉴定的实施

(1)关于司法鉴定人的指定。①司法鉴定机构受理鉴定委托后,应当指定本机构具有该鉴定事项执业资格的司法鉴定人进行鉴定。委托人有特殊要求的,经双方协商一致,也可以从本机构中选择符合条件的司法鉴定人进行鉴定。委托人不得要求或者暗示司法鉴定机构、司法鉴定人按其意图或者特定目的提供鉴定意见。司法鉴定机构对同一鉴定事项,应当指定或者选择两名司法鉴定人进行鉴定;对复杂、疑难或者特殊鉴定事项,可以指定或者选择多名司法鉴定人进行鉴定。②司法鉴定人的回避。根据《民事诉讼法》第 47 条的规定,司法鉴定人本人或者其近亲属与诉讼当事人、鉴定事项涉及的案件有利害关系,可能影响其独立、客观、公正进行鉴定的,应当回避。司法鉴定人曾经参加过同一鉴定事项鉴定的,或者曾经作为专家提供过咨询意见的,或者曾被聘请为有专门知识的人参与过同一鉴定事项法庭质证的,应当回避。担任过受鉴项目咨询、论证、勘察、设计、监理、施工、检测(测绘)任务的,应当回避。

【法官提示108】

司法鉴定人自行提出回避的,由其所属的司法鉴定机构决定;委托人要求司法鉴定人回避的,应当向该司法鉴定人所属的司法鉴定机构提出,由司法鉴定机构决定。委托人对司法鉴定机构作出的司法鉴定人是否回避的决定有异议的,可以撤销鉴定委托。

(2)司法鉴定机构在认真研究鉴定资料、熟悉案情的基础上,根据受鉴项目投标文件、施工合同、专业分包合同及其补充协议等相关资料,提出鉴定方案。鉴定方案内容应包括鉴定的依据、采用的标准、案情调查的工作内容、鉴定技术路线、工作进度计划及需由当事人完成的配合准备工作等。鉴定方案必须经鉴定机构的技术管理者批准后方能实施。

(3)司法鉴定机构应当建立鉴定材料管理制度,严格监控鉴定材料的接收、保管、使用和退还。司法鉴定机构和司法鉴定人在鉴定过程中应当严格依照技术规范保管和使用鉴定材料,因严重不负责任造成鉴定材料损毁、遗失的,应当依法承担责任。

(4)司法鉴定人进行鉴定,应当依下列顺序遵守和采用该专业领域的技术标准、技术规范和技术方法:国家标准;司法行政主管部门、司法鉴定行业组织,建设工程相关行业主管部门、建设工程相关行业组织制定的行业标准;省级主管部门制定的相应的地方标准;经过标准化行政主管部门备案的企业标准;建设工程相关领域被认可的技术成果;相关各方当事人协商一致的标准或技术方法;不具备前款规定的标准或技术方法的,可采用司法鉴定机构自行制定的有关技术方法,并通过计量认证,形成书面文件,经当事各方一致同意后实施。

【法官提示109】

工程造价鉴定中,如果合同对于工程价款计价标准有约定的,应当依据合同约定标准进行鉴定;如果合同对于计价标准没有约定或者约定不明,或者依据合同约定的计价标准无法对诉争工程进行鉴定,则应当参照签订施工合同时当地建设行政主管部门发布的计价标准进行鉴定。具体到工程变更、增减项目,合同有约定的应当从约定;没有约定,招投标文件的计价清单中有相同项目或可套用项目的，按计价清单的价格计算；计价清单中无相同项目或可套用项目的，按定额计价。[①]

审核鉴定机构作出的工程造价鉴定、工程质量鉴定结论，人民法院应当要求鉴定机构就其鉴定使用的方法和标准作出说明，应当审核鉴定使用的方法和标准是否符合合同约定，如合同没有约定或者合同无效，鉴定机构采信的标准是否符合国家规定的强制性标准。国家没有颁布强制性标准的，应当审核是否符合建筑行业惯例。《标准化法》第2条规定，强制性标准必须执行。此规定不仅是管理性规定，而且是效力性规定，违反此规定的应当认定合同全部或者部分无效。[②]

（5）人民法院必要时可组织鉴定听证会，鉴定人应当充分听取当事人的意见。司法鉴定人有权了解进行鉴定所需要的案件材料，可以查阅、复制相关资料，必要时可以询问诉讼当事人、证人。

（6）鉴定机构根据鉴定需要，可勘验现场、取样检验，并由管理部门通知相关人员到场；需管理部门提供帮助、协调的，由管理部门负责；需业务庭协调的，由业务庭负责。当事人及相关人员应当积极配合。经法院同意，司法鉴定机构可以派员到现场提取鉴定材料。现场提取鉴定材料应当由不少于两名司法鉴定机构的工作人员进行，其中至少一名应为该鉴定事项的司法鉴定人。现场提取鉴定材料时，应当有委托人指派或者委托的人员在场见证并在提取记录上签名。

（7）司法鉴定人应当对鉴定过程进行实时记录并签名。记录可以采取笔记、录音、录像、拍照等方式。记录应当载明主要的鉴定方法和过程，检查、检验、检测结果，以及仪器设备使用情况等。记录的内容应当真实、客观、准确、完整、清晰，记录的文本资料、音像资料等应当存入鉴定档案。

（8）鉴定期限。司法鉴定机构应当自司法鉴定委托书生效之日起30个工作日内完成鉴定。鉴定事项涉及复杂、疑难、特殊技术问题或者鉴定过程需要较长时间的，经本机构负责人批准，完成鉴定的时限可以延长，延长时限一般不得超过30个工作日。鉴定时限延长的，应当及时告知委托人。司法鉴定机构与法院对鉴定时限另有约定的，从其约定。在鉴定过程中补充或者重新提取鉴

---

① 参见陈旻：《建设工程案件审判实务与案例精析》，中国法制出版社2014年版，第244页。

② 参见夏正芳：《施工合同纠纷案件裁判理念初探》，载《人民司法》2011年第15期。

定材料所需的时间,不计入鉴定时限。鉴定人未按期提交鉴定书的,人民法院应当审查鉴定人是否存在正当理由。如无正当理由且人民法院准许当事人申请另行委托鉴定的,应当责令原鉴定机构、鉴定人退回已经收取的鉴定费用。

(9)鉴定过程中,因当事人及相关人员不配合致使鉴定无法正常进行的,管理部门应当及时通知业务庭,由业务庭处理。此时,业务庭可以根据举证责任的规定进行处理。

(10)鉴定过程中,涉及复杂、疑难、特殊技术问题的,可以向本机构以外的相关专业领域的专家进行咨询,但最终的鉴定意见应当由本机构的司法鉴定人出具。专家提供咨询意见应当签名,并存入鉴定档案。对于涉及重大案件或者特别复杂、疑难、特殊技术问题或者多个鉴定类别的鉴定事项,办案机关可以委托司法鉴定行业协会组织协调多个司法鉴定机构进行鉴定。司法鉴定人完成鉴定后,司法鉴定机构应当指定具有相应资质的人员对鉴定程序和鉴定意见进行复核;涉及复杂、疑难、特殊技术问题或者重新鉴定的鉴定事项,可以组织三名以上的专家进行复核。复核人员完成复核后,应当提出复核意见并签名,存入鉴定档案。

【法官提示110】

涉及工程造价鉴定的案件,审限过长的主要原因往往是鉴定时间过长,一般需要几个月、半年以上甚至一年多,因此,鉴定过程中,法院应当加强与工程造价鉴定机构、司法鉴定人的沟通,尽量缩短鉴定期限,确保案件审理的公正、高效。实践中,法院可以积极探索鉴定费用的支付与鉴定期限、鉴定质量等挂钩的办法,以此激励鉴定部门提高鉴定效率。

(三)鉴定的终止

根据《司法鉴定程序通则》第29条的规定,司法鉴定机构在鉴定过程中,有下列情形之一的,可以终止鉴定:

(1)发现有本通则第15条第2项至第7项规定情形的。也就是说,鉴定人在鉴定过程中发现以下情形的,可以终止鉴定:发现鉴定材料不真实、不完整、不充分或者取得方式不合法的;鉴定用途不合法或者违背社会公德的;鉴定要求不符合司法鉴定执业规则或者相关鉴定技术规范的;鉴定要求超出本机构技术条件或者鉴定能力的;委托人就同一鉴定事项同时委托其他司法鉴定机构进行鉴定的;其他不符合法律、法规、规章规定的情形。

(2)鉴定材料发生耗损,委托人不能补充提供的。

(3)委托人拒不履行司法鉴定委托书规定的义务、被鉴定人拒不配合或者鉴定活动受到严重干扰,致使鉴定无法继续进行的。

(4)委托人主动撤销鉴定委托,或者委托人、诉讼当事人拒绝支付鉴定费用的。人民法院可因下列事由终止鉴定、撤回委托:当事人撤诉或已调解结案的;无法获取必要的鉴定材料,致使鉴定无法进行的;当事人拒不配合,致使鉴定无法进行的;鉴定机构未经同意无故延长期限,致使人民法院无法及时结案的;鉴定机构以给好处、行贿等不正当方式获得鉴定,以及在鉴定过程中严重违反有关规定的;当事人不按规定交纳鉴定费用的。

(5)因不可抗力致使鉴定无法继续进行的。

(6)其他需要终止鉴定的情形。

终止鉴定的,司法鉴定机构应当书面通知委托人,说明理由并退还鉴定材料。

典型案例50

求然房产公司与歌山集团公司建设工程施工合同纠纷案①

求然房产公司将公寓项目承包给歌山集团公司施工,为此双方签订了《建设工程施工合同》。合同签订后,歌山集团公司依约进场施工。后因停工,工程一直未能完工。歌山集团公司诉至原审法院,请求法院判令解除双方签订的《建设工程施工合同》,并判令求然房产公司支付工程余款。求然房产公司抗辩认为工程存在质量问题。

典型案例裁判文书

典型案例50

浙江高院(2013)浙民终字第23号求然房产公司与歌山集团公司建设工程施工合同纠纷民事判决书

裁判规则:在本案诉讼过程中,根据求然房产公司的申请,法院依法委托鉴定机构对涉案在建工程的质量是否合格进行鉴定,因求然房产公司未缴纳鉴定所需的费用,鉴定机构遂终止鉴定。据此,求然房产公司主张工程存在质量问题依据不足。

---

① 参见浙江省高级人民法院民事判决书,(2013)浙民终字第23号。

(四)补充鉴定

有下列情形之一的,工程司法鉴定机构可以根据委托人的要求进行补充鉴定:

(1)委托人增加新的鉴定要求的。

(2)原委托鉴定事项有遗漏的。

(3)委托人就原委托鉴定事项提供新的鉴定材料的。

(4)其他需要补充鉴定的情形。

《最高人民法院关于人民法院民事诉讼中委托鉴定审查工作若干问题的规定》第 11 条规定,鉴定意见书有下列情形之一的,视为未完成委托鉴定事项,人民法院应当要求鉴定人补充鉴定或重新鉴定:鉴定意见和鉴定意见书的其他部分相互矛盾的;同一认定意见使用不确定性表述的;鉴定意见书有其他明显瑕疵的。补充鉴定或重新鉴定仍不能完成委托鉴定事项的,人民法院应当责令鉴定人退回已经收取的鉴定费用。补充鉴定是原委托鉴定的组成部分,应当由原司法鉴定人进行。补充鉴定意见书中应注明与原委托鉴定事项相关联的鉴定事项。补充鉴定意见与原鉴定意见明显不一致的,应说明理由。增加新的鉴定要求,有可能改变原鉴定意见的,应视为新的鉴定事项,另行委托。[①]

案例索引裁判文书

案例索引49

最高院(2012)民再申字第274号铁富公司与韩某某建设工程施工合同纠纷民事裁定书

(五)重新鉴定

有下列情形之一的,工程司法鉴定机构可以接受委托进行重新鉴定。(1)原司法鉴定人不具有从事委托鉴定事项执业资格的。(2)原司法鉴定机构超出登记的业务范围组织鉴定的。(3)原司法鉴定人应当回避没有回避的。进行重新鉴定,有下列情形之一的,司法鉴定人应回避:参加过受鉴项目同一鉴定事项的初次鉴定的,在受鉴项目同一鉴定事项的初次鉴定过程中作为专家提供过咨询意见的。(4)办案机关认为需要重新鉴定的。(5)法律规定的其他情形。

重新鉴定应当委托原司法鉴定机构以外的其他司法鉴定机构进行;因特殊原因,委托人也可以委托原司法鉴定机构进行,但原司法鉴定机构应当指定原司法鉴定人以外的其他符合条件的司法鉴定人进行。接受重新鉴定委托的司

① 案例索引 49:铁富公司与韩某某建设工程施工合同纠纷案,最高人民法院(2012)民再申字第 274 号民事裁定书。

法鉴定机构的资质条件应当不低于原司法鉴定机构,进行重新鉴定的司法鉴定人中应当至少有一名具有相关专业高级专业技术职称。

(六)鉴定意见书的出具

司法鉴定意见书是司法鉴定机构和司法鉴定人对委托人提供的鉴定材料进行检验、鉴别后出具的记录司法鉴定人专业判断意见的文书,一般包括标题、编号、基本情况、检案摘要、检验过程、分析说明、鉴定意见、落款、附件及附注等内容。鉴定人依法接受委托,经过科学鉴定,不管鉴定结果的性质如何,都应当按照规定和要求提出书面鉴定意见。提出书面鉴定意见是鉴定人进行鉴定必须履行的一项义务。

司法鉴定机构和司法鉴定人应当按照统一规定的文本格式制作司法鉴定意见书。为了规范司法鉴定文书的制作,提高司法鉴定文书的质量,根据《全国人民代表大会常务委员会关于司法鉴定管理问题的决定》和《司法鉴定程序通则》,司法部于 2016 年 11 月 21 日发布了《关于印发司法鉴定文书格式的通知》,对 7 种文书格式作出了明确的要求。

工程鉴定机构完成受鉴项目鉴定造价初稿后,应通过委托人向各方当事人提交征求意见稿。各方当事人在规定的时间内对征求意见稿提出的异议进行核对和答复。当事人对征求意见稿的异议具有相应证据或者依据的,鉴定人应对征求意见稿进行调整并出具鉴定意见。司法鉴定意见书应当由司法鉴定人签名。多人参加的鉴定,对鉴定意见有不同意见的,应当注明。司法鉴定意见书应当加盖司法鉴定机构的司法鉴定专用章。司法鉴定意见书应当一式四份,三份交委托人收执,一份由司法鉴定机构存档。司法鉴定机构应当按照有关规定或者与委托人约定的方式,向委托人发送司法鉴定意见书。委托人对鉴定过程、鉴定意见提出询问的,司法鉴定机构和司法鉴定人应当给予解释或者说明。司法鉴定意见书出具后,发现有下列情形之一的,司法鉴定机构可以进行补正:图像、谱图、表格不清晰的;签名、盖章或者编号不符合制作要求的;文字表达有瑕疵或者错别字,但不影响司法鉴定意见的。补正应当在原司法鉴定意见书上进行,由至少一名司法鉴定人在补正处签名。必要时,可以出具补正书。对司法鉴定意见书进行补正,不得改变司法鉴定意见的原意。司法鉴定机构应当按照规定将司法鉴定意见书以及有关资料整理立卷、归档保管。

第四节　鉴定意见的认定

经过鉴定程序,鉴定人应当提出书面鉴定意见,在鉴定书上签名或者盖章。工程造价鉴定意见作为法定证据,经过当事人举证、质证以后,法官应当依照法定程序,全面、客观地进行审核,依据法律的规定,遵循法官职业道德,运用逻辑推理和日常生活经验,对鉴定意见有无证明力和证明力大小独立进行判断,并公开判断的理由和结果。当然,人民法院审查鉴定意见书,不能仅仅审查鉴定意见,而要对鉴定意见书所反映的鉴定起因、鉴定过程、鉴定方法等全面进行审查。

一、鉴定意见的有关要求

(一)鉴定意见书的形式要件

工程造价或者工程质量的司法鉴定意见书是司法鉴定机构和司法鉴定人对委托人提供的鉴定材料进行检验、鉴别后出具的记录司法鉴定人专业判断意见的文书,一般包括编号、基本情况、资料摘要、鉴定过程、分析说明、鉴定意见、附件及附注等内容。根据《司法鉴定文书格式》的规定,司法鉴定意见书的制作应当注意以下几个方面:

(1)关于"基本情况",应当简要说明委托人、委托事项、受理日期、鉴定材料等情况。

(2)关于"资料摘要",应当摘录与鉴定事项有关的鉴定资料,如法医鉴定的病史摘要等。

(3)关于"鉴定过程",应当客观、翔实、有条理地描述鉴定活动发生的过程,包括人员、时间、地点、内容、方法,鉴定材料的选取、使用,采用的技术标准、技术规范或者技术方法,检查、检验、检测所使用的仪器设备、方法和主要结果等。

(4)关于"分析说明",应当详细阐明鉴定人根据有关科学理论知识,通过对鉴定材料,检查、检验、检测结果,鉴定标准,专家意见等进行鉴别、判断、综合分析、逻辑推理,得出鉴定意见的过程。要求有良好的科学性、逻辑性。

(5)司法鉴定意见书各页之间应当加盖司法鉴定专用章红印,作为骑缝章。司法鉴定专用章制作规格为:直径 4 厘米,中央刊五角星,五角星上方刊司法鉴定机构名称,自左向右呈环行;五角星下方刊司法鉴定专用章字样,自左向右横排。印文中的汉字应当使用国务院公布的简化字,字体为宋体。民族自治地区司法鉴定机构的司法鉴定专用章印文应当并列刊汉字和当地通用的少数民族文字。司法鉴定机构的司法鉴定专用章应当经登记管理机关备案后启用。

(6)司法鉴定意见书应使用A4纸,文内字体为4号仿宋,两端对齐,段首空两格,行间距一般为1.5倍。

《民事诉讼证据规定》第36条第1款对鉴定文书进行审查以及需要审查的几个主要方面内容进行了规定,该款规定,人民法院对鉴定人出具的鉴定书,应当审查是否具有下列内容:(1)委托法院的名称;(2)委托鉴定的内容、要求;(3)鉴定材料;(4)鉴定所依据的原理、方法;(5)对鉴定过程的说明;(6)鉴定意见;(7)承诺书。

【法官提示111】

鉴定文书是鉴定人的能力、水平、工作态度的反映,也是衡量鉴定工作质量的一个标志。鉴定人制作一份符合规范的鉴定书,是鉴定结论实现证据作用的重要保证,同时是鉴定人顺利完成出庭作证任务的基础。需要注意的是,不管鉴定文书写的形式如何,关键是要反映出鉴定对象是法律规范允许的,鉴定要求是鉴定技术和鉴定水平所能解决的,鉴定程序是合乎法律规定和行业规范要求的,鉴定结论不能超出鉴定人的职权范围,不得给案件定性,不能得出法律结论。

(二)鉴定意见的内容及要求

鉴定意见是《民事诉讼法》规定的法定证据之一,同样需要法官从证据"三性"角度予以审核,即审核鉴定意见的关联性、合法性、客观性,并结合案件的全部证据,从鉴定意见与案件事实的关联程度、各证据之间的联系等方面进行综合审查判断,而不是直接将鉴定意见作为定案依据。

(1)关联性。鉴定意见必须与案件待证事实具有关联性,否则无益于案件事实认定,也会浪费当事人诉讼成本,造成诉讼拖延。同时,判断鉴定意见与案件待证事实之间的关联性需要具备的一个基础性条件就是,鉴定意见本身必须做到内容尽量明确具体。[①] 鉴定意见的关联性是证据应当具备的首要属性,在

---

① 参见最高人民法院民事诉讼法修改研究小组编著:《〈中华人民共和国民事诉讼法〉修改条文理解与适用》,人民法院出版社2012年版,第174页。

审核认定证据时,首先就应当审查该鉴定意见与待证事实之间是否具有关联性。对鉴定意见关联性的审查主要体现为对鉴定意见有无证明力的评价,证明力体现于关联性之中,有关联就有证明力。

(2)合法性。鉴定意见必须是具有鉴定资格的鉴定人,在无须回避的情形下,依照规范要求经过合法程序作出,也即工程造价鉴定意见。首先,鉴定的主体必须合法,委托鉴定程序符合法律规定;其次,鉴定程序应当合法,鉴定材料的收集应当符合法律规定;最后,鉴定意见本身的形式要件符合法律规定。如果鉴定意见明显依据不足或者鉴定程序不符合法律规定的或者经过质证不能作为证据使用的,就不能将其作为定案依据。

(3)客观性。工程造价司法鉴定意见是工程造价鉴定人员运用自己的专门知识和技能,依照科学原理和方法,对工程量、工程价款所作的分析、检测和研究,该鉴定意见不受当事人、鉴定人员等主观意志驾驭,是剥离了主观性的客观材料,具有客观性和科学性的特征。有的鉴定结论,由于受到送验材料、技术能力、设备条件、客观干扰、主观条件、业务水平等方面的限制,其科学性、准确性受到了影响。因此,在证明力上也存在一定缺陷,甚至虚假性,不能把鉴定结论作为唯一的定案根据。①

(三)鉴定意见的审查

根据法律规定,证据应当在法庭上出示,由当事人质证。未经质证的证据,不能作为认定案件事实的依据。《建设工程司法解释(一)》第34条规定,人民法院应当组织当事人对鉴定意见进行质证。鉴定人将当事人有争议且未经质证的材料作为鉴定依据的,人民法院应当组织当事人就该部分材料进行质证。经质证认为不能作为鉴定依据的,根据该材料作出的鉴定意见不得作为认定案件事实的依据。因此,当事人应当围绕证据的真实性、关联性、合法性,针对证据证明力有无以及证明力大小,进行质疑、说明与辩驳。由于当事人提供的证据不够完善,或者因案情的复杂性和特殊性,致使工程司法鉴定难以得出确定的结论时,鉴定人员应结合案情按不同的标准和计算方法,作为有争议的意见提供当事人进一步举证,并根据证据能否成立给出不同的数据,让法院根据开庭和评议对鉴定结论进行取舍。根据工程造价司法鉴定的复杂情况,确定取舍原则也是十分必要的,这能有效防止鉴定结论未审先定或不当影响案件准确判

---

① 参见林一主编:《建设工程施工合同纠纷案件审判实务》,法律出版社2015年版,第344页。

决。关于工程造价的司法鉴定及其基本原则,不仅是鉴定人员应当遵循的工作准则,同时也是委托人,即各级法院应当引起高度重视的司法实践问题。鉴定人员能否遵循这些原则,在很大程度上与委托人委托鉴定时的鉴定要求、范围、标准等事项是否明确有一定的关系,而且本书探讨的关于工程造价司法鉴定应遵循的原则,委托人有义务予以明确。作为司法鉴定人员,我们期待国家立法或者最高人民法院的司法解释能够及时制定相关的规定,使工程造价的司法鉴定能够尽快纳入法制轨道。[①]

二、鉴定人出庭

(一)鉴定人出庭作证义务

工程鉴定专业性强,涉及的学科领域较多,鉴定人不出庭作证,一方面使当事人、法官对鉴定意见的理解容易产生偏差;另一方面不仅会影响鉴定意见的权威性和公信力,也缺乏对鉴定机构及鉴定人的必要约束,容易导致轻率,甚至随意鉴定的情况发生。当事人对鉴定意见的效力很难认同,导致了司法实践中多头鉴定、重复鉴定经常发生,进一步延长了案件审理期限,增加了当事人的诉累,不利于案件矛盾纠纷的化解。《全国人民代表大会常务委员会关于司法鉴定管理问题的决定》第 11 条规定,在诉讼中,当事人对鉴定意见有异议的,经人民法院依法通知,鉴定人应当出庭作证。《民事诉讼法》第 81 条规定,当事人对鉴定意见有异议或者人民法院认为鉴定人有必要出庭的,鉴定人应当出庭作证。经人民法院通知,鉴定人拒不出庭作证的,鉴定意见不得作为认定事实的根据;支付鉴定费用的当事人可以要求返还鉴定费用。《民事诉讼证据规定》第 38 条明确规定,当事人在收到鉴定人的书面答复后仍有异议的,人民法院应当根据《诉讼费用交纳办法》第 11 条的规定,通知有异议的当事人预交鉴定人出庭费用,并通知鉴定人出庭。有异议的当事人不预交鉴定人出庭费用的,视为放弃异议。双方当事人对鉴定意见均有异议的,分摊预交鉴定人出庭费用。因此,鉴定人出庭作证,接受当事人的发问,回答有关鉴定争议的问题,并说明鉴定的过程、依据等,是鉴定人的义务,也是保证鉴定意见真实性、合法性和证明力的重要形式。

《全国人民代表大会常务委员会关于司法鉴定管理问题的决定》还对鉴

---

① 参见何玲红:《从司法实践看工程造价鉴定应遵循的基本原则》,载《建筑时报》2013 年 6 月 3 日,第 4 版。

定人不出庭作证的行政责任作了具体规定,该决定第13条规定,鉴定人或者鉴定机构有违反本决定规定行为的,由省级人民政府司法行政部门予以警告,责令改正。鉴定人或者鉴定机构有下列情形之一的,由省级人民政府司法行政部门给予停止从事司法鉴定业务三个月以上一年以下的处罚;情节严重的,撤销登记:(1)因严重不负责任给当事人合法权益造成重大损失的;(2)提供虚假证明文件或者采取其他欺诈手段,骗取登记的;(3)经人民法院依法通知,拒绝出庭作证的;(4)法律、行政法规规定的其他情形。鉴定人故意作虚假鉴定,构成犯罪的,依法追究刑事责任;尚不构成犯罪的,依照前款规定处罚。

(二)鉴定人出庭作证程序的启动

根据《民事诉讼法》第81条的规定,鉴定人出庭作证程序的启动包括以下三个方面:

(1)当事人对鉴定意见有异议。根据鉴定流程,鉴定人出具鉴定意见后,法院应当及时将鉴定意见送达双方当事人,当事人对鉴定意见均无异议的,则无须通知鉴定人出庭作证。但是如果当事人提出异议的,则应当通知鉴定人出庭。为解决开庭时间,提高质证效率,在建设工程施工合同纠纷中,可以要求当事人提交书面异议,并在开庭前送达鉴定人,鉴定人也可以就当事人的书面异议,提交相应的书面说明,当然,并不排除鉴定人根据法院通知出庭作证的义务。

(2)人民法院认为鉴定人有必要出庭。即使当事人对鉴定意见无异议,但法院认为有必要的,如涉及国家利益、社会公共利益或者他人合法权益事项的,则法院应当通知鉴定人出庭履行作证义务。

(3)经人民法院通知。只要当事人对鉴定意见有异议,且不论其异议是否成立,鉴定人均应当出庭作证;只要法院认为有必要,且不问具体理由,鉴定人也应当出庭作证。当然,结合有关证人出庭的规定,鉴定人出庭作证必须经由法院通知。

为防止诉讼拖延,节约司法资源,依法保护鉴定人的合法权益,防止当事人随意提出异议或人民法院滥用权力,人民法院对于当事人有关鉴定意见的异议,应有一定的审查权。通常而言,当事人对于鉴定意见中直接影响案件事实认定的内容存在异议,人民法院为查明案件事实所必需时,方可要求鉴定人出庭作证。对于除此之外的情形,人民法院则要予以一定的审查。

【法官提示 112】

鉴定人在某些特殊情形下，也可以不出庭作证，如双方当事人对鉴定意见并无异议，鉴定文书仅是存在标点、错别字或语言不规范等方面的瑕疵，当事人就此瑕疵提出异议的，可以不要求鉴定人出庭作证；鉴定人年迈体弱、患有重病或行动极不方便的，或者鉴定人已经死亡、失踪或者下落不明以及因自然灾害等不可抗力导致其无法出庭的情况下，要求鉴定人出庭作证也属于客观不能。

司法鉴定机构接到出庭通知后，应当及时与人民法院确认司法鉴定人出庭的时间、地点、人数、费用、要求等。

司法鉴定机构应当支持司法鉴定人出庭作证，为司法鉴定人依法出庭提供必要条件。司法鉴定人出庭作证，应当举止文明，遵守法庭纪律。经人民法院依法通知，司法鉴定人应当出庭作证，回答与鉴定事项有关的问题。当事人对鉴定意见提出异议的，鉴定人应当针对异议问题进行回复。人民法院经审查认为当事人提出的异议成立的，应当告知鉴定机构补充鉴定或予以调整，异议不成立的，对该鉴定意见予以采信。①

案例索引裁判文书

案例索引50
河南高院（2015）豫法民二终字第76号天通公司与中建三局建设工程施工合同纠纷民事判决书

【规范指引】

《安徽省高级人民法院关于审理建设工程施工合同纠纷案件适用法律问题的指导意见（二）》（2013 年 12 月 23 日　安徽省高级人民法院审判委员会第 32 次会议通过）

第十七条　一方当事人主张以自行委托中介机构作出的审核意见作为确定建设工程造价的依据，另一方有异议的，审核人员应当出庭接受质询。审核人员无正当理由拒不出庭的，审核意见不得作为定案依据。

三、专家辅助人制度

审判实践中，由于科学技术的发展和社会生活的日益复杂，反映到民事审

① 案例索引 50：天通公司与中建三局建设工程施工合同纠纷案，河南省高级人民法院（2015）豫法民二终字第 76 号民事判决书。

判领域,越来越多的民事纠纷涉及专门性问题。在涉及专门性问题已经存在鉴定意见的情况下,由于当事人、法官并非有关专门性问题的专家,对于鉴定意见虽然规定了质证制度和鉴定人出庭作证义务,但并不能达到充分了解和认知鉴定意见的程序,在此背景下,为充分保护当事人的诉讼权利,更有效地查明案件事实和正确适用法律,《民事诉讼法解释》第 122 条规定,当事人可以依照《民事诉讼法》第 82 条的规定,在举证期限届满前申请 1 ~2 名具有专门知识的人出庭,代表当事人对鉴定意见进行质证,或者对案件事实所涉及的专业问题提出意见。具有专门知识的人在法庭上就专业问题提出的意见,视为当事人的陈述。人民法院准许当事人申请的,相关费用由提出申请的当事人负担。《民事诉讼证据规定》第 84 条规定,审判人员可以对有专门知识的人进行询问。经法庭准许,当事人可以对有专门知识的人进行询问,当事人各自申请的有专门知识的人可以就案件中的有关问题进行对质。有专门知识的人不得参与对鉴定意见质证或者就专业问题发表意见之外的法庭审理活动。

《民事诉讼法》第 82 条规定,当事人可以申请人民法院通知有专门知识的人出庭,就鉴定人作出的鉴定意见或者专业问题提出意见。由此,《民事诉讼法》确立了民事诉讼中司法鉴定人与专家辅助人并存的专家证据制度。因此,建设工程施工合同纠纷案件诉讼过程中,如果当事人对鉴定意见有异议,可以申请法院通知有关工程造价方面的专家出庭,就鉴定人作出的鉴定意见或者专业问题提出意见。实际上,不仅是在诉讼中,工程造价鉴定机构在进行鉴定的过程中,遇有特别复杂、疑难、特殊技术问题的,根据《司法鉴定程序通则》的规定,可以向本机构以外的相关专业领域的专家进行咨询,但最终的鉴定意见应当由本机构的司法鉴定人出具。①

案例索引裁判文书

案例索引51

最高院(2013)民三终字第4号奇虎公司与腾讯公司、腾讯计算机公司滥用市场支配地位纠纷民事判决书

【规范指引】

《全国民事审判工作会议纪要》(2011 年 10 月 9 日　法办〔2011〕442 号)

30. 在审理建设工程施工合同纠纷案件时,应当准许并鼓励合同当事人就与诉争焦点密切相关的工程管理、质量标准、工程技术、计价方法和计价标准

① 案例索引 51:奇虎公司与腾讯公司、腾讯计算机公司滥用市场支配地位纠纷案,最高人民法院(2013)民三终字第 4 号民事判决书。

等专业性问题,聘请专家证人参加庭审、邀请鉴定人出庭接受质询或者出具专业性书面意见。

(一)专家辅助人制度的作用

为保证鉴定意见的科学性、准确性和公正性,当事人申请人民法院通知有专门知识的人出庭,由其根据其专业知识,对鉴定意见提出意见,寻找鉴定中可能存在的问题,如鉴定方法是否可行、鉴定程序是否合法、鉴定材料的选取是否适合等,从而为法官甄别鉴定意见、作出科学的判断、提高内心的确信提供参考,保证案件的公正审理。

专家辅助人制度与鉴定制度相结合的双层的专家证据制度,能够有效地克服专家辅助人制度和鉴定人制度的不足。一方面,这种"双层"专家证据制度以鉴定制度为基础和主干,能够保持鉴定制度的优势,充分体现专家(鉴定人)在专业问题上的中立立场,有效地消除专家辅助人制度中的"党派性"因素;另一方面,作为鉴定制度补充的专家辅助人制度为当事人提供了鉴定制度之外的充足的证据手段,从而对鉴定人的行为和作用形成有效的制约,防止鉴定人过度介入诉讼而成为实际的事实审理者,有利于法官综合各方面的因素对诉讼中的专业问题作出更客观的判断。这种制度的确立,既是民事审判实践经验的总结,也是对法治发达国家制度和规则批判继受的成果,体现了立法机关对源于审判实践的智慧和创新精神的认可和尊重。

(二)专家辅助人的资格认定

建设工程造价鉴定意见出具后,往往出现一方当事人甚至双方当事人均有异议的情形,此时,根据《民事诉讼法》第 82 条的规定,当事人有权申请"有专门知识的人"出庭,就鉴定人作出的鉴定意见或者专业问题提出意见。如果认定当事人申请的人系具有相关工程造价等专门知识的人,是法官需要解决的首要问题。对此,法律或司法解释并无统一认定标准,只能由法院在司法实践中根据具体案件情况作出认定。一般认为,在确定专家辅助人资格时,应当考虑两个重要的因素:其一为对争议所涉及的专业知识的掌握,其二为凭借在该领域中的训练或经验而获得的运用专业知识的能力。这种专家辅助人的资格通常参照其职业资格或者知识和经验来确定。建设工程类案件中,可以根据有关职业资格的取得、工作单位和内容等进行综合认定。主流观点认为,专家辅助人是否具备相应的资格和能力,取决于当事人的认知,人民法院对专家辅助人不作资格上的审查。

(三)专家辅助人出庭程序

《民事诉讼法解释》第122条规定:当事人可以依照《民事诉讼法》第82条的规定,在举证期限届满前申请1~2名具有专门知识的人出庭,代表当事人对鉴定意见进行质证,或者对案件事实所涉及的专业问题提出意见。具有专门知识的人在法庭上就专业问题提出的意见,视为当事人的陈述。人民法院准许当事人申请的,相关费用由提出申请的当事人负担。第123条规定:人民法院可以对出庭的具有专门知识的人进行询问。经法庭准许,当事人可以对出庭的具有专门知识的人进行询问,当事人各自申请的具有专门知识的人可以就案件中的有关问题进行对质。具有专门知识的人不得参与专业问题之外的法庭审理活动。

结合《民事诉讼法》的规定,专家辅助人出庭,应当注意以下几点:

(1)当事人必须在举证期限届满前向法院提出申请。法院收到当事人申请后,应当进行审查,如果当事人理由确实充分或者为了进一步查明案件事实,可以允许并通知专家辅助人出庭。如果认为理由不充分或者出庭没有必要的,不允许专家辅助人出庭的,则应当驳回当事人的申请。

(2)专家辅助人出庭应围绕专门性问题提出意见,包括对鉴定意见的质证、对专门性问题发表意见等。

(3)具有专门知识的人在法庭上就专业问题提出的意见,视为当事人的陈述,而不是证人证言。

(4)具有专门知识的人不得参与专业问题之外的法庭审理活动。在庭审调查过程中,专家辅助人就专门性问题以外的案件事实发表意见的,法庭应当予以制止,法庭就有关专门性问题调查结束后,专家辅助人应当退出法庭。

(5)人民法院准许当事人申请的,相关费用由提出申请的当事人负担。专家辅助人受当事人委托参与诉讼,其有关费用应当由委托的当事人负担,不属于诉讼费用范畴,不由当事人根据案件结果分担。

【法官提示113】

虽然专家辅助人可以对其委托的一方当事人进行利益服务,但必须以客观陈述、尊重科学为前提。专家辅助人不应当偏袒一方而故意出具歪曲的意见。但是现行法律尚没有对专家辅助人有违科学的陈述的约束制约机制。有意见认为,一旦确认某专家辅助人没有中立、客观的履行职责,法官应裁定其专家意见不可采信。该专家被列入法院专家辅助人黑名单,不建议其他当事人对其进行聘任,还可以建议其所在行业协会对其进行处分。这一意见有一定道理,但具体如何把握还需要司法实践的不断探索和总结,在条件成熟时,制定相应的规范。①

四、鉴定意见冲突时的处理

随着社会经济的发展,民事纠纷涉及的面越来越宽,涉及的专门性问题也越来越多,民事诉讼中需要借助专门知识委托司法鉴定的情况也日趋频繁,如建设工程类案件,不仅专业性强、涉及的边缘学科较多,而且行业规范标准较为复杂。有关工程造价的鉴定、工程质量的确认等专门性问题,司法实践中法院一般都会委托鉴定机构进行司法鉴定。司法鉴定虽然有助于当事人、审判人员等查明案件事实,作出正确判决,然而,由于种种原因,诉讼实践中,存在多头鉴定、重复鉴定等情形,导致同一纠纷中就同一鉴定事项存在多份鉴定意见。有的是诉讼之前,当事人自己自行委托进行了鉴定并由鉴定机构出具了鉴定意见,诉讼中对方当事人往往提出重新鉴定的申请,法院依法委托司法鉴定机构进行了重新鉴定;有的是诉讼中,法院已经根据当事人申请或者依职权委托进行了司法鉴定,但由于有关当事人不服该鉴定意见又申请重新鉴定,而法院又委托重新进行鉴定;有的是一审法院依法委托进行了鉴定,二审法院认为鉴定程序或者鉴定意见存在问题又重新委托司法鉴定机构鉴定。在多份鉴定意见存在冲突的前提下,更是增加了审判人员认定事实处理纠纷的难度。

典型案例51

悦福公司与李某某建设工程施工合同纠纷案②

悦福公司将其建设工程交由李某某施工,由李某某按照悦福公司提供的工程图纸及认可的方案进行施工。双方达成口头协议后,李某某进行了施工,工程竣工交付后,悦福公司开始营业至今。工程完工后,李某某向悦福公司提交了工程结算书。悦福公司主张上述结算结果是其向厂家申报建设预算成本时

---

① 参见杜万华主编:《最高人民法院民事诉讼法司法解释适用解答》,人民法院出版社 2015 年版,第 193 页。

② 参见云南省高级人民法院民事判决书,(2013)云高民一终字第 189 号。

的虚报行为,不同意按照该结算结果支付工程款,双方发生纠纷,李某某遂向法院起诉,要求悦福公司依据上述结算书支付尚欠工程款。另外,悦福公司曾单方委托鼎丰鉴定中心对涉案工程造价进行鉴定,该鉴定中心作出鉴定报告,结论为:工程造价为3,170,760.52元。李某某认为该鉴定是悦福公司单方委托的,不能作为定案依据。诉讼中,根据悦福公司的申请,法院委托天禹鉴定中心对涉案工程造价及质量进行鉴定,天禹鉴定中心鉴定结论:工程造价为4,078,680.69元。经质证,李某某对天禹鉴定中心的鉴定意见书无异议,悦福公司认为,该鉴定意见与鼎丰鉴定中心作出的鉴定意见差别较大,要求重新鉴定。

典型案例裁判文书

典型案例51

云南高院(2013)云高民一终字第189号悦福公司与李某某建设工程施工合同纠纷民事判决书

裁判规则:本案中存在两份鉴定报告,且悦福公司还要求重新鉴定。悦福公司虽有异议,但其提供的证据并不能证明其主张,故其对鉴定意见书所提的各项异议均不能成立。法院认为,天禹鉴定中心作出的鉴定意见书程序合法,内容客观公正,予以采信,并以此作为确认涉案工程造价的依据。

(一)鉴定意见冲突的多元原因

1. 对鉴定意见的审查缺乏统一标准

诉讼过程中,鉴定意见作为法定证据之一,同样需要经过当事人举证、质证以及审判人员的综合认定。证据必须经过查证属实才能作为定案的根据,法院应当以证据能够证明的案件事实为依据依法作出裁判。《民事诉讼证据规定》第36条规定,人民法院对鉴定人出具的鉴定书,应当从委托鉴定材料、鉴定所依据的原理、方法、鉴定意见等七个方面进行审查。但对于如何审查判断,根据什么标准进行审查判断,相关司法解释并没有作出具体规定。《民事诉讼证据规定》只是在第85条规定中对诉讼过程中证据的审核认定作了具体规定,即审判人员应当依照法定程序,全面、客观地审核证据,依据法律的规定,遵循法官职业道德,运用逻辑推理和日常生活经验,对证据有无证明力和证明力大小独立进行判断,并公开判断的理由和结果。该条规定符合证据审查判断的一般规律,但只是原则性的规定。涉及具体案件纠纷,特别是涉及对鉴定意见的审查判断上,从司法实践来看存在过度依赖“鉴定结论”现象,涉及专门性、特殊性较强的专业领域,往往只能“茫然”信任,而失去了进行具体判断的标准和认知能力。当前后鉴定意见存在冲突时,审判人员往往采信后一份鉴定意见,或者法院诉讼过程中依法委托的鉴定意见。

2. 司法鉴定人未能严格按照操作规范进行司法鉴定

司法鉴定人应当科学、客观、独立、公正地从事司法鉴定活动,遵守法律、法规的规定,遵守职业道德和职业纪律,遵守司法鉴定管理规范。为加强对司法鉴定人的管理,规范司法鉴定活动,建立统一的司法鉴定管理体制,保障当事人的诉讼权利,促进司法公正和效率,司法部于 2005 年发布《司法鉴定人登记管理办法》,以部委规章的形式对司法鉴定人的鉴定活动进行规范监督;为规范司法鉴定机构和司法鉴定人的司法鉴定活动,保障司法鉴定质量,保障诉讼活动的顺利进行,司法部于 2007 年公布《司法鉴定程序通则》,对司法鉴定活动应当遵循的方式、方法、步骤以及相关的规则和标准进行了具体的规定;司法部于 2010 年发布《司法鉴定执业活动投诉处理办法》,进一步规范司法鉴定执业活动投诉处理工作,加强司法鉴定执业活动监督。

虽然司法鉴定人的司法鉴定活动有着上述规章制度的约束,但是由于鉴定人本身能力、水平、职业道德的高度不同,导致实践中鉴定人员业务素质不一,有些鉴定人员甚至未能按照规定制作鉴定文书,对鉴定的基本情况、检案摘要、检验过程、检验结果语焉不详,让人无法准确把握真实意思,甚至因鉴定意见又产生新的分歧,进一步增加了案件处理难度。同时,作为传统的乡土社会、熟人社会、家族社会,鉴定人员同样不是生活在真空当中,实践中,当事人为了得到对自己有利的鉴定意见,通过各种关系对鉴定活动进行干涉,有的鉴定人员碍于情面,不免有所倾向。

3. 审判人员业务素质有待进一步提高

虽然司法鉴定有助于延伸审判人员的认知能力,但并不能认为只要法院依法委托鉴定机构出具的鉴定意见,就必须采信作为定案依据。审判人员还是应当根据法律规定进行审查判断,不仅仅从程序上更需要从实体上对鉴定意见的结论进行综合认定。但是,囿于客观实际,审判人员不可能对各个领域每门学科都能够通晓其中的原理,并最终对鉴定作出科学性的判断,由此也导致了司法实践中审判人员对鉴定意见的过分依赖。比如,工程造价领域,建设工程施工合同纠纷案件中审判人员对建筑施工、工程造价等专门知识不够熟悉,法院受理案件后通常委托司法鉴定,面对鉴定意见出具的工程造价,因缺乏对其科学性的审查能力,往往均采信该份鉴定意见,实际上并没有根据法律规定进行综合审查判断,在一定程度上以鉴定代替了审判。

(二)鉴定意见冲突时的解决路径

1. 切实落实专家辅助人制度

《民事诉讼法》第82条规定了专家辅助人制度,当事人可以申请人民法院通知有专门知识的人出庭,就鉴定人作出的鉴定意见或者专业问题提出意见。司法实践中,为适应《刑事诉讼法》《民事诉讼法》的实施需要,切实解决执法办案中鉴定意见有争议问题,更好地服务办案需要,浙江省高级人民法院、浙江省人民检察院等有关部门联合下发《关于浙江省人身伤害鉴定委员会和浙江省精神病鉴定委员会开展鉴定咨询工作的通知》,确定审判机关在办理刑事、民事、行政诉讼中对人身伤害和精神病鉴定意见有争议或者采信困难的,可以办理委托鉴定咨询,并由浙江省人身伤害鉴定委员会、浙江省精神病鉴定委员会出具鉴定咨询意见书。"有专门知识的人出庭"对鉴定意见提出意见这一制度设计本身也在客观上会进一步增强鉴定人的责任意识而对鉴定意见产生正面的促进作用,增加鉴定意见的科学性。同时,这样也会在一定程度上减少重复鉴定的发生,能够节约诉讼资源,提高审判工作的效率,促进案件的尽快解决。

2. 规范鉴定管理,提高司法鉴定公信力

(1)制定《司法鉴定法》,将现行的法律法规及规章合理部分予以吸收,并严格规定当事人申请鉴定、申请重新鉴定、法院依法委托鉴定的适用条件,对同一事项鉴定的次数进行限制。(2)应当严格按照司法部《司法鉴定机构登记管理办法》和《司法鉴定人登记管理办法》的规定,进一步规范司法鉴定机构和司法鉴定人的准入制度,提高司法鉴定机构和司法鉴定人的整体水平。(3)定期对司法鉴定人进行业务培训,及时更新司法鉴定有关知识、技术,掌握最新的科学技术理论和成果,不断适应法律、民众对司法鉴定工作的新要求。(4)加强司法鉴定人职业道德教育,强化执业纪律,杜绝人情案、关系案的发生,有效维护司法鉴定工作的权威性、公正性。(5)司法鉴定机构与人民法院之间应加强沟通,建立鉴定意见反馈信息制度,对于鉴定意见在案件审理中的证明力等人民法院应当及时反馈。

3. 审判人员应当不断提升业务素质

审判人员的业务素质,是指审判人员具有的法律知识水平,其对于审判的公正具有重大影响。作为审判人员,应当具有良好的法律知识修养,对于法律具有准确的把握。目前各地法院由于法律本身原因,会出现同案不同判现象,这其中也存在审判人员对于法律理论掌握程度的考证。一些审判人员面对缺乏具体法律规定的案件就束手无策,一次次驳回起诉,实际上却剥夺了原告的诉权。制度与制度之间也不是截然分离的,甚至恰恰相反,它们是紧密联系的。审判人员对于民事审判、刑事审判、行政审判,乃至执行等法律理论和制度的掌握仅仅局限于自己所从事的审判工作方面,就必然是欠缺的,在一定程度上会影响到审判的科学性,就无法实现公正审判。同理,审判机关不能无限度地要求司法鉴定,不能依赖于司法鉴定意见而将自己的审判职责转嫁给司法鉴定。对于结论不一致的多个鉴定,法官应居中裁判,经控辩双方对鉴定意见的质证认证,排除合理怀疑,并根据自身知识、经验、生活常识,再结合其他证据进行综合判断作出选择,以减少鉴定次数,降低诉讼成本。①

① 参见李春晓、蒋玉琴:《香港司法鉴定制度的启示与借鉴》,载《中国司法鉴定》2012 年第 2 期。

第七章　建设工程价款优先受偿权概述

当前的建设工程领域，发包方不按照双方合同约定及时足额支付工程进度款，而由承包方垫资施工的现象比较普遍，承包方为了迎合发包人，争取能够承包工程，只好先行垫资，到工程竣工验收后，发包方拖欠承包方工程款的现象较为严重，并出现普遍化的趋势。由于建筑行业属于劳动密集型产业，从业人员人数众多，其中建筑工人占比较大，建筑工程款中有很大一部分是属于人工工资，因此拖欠建设工程价款的问题不只是债务纠纷，如无保障，可能引发一系列的社会问题，将影响和谐稳定的社会局面。

法律必须维护建筑市场的正常秩序，推动经济健康有序发展，同时要兼顾承包人的权益，维护承包人的利益，实现权利的衡平。为切实解决拖欠工程款的问题，保护承包人及建筑工人合法权益，《民法典》设立了建设工程价款优先受偿权，为我国的工程款优先权的行使提供了法律依据以及司法适用依据，强化了对承包人的特殊保护，对长期以来难以解决的工程款拖欠问题提供了一定的法律保障。

在司法实践中，工程款优先权在房地产纠纷中被大量适用，但由于《民法典》和相关的司法解释对此项权利未作系统全面的规定，通过近几年的实践来看，似乎并未达到人们所预期的效果。人民法院在裁决涉及工程款优先权纠纷时，在如何准确适用该项权利上产生不少疑问与争议，往往无法做到切实保护当事人的合法权益。

第一节　建设工程价款优先受偿权的性质和效力

我国原《合同法》第286条规定，发包人未按照约定支付价款的，承包人可以催告发包人在合理期限内支付价款。发包人逾期不支付的，除按照建设工程的性质不宜折价、拍卖的以外，承包人可以与发包人协议将该工程折价，也可以申请人民法院将该工程依法拍卖。建设工程的价款就该工程折价或者拍卖的价款优先受偿。这一规定确立了承包人的工程价款就建设工程折价或拍卖的价款享有优先受偿的权利，设立了建设工程价款优先受偿权。

该项权利也得到了《优先权批复》的进一步明确，该《优先权批复》规定，“一、人民法院在审理房地产纠纷案件和办理执行案件中，应当依照《中华人民共和国合同法》第二百八十六条的规定，认定建筑工程的承包人的优先受偿权优于抵押权和其他债权。二、消费者交付购买商品房的全部或者大部分款项后，承包人就该商品房享有的工程价款优先受偿权不得对抗买受人。三、建筑工程价款包括承包人为建设工程应当支付的工作人员报酬、材料款等实际支出的费用，不包括承包人因发包人违约所造成的损失。四、建设工程承包人行使优先权的期限为六个月，自建设工程竣工之日或者建设工程合同约定的竣工之日起计算。五、本批复第一条至第三条自公布之日起施行，第四条自公布之日起六个月后施行”。

《民法典》吸收上述法律规定精神，第 807 条明确规定，发包人未按照约定支付价款的，承包人可以催告发包人在合理期限内支付价款。发包人逾期不支付的，除根据建设工程的性质不宜折价、拍卖外，承包人可以与发包人协议将该工程折价，也可以请求人民法院将该工程依法拍卖。建设工程的价款就该工程折价或者拍卖的价款优先受偿。其后，《建设工程司法解释（一）》对该项权利作出了具体规定。

一、建设工程价款优先受偿权的权利属性

由于《民法典》及司法解释未对工程款优先权的性质作出明确规定，因此，理论界对此也观点不一，同时，在《民法典》立法过程中，立法者认为，基于慎重考虑，此次立法未对相关争议问题作出简单规定。相关问题还需要理论的继续深入研究和司法实践经验的积累。① 关于建设工程价款优先受偿权主要存在以下几种观点：

（一）法定抵押权说

法定抵押权是指依据法律的直接规定而在当事人之间产生的抵押权。该说是法学界的主导观点，主要是考察了原《合同法》第 286 条的立法背景和立法过程得出的结论。梁慧星教授认为：由上述立法过程可知，原《合同法》第 286

① 参见黄薇主编：《中华人民共和国民法典释义》，法律出版社 2020 年版，第 1484 页。

条规定,从设计、起草、讨论、修改、审议直至正式通过,始终是指法定抵押权。[①]法定抵押权说符合该条规定的权利的基本特征,如标的物为不动产、优先受偿性等,较为准确地界定了该权利的属性,也较符合立法本意。[②] 建设工程价款优先受偿权应当是法定抵押权,其成立直接根据法律规定,无须当事人之间订立抵押合同及办理抵押权登记,且该权利优先于约定抵押权的行使,可对抗其他债权。[③]

笔者认为,根据《民法典》对抵押权的定义,抵押权是指为担保债务的履行,债务人或者第三人不转移财产的占有,将该财产抵押给债权人的,债务人不履行到期债务或者发生当事人约定的实现抵押权的情形,债权人有权就该财产优先受偿。设立抵押权当事人应当采取书面形式订立抵押合同。抵押权属于担保物权,物权的种类和内容应当由法律规定,而《民法典》对该权利并未明确,不应在《民法典》规定的抵押权之外确定另一类抵押权。而且根据《民法典》的规定,不动产抵押以登记为生效要件,非经登记不成立抵押权,《民法典》并未要求对建设工程价款优先受偿权进行登记,显然也不应将该权利归属于抵押权处理。

(二)留置权说

根据《民法典》第 783 条的规定,承揽合同中,定作人未向承揽人支付报酬或者材料费等价款的,承揽人对完成的工作成果享有留置权,但当事人另有约定的除外。建设工程合同是承包人进行工程建设,发包人支付价款的合同,该类合同虽然从承揽合同中脱离出来,作为一类独立的合同规定在《民法典》中,但是却不失承揽合同的基本属性,承包人在未依合同收到发包人的工程款时,对其所承建的建筑物或其他建设工程具有留置权。

笔者认为,《民法典》第 447 条规定,债务人不履行到期债务,债权人可以留置已经合法占有的债务人的动产,并有权就该动产优先受偿。前款规定的债权人为留置权人,占有的动产为留置财产。"留置权的标的物只能是动产,债权人占有的不动产上不能成立留置权。"[④]由此可见,留置权仅适用于动产,不适用于

① 参见梁慧星:《合同法第二百八十六条的权利性质及其适用》,载《山西大学学报(哲学社会科学版)》2001 年第 24 卷第 3 期。

② 参见朱征夫、何海东、贺玉平:《房地产开发经营中的合同问题》,法律出版社 2005 年版,第 76 页。

③ 参见吴庆宝、刘子平主编:《房地产纠纷裁判标准规范》,人民法院出版社 2009 年版,第 204 页。

④ 黄薇主编:《中华人民共和国民法典释义》,法律出版社 2020 年版,第 855 页。

不动产，这已为《民法典》所确认，而建设工程属于不动产，不属于留置权的客体。留置权以债权人对留置物的占有为成立和存续要件。但《民法典》第 807 条规定的建设工程承包人的优先受偿权却不以承包人持续占有建筑工程为要件，在承包人将建设工程移交给发包人后，其仍不丧失优先受偿权。这与留置权显为不同。虽然将该权利解释为留置权有一定道理，但是却与民法理论及现行法律的规定不符，因此留置权说不可取。

（三）优先权说

由于在建筑工程承包合同中，发包人拖欠承包人工程款的现象十分严重，尤其是许多承包人是带资建设，拖欠工程款不仅使一些承包人的职工不能领到工资和报酬，而且使许多承包人资金严重困难，甚至发生破产，由此而影响社会安定。由于这一原因，所以《民法典》为了强化对承包人的保护，设定了优先受偿权。该说认为，虽然不敢肯定能从《民法典》中得出建设工程价款优先受偿权为优先权性质的结论，但倾向于将工程价款优先受偿权解释为法定优先权。究其原因，除了该权利直接依照法律的规定成立，与现行法律关于优先权成立的规定最为相似之外，还在于若将该权利解释为优先权，与《民法典》第 807 条的表述基本一致，可弱化概念之争，适用于司法实践也具有充分的说明力。

笔者认为，工程款优先权的性质应为优先权，该种优先权是法定的，无须登记公示。将工程价款优先权界定为法定优先权，有利于承包人回收欠款，自然也有利于劳动者及时得到工资，从而有利于维护社会的稳定。①

案例索引裁判文书

案例索引52

最高院（2015）民申字第2311号王某某与万泰公司、盛京银行、维士金盛公司第三人撤销之诉民事裁定书

要理解工程款优先权的法律性质，首先应了解什么是优先权。所谓优先权，是指当不同性质民事权利发生冲突时，某种权利依据法律规定，优先于其他民事权利实现的民事权利，由此可见，民事优先权是一种民事权利。将优先受偿权定性为法定优先权没有任何法律上的障碍，优先权制度在许多国家有相当成熟的实践，如法国的优先权制度和日本的先取特权制度等。如日本的不动产施工的优先权，标的物是不动产，享有该优先权债权的是：木匠、瓦匠等工匠；测量、制图、建筑等技师；建筑承揽人因对债务人的不动产施工而发生的费用请求权。立法理由主要是

① 案例索引 52：王某某与万泰公司、盛京银行、维士金盛公司第三人撤销之诉案，最高人民法院（2015）民申字第 2311 号民事裁定书。

公平原则。[①] 我国虽没有建立独立的优先权制度,但也有部分法律涉及优先权的规定,如在《海商法》和《民用航空法》中分别规定了船舶优先权和民用航空器优先权。由此可见,在特别法上对优先权已采肯定态度。《民法典》第807条的规定可以成为新的适例,为建立建设工程价款优先权制度提供必要的借鉴。《海商法》第25条规定,船舶优先权先于船舶留置权受偿,船舶抵押权后于船舶留置权受偿。同样说明,我国在立法上是区分了优先权、抵押权和留置权的,或者说优先权是不同于抵押权和留置权的。将承包人的优先受偿权解释为优先权与《民法典》的表述一致,而且在一定程度上避免了概念之争。《建设工程司法解释(一)》没有认定工程款优先权是否属于法定抵押权或者留置权,但是肯定了这种优先权优于抵押权和一般债权,本身是对该权利的一种解释。2011年2月18日最高人民法院公布的《关于修改〈民事案件案由规定〉的决定》在第三级案由"建设工程合同纠纷"项下增加"建设工程价款优先受偿权纠纷"作为一级案由。该案由并没有规定在物权纠纷部分的用益物权部分或者担保物权部分,而是规定在合同纠纷项下。因此,将建设工程价款的优先受偿权权利性质归属于优先权,更符合立法的价值取向和社会正义。

【法官提示114】

虽然建设工程价款优先受偿权的性质尚存争议,但该争议并不妨碍其审判实践中基本特征的形成,其主要特征:一是附从性,随着主债权的产生、存在、转移及消灭而相应的产生、存在、转移和消灭;二是追及性,无论权利客体辗转于何人之手,优先权人均可追及受让人行使该权利;三是物上代位性,优先权人对债务人因其标的物的变卖、租赁、灭失毁损而取得的金钱或其他物,同样可以行使该权利;四是不可分性,优先权人的权利存在于整个标的物上,不因债权额低于标的物的价值而对标的物进行分割。[②]

二、建设工程价款优先受偿权的效力

根据《建设工程司法解释(一)》的规定,结合司法实践,与以下其他权利并存时,应当做好区分,准确认定相关权利的效力。

---

① 参见[日]我妻荣:《我妻荣民法讲义Ⅲ·新订担保物权法》,申政武、封涛、郑芙蓉译,中国法制出版社2008年版,第82页。

② 参见林一主编:《建设工程施工合同纠纷案件审判实务》,法律出版社2015年版,第293页。

（一）建设工程价款优先受偿权与一般债权

建筑市场长期以来处于供大于求的情况，施工单位处于弱势地位，建设单位拖欠工程款的现象时有发生，已经影响到建筑市场的健康发展，并对社会稳定产生一定影响。在与一般债权进行效力权衡时，只有将建设工程价款优先受偿权定性为优先权，赋予债权人对某种特殊的债权享有优先于一般债权人而优先受偿的权利，才能有效地保护施工单位合同权益，维护建筑市场秩序健康有序发展。因此，《建设工程司法解释（一）》第36条规定，建设工程价款优先受偿权优先于一般债权。即使司法解释未作规定，从建设工程价款优先受偿权设立的目的来看，如果不能优先于一般债权，也就失去了该权利存在的意义。

对此，《最高人民法院关于首先查封法院与优先债权执行法院处分查封财产有关问题的批复》同样体现了优先权当然优先于一般债权的观点，该批复第1条规定，执行过程中，应当由首先查封、扣押、冻结法院负责处分查封财产。但已进入其他法院执行程序的债权对查封财产有顺位在先的担保物权、优先权，自首先查封之日起已超过60日，且首先查封法院就该查封财产尚未发布拍卖公告或者进入变卖程序的，优先债权执行法院可以要求将该查封财产移送执行。

（二）建设工程价款优先受偿权与抵押权

《建设工程司法解释（一）》第36条明确规定建设工程价款优先受偿权优先于抵押权。

在建设工程价款优先受偿权与抵押权并存的情形时，无论抵押权发生在前或在后，建设工程价款优先受偿权均应优先于抵押权。[①] 其理由是：建设工程价款优先受偿权所担保的债权中相当部分是建筑工人的劳动工资，应予优先确保；建设工程是靠承包人付出劳动和垫付资金建筑的，如果允许抵押权优先行使，相当于以承包方的资金清偿发包方的债务，等于发包方将自己的欠债转嫁给承包方，违背公平及诚实信用原则；建设工程价款优先受偿权是法律为保护承包方的利益而特别赋予的权利，具有保护劳动者利益和鼓励建筑、创造

案例索引裁判文书

案例索引53
浙江高院（2015）浙民申字第2452号外高桥公司与中信银行桐乡支行、宏展公司第三人撤销之诉民事裁定书

① 案例索引53：外高桥公司与中信银行桐乡支行、宏展公司第三人撤销之诉案，浙江省高级人民法院（2015）浙民申字第2452号民事裁定书。

社会财富的政策目的。①

【法官提示115】

应注意的是,实务中出现了发包人与承包人恶意串通,以虚假的工程款债权对抗银行的抵押债权的行为,虽然银行认为发包人与承包人协商确定的工程欠款数额及优先受偿范围,存在恶意串通事实,可能损害其利益的,有权依据法律规定向人民法院提起撤销权之诉。但实际上,银行作为建设工程施工合同之外的第三人,很难就发包人与承包人恶意串通的事实提供充分证据,并且,在承包人怠于行使优先权的情况下,也无法行使其抵押权。②

(三)建设工程价款优先受偿权与消费者权利

首先,从交易地位平等性出发,相较于金融机构、在建工程承建方,消费购房人显然处于弱势地位,维护自身权益、保障交易安全的意识和能力均相对偏弱;并且即便赋予消费购房者优先权,其他债权人仍可通过预售资金监管制度等方式,适当弥补交易可预测性缺失带来的损失。其次,就房地产市场自身而言,消费购房者作为需方,是房地产市场繁荣发展的根源,也是当下房地产业去库存的原动力,相较其他市场参与主体理应优先保护。再次,从房屋价格出发,国内房价收入比极高,消费者购买一套房屋往往倾尽毕生积蓄,鉴于人口与土地之间的紧张关系,这一现象至少在短期内仍将持续,对消费购房者予以优先保护符合房地产市场现状,且亦非暂时政策性之举。最后,在传统守土观念影响下,购买房屋几乎与每位国人有关,予以优先保护具有普适意义,也符合社会公众认知,尽可能地维护消费购房人权益的实践做法也印证了这一认知的客观性。③

因此,《优先权批复》第2条规定,消费者交付购买商品房的全部或者大部分款项后,承包人就该商品房享有的工程价款优先受偿权不得对抗买受人。但是该批复已经于2021年被废止,批复中有关工程款优先权优于抵押权和其他债权的条款被吸收至新的《建设工程司法解释(一)》,但《优先权批复》第2条的内容却未被保留和吸收,由此导致司法实践中产生争议,在商品房之上存在工程款优先权和银行的抵押权时,商品房消费者的权利是否还能得到保护。笔

---

① 参见梁慧星:《合同法第二百八十六条的权利性质及其适用》,载《山西大学学报(哲学社会科学版)》2001年第24卷第3期。

② 参见最高人民法院民事审判第一庭编:《最高人民法院民事案件解析(附指导案例3):建设工程》,法律出版社2010年版,第700页。

③ 夏正芳、李荐:《房地产开发企业破产债权的清偿顺序》,载《人民司法(应用)》2016年第7期。

者认为,为最大限度地保护消费者合法权益,在最新的司法解释制定出台之前,人民法院在处理该类纠纷时,还是可以遵循《优先权批复》第2条之规定,并结合司法审判实践经验,予以解决。

实践中尚存两个困惑:一是什么是"消费者"? 二是"大部分款项"如何界定?

关于消费者的范围。根据《消费者权益保护法》第2条的规定,消费者为生活消费需要购买、使用商品或者接受服务,其权益受本法保护;本法未作规定的,受其他有关法律、法规保护。生活消费是指为个人或者家庭生活需要而消费物质资料或者精神产品的行为。因此,消费者是指为生活消费需要购买商品房的消费者,不包括为经营目的而购买商品房的消费者。原最高人民法院执行办(现为执行局)〔2005〕执他字第16号批复强调,《优先权批复》第2条关于已交付购买商品房的全部或大部分款项的消费者应优先保护的规定,是为保护消费者居住权而设置的,消费者购房应是用于满足生活居住需要,而非用于经营,不能扩大解释。

关于消费者的主体问题。除了自然人之外,司法解释规定的"消费者"是否包括企业、事业单位等机构主体? 从工程价款优先受偿权的保护对象看,既然工程价款优先受偿权的基础在于保护施工工人的生存权,则具有更优效力的消费者也应当作限制性解释,即仅保护具有生存权利益的自然人,否则难以理顺法律逻辑关系。① 虽然立法者主张,消费者原则上应当是自然人,但是考虑到仍有一些不同意见,这次修改并没有对此明确。② 因此《消费者权益保护法》中的消费者不仅仅是指自然人,而且包括单位,但是根据前述论断,《优先权批复》中的消费者范围实际上比《消费者权益保护法》中的范围要窄,仅仅是指自然人。

关于"大部分款项"的理解。司法实践领域中,尚未有法律法规或者司法解释对此曾有解释,因此,实践中,对大部分价款的理解存在差异,而且"大部分"这个词本身所固有的含义的模糊性给司法实践带来了不确定性,更由于不同法官的不同理解以及自由裁量权的行使,导致裁判结果大不相同。对此,笔者认为,可以参考《最高人民法院关于人民法院办理执行异议和复议案件若干问题的规定》第29条的规定进行理解。该条规定,"金钱债权执行中,买受人对登记在被执行的房地产开发企业名下的商品房提出异议,符合下列情形且其权利能

① 参见池伟宏:《房地产企业破产重整中的权利顺位再思考》,载《法律适用》2016年第3期。
② 参见李适时主编:《中华人民共和国消费者权益保护法释义》,法律出版社2013年版,第16页。

够排除执行的,人民法院应予支持:(一)在人民法院查封之前已签订合法有效的书面买卖合同;(二)所购商品房系用于居住且买受人名下无其他用于居住的房屋;(三)已支付的价款超过合同约定总价款的百分之五十”。

关乎“维稳”的需要。在购房人和与之形成权利冲突的其他破产债权人,尤其是其他优先债权人(建设工程承包人、担保债权人、职工债权人等)之间,无论是学术界还是实务界,均以保障生存利益为由,寻找各种路径将购房人权利排位于其他各类破产债权之前。破产实践给予了购房人权利以对抗第三人的效力,使购房人权利产生了某些物权效力,尤其是所对抗者往往不限于普通破产债权,还包括建设工程价款优先权和担保物权。此类购房人权利优先应定位于“生存利益保障”,是基于生存利益大于经营利益的社会政策原则,赋予购房人以生存利益的优先顺位。故而,给予优先顺位的情形,仅限于消费者购房人的付款额超过50%,对其商品房预售合同项下的物权请求权必将转化为物权能够达到足够期待的情况。①

【法官提示116】

根据上述规定和理论分析,实践中消费者交付购买商品房的全部或者50%以上的款项后,承包人就该商品房享有的工程价款优先受偿权不得对抗买受人。

典型案例52

姜某某与大和房地产公司、大和房地产国泰分公司等申请执行人执行异议之诉纠纷案②

姜某某与大和房地产公司、大和房地产国泰分公司、国某某民间借贷纠纷一案,因姜某某申请诉讼财产保全,法院作出民事裁定,查封了大和房地产国泰分公司开发的小区楼房包括涉案车库在内的部分车库。后经调解,各方当事人就民间借贷纠纷一案达成调解协议。法院出具民事调解书,确认姜某某对大和

---

① 参见陆晓燕:《保障生存利益与维护交易安全的平衡——房地产开发企业破产中购房人权利之顺位研究》,载《法律适用》2016年第3期。

② 参见吉林省高级人民法院民事判决书,(2014)吉民一终字第146号。

房地产公司、大和房地产国泰分公司享有债权，国某某对其中部分债权承担连带给付责任。该调解书生效后，大和房地产公司、大和房地产国泰分公司未能履行调解书确定的还款义务，姜某某申请执行。因温某某提出执行异议申请，法院作出执行裁定书，裁定中止对涉案车库的执行。姜某某不服，提起诉讼。另外，温某某与大和房地产国泰分公司签订过认购协议书。约定以单价5200元，总价106,132元购买5号楼9号车库。温某某缴纳了购房款和相关入户费用、办理了入户手续，并实际占有、使用至今。

典型案例裁判文书

典型案例52

吉林高院（2014）吉民一终字第146号姜某某与大和房地产公司、大和房地产国泰分公司等申请执行人执行异议之诉纠纷民事判决书

裁判规则：温某某提供的《买卖协议》及认购协议书的签订时间均在法院查封涉诉房屋之前，且所约定的商品房基本情况、计价方式与价款、付款方式等内容明确具体。又因温某某交纳了全部购房款，且在法院查封前已经与开发商签订了关于涉诉房屋的商品房买卖合同。从温某某提供的水费收据和进户通知单可以认定其在查封前已经实际占有涉诉房屋。依据《最高人民法院关于人民法院民事执行中查封、扣押、冻结财产的规定》第17条等相关规定，法院对姜某某关于许可对涉案房屋继续执行的主张不予支持。

（四）建设工程价款优先受偿权与破产中的权利

目前，涉及房地产开发企业破产债权清偿顺序的规定主要包括：《企业破产法》第109条和第113条。按照现行规定，房地产开发企业破产债权主要包括以下项目：破产费用及共益债务；支付全部或大部分购房款的消费购房人请求权；建设工程价款请求权；物权担保债权；工资等劳动债权；所欠税款及部分劳动债权；普通债权。在房地产开发企业破产案件中，承包人建设工程价款优先受偿权与上述破产权利的顺位也是实践中的争议焦点。

《企业破产法》第109条规定，对破产人的特定财产享有担保权的权利人，对该特定财产享有优先受偿的权利。这里所说的“担保权的权利人”，笔者认为应当包括《民法典》第807条规定的建设工程价款优先受偿权。《企业破产法》第110条进一步规定，“享有本法第一百零九条规定权利的债权人行使优先受偿权利未能完全受偿的，其未受偿的债权作为普通债权；放弃优先受偿权利的，其债权作为普通债权”。根据此规定，承包人的建设工程价款优先受偿权在破

产程序中有别于其他普通债权。《最高人民法院关于审理企业破产案件若干问题的规定》(法释〔2002〕23号)第71条第4项规定,依照法律规定存在优先权的财产不属于破产财产。根据前述有关建设工程价款优先受偿权有关权利属性的分析,该条规定也内含了《民法典》第807条应适用破产法别除权的相关规定。在破产案件中,消费者权利、建设工程价款优先受偿权、抵押权都可以行使别除权,在破产程序开始以后,直接向破产管理人请求就该特定财产行使优先受偿权,并在无担保的破产债权人按照破产财产分配方案受偿之前随时进行清偿。①

但是,根据《企业破产法》第113条的规定,破产财产在优先清偿破产费用和共益债务后,依照下列顺序清偿:破产人所欠职工的工资和医疗、伤残补助、抚恤费用,所欠的应当划入职工个人账户的基本养老保险、基本医疗保险费用,以及法律、行政法规规定应当支付给职工的补偿金;破产人欠缴的除前项规定以外的社会保险费用和破产人所欠税款;普通破产债权。破产财产不足以清偿同一顺序的清偿要求的,按照比例分配。破产企业的董事、监事和高级管理人员的工资按照该企业职工的平均工资计算。对于建设工程价款优先受偿权优先于普通破产债权,实践中并无异议,但对于根据该项规定的破产企业的工资债权同建设工程价款优先权的顺位问题,则容易引发争议。对此,有学者认为,工资是工人维持自身和家庭成员生存的需要,事关工人及社会公众共同和普遍的生存权,那么,工资债权当然应当优先于法定优先的建筑工程承包款受偿,这是人权高于债权的利益衡量。对此,笔者认为,建设工程价款优先权应该优先于破产企业的工资债权。具体来说,有以下几个方面的理由:

首先,建设工程价款优先权的价值之一是保护建设工人的工资债权,保护其基本的生存保障,而破产企业的职工工资亦具有同等的功能。所以从破产程序所保护的工人工资债权和工程价款所保护的价值序列来看,这二者所保护的价值属于同一序列,并无价值上的孰优孰劣之分。

其次,建设工程即使被拍卖,拍卖的增值部分也是基于建设工人的劳动和工程施工人的垫资,这部分的增值部分本身就应该属于施工人所有,由工程价款优先受偿权人优先受偿,对于破产企业的工人并没有任何权利的侵害。将建设工程价款优先权的优先次序置于原有的工资债权优先权之后,无异于以承揽

① 参见林文学:《建设工程合同纠纷司法实务研究》,法律出版社2014年版,第172页。

人之资金清偿定作人之债务,牺牲承揽人之利益以保护原抵押权人。这并不公平,与立法意旨未尽相符。①

《企业破产法》第132条规定,"本法施行后,破产人在本法公布之日前所欠职工的工资和医疗、伤残补助、抚恤费用,所欠的应当划入职工个人账户的基本养老保险、基本医疗保险费用,以及法律、行政法规规定应当支付给职工的补偿金,依照本法第一百一十三条的规定清偿后不足以清偿的部分,以本法第一百零九条规定的特定财产优先于对该特定财产享有担保权的权利人受偿"。根据该条规定,抵押权对于《企业破产法》公布之后的工资债权具有优先清偿效力,而建设工程价款优先受偿权优先于抵押权,因此,建设工程价款优先受偿权在顺位上更应优于工资债权。因此,对于破产的建设单位,管理人应优先将建设工程项目的优先受偿权给予承包人,破产后变现偿还承包人的工程款后的余额再用来清偿企业职工工资及其养老保险费用,不足的部分由相关部门予以解决。当然,建设工程必须不属于不宜折价拍卖,或法律明令禁止流通的,如学校的教学楼、政府办公楼、医院门诊楼、高速公路等。

(五)同一建筑物上多个建设工程价款优先受偿权的效力认定

《民法典》第791条规定,发包人不得将应当由一个承包人完成的建设工程支解成若干部分发包给数个承包人。承包人不得将其承包的全部建设工程转包给第三人或者将其承包的全部建设工程支解以后以分包的名义分别转包给第三人。禁止承包人将工程分包给不具备相应资质条件的单位。禁止分包单位将其承包的工程再分包。建设工程主体结构的施工必须由承包人自行完成。因此,理论上不会存在同一工程存在多个承包人并产生多个建设工程价款优先受偿权的问题。根据《建筑法》第27条的规定,大型建筑工程或者结构复杂的建筑工程,可以由两个以上的承包单位联合共同承包。共同承包的各方对承包合同的履行承担连带责任。第29条规定,建筑工程总承包单位可以将承包工程中的部分工程发包给具有相应资质条件的分包单位。因此,从法律规定的途径上,还存在联合体承包、专业分包等情形,并且建筑市场中,非法转包、违法分包、挂靠施工等现象层出不穷,由此,一个工程上存在多个承包人的情况并不少见,承包人之间亦存在优先权冲突的可能性,从而导致其权利顺位问题。对此,有观点认为,应当按照成立的时间顺序受偿,该观点基于建设工程优先受偿权

---

① 参见钟伟珩:《建设工程价款优先受偿权若干疑难问题分析(之三)》,载《建筑时报》2013年3月4日,第4版。

的权利属性系法定抵押权为基础,提出应当按照时间顺序来确定多个工程价款优先权的顺位。《民法典》允许在同一财产上设立数个抵押权,但由于物权的绝对性和排他性之特征,数个抵押权之间必然产生竞争关系,由此便产生了抵押权的顺位问题。解决权利竞争的通用方法,就是遵循"权利功利主义"来排列权利实现顺位,即以登记簿为依托,按照登记的前后顺序来排列物权实现的先后顺序。

对此,笔者不予赞同。如前文所述,建设工程价款优先受偿权的性质并非抵押权,系优先权,并且该优先权并无登记之要求,因此该观点并不能解决实际问题。参照《民法典》第 414 条之规定,同一财产向两个以上债权人抵押的,拍卖、变卖抵押财产所得的价款依照下列规定清偿:(1)抵押权已登记的,按照登记的时间先后顺序清偿;(2)抵押权已登记的先于未登记的受偿;(3)抵押权未登记的,按照债权比例清偿。根据该规定,"在顺位相同时或者皆未登记时,采用平均主义模式,即按债权比例清偿"。结合建设工程价款优先受偿权的特殊性,笔者认为,实践中,应当按照承包人的债权比例平等受偿。鉴于工程款优先权设立的目的,应当认为效力层次相同,彼此不存在有限性,只能按照平均主义之原则,与数个债权之间的平等关系一样,按照债权比例来受偿。

第二节　建设工程价款优先受偿权的主体和客体

一、建设工程价款优先受偿权的主体

根据《民法典》第 807 条的规定,承包人系建设工程价款优先受偿权的当然主体,但鉴于建筑领域本身的复杂性和有关理论的发展,又由于该项权利之于权利人的重要性,司法实践中,对工程款优先权的主体又产生了诸多的争议。有观点认为,只要是施工中投入的材料、人力、物力等已直接物化到建成的建筑物中的工程款,其权利主体就可以享有工程款优先权,这符合《民法典》第 807 条的立法本意。笔者认为,应当对实践中争议较大,且又关系重大的几类主体问题逐一分析。

(一)勘察、设计单位

建设工程勘察是根据建设工程和法律法规的要求,查明、分析、评价建设场地的地质地理环境特征和岩石工程条件,编制建设工程勘察文件的活动。其包括建设工程项目的岩石工程、水文地质、工程测量、海洋工程勘察等。建设工程

设计是根据建设工程和法律法规的要求,对建设工程所需的技术、经济、资源、环境等条件进行综合分析、论证,编制建设工程设计文件,提供相关服务的活动。

《建设工程司法解释(一)》第35条规定,与发包人订立建设工程施工合同的承包人,依据《民法典》第807条的规定请求其承建工程的价款就工程折价或者拍卖的价款优先受偿的,人民法院应予支持。有观点认为,根据该司法解释原意,只有与业主方(发包人)签订施工合同的承包人才享有建设工程价款优先受偿权。亦有观点认为,建设工程优先权的立法目的主要是针对我国建筑市场工程款纠纷较多,为解决施工企业收不回工程款的情况而作出的规定。一方面,勘察合同与设计合同很少出现此类情况;另一方面,优先权是法律基于政策需要专门为某些债权作出的特殊规定,任意的扩大解释可能造成这种特殊权利的滥用,不利于权利及民事交易的稳定,违背立法本意。对此,修订《建设工程司法解释(一)》的执笔者认为,正常情形下,工程建设的顺序是勘察、设计与施工,勘察、设计合同履行完毕,施工合同履行才开始。在工程竣工前,勘察人、设计人不可能与发包人就工程折价或者请求人民法院将工程拍卖。勘察人、设计人亦不可能与发包人就勘察报告、设计图纸等基础资料或者概预算等文件协商折价或者请求人民法院予以拍卖。毕竟这些文件都是针对特定的工程而产生,一般不具备市场交换价值。工程竣工后,若勘察人、设计人享有费用优先受偿权,则与施工人的价款优先受偿权冲突。① 据此,在案件审理中,应当遵从司法解释之规定,不予认定勘察人、设计人的工程款优先受偿权。

但是从理论探讨角度,笔者认为,在实践中,勘察人和设计人员事实上地位弱于工程建设承包人,在出现拖欠勘察、设计费用时,甚至不敢诉诸司法救济。将勘察人、设计人排除出享有优先受偿权的主体资格之外,对勘察、设计行业的发展极为不利,甚至影响到了工程质量问题。近几年工程事故频发与设计人降低设计成本,聘用没有经验的设计人员,而没有经验丰富的人员把关有一定的关系。② 因此,勘察、设计合同属于工程款优先权的范围。其理由如下:

(1)根据《民法典》第788条的规定,建设工程合同是承包人进行工程建设,

---

① 参见最高人民法院民事审判第一庭编著:《最高人民法院新建设工程施工合同司法解释(一)理解与适用》,人民法院出版社2021年版,第358页。

② 参见孙科峰、杨遂全:《建设工程优先受偿权主体的争议与探究——〈合同法〉第286条之分析》,载《河北法学》2013年第6期。

发包人支付价款的合同。建设工程合同包括工程勘察、设计、施工合同。《民法典》第807条并未将该类合同排除在外,作出特殊规定。

(2)勘察合同是指发包人与勘察人为完成建设工程地理、地质等情况的调查研究工作而达成的协议。设计合同:一种是初步设计合同,是在立项阶段,为项目决策提供可行性资料而与发包方签订的合同;另一种是立项之后,与发包方就具体施工设计达成的施工设计合同。该类合同是工程建设的重要组成部分,也是工程建设初始阶段的主要工作,虽然其成果无法直接体现为建筑物,但最终建筑物的施工完成无疑体现了勘察、设计者的劳动成果,建设工程是勘察、设计合同物化结果。勘察人和设计人对建设工程增值具有直接贡献,具备享有建设工程价款优先受偿的主体资格。

(3)建筑工程价款包括承包人为建设工程应当支付的工作人员报酬、材料款等实际支出的费用,不包括承包人因发包人违约所造成的损失。由此可见,判断某项费用是否属于优先受偿的范畴,并不是以合同类型的不同而有所区别,应该以是否属于为建设工程应当支付的工作人员报酬、材料款等实际支出的费用进行判断。勘察、设计合同无疑凝聚了劳动者辛勤劳动的汗水,也是整个建设工程不可或缺的重要组成部分,如果该类人员的工资报酬无法优先受偿,无疑违背了该项权利设立的初衷,也是不公平的。

(二)实际施工人

实际施工人不是法律概念,是司法解释所规定的制度,在保护农民工权益方面发挥了重要的作用,对于实际施工人是否享有建设工程价款优先权问题,有以下两种观点。

第一种观点认为,无论是合法分包还是转包、非法分包的合同实际施工人都不应当享有优先受偿权。其主要理由有:(1)实际施工人与发包人没有直接的合同关系,根据合同的相对性原理,实际施工人并不能请求发包人支付工程款,既然不享有工程价款请求权,在以工程价款为权利基础的优先受偿权更不应享有。(2)发包人未按约支付工程款,且总承包人怠于行使优先受偿权时,实际施工人可以根据《民法典》的规定行使代位权,代位行使承包人的优先受偿权。(3)转包、非法分包均被法律明确禁止,如果再赋予实际施工人以建设工程价款优先受偿权,则无异于纵容该违法行为,导致建筑市场秩序更为失衡。(4)《全国民事审判工作会议纪要》(法办〔2011〕442号)明确规定,因违法分包、转包等导致建设工程合同无效的,实际施工人请求对建设工程行使优先受偿权的,不予支持。(5)司法解释虽然未对实际施工人是否享有该权利作出正面规定,但从条文本意看,只有与发包人订立建设工程施工合同的承包人才是权利主体。

第二种观点认为,实际施工人原则上是无权突破合同相对性原则直接向发包人提出要求行使工程款优先权,但如经实际施工人书面催告,而总包单位及分包单位均怠于行使工程款优先权,且对应的分包单位已无力支付所欠付的工程款的情况下,实际施工人才能够在发包人欠付工程款范围内行使工程款优先权。第一种观点没有看到工程价款优先受偿权的性质,是不科学的,应承认实际施工人对工程价款的优先受偿权,但发包人已向承包人支付了全部工程价款的情形除外。① 其理由如下:(1)实际施工人的制度精神是为了保护实际施工人合法权利和实际施工人的垫资款权利,如果不让这种工程价款具有一种物上担保的属性,则对其保护就不完善,就同法律精神不相符合。(2)从当前中国的国情来看,在当前我国房地产业发展成为重要的经济动力情况下,实际施工人的存在对于促进房地产业的快速发展是具有重要意义的。这应该说也是一种社会主义初级阶段的“特殊”国情,从这种国情出发通过承认实际施工人来保护农民工的利益在本研究问题中不应该被否定。基于这个立场,应该承认实际施工人的工程价款物上担保的效力。②(3)经过工程建设施工,实际施工人把自己的劳动和建材价值直接物化到了工程之中,正是实际施工人的劳动,赋予了工程以价值。从工程价款优先受偿权制度的法理目的来看,就是要首先保护创造财富的债权,并用被创造出的财富的价值去担保该债权实现,如将分包人一律排除在该权利主体之外,立法目的显然落空。(4)《建设工程司法解释(一)》第 43 条规定,实际施工人以发包人为被告主张权利的,人民法院应当追加转包人或者违法分包人为本案第三人,在查明发包人欠付转包人或者违法分包人建设工程价款的数额后,判决发包人在欠付建设工程价款范围内对实际施工人承担责任。也就是说,在发包人拖欠

案例索引裁判文书

案例索引54
湖南高院(2014)湘高法民一终字第107号
郴州北湖工行与甘某某、东进公司执行异议之诉民事判决书

① 案例索引 54:郴州北湖工行与甘某某、东进公司执行异议之诉案,湖南省高级人民法院(2014)湘高法民一终字第 107 号民事判决书。

② 参见钟伟珩:《建设工程价款优先受偿权若干疑难问题分析(之三)》,载《建筑时报》2013 年 3 月 4 日,第 4 版。

工程款时,司法解释的规定突破了合同的相对性原理,赋予实际施工人向发包人主张债权的权利。既然其能够直接向发包人主张债权,那么在其主张的债权不超过发包人拖欠总包人或承包人工程款的范围内,对其施工的建设工程有优先受偿的权利。

笔者赞同第一种观点,《建筑法》第28条和第66条规定禁止转包并且对转包行为规定了没收违法所得、罚款、责令停业整顿、降低资质等级、吊销资质证书等处罚措施。《民法典》第791条也明文规定不得转包。这些规定都具有法律的强制性,应当为包括实际施工人在内的所有人遵守。如果赋予实际施工人工程价款优先受偿权,会导致对其违法行为客观上予以鼓励的现象。[①] 对此,最高人民法院民事审判第一庭2021年第21次专业法官会议纪要明确:实际施工人不属于"与发包人订立建设工程施工合同的承包人",不享有建设工程价款优先受偿权。[②]

(三)未完工程的承包人

根据《建设工程司法解释(一)》第38条的规定,建设工程质量合格,承包人请求其承建工程的价款就工程折价或者拍卖的价款优先受偿的,人民法院应予支持。也就是说,工程质量合格是主张优先权的前提。但如果工程尚未竣工,承包人是否享有优先权?主要有两种意见:一种意见认为,承包人的工程款优先权只能针对竣工验收合格的工程。因为只有在竣工验收合格的情况下,发包人才应当按照约定支付工程价款。如果工程验收不合格,发包人不但有权拒绝支付工程价款,而且还有权请求承包人承担违约责任。另一种意见认为,原则上应当在竣工以后才行使优先权,因为只有在工程竣工以后,工程的质量情况才能判明,整个工程价款才能确定。如果一旦发生拖欠就行使优先权,不但使问题复杂化,而且违背常理。但是,如果发包人中途没有资金继续建设,把工程撂在那里,甚至发生发包人逃跑的情况,也应当允许承包人行使优先权。

笔者认为,工程竣工后,承包人才享有优先权,在理论上可行,但是不符合建筑行业的实际。

根据《建设工程施工合同(示范文本)》(GF-2017-0201)的规定,建设工程的价款一般包括:

---

① 参见最高人民法院民事审判第一庭编著:《最高人民法院新建设工程施工合同司法解释(一)理解与适用》,人民法院出版社2021年版,第364页。

② 参见最高人民法院民事审判第一庭编:《民事审判指导与参考》(总第87辑),人民法院出版社2022年版,第165页。

（1）预付款的支付。按照专用合同条款约定执行，但至迟应在开工通知载明的开工日期7天前支付。预付款应当用于材料、工程设备、施工设备的采购及修建临时工程、组织施工队伍进场等。发包人逾期支付预付款超过7天的，承包人有权向发包人发出要求预付的催告通知，发包人收到通知后7天内仍未支付的，承包人有权暂停施工，并按发包人违约的情形执行。

（2）进度款的支付。除专用合同条款另有约定外，发包人应在进度款支付证书或临时进度款支付证书签发后14天内完成支付，发包人逾期支付进度款的，应按照中国人民银行发布的同期同类贷款基准利率支付违约金。

（3）竣工付款。除专用合同条款另有约定外，发包人应在签发竣工付款证书后的14天内，完成对承包人的竣工付款。发包人逾期支付的，按照中国人民银行发布的同期同类贷款基准利率支付违约金；逾期支付超过56天的，按照中国人民银行发布的同期同类贷款基准利率的2倍支付违约金。

（4）工程尾款。除专用合同条款另有约定外，发包人应在颁发最终结清证书后7天内完成支付。发包人逾期支付的，按照中国人民银行发布的同期同类贷款基准利率支付违约金；逾期支付超过56天的，按照中国人民银行发布的同期同类贷款基准利率的2倍支付违约金。

从上述费用的性质、支付期限、款项的作用等，我们可以发现，上述工程价款会在工程竣工结算后产生，也会在工程施工期间履约过程中发生，甚至在中途停建过程中发生，因此，如果认为承包人的该项权利，只能限于已竣工工程，是不切实际的，不利于保护承包人的合法权益，也违背了创设该项权利的初衷。[①] 最高人民法院民事审判第一庭经研究认为，没有要求承包人优先受偿工程款以工程完工并经验收为先决条件，在合同解除的情形下，承包人也对未完工程享有优先受偿的权利。[②] 当然，即使未经验收，但承包人主张优先受偿权的前提必须是未完工程质量合格，对此，《建设工程司法解释（一）》第39条规定，未竣工的建设工程质量合格，承包人请求其承

案例索引裁判文书

案例索引55

最高院（2013）民申字第121号天宇公司与万泰公司、康达公司建设工程施工合同纠纷民事裁定书

---

① 案例索引55：天宇公司与万泰公司、康达公司建设工程施工合同纠纷案，最高人民法院（2013）民申字第121号民事裁定书。

② 参见最高人民法院民事审判第一庭编：《民事审判指导与参考》（总第37集），法律出版社2009年版，第124页。

建工程的价款就其承建工程部分折价或者拍卖的价款优先受偿的,人民法院应予支持。另外,如果因承包人原因导致工程未竣工时,承包人是否享有工程款优先受偿权的问题,司法解释起草者认为,如承包人的原因导致工程未竣工并造成损失时,发包人可以依法要求承包人承担相应的民事责任,而不应影响承包人工程价款优先受偿权的享有。①

【法官提示117】

《民法典》第807条是法律赋予承包人工程款优先受偿权的权利,从条文表述分析,没有要求以工程完成并且竣工验收为先决条件,在合同解除的情况下,承包人也对未完工程享有优先受偿的权利。当然,对此也有观点进一步区分情况,认为如果承包人因其自身原因导致施工质量不合格或工程未按约定进度完成的,就无权要求发包人支付工程款,相应地,其也不能行使工程价款的优先受偿权。

(四)装饰装修工程承包人

在装饰装修工程中,承包人装修装饰等工作行为使原先的建筑工程或不动产得以增值。在发包人拖欠的装修装饰工程价款中,除装修装饰所需要的材料费外,相当一部分是承包人应当支付的工人工资和其他劳务费用。因此,将装修装饰工程款纳入建设工程款的范围之内,有利于保护广大劳动者及时获得劳动报酬的利益。

《建设工程质量管理条例》第2条以及《建设工程安全生产管理条例》第2条均规定,建设工程是指土木工程、建筑工程、线路管道和设备安装工程及装修工程。因此,将装饰装修工程纳入建设工程范围并赋予承包人建设工程价款优先受偿权是有法律依据的。《最高人民法院关于装修装饰工程款是否享有合同法第二百八十六条规定的优先受偿权的函复》(已失效)中规定,装修装饰工程属于建设工程,可以适用《合同法》第286条关于优先受偿权的规定,但装修装饰工程的发包人不是该建筑物的所有权人或者承包人与该建筑物的所有权人之间没有合同关系的除外。从上述批复中可以看出,装修装饰工程属于建设工程,承揽人对装修工程款可以主张行使优先受偿权,但是装修装饰工程是以已经建造的建筑物为基础而进行的二次加工修缮,因此其优先权的行使范围应当

① 参见最高人民法院民事审判第一庭编著:《最高人民法院新建设工程施工合同司法解释(一)理解与适用》,人民法院出版社2021年版,第408页。

限定在装修装饰工作使建筑物增加价值的限度之内。[①] 对于该争议问题,《建设工程司法解释(一)》第37条予以了明确规定,该条规定,装饰装修工程具备折价或者拍卖条件,装饰装修工程的承包人请求工程价款就该装饰装修工程折价或者拍卖的价款优先受偿的,人民法院应予支持。

案例索引裁判文书

案例索引56

辽宁高院(2015)辽审一民申字第217号诚信公司与兴驰公司建设工程合同纠纷民事裁定书

典型案例53

东江海棠公司与姚某某装饰装修合同纠纷案[②]

典型案例裁判文书

典型案例53

江西赣州中院(2015)赣中民一终字第69号东江海棠公司与姚某某装饰装修合同纠纷民事判决书

姚某某与东江海棠公司签订了一份《装修合同》,约定由姚某某承包东江海棠公司的办公楼装修工程。合同签订后,姚某某即按合同约定进行装修,直至因东江海棠公司发包给他人进行的办公楼中央空调管道铺设工程没有预先完成,姚某某的装修工作停止。2014年1月,姚某某制作一份东江海棠饮料公司装饰工程决算单,并由东江海棠公司土建施工代表签字确认"工程量属实",并有东江海棠公司股东签署的"工程款以合同为准"。此后姚某某依据该决算单要求东江海棠公司支付工程款,但东江海棠公司拒绝支付。姚某某遂向法院起诉,并要求在装修款范围内对办公楼因装修而增加的价值享有工程价款优先受偿权。

裁判规则:《最高人民法院关于装修装饰工程款是否享有合同法第二百八十六条规定的优先受偿权的函复》(〔2004〕民一他字第14号)规定,装饰装修工程属于建设工程,可以适用法律关于优先受偿权的规定,但装修装饰工程的发包人不是该建筑物的所有权人或者承包人与该建筑物的所有权人之间没有合同关系的除外。享有优先权的承包人只能在建筑物因装修装饰而增加

① 案例索引56:诚信公司与兴驰公司建设工程合同纠纷案,辽宁省高级人民法院(2015)辽审一民申字第217号民事裁定书。

② 参见江西省赣州市中级人民法院民事判决书,(2015)赣中民一终字第69号。

价值的范围内优先受偿。根据以上函复,装修装饰工程属于建设工程,姚某某可以装修款范围内对案涉建筑物因装修装饰而增加价值的范围内优先受偿。

【规范指引】

《浙江省高级人民法院执行局执行中处理建设工程价款优先受偿权有关问题的解答》(2012年1月10日　浙高法执〔2012〕2号)

六、装饰装修工程承包人、工程勘察人或设计人是否享有优先受偿权?

装饰装修工程承包人主张工程价款优先受偿权的,可予以支持。但装修装饰工程的发包人不是该建筑的所有权人,或者承包人与该建筑物的所有权人之间没有合同关系的除外。享有优先权的承包人只能在建筑物因装修装饰而增加价值的范围内优先受偿。

二、建设工程价款优先受偿权的客体

根据《民法典》第807条的规定,承包人施工完成的建设工程属于建设工程价款优先受偿权的客体,实践中并无争议,但对于建设用地使用权、违法建筑等是否属于客体范围,实践中尚有争议。

(一)建设用地使用权

第一种观点认为,建设工程价款优先受偿权客体包括建设用地使用权。其理由如下:(1)从理论角度。①《民法典》第397条规定:以建筑物抵押的,该建筑物占用范围内的建设用地使用权一并抵押。以建设用地使用权抵押的,该土地上的建筑物一并抵押。抵押人未依照前款规定一并抵押的,未抵押的财产视为一并抵押。参照该条规定,建设工程价款优先权优先于抵押权,应包括建设工程和占用范围内建设用地使用权的价值,在拍卖、变卖的时候应一并进行。②《最高人民法院关于人民法院民事执行中查封、扣押、冻结财产的规定》第21条规定,查封地上建筑物的效力及于该地上建筑物使用范围内的土地使用权,查封土地使用权的效力及于地上建筑物,但土地使用权与地上建筑物的所有权分属被执行人与他人的除外。地上建筑物和土地使用权的登记机关不是同一机关的,应当分别办理查封登记。在实际生活中,建筑物是在建设用地使用权上所建造的,基于房地一体的原则,按照"房随地走,地随房走"的要求,两者相辅相成,价值混同,在拍卖的时候很难区分价值。(2)从实务角度。不宜将土地

使用权排除在优先受偿权范围之外。一是现实中,在工程开工前,土地往往已设定了抵押,如果工程价款优先权不能及于土地,那么土地抵押权与工程价款优先权就会产生效力顺序的冲突,尤其是在折价处置时。二是现在的建设项目地下工程所占比重越来越大,如果建设项目中途停工甚至只做了地下工程就产生纠纷,那么工程价款的优先受偿权又如何实现。三是所谓的土地价值,实际上是建设用地使用权可以建造建筑物等而产生的期待价值,其价值仍在于建筑物。①

第二种观点认为,建设工程价款优先受偿权的客体不包括建设用地使用权。其理由如下:从《民法典》第 807 条规定的内容来看,建设工程价款优先受偿权并不包括建设用地使用权,只包括基于承包人的劳动和投入的材料而形成的建筑部分。所以,法律条文中规定的工程折价或者拍卖的价款应该理解为扣除了土地价值部分的价款。另外,城市房地产抵押合同签订后,土地上新增的房屋不属于抵押物。需要拍卖该抵押的房地产时,可以依法将该土地上新增的房屋与抵押物一同拍卖,但对拍卖新增房屋所得,抵押权人无权优先受偿。在具体拍卖抵押物时是可以区分建设用地使用权价值的份额和建筑物价值的份额的。

笔者同意第二种观点,从建设工程价款优先受偿权的物权属性来看,建设工程价款对建设工程的法定抵押权起源于承揽人对承揽物的添附和劳动价值,主要目的在于保护因垫资、工人工资等而附加在建设工程的部分;垫资、工人工资等对于建设用地使用权部分并无增值贡献,因此,建设用地使用权价值部分不能成为担保客体。实际上,在承包人行使建设工程价款优先受偿权的时候,可以将建筑物及其占用建设用地使用权一并拍卖,但对建设用地使用权的拍卖所得,无权优先受偿。

【法官提示 118】

建设工程承包人只能在其承建工程拍卖价款的范围内行使优先受偿权,对该工程占用范围内的土地使用权的拍卖价款不能主张优先受偿。实际操作中可对建设工程和土地使用权分开进行价值评估,确定各自在总价值中的比例,然后一并拍卖,拍卖成交后再确定建设工程承包人可以优先受偿的金额。

---

① 参见张晟杰:《工程款优先权若干操作问题》,载《建筑时报》2009 年 5 月 21 日,第 8 版。

典型案例54

龙飞公司与永利公司、长龙公司第三人撤销之诉纠纷案①

典型案例裁判文书

典型案例54

广东高院（2015）粤高法民撤终字第7号龙飞公司与永利公司、长龙公司第三人撤销之诉纠纷民事判决书

龙飞公司与长龙公司签订《时尚翡翠公寓标准施工合同》，合同约定由龙飞公司作为承包方承建时尚翡翠公寓工程，工程承包范围包括：桩基础、主体工程、铝合金门窗、室外装饰等全部土建项目。合同签订后，龙飞公司进场施工，在完成地下室及桩基础工程时，由于长龙公司及其各股东在经营过程中涉嫌经济犯罪被公安机关立案侦查，致使合同无法履行，龙飞公司遂停工，并向法院提起诉讼，请求解除双方签订的合同并由长龙公司支付工程款、返还工程保证金、返还借款及利息并同时主张上述款项的优先受偿权。

裁判规则：本案的主要焦点是建设工程所占用的建设用地使用权能否作为工程价款优先受偿权的权利客体。法院认为，建设工程施工合同的标的物是建设工程，虽然建设工程与所占用的建设用地是一体的，但按照我国法律的规定，土地和地上建筑物、构筑物属于不同的物，承包人优先受偿权的范围应限于土地上的建筑物、构筑物，与土地本身的价值没有直接联系，且在将建筑物价值变现时，亦要区分建筑物的价值和建设用地使用权的价值，建设工程价款优先受偿权仅仅对建筑物的价值部分有优先受偿的效力，因此，承包人只能对其所承建的建设工程主张工程价款优先受偿权。

【规范指引】

《浙江省高级人民法院执行局执行中处理建设工程价款优先受偿权有关问题的解答》（2012年1月10日　浙高法执〔2012〕2号）

四、建设工程承包人对工程占用范围内的土地使用权的拍卖价款是否享有优先受偿权？

建设工程承包人只能在其承建工程拍卖价款的范围内行使优先受偿权，对该工程占用范围内的土地使用权的拍卖价款不能主张优先受偿。

---

① 参见广东省高级人民法院民事判决书，（2015）粤高法民撤终字第7号。

实际操作中可对建设工程和土地使用权分开进行价值评估,确定各自在总价值中的比例,然后一并拍卖,拍卖成交后再确定建设工程承包人可以优先受偿的金额。

《安徽省高级人民法院关于审理建设工程施工合同纠纷案件适用法律问题的指导意见(二)》(2013 年 12 月 23 日 安徽省高级人民法院审判委员会第 32 次会议通过)

第二十二条 承包人仅对建设工程占用的土地使用权主张优先受偿权的,不予支持。

(二)违法建筑

违法建筑,是指未依法取得规划许可或者未按照规划许可内容建设的建筑物和构筑物,以及超过规划许可期限未拆除的临时建筑物和构筑物,包括城市、镇规划区内的违法建筑和乡、村庄规划区内的违法建筑。违法建筑上能否成立建设工程价款优先受偿权?

第一种意见认为,建设工程价款优先受偿权的成立,并未以建筑工程的合法性为前提,其制度设计的目的在于保护承包人的合法权益,并进一步保护农民工的工资债权,只要承包人的劳动、承包款等已物化为建筑工程,则该建筑工程是否为违法建筑均不妨碍承包人工程价款优先权的成立和行使。从违法建筑的处置来看,并非所有的违法建筑均会产生全部拆除的法律后果,也存在局部拆除的可能。依照城乡规划法律、法规的规定,属于尚可采取改正措施消除对规划实施的影响的,由城乡规划主管部门责令限期改正,并依法处以罚款,也就是说,部分违法建筑有可能会被补正为合法建筑,此时,承包人对该建筑享有建设工程价款优先受偿权并无任何障碍。

第二种意见认为,根据《城乡规划法》第 64 条之规定,未取得建设工程规划许可证或者未按照建设工程规划许可证的规定进行建设的,由县级以上地方人民政府城乡规划主管部门责令停止建设;尚可采取改正措施消除对规划实施的影响的,限期改正,处建设工程造价 5% 以上 10% 以下的罚款;无法采取改正措施消除影响的,限期拆除,不能拆除的,没收实物或者违法收入,可以并处建设工程造价 10% 以下的罚款。因此,违法建筑存在拆除的可能性,不能成为拍卖的标的物,更不能成为建设工程价款优先权的标的。

笔者认为,违法建筑上不允许成立工程价款优先权。其主要理由如下:《民法典》第 807 条规定,发包人未按照约定支付价款的,承包人可以催告发包人在合理期限内支付价款。发包人逾期不支付的,除根据建设工程的性质不宜折价、拍卖外,承包人可以与发包人协议将该工程折价,也可以请求人民法院将该工程依法拍卖。建设工程的价款就该工程折价或者拍卖的价款优先受偿。根据该条规定,承包人享有工程价款优先受偿权的条件是建设工程宜折价、拍卖。违法建筑不宜折价、拍卖,故承包人对违法建筑不享有建设工程价款优先受偿权。对此,最高人民法院民事审判第一庭2021年第21次专业法官会议纪要予以了明确。①

(三)不宜折价、拍卖的建设工程

《民法典》第807条将不宜折价、拍卖的建设工程排除在建设工程价款优先受偿权的客体范围之外,但未具体规定什么是"不宜折价、拍卖的建设工程",因此,在司法实践中,应当予以明确。

笔者认为,应当将"不宜折价、拍卖的建设工程"认定为事关国计民生或为社会公众服务的工程,如国防工程、军事工程、市政工程等。对于所有权不明的建设工程,可以通过折价、拍卖的方式优先支付承包人的工程价款,多余价款予以提存,这种情况在司法实践中并不少见。对于有争议的建设工程,法院应尽快作出明确产权的裁决,督促发包人支付工程价款,如果其不支付,则承包人可以行使工程价款优先受偿权。

另外,结合《民法典》及相关司法解释的规定,学校、幼儿园、医院等以公益为目的的事业单位、社会团体的教育设施、医疗设施和其他社会公益设施、国家机关办公的房屋建筑物及军事设施、公共道路、桥梁、机场、港口、公共图书馆、公共博物馆等公用物工程的承包人主张工程价款优先受偿权的,一般不予支持。

三、建设工程价款优先受偿权的担保范围

《民法典》第807条规定,建设工程的价款就该工程折价或者拍卖的价款优先受偿。也就是说,建设工程价款优先受偿权的范围是建设工程价款。因此,必须首先明确,何为建设工程价款。根据上述规定,结合司法实践中的争议焦点,分析如下:

---

① 参见最高人民法院民事审判第一庭编:《民事审判指导与参考》(总第87辑),人民法院出版社2022年版,第167页。

（一）建设工程价款的范围

根据《建设工程司法解释（一）》第 40 条的规定，承包人建设工程价款优先受偿的范围依照国务院有关行政主管部门关于建设工程价款范围的规定确定。承包人就逾期支付建设工程价款的利息、违约金、损害赔偿金等主张优先受偿的，人民法院不予支持。

《民法典》第 788 条规定，建设工程合同是承包人进行工程建设，发包人支付价款的合同。此处的“价款”应与《民法典》第 807 条规定中的“价款”同义，结合《建筑安装工程费用项目组成》（建标〔2013〕44 号）的规定，建设工程价款包括构成建设工程价款的所有费用，由直接费、间接费、利润和税金组成。

（1）直接费，包括直接工程费和措施项目费。直接工程费是指施工过程中耗费的构成工程实体的各项费用，包括人工费、材料费、施工机械使用费。措施项目费是指为完成工程项目施工，发生于该工程施工前和施工过程中非工程实体项目的费用，内容包括环境保护费、文明施工费、安全施工费等 9 项费用。

（2）间接费，由规费和企业管理费组成。规费是指政府和有关权力部门规定必须缴纳的费用，包括工程排污费、工程定额测定费、社会保障费、住房公积金、危险作业意外伤害保险等。企业管理费是指建筑安装企业组织施工生产和经营管理所需费用，包括管理人员工资、办公费等 14 项费用。

（3）利润，是指施工企业完成所承包工程获得的盈利。

（4）税金，是指国家税法规定的应计入建筑安装工程造价内的营业税、城市维护建设税及教育费附加等。

上述四个部分构成工程价款的整体，缺一不可。在实践中，建设工程价款的表现形式有工程估算价、设计概算价、施工图预算价、施工预算（概算）价和竣工结算价五种。《民法典》第 807 条中所称工程价款，如指已竣工工程，应指竣工结算价。未竣工工程则应以施工预算价为基础进行评估确定工程价款。建成后的建筑物并不是简单的建筑材料的堆积，而是经过承包方施工管理后形成的具有交易价值的整体。所以，工程价款优先受偿权的保护范围理应包括施工过程的全部建安成本，即应包括施工中发生的机械费、管理费、措施费、利息等直接费用。同时从公平性角度分析，建成后的价值高于直接费用部分，理应根据各方投入予以合理分享。在严重拖欠工程款的情形下，承包方的合理利润也应属于工程款优先权受偿保护范围的。[①] 所谓"价款"非指市场交易中的商品价款,而是发包人依建设工程合同约定应支付给承包人的承包费。包括承包人施工所付出劳动的报酬、所投入的材料和因施工所垫付的其他费用及依合同发生的损害赔偿,即报酬请求权、垫付款项请求权及损害赔偿请求权。[②]

【法官提示 119】

需要明确的是,建设工程价款优先受偿的范围包括构成工程价款的直接费、间接费、利润和税金四个部分,同时包括组成这四个部分的所有费用项目。

(二)垫资是否属于工程价款优先受偿范围

在市场经济条件下,工程发包和承包纯粹是一种市场行为,各方当事人可以根据自己的需要,向对方提出交易条件,包括一方需要垫资和另一方需要接受的垫资条件。只要双方协议的垫资确系双方自愿,法律没必要加以干预。事实上,尽管建设单位存在投资缺口,但只要有实际偿还能力,项目投资方符合国家产业政策,而施工企业也具备垫资能力和防范风险的措施,垫资施工对扩大投资,加快经济发展是有益的。

在建设工程领域,垫资的现象十分普遍,开发商为了降低前期成本往往要求施工企业进行垫资施工,有的施工企业为了承包到工程建设项目,往往也会提出或者同意进行垫资承包。

《建设工程司法解释(一)》第 25 条规定,当事人对垫资和垫资利息有约定,承包人请求按照约定返还垫资及其利息的,人民法院应予支持,但是约定的利息计算标准高于垫资时的同类贷款利率或者同期贷款市场报价利率的部分除外。当事人对垫资没有约定的,按照工程欠款处理。当事人对垫资利息没有约定,承包人请求支付利息的,人民法院不予支持。因此,建设工程施工合同不仅允许约定垫资,而且对垫资前提下的利息标准也有了统一的规范。垫资款的本质属于工程价款的范畴,已经物化在建设工程当中,应该属于优先受偿的

案例索引裁判文书

案例索引57

浙江高院(2016)浙民申592号鸿安公司与五洋公司建设工程施工合同纠纷民事裁定书

① 参见周丽霞:《完善工程款优先权制度的五大意见和建议》,载《建筑时报》2016 年 5 月 19 日,第 1 版。

② 参见梁慧星:《合同法第二百八十六条的权利性质及其适用》,载《山西大学学报(哲学社会科学版)》2001 年第 24 卷第 3 期。

范围。①

当然，承包人的垫资实际上未必真正用到工程上去，这种情况不属于垫资施工，而是企业之间的借贷行为，当然不能受到《民法典》第807条的保护。也就是说，承包人的优先受偿权范围限于建设工程合同约定的工程价款，包括承包人应当支付的工作人员报酬、材料款、用于建设工程的垫资等实际支出的费用。未用于建设工程的借款以及发包人应当支付的违约金或者因为发包人违约所造成的损失不属于建设工程价款优先受偿权的受偿范围。在以下三种情况下，垫付的资金不能纳入优先受偿权的范围：一是承包人垫付的资金没有用到工程中去，就属于企业间的借贷行为，不能受优先受偿权的保护。如一些开发商把保证金（变相借款）作为发包的条件之一，这部分资金不能享受优先受偿权。二是垫资不同于投资，如果双方约定，垫资之后分享建成后建筑物，这里的垫资是投资，而投资的部分不能享受优先受偿权。三是有的承包人为承接工程，借款给开发商，同时开发商支付一定的利息，这种情况下的借款，也不能享受优先受偿权。②

【法官提示120】

《建设工程司法解释（一）》第40条第2款规定，承包人就逾期支付建设工程价款的利息、违约金、损害赔偿金等主张优先受偿的，人民法院不予支持。因此，逾期付款的利息、可得利益、约定的违约金等不纳入建设工程价款优先受偿权担保范围，不应有争议，但对于停工窝工返工、材料设备闲置等损失不纳入建设工程价款优先受偿权担保范围，在理论上是说不通的，因为这些损失就是建设工程中支付的工作人员报酬、材料款等实际支出的费用。③

【规范指引】

《浙江省高级人民法院执行局执行中处理建设工程价款优先受偿权有关问题的解答》（2012年1月10日 浙高法执〔2012〕2号）

三、建设工程价款优先受偿权的范围如何掌握？

建设工程价款优先受偿权的范围为建设工程的工程价款，包括承包人应

---

① 案例索引57：鸿安公司与五洋公司建设工程施工合同纠纷案，浙江省高级人民法院（2016）浙民申592号民事裁定书。

② 参见陈柏新：《〈合同法〉第286条司法适用疑难问题探讨》，载《上海政法学院学报（法治论丛）》2011年第2期。

③ 参见林文学：《建设工程合同纠纷司法实务研究》，法律出版社2014年版，第180页。

当支付的工作人员报酬、材料款和用于建设工程的垫资款等。工程价款的利息不在优先受偿范围内。

发包人应当支付的违约金或者因为发包人违约所造成的损失,不属于建设工程价款优先受偿权的受偿范围。

《安徽省高级人民法院关于审理建设工程施工合同纠纷案件适用法律问题的指导意见(二)》(2013年12月23日 安徽省高级人民法院审判委员会第32次会议通过)

第二十三条 因发包人原因导致承包人施工期间停窝工产生的工人工资、设备租赁等费用,承包人将该费用与工程价款一并主张优先受偿权的,应予支持。

第三节 建设工程价款优先受偿权的行使

一、建设工程价款优先受偿权的成立条件

(一)基本条件

通过前述有关建设工程价款优先受偿权的性质和效力的分析,根据《民法典》第807条及相关司法解释的规定,承包人主张建设工程款优先受偿权需满足以下几个基本条件:

(1)必须是基于建设工程合同产生的债权。《建设工程司法解释(一)》第24条明确规定,当事人就同一建设工程订立的数份建设工程施工合同均无效,但建设工程质量合格,一方当事人请求参照实际履行的合同关于工程价款的约定折价补偿承包人的,人民法院应予支持。即使双方之间的建设工程施工合同无效,但是只要工程质量经验收合格,发包人应当支付相应工程价款。因此,以此类推,承包人主张建设工程价款优先受偿权,并不以建设工程施工合同有效为前提。

(2)承包人必须按照合同的约定适当地履行了义务,但不以建设工程已竣工为必要。从实践的情况来看,工程款的拖欠,有的是发生在工程竣工之后,有的是因为建设单位缺乏资金造成项目停工(甚至从此无法复工)而发生拖欠,若强调须工程竣工承包人方可主张优先受偿权,必然危及承包人的基本劳动权益,所谓的工程价款优先受偿权在很大程度上也就成为法律白条。[①] 若一味强

① 参见黄强光:《建设工程合同纠纷司法前沿问题析解》,法律出版社2010年版,第205页。

调要等到工程竣工后才允许承包人行使工程价款优先受偿权，这种限制并不现实，对承包人也有失公平正义的法律基本原则。因此，不论工程是否竣工，承包人均可以行使优先受偿权。

(3)承包人在发包人未按照合同约定给付价款的，一般应先行催告，在催告期限届满后发包人仍未支付的，承包人可行使优先权。鉴于承包人优先受偿权的行使将使发包人丧失建设工程的所有权，对发包人影响重大，因此在承包人行使该权利之前要求其履行催告程序，更有利于平衡双方的利益。至于承包人催告后应给予发包人多长的债务履行宽限期才算是"合理期限"，在目前法律、司法解释均未明确的情况下，法官应针对具体案件合理裁量，我们建议在当事人没有约定或约定不明的情况下，将合理期限的裁量幅度界定为1～6个月。①

(二)建设工程价款优先受偿权的行使方式

《民法典》第807条规定，发包人未按照约定支付价款的，承包人可以催告发包人在合理期限内支付价款。发包人逾期不支付的，除根据建设工程的性质不宜折价、拍卖外，承包人可以与发包人协议将该工程折价，也可以请求人民法院将该工程依法拍卖。建设工程的价款就该工程折价或者拍卖的价款优先受偿。该条并未明确建设工程价款优先受偿权的行使方式，笔者认为，建设工程承包人自行与发包人协商以该工程折价抵偿尚未支付的工程价款，或者提起诉讼、申请仲裁要求确认其对该工程拍卖价款享有优先受偿权，或者直接申请法院将该工程拍卖以实现工程款债权，或者申请参加对建设工程价款的参与分配程序主张优先受偿权，均属于对建设工程价款依法行使优先权。建设工程承包人提起诉讼、申请仲裁仅要求判决或裁决由发包人向其支付工程款，未要求确认其对该工程拍卖价款享有优先受偿权的，不视为行使优先权。

建设工程价款优先权的具体行使，目前主要有三种意见。

第一种意见认为，应由权利人在法院执行程序中直接提出申请。主要理由在于：(1)当前建设工程价款行使并没有规定独立的案由，独立提起请求并无法律依据。(2)《民法典》第410条规定，债务人不履行到期债务或者发生当事人约定的实现抵押权的情形，抵押权人可以与抵押人协议以抵押财产折价或者以拍卖、变卖该抵押财产所得的价款优先受偿。协议损害其他债权人利益的，其

---

① 参见林一主编：《建设工程施工合同纠纷案件审判实务》，法律出版社2015年版，第309页。

他债权人可以请求人民法院撤销该协议。抵押权人与抵押人未就抵押权实现方式达成协议的,抵押权人可以请求人民法院拍卖、变卖抵押财产。抵押财产折价或者变卖的,应当参照市场价格。因此,抵押权人可以直接申请法院行使抵押权,无须在实体程序中提出请求。(3)在工程价款优先权人行使优先权时,如果遇到其他权利人提出异议,可以通过执行异议途径解决。

第二种意见认为,应由权利人在提出工程欠款请求同时提出具体建设工程价款优先权的行使请求。其具体理由为:(1)如果不在同一诉讼程序中提出请求并进行实体审理,则法院往往基于"不告不理"的原则不对该权利进行审理,从而也不会在判决中写明;进而有可能发生当事人对法院生效判决申请执行,而由于法院判决中并没有写明对工程价款是否有优先受偿权的内容,从而使法官无法满足当事人的请求。在工程价款优先权未得到法院判决明确确认的情况下,法院很少会允许直接以《民法典》第 807 条为依据来申请执行。(2)建设工程欠款债权同建设工程价款优先权是基于工程承包同一法律关系而产生的,是同一事实的两面关系,法院的实体审理并不会涉及多重法律关系的重合,也不会混淆法官的审判思路。(3)当前最高人民法院公布的《民事案件案由规定》在"物权纠纷"部分抵押权纠纷中的"在建建筑物抵押权纠纷"及"合同纠纷"部分的"建设工程合同纠纷"中并无工程价款优先权的案由,因此,由当事人在工程欠款中提出请求更符合目前法院的审判实际。[①]

第三种意见在第二种意见的基础上,又认为根据《民事诉讼法》的规定,权利人可以通过"实现担保物权"程序,维护自己的权益。

笔者比较倾向第三种意见,根据《民事诉讼法》的规定,建设工程承包人可以向法院申请实现优先权,法院受理后,应当审核申请人提供的相应材料,如优先权是否成立的证明文件、发包人是否欠付工程款、工程的现状等事实,必要时可以依职权调查相关事实并询问相关当事人。经审查,符合法律规定的,可以裁定对抵押财产进行拍卖或变卖。发包人提出异议的,法院应该进行审查,不能单单依据发包人提出的异议就驳回承包人的申请,经审查,发包人的异议确实成立的,则裁定驳回承包人的申请,申请被驳回的,当事人可以向法院提起普通的优先权确认之诉。[②]

---

① 参见钟伟珩:《建设工程价款优先受偿权若干疑难问题分析(之四)》,载《建筑时报》2013 年 3 月 25 日,第 3 版。

② 参见陈旻:《建设工程案件审判实务与案例精析》,中国法制出版社 2014 年版,第 382 页。

【法官提示 121】

根据《民法典》第 807 条的规定，承包人行使建设工程价款优先受偿权，还应当注意以下几点：第一，发包人未按照约定支付价款的，承包人并不能立即将工程予以折价、拍卖，而是应当催告发包人在合理期限内支付价款。在合理期限内，发包人支付了价款的，则承包人不得再行使优先权。如果在催告的合理期限内，发包人仍不能支付价款的，承包人才能将该工程折价或者拍卖。第二，对工程折价的，应当与发包人达成协议，参照市场价格确定一定的价款把该工程的所有权由发包人转移给承包人，从而使承包人的价款债权得以实现。承包人因与发包人达不成折价协议而采取拍卖方式的，应当申请人民法院依法将该工程予以拍卖。承包人不得委托拍卖公司或者自行将工程予以拍卖。第三，工程折价或者拍卖后所得价款如果超出发包人应付价款数额的，该超过部分应当归发包人所有；如果折价或者拍卖所得价款还不足以清偿承包人价款债权额的，承包人可以请求发包人支付不足部分。第四，根据该条规定，按照工程的性质不宜折价、拍卖的，承包人不能将该工程折价或者拍卖。如该工程的所有权不属于发包人，承包人就不得将该工程折价。如国家重点工程、具有特定用途的工程等也不宜折价或者拍卖。

典型案例55

徐某某与苏中公司建设工程价款优先受偿权纠纷案①

典型案例裁判文书

典型案例55

江苏泰州中院（2016）苏12民终1096号徐某某与苏中公司建设工程价款优先受偿权纠纷民事判决书

涉案双方当事人签订《建设工程施工合同协议条款》一份，约定由徐某某承建苏中公司的新厂区，承包范围为建筑工程。合同签订后，徐某某按约履行了施工义务。后上述工程竣工并交付苏中公司使用。2009 年 1 月 5 日，双方当事人经结算，确认工程款总额。其间，苏中公司给付了部分工程款，尚欠工程款 1,478,599.8 元。2014 年 10 月 13 日，苏中公司以不能清偿到期债务且资不抵债为由向原审法院申请进行破产清算。同

① 参见江苏省泰州市中级人民法院民事判决书，(2016)苏 12 民终 1096 号。

年10月31日,原审法院作出(2014)泰姜商破(预)字第00002－1号民事裁定书,裁定受理苏中公司的破产清算申请。同年11月3日,原审法院指定泰州兴瑞会计师事务所有限公司为破产管理人,并于同年11月10日向包括徐某某在内的苏中公司的债权人发出通知书,通知申报债权等。徐某某依法定程序向苏中公司破产管理人申报债权。2015年4月24日,徐某某向苏中公司破产管理人提出书面异议,表示对确认的债权数额无异议,但认为拖欠的建设工程款不应作为一般债权处理,而应享有优先受偿权。同年10月15日,苏中公司破产管理人向徐某某出具通知书,认为其建设工程优先受偿权已经丧失,对债权表中记载的徐某某的债权金额不予变更,并告知其对不予变更仍有异议的,可向受理破产案件的法院提起诉讼。徐某某遂向法院提起诉讼。

裁判规则:承包人对工程价款享有法定的优先受偿权,承包人应该在规定的期限内行使该权利。可见,建设工程价款优先权的享有及行使应当符合以下条件:承包人已依约履行了全部义务;承包人行使先行催告权;符合法律规定的实现程序、方式及行使期限。本案中,徐某某已依约履行了全部义务,且工程已竣工验收交付苏中公司,双方并对工程款进行了结算,徐某某也向苏中公司催要了尚欠的工程款,但徐某某提交的苏中公司的法定代表人吴某某等三人出具的证明,仅证明其曾口头提出要求,不能证明其在竣工验收或在工程款结算后6个月内,依照法律规定的程序、方式向苏中公司提出主张,即与苏中公司达成工程折价协议,或依法申请拍卖、依法提起诉讼、仲裁等,而且该证明是在苏中公司已进入破产清算程序,破产管理人管理苏中公司所有事务之后,其证明效力亦相对低下。因此,徐某某请求确认对苏中公司尚欠的工程款在苏中公司破产过程中享有优先受偿权,法院不予支持。

【规范指引】

《浙江省高级人民法院执行局执行中处理建设工程价款优先受偿权有关问题的解答》(2012年1月10日　浙高法执〔2012〕2号)

二、哪些方式可以认定为具有行使优先权的效力?

建设工程承包人自行与发包人协商以该工程折价抵偿尚未支付的工程价款,或者提起诉讼、申请仲裁要求确认其对该工程拍卖价款享有优先受偿权,或者直接申请法院将该工程拍卖以实现工程款债权,或者申请参加对建设工程变价款的参与分配程序主张优先受偿权,均属于对建设工程价款依法行使优先权。

建设工程承包人提起诉讼、申请仲裁仅要求判决或裁决由发包人向其支付工程款，未要求确认其对该工程拍卖价款享有优先受偿权的，不视为行使优先权。

（三）承包人、实际施工人不享有优先受偿权的情形

具有下列情形之一，承包人、实际施工人请求工程价款就承建的建设工程折价或拍卖的价款优先受偿的，不予支持：

（1）经竣工验收不合格的工程。

（2）建设工程属于为公益目的建设的教育设施、医疗设施及其他社会公益设施。

（3）建设工程属于国家机关已投入使用的办公用房或者军事建筑。

（4）建设工程属于设备安装等附属工程。

（5）消费者购买承包人承建的商品房，并已经办理商品房产权变更或预告登记，或者消费者已交付购买商品房的全部或者大部分款项的。

【法官提示122】

承包人应当通过行使建设工程价款优先受偿权等合法途径追索工程欠款，不得留置建设工程或施工资料。施工合同终止或工程完工后，承包人以发包人拖欠工程款为由，继续占有工程、拒绝撤场或者移交施工资料，发包人请求承包人赔偿损失的，应予支持。

二、建设工程合同无效情形下优先受偿权的认定

由于承包人未取得建筑施工企业资质或者超越资质登记、没有资质的实际施工人借用有资质的建筑施工企业名义的、建设工程必须进行招标而未招标或者中标无效的以及承包人非法转包、违法分包建设工程的，根据《民法典》以及司法解释之规定，合同应认定无效。上述情形在当前的建筑市场较为常见，导致实践中很多的建设工程合同被依法认定无效。合同无效或者被撤销后，因该合同取得的财产，应当予以返还；不能返还或者没有必要返还的，应当折价补偿。有过错的一方应当赔偿对方因此所受到的损失，双方都有过错的，应当各自承担相应的责任。但是，在建设工程施工合同纠纷中，由于实际施工人的人工、机械设备以及投入的资金已经物化为建设工程，属于法律上的不能返还也

无法返还的情形，因此，只能通过折价补偿方式进行处理。在此情形下，承包人还是否享有工程款的优先受偿权？

第一种意见认为，依据《民法典》第807条的规定，只要是发包人逾期未支付价款且除该工程性质不宜折价、拍卖的情形外，承包人即对该工程价款享有优先受偿权，可见法律并未规定优先受偿权的实现需以合同有效为前提。同时根据《建设工程司法解释（一）》第41条有关优先权行使期限的规定，权利人只有自发包人应当给付建设工程价款之日起18个月内未行使优先权的情况下，才丧失优先权，亦可以推导出合同无效不应是导致优先受偿权丧失的原因。因此，在合同无效的情况下，承包人的价款优先受偿权主张应得到支持。

第二种意见认为，在建设工程合同无效的情况下，承包人虽然可以向发包人主张工程价款，但合同被认定无效实际上是法律作出的一种否定性评价，为规范市场秩序，承包方不应再享有工程价款优先受偿权。

第三种意见认为，建设工程施工合同无效，并不必然导致优先受偿权的丧失，还应进一步查明该工程是否经竣工验收合格。如果工程经竣工验收合格的，承包人主张工程价款优先受偿权，可予支持；如果工程未竣工或者竣工验收不合格，承包人主张工程价款优先受偿权的请求应不予支持。

笔者认为，不论合同是否有效，承包人对建筑工程都投入了大量的人力、物力和财力，建筑工程也是上述人力劳动、机械设备和建筑材料物化而来，所拖欠的工程款实际上与合同有效时并无不一致。《建设工程司法解释（一）》第24条规定，当事人就同一建设工程订立的数份建设工程施工合同均无效，但建设工程质量合格，一方当事人请求参照实际履行的合同关于工程价款的约定折价补偿承包人的，人民法院应予支持。由此可见，即使合同无效，但是承包人依然享有工程款请求权，因此，即使合同无效，承包人对于拖欠的工程款依然享有优先权。该权利的设立实际上并不是附着于合同之上，而是基于建设行为本身的特殊性，其立法目的是解决农民工工资拖欠问题。因此，基于这样的目的考虑，由于承包方已经投入了大量的劳力、物力，合同的无效不能直接否定承包人的建设工程价款优先受偿权。在建设工程施工合同纠纷案件审理中，由于建筑市场违法违规行为的普遍，建设工程施工合同被认定无效占有很大比例。如果认定合同无效时，承包人均不享有工程款的优先受偿权，则很难平衡双方当事人的利益关系，承包人处于不利的地位，工程款债权很难实现，相应地，建筑施工企业施工人员工资亦难以保护。从合同法规定的工程价款优先受偿权的立法目的考虑，应尽可能保护承包人工程款的优先受偿权。① 综上所述，建设工程合同被认定为无效，承包人在工程检验合格的情况下可以向发包方请求支付工程款，并且享有建设工程优先权。

【法官提示123】

建设工程施工合同无效，但工程经竣工验收合格，承包人可以主张工程价款优先受偿权。分包人或实际施工人完成了合同约定的施工义务且工程质量合格，在总承包人或转包人怠于行使工程价款优先受偿权时，就其承建的工程在发包人欠付工程价款范围内可以主张工程价款优先受偿权。建设工程施工合同无效，但工程经竣工验收合格的，承包人主张工程价款优先受偿的，可予支持。

典型案例56

曾某某与诚信公司、中天公司建设工程施工合同纠纷案②

发包人（甲方）诚信公司与承包人（乙方）曾某某签订《协议书》，约定由曾某某承建“诚信文化大厦”土建（含基础）、内外墙装修。后工程完成施工，但因双方对工程款结算、工程质量等产生争议，曾某某遂诉至法院，要求诚信公司支付工程款，其在承建工程范围内享有工程价款优先受偿权。诚信公司抗辩认为，曾某某作为自然人，不能承包工程施工建设，合同无效，既然合同无效，则曾某某不得主张优先权。

典型案例裁判文书

典型案例56

江西高院（2015）赣民一终字第168号曾某某与诚信公司、中天公司建设工程施工合同纠纷民事判决书

裁判规则：本案施工合同被认定无效，不影响施工人享有工程价款优先权。工程价款优先受偿权制度的价值目的是保护建筑工人的利益，解决建筑工人工资拖欠问题。而建筑市场中，由自然人挂靠施工单位来承建工程的现象普遍存

① 参见最高人民法院民事审判第一庭编：《民事审判指导与参考》（总第55辑），人民法院出版社2014年版，第135页。

② 参见江西省高级人民法院民事判决书，（2015）赣民一终字第168号。

在。这类施工合同在司法实践中,多数是因承包人不具备施工资质而无效。若以此类施工合同无效为由不支持承包人的工程价款优先权,则“保护建筑工人利益”这一工程价款优先权的制度目的将落空。

【规范指引】

《安徽省高级人民法院关于审理建设工程施工合同纠纷案件适用法律问题的指导意见》(2009 年 5 月 4 日　安徽省高级人民法院审判委员会第 16 次会议通过)

17. 建设工程施工合同无效,但工程经竣工验收合格的,承包人主张工程价款优先受偿权,可予支持。

《浙江省高级人民法院民一庭关于审理建设工程施工合同纠纷案件若干疑难问题的解答》(2012 年 2 月 23 日　浙法民一〔2012〕3 号)

二十二、建设工程施工合同无效情形下,谁有权行使优先受偿权?

建设工程施工合同无效,但工程经竣工验收合格,承包人可以主张工程价款优先受偿权。分包人或实际施工人完成了合同约定的施工义务且工程质量合格,在总承包人或转包人怠于行使工程价款优先受偿权时,就其承建的工程在发包人欠付工程价款范围内可以主张工程价款优先受偿权。

《山东高院民一庭关于审理建设工程施工合同纠纷案件若干问题的解答》

10. 施工合同无效,承包人主张对涉案工程价款享有优先受偿权,如何处理?

建设工程价款优先受偿权不受施工合同效力的影响,施工合同无效,承包人仍可享有建设工程价款优先受偿权。

三、建设工程价款优先受偿权的转让问题

债权转让,是指债的关系不失其同一性,债权人通过让与合同将其债权转移于第三人享有的现象。《民法典》第 545 条规定,债权人可以将债权全部或者部分转让给第三人。第 546 条规定,债权人转让债权的,应当通知债务人。未经通知,该转让对债务人不发生效力。

根据上述规定,债权转让需满足以下要件:

(1)须存在有效的债权。根据上述《民法典》的规定,债权让与合同需要让与人拥有有效的债权,具有处分该债权的权限。

(2)债权依法允许让与。从鼓励交易、减少乃至消除财产流转的障碍,增加

社会财富的角度出发,应当允许绝大多数合同债权能够被转让。只要债权让与不违反法律的强制性规定、社会秩序和公共道德,就应如此。根据《民法典》第545条的规定,债权人可以将债权的全部或者部分转让给第三人,但是有下列情形之一的除外:①根据债权性质不得转让;②按照当事人约定不得转让;③依照法律规定不得转让。当事人约定非金钱债权不得转让的,不得对抗善意第三人。当事人约定金钱债权不得转让的,不得对抗第三人。

(3)具备一定的形式要件。债权让与的形式要件主要有两种:一为债权让与须采用书面形式;二为债权让与应对债务人进行通知。

建设工程合同作为《民法典》规定的有名合同之一,同样受《民法典》规定的约束,因此,建设工程施工过程中所形成债权,只要具备了上述要件,原则上应当可以转让。当主债权转让时,作为施工合同从权利的优先受偿权是否可以随之转让成为实践中争议焦点问题。

主张建设工程价款优先受偿权不能随同主债权转让的观点认为,我国立法特别设立承包人对于其所承揽的建设工程具有优先受偿权一方面是为平衡建筑产业"买方市场"所造成的承包人的弱势地位;另一方面是为保障广大劳务工人和材料供应商能够得到工资报酬和货款的支付。因为承包人对于所承揽工程的优先权为其获得工程款支付提供了物质基础,同时也为其能够按约支付农民工工资保证了资金来源,所以这一制度已经超出了单纯的经济效应范畴,更能够带来深层次的社会效应。应当认定该项权利为工程承包人所专有。[①] 建设工程价款优先受偿权不得随主合同债权一并转让。因施工行为产生的追偿拖欠工程款的权利,可以作为普通债权进行转让,转让后尚有剩余的,承包人仍可就剩余部分向发包人主张工程款优先受偿权;转让后没有剩余的,应当认定承包人丧失了工程价款优先受偿权。

笔者认为,根据《民法典》第547条的规定,债权人转让债权的,受让人取得与债权有关的从权利,但是该从权利专属于债权人自身的除外。因此,如果建设工程价款优先受偿权专属于债权人自身的,则不能转让。主流观点认为,根据民法原理,主债权发生转移时,其从权利原则上应随之一同转移,但该从权利专属于债权人自身的除外。随同债权转移而一并转移的从权利,包括担保权利

---

① 参见宿辉、田林:《基于工程价款优先受偿权制度的权利变动研究》,载《建筑经济》2010年第6期。

和其他权利。[1] 赋予承包人以优先权并非只为保护承包人的权益,其立法目的更加注重保护为工程施工供应材料设备的供货商、提供劳务的工人的整体利益。承包人将建设工程施工合同约定的工程款债权依法转让,债权受让方主张其对建设工程享有优先受偿权的,可予支持。承包人在转让工程款债权前与发包人约定排除优先受偿权的,该约定对承包人以外的实际施工人不具有约束力。

【规范指引】

《山东高院民一庭关于审理建设工程施工合同纠纷案件若干问题的解答》

12. 工程款债权的受让人主张对建设工程价款优先受偿权一并受让,如何处理?

建设工程价款优先受偿权依附于工程款债权,属于从属性权利,承包人将建设工程价款债权转让的,建设工程价款优先受偿权随之转让。

《陕西省高级人民法院关于审理建设工程施工合同纠纷案件若干问题的解答》(陕高法〔2020〕113 号)

16. 工程款债权的受让人主张对建设工程价款优先受偿权一并受让,如何处理。

建设工程价款优先受偿权依附于工程款债权,属于从属性权利,承包人将建设工程价款债权转让的,建设工程价款优先受偿权随之转让。

四、放弃建设工程价款优先受偿权的效力认定

司法实践中,经常遇到承包人承诺放弃建设工程价款优先受偿权的情形。比如,发包人以在建工程为抵押,向银行贷款,银行往往要求承包人出具承诺,在贷款额度范围内放弃优先权。而后,因为工程价款支付问题,发包人与承包人甚至银行之间产生纠纷,此时,就涉及承包人放弃效力的认定。关于抵押权与工程款优先权的冲突问题,司法解释已经作了解答,即建筑工程的承包人的优先受偿权优于抵押权和其他债权。但工程款优先权是否可以放弃,放弃之后能否再行主张,司法实践中理解不一,争议较大。

第一种观点认为,承包人承诺放弃工程款优先权,系对自身权利的自由处分,符合私法自治的原则。在放弃该权利之后,又主张无效的,违背诚实信用原

① 参见魏振瀛主编:《民法》,北京大学出版社、高等教育出版社 2007 年版,第 371 页。

则,且势必对银行的权益造成严重损害。

第二种观点认为,工程款优先权系由《民法典》规定的法定优先权,保护的不仅仅是建筑施工企业的利益,而且能有效保护民工工资和材料商的货款,涉及社会公共利益,当事人不得约定或者承诺放弃。

第三种观点认为,只有得到施工企业的工人同意,才可以放弃。

笔者认为,承包人自愿放弃工程款优先权应为有效。其理由如下:

(1)工程款优先权属于私权,当事人可以自愿处分,符合意思自治原则。虽然关于该项权利的性质学理上存在法定抵押权说、留置权说、优先权说等观点,但不管何种观点,不可否认的是工程款优先权属于民事权利。民事权利的行使由权利人的意思决定,任何人和任何组织不得非法干涉。

(2)承包人放弃之后又主张放弃无效的,有违诚实信用原则。合同当事人应当恪守诺言,履行义务,谨慎维护对方的利益,满足对方的正当期待。银行基于承包人自愿放弃工程款优先权,向发包人出借款项,在银行于在建工程之上设立抵押权发放贷款后,如果认为承包人自愿放弃工程款优先权的行为无效,则对发包人、银行甚至是第三人均有可能产生不利影响,不仅违背了诚实信用原则,而且不利于交易的安全,体现为过多的干涉平等民事主体的交易行为。

(3)建设工程承包人行使优先权的期限为 18 个月,自发包人应当给付建设工程价款之日起算。如果承包人超过 18 个月未行使优先权的,工程款优先权丧失。因此,工程款优先权并没有绝对的排他性,且承包人放弃的仅仅是针对抵押权的优先权,并未放弃自身的债权。

(4)主张工程款优先权不能放弃的观点认为承包人的放弃行为直接影响到民工工资的发放、材料商货款的回笼等。笔者认为,该理由不能成立。上述款项的支付,受到《劳动法》《劳动合同法》等法律保护,自有其救济途径,将其完全归于工程款优先权的实现,过分夸大了该权利的效应,也弱化了其他法律对民事权利的救济。

(5)承包人放弃了对特定抵押权的优先顺位,并没有放弃建设工程价款优先受偿权。彻底丧失建设工程价款优先受偿权,沦为普通债权人往往并非承包人的真实意思,也并不见得是相对人的真实意思。对相对人放弃建设工程及其变价的优先受偿顺位才是承包人的真实意思。如果确实是当事人不能将其真实意思准确地进行表达,应当依其真实意思认定事实。[①]

(6)最能说明问题的是在建工程的抵押。因为对于在建工程而言,只要发包人未付清工程价款,那么这个工程就会产生工程价款优先受偿权。因此,其抵押优先权的实现必须事先让发包人与承包人约定放弃工程价款优先权。如果发承包方之间的放弃约定是无效的,那么在建工程抵押权在现实中就没有什么意义了。

《建设工程司法解释(一)》第42条明确规定,发包人与承包人约定放弃或者限制建设工程价款优先受偿权,损害建筑工人利益,发包人根据该约定主张承包人不享有建设工程价款优先受偿权的,人民法院不予支持。笔者认为,该条文并未否定承包人放弃优先权的权利,从条文本意看,放弃或限制优先权的约定原则上有效,除非该约定损害建筑工人利益。司法解释的起草者亦认为,建设工程价款优先受偿权是为保护农民工等建筑工人利益而设立。如果承包人放弃建设工程价款优先受偿权不影响承包人向农民工等建筑工人支付工资报酬,则其放弃行为与立法精神不相违背。但是,如果承包人放弃建设工程价款优先受偿权导致其不能向农民工等建筑工人支付工资报酬,则有违立法精神,因此这种情况下放弃建设工程价款优先受偿权则应无效。[②]

典型案例57

住宅建公司与日成公司建设工程施工合同纠纷案[③]

住宅建公司、日成公司签订《建设工程施工合同》一份,约定日成公司将厂区内的新建厂区车间工程承包给住宅建公司施工。2011年12月27日,住宅建公司向工行常山支行出具承诺函,承诺日成公司厂区的车间三工程由住宅建公司承建,日成公司已支付工程款3,860,000元,因日成公司继续工程建设及日常生产经营周转需以该在建工程抵押向工行常山支行融资,住宅建公司承诺在

① 参见陈信勇:《建设工程价款优先受偿权放弃行为的效力分析》,载《浙江社会科学》2016年第2期。

② 参见最高人民法院民事审判第一庭编著:《最高人民法院新建设工程施工合同司法解释(一)理解与适用》,人民法院出版社2021年版,第431页。

③ 参见浙江省衢州市中级人民法院民事判决书,(2014)浙衢民终字第48号。

剩余工程款范围内放弃工程款优先权。2012年8月以后，日成公司停产歇业。为追索尚欠的工程款，住宅建公司遂诉至法院。诉讼中针对住宅建公司承诺在剩余工程款范围内放弃工程款优先权的效力发生争议。

典型案例裁判文书

典型案例57
浙江衢州中院（2014）浙衢民终字第48号住宅建公司与日成公司建设工程施工合同纠纷民事判决书

裁判规则：住宅建公司作为企业法人，能够以自己的意思独立进行民事活动取得权利并承担相应义务，应对自身的民事行为承担相应的法律责任。建设工程价款优先受偿权系财产性权利，住宅建公司在出具给工行常山支行的承诺书中表示放弃该项权利，其行为并不违反法律强制性规定，住宅建公司理应受该承诺约束。故在其承诺放弃优先受偿权的范围内不得优先于工行常山支行的抵押权。当然，住宅建公司仅针对工行常山支行放弃建设工程价款优先受偿权，并未对日成公司以及其他债权人放弃建设工程价款优先受偿权，故建设工程价款优先受偿权依然存在。

五、行使期限

《建设工程司法解释（一）》第41条规定，承包人应当在合理期限内行使建设工程价款优先受偿权，但最长不得超过18个月，自发包人应当给付建设工程价款之日起算。

发包人应当给付建设工程价款之日之所以被规定为建设工程价款优先权的起算点，是因为此时建设工程合同所约定的基本权利义务已经履行完毕，建设工程承包人由此获得了基于自己义务之履行完毕而向发包人索要相应建设工程价款的资格。建设工程施工合同具有特殊性，承包人履行合同的义务是将劳动和建筑材料物化在建筑产品中，其享有优先受偿权的前提是完成或部分完成合同约定的建设工程成果，即该优先权的实现必须首先能够在债务人的财产上实现特定化。[①]

（一）行使期限的起算点

司法实务中，有大量的案件是所建工程在合同约定的竣工日期之后仍在施

---

① 参见最高人民法院民事审判第一庭编著：《最高人民法院新建设工程施工合同司法解释（一）理解与适用》，人民法院出版社2021年版，第422页。

工,而且工程实际没有全部施工完毕("烂尾楼"工程),实际竣工日期难以认定,导致在如何认定行使建设工程价款优先受偿权的起算时间方面存在较多的争议,成为审判难点。因本案诉讼时建设工程尚未实际竣工,因此,建设工程价款优先受偿权起算点以合同约定的竣工日起算并不合理。在缺乏直接明确的法律依据的情况下,法院从立法和司法解释的目的出发,确定以当事人就工程款结算达成协议的时间,应该说是比较妥当的。[①] 因此,《建设工程司法解释(一)》对此作了修正,第41条规定,承包人应当在合理期限内行使建设工程价款优先受偿权,但最长不得超过十八个月,自发包人应当给付建设工程价款之日起算。

最新的司法解释将优先受偿权的行使从应给付工程价款之日开始计算。主要考虑到建设工程施工具有复杂性,受多种因素影响,保护期限不宜过短,否则不利于保护施工单位的合法权益。但同时保护期间不宜过长,否则将导致大量社会关系处于不确定状态之中。这里的合理期限既不属于诉讼时效,也不属于除斥期间,是从保护施工人和其他权利人权益的角度拟制的期限。[②]

(二)行使期限的计算

建设工程价款优先受偿权应从债权应受清偿时起算。首先,根据《民法典》第807条的规定,优先受偿权行使的条件是工程款债权到期,如果工程款债权尚未到期,此时债权无从主张,优先受偿权更无从谈起。其次,从建设工程价款优先受偿权的性质看,其具有担保物权性质,根据担保物权的附从性特点,其成立虽可与债权同步,但其行使应在债权未获满足之时。最后,从法体系而言,《建设工程司法解释(一)》规定的优先受偿权自发包人应当给付建设工程价款之日起算,其前提是债权已届清偿期,对于债权未届清偿期的,仍应回归《民法典》第807条的规定,故两者并不存在矛盾。因此,《建设工程司法解释(一)》虽然进行了修正,规定为从应付工程款之日计算优先权,但从该日期性质而言即为债权已届清偿期。

上述法律、司法解释规定了该优先受偿权的行使期限最长不得超过18个月,但从《民法典》第807条的条文本意分析,该18个月的期限,仅是规定应由

---

① 参见杨志刚:《行使建设工程价款优先受偿权时间起算点的认定》,载《人民法院报》2011年9月8日,第6版。

② 参见最高人民法院民事审判第一庭编著:《最高人民法院新建设工程施工合同司法解释(一)理解与适用》,人民法院出版社2021年版,第421页。

承包人向发包人催告支付工程价款,至于是否选择折价、拍卖等形式受偿的,并不在该期限内。但应当明确,从承包人催告时起,就意味着其知道自身可以行使优先受偿权了,所以也应当从这一时间点计算该项权利的诉讼时效,即为三年,若三年内不起诉的,则应丧失该优先受偿的胜诉权。